中國歷代思想家傳記匯詮 二

王蘧常 主編

東　漢

桓　　譚（約前 20—56）

　　桓譚字君山，沛國相人也[1]。父成帝時爲太樂令[2]。譚以父任爲郎[3]，因好音律[4]，善鼓琴。博學多通，遍習五經[5]，皆詁訓大義，不爲章句[6]。能文章，尤好古學[7]，數從劉歆、揚雄辯析疑異[8]。性嗜倡樂，簡易不修威儀，而憙非毀俗儒[9]，由是多見排抵[10]。

【注】

[1] 桓譚，東漢哲學家、經學家。沛國，地名。漢武帝時置沛郡，東漢改爲國，轄今蘇皖豫接壤地區，治所相縣在今安徽宿縣境内。
[2] 成帝，即漢成帝劉驁，字太孫，又字俊，在位二十六年，諡曰成。太樂令，官名，掌音樂。
[3] 郎，官名，爲侍從之職。
[4] 音律，指音樂，即五音六律。宮、商、角、徵、羽謂之五聲，聲成文謂之音。律，即黃鐘、太族、姑洗、蕤賓、無射、夷則六律。
[5] 五經，指儒家經典《易經》、《尚書》、《詩經》、《春秋》、《禮記》。
[6] 詁訓，解釋。不爲章句，不做分章摘句的瑣碎之學。
[7] 古學，指古文經學。
[8] 劉歆，西漢末年古文經學的開創者，目録學家，本書有傳。揚雄，西漢哲學家、文學家，本書有傳。
[9] 憙，歡喜。

〔10〕排抵，排斥，攻擊。

哀、平間[1]，位不過郎。傅皇后父孔鄉侯晏深善於譚[2]。是時高安侯董賢寵幸[3]，女弟爲昭儀[4]，皇后日以疏，晏嘿嘿不得意[5]。譚進説曰："昔武帝欲立衛子夫[6]，陰求陳皇后之過，而陳后終廢，子夫竟立。今董賢至愛而女弟尤幸，殆將有子夫之變，可不憂哉！"晏驚動，曰："然，爲之奈何？"譚曰："刑罰不能加無罪，邪枉不能勝正人。夫士以才智要君[7]，女以媚道求主。皇后年少，希更艱難[8]，或驅使醫巫，外求方技，此不可不備。又君侯以后父尊重而多通賓客，必借以重勢，貽致譏議。不如謝遣門徒，務執謙愨[9]，此脩己正家避禍之道也。"晏曰："善。"遂罷遣常客，入白皇后，如譚所誡。後賢果風太醫令真欽[10]，使求傅氏罪過，遂逮后弟侍中喜[11]，詔獄無所得，乃解，故傅氏終全於哀帝之時。及董賢爲大司馬[12]，聞譚名，欲與之交。譚先奏書於賢，説以輔國保身之術，賢不能用，遂不與通。當王莽居攝篡弑之際[13]，天下之士，莫不競褒稱德美，作符命以求容媚[14]，譚獨自守，默然無言。莽時爲掌樂大夫，更始立[15]，召拜太中大夫[16]。

【注】

〔1〕哀、平間，漢哀帝劉欣和漢平帝劉衎在位的時候。

〔2〕傅皇后，漢哀帝妻。傅晏，傅皇后父，封爲孔鄉侯。

〔3〕董賢（前23—前1），字聖卿，哀帝的倖臣，封爲高安侯，官至大

司馬衛將軍。
〔4〕女弟,即妹妹。昭儀,女官名,謂昭顯其儀。在漢代位如丞相,爵比諸侯王。
〔5〕嘿嘿,同"默默"。
〔6〕武帝,漢武帝劉徹。衛子夫,本武帝姐平陽公主的歌女,受武帝寵幸,生子,逐立爲皇后。
〔7〕要君,要挾君主。
〔8〕希更艱難,很少經歷艱難。
〔9〕愨,謹慎。
〔10〕風,通"諷",唆使。太醫令,宮廷醫官。
〔11〕侍中,官名,丞相屬官,侍從皇帝左右。喜,傅喜,傅皇后從弟,子稚游,官大司馬,封玄武侯。
〔12〕大司馬,官名,漢成帝以後與丞相、御史大夫並爲三公。
〔13〕居攝,謂執政。
〔14〕符命,敍述祥瑞徵兆爲帝王歌功頌德的文章。
〔15〕更始,西漢末年更始帝劉玄的年號,共三年。
〔16〕太中大夫,官名,掌議論。

　　世祖即位[1],徵待詔[2],上書言事失旨,不用。後大司空宋弘薦譚[3],拜議郎給事中[4],因上疏陳時政所宜,曰:

【注】
〔1〕世祖,漢光武帝劉秀的廟號。
〔2〕詔,皇帝詔書。漢時以才技徵召未有正官者,使之待詔。
〔3〕大司空,官名,東漢時掌彈劾、糾察以及圖書秘籍,位僅次於丞

相。宋弘，字仲子，官至大司空。
〔4〕議郎，官名，掌顧問應對。給事中，漢制爲列侯、將軍、謁者等的加官，侍從皇帝左右，備顧問。因執事在殿中，故名。

"臣聞國之廢興，在於政事；政事得失，由乎輔佐。輔佐賢明，則俊士充朝[1]，而理合世務；輔佐不明，則論失時宜，而舉多過事。夫有國之君，俱欲興化建善，然而政道未理者，其所謂賢者異也。昔楚莊王問孫叔敖曰：'寡人未得所以爲國是也。'叔敖曰：'國之有是，衆所惡也，恐王不能定也。'王曰：'不定獨在君，亦在臣乎？'對曰：'君驕士，曰士非我無從富貴；士驕君，曰君非士無從安存。人君或至失國而不悟，士或至飢寒而不進。君臣不合，則國是無從定矣。'莊王曰：'善。願相國與諸大夫共定國是也。'[2]蓋善政者，視俗而施教，察失而立防，威德更興，文武迭用，然後政調於時，而躁人可定[3]。昔董仲舒言'理國譬若琴瑟，其不調者則解而更張'[4]。夫更張難行，而拂衆者亡[5]，是故賈誼以才逐，而朝錯以智死[6]，世雖有殊能而終莫敢談者，懼於前事也。

【注】
〔1〕俊士，才智出衆的人。
〔2〕見《新序・雜事》。
〔3〕躁人，浮躁的人。
〔4〕董仲舒，西漢哲學家、今文經學家。本書有傳。語見《漢書・

《董仲舒傳》。
〔5〕拂,違。
〔6〕賈誼,西漢哲學家、文學家。本書有傳。朝錯,即晁錯,西漢政論家,後爲漢景帝的"智囊"。

　　"且設法禁者,非能盡塞天下之姦,皆合衆人之所欲也,大抵取便國利事多者,則可矣。夫張官置吏,以理萬人,縣賞設罰[1],以別善惡,惡人誅傷,則善人蒙福矣。今人相殺傷,雖已伏法,而私結怨讎,子孫相報,後忿深前,至於滅户殄業,而俗稱豪健,故雖有怯弱,猶勉而行之,此爲聽人自理而無復法禁者也。今宜申明舊令,若已伏官誅而私相傷殺者,雖一身逃亡,皆徙家屬於邊,其相傷者,加常二等[2],不得雇山贖罪[3]。如此,則讎怨自解,盜賊息矣。

【注】
〔1〕縣,通"懸"。
〔2〕加常二等,處罰比常規加重二等。
〔3〕雇山,漢制,女子犯徒罪,遣歸家,每月出錢雇人於山伐木,稱爲"雇山"。

　　"夫理國之道,舉本業而抑末利[1],是以先帝禁人二業,錮商賈不得宦爲吏[2],此所以抑并兼長廉恥也。今富商大賈,多放錢貨,中家子弟,爲之保役[3],趨走與臣僕等勤,收稅與封君比入[4],是以衆人慕效,不耕而食,至乃多通侈靡,以淫耳目。今可令諸商賈自相糾告,若非身力所得,皆以臧畁告者[5]。如此,則專役一己,不敢以貨與人,事寡力弱,必歸功田畝。田畝修,則穀入多而地力盡矣。

【注】
〔1〕本業,指農桑。末利,指工商。
〔2〕漢高祖時,令賈人不得衣絲乘車,其子孫不得爲官。
〔3〕保,依靠。保役,依附他們,爲之效勞。
〔4〕比入,收入一樣。
〔5〕以臧畁告者,拿贓物賞給告發的人。臧,通"贓"。畁,給予。

"又見法令決事,輕重不齊,或一事殊法,同罪異論,姦吏得因緣爲市[1],所欲活則出生議,所欲陷則與死比,是爲刑開二門也。今可令通義理明習法律者,校定科比[2],一其法度,班下郡國[3],蠲除故條[4]。如此,天下知方[5],而獄無怨濫矣。"

【注】
〔1〕市,交易。
〔2〕科比,法律條例。
〔3〕班,頒佈。
〔4〕蠲除,免除。
〔5〕方,法。

書奏,不省[1]。

是時帝方信讖[2],多以決定嫌疑。又醻賞少薄[3],天下不時安定。譚復上疏曰：

【注】
[1] 不省,不看。
[2] 讖,預決吉凶的宗教詭秘性的隱語,是盛行於東漢的一種迷信活動。
[3] 醻,同"酬"。

"臣前獻瞽言[1],未蒙詔報,不勝憤懣,冒死復陳。愚夫策謀,有益於政道者,以合人心而得事理也。凡人情忽於見事而貴於異聞[2],觀先王之所記述,咸以仁義正道爲本,非有奇怪虛誕之事。蓋天道性命,聖人所難言也。自子貢以下,不得而聞[3],況後世淺儒,能通之乎！今諸巧慧小才伎數之人,增益圖書[4],矯稱讖記,以欺惑貪邪,詿誤人主[5],焉可不抑遠之哉[6]！臣譚伏聞陛下窮折方士黃白之術[7],甚爲明矣;而乃欲聽納讖記,又何誤也！其事雖有時合,譬猶卜數隻偶之類[8]。陛下宜垂明聽,發聖意,屏羣小之曲説,述五經之正義,略雷同之俗語,詳通人之雅謀[9]。"

【注】
[1] 瞽言,謙詞,謂自己是盲人説瞎話。
[2] 見事,現實的事。

〔3〕子貢，孔子弟子，姓端木，名賜，字子貢。《論語·公冶長》子貢曰："夫子之言性與天道，不可得而聞也。"
〔4〕圖書，指讖緯迷信著作。這些著作爲了便於宣傳，有圖有字，故稱"圖書"。
〔5〕詿誤，貽誤。
〔6〕抑遠，遏止，疏遠。
〔7〕窮折，尋根究底。方士，方術之士，指神仙家。黃白之術，即煉丹術。
〔8〕卜，占卜。偶，偶然相合。
〔9〕通人，學識通達的人。雅謀，正確的謀略。

"又臣聞安平則尊道術之士，有難則貴介胄之臣[1]。今聖朝興復祖統，爲人臣主，而四方盜賊未盡歸伏者，此權謀未得也。臣譚伏觀陛下用兵，諸所降下，既無重賞以相恩誘，或至虜掠奪其財物，是以兵長渠率[2]，各生狐疑，黨輩連結，歲月不解。古人有言曰：'天下皆知取之爲取，而莫知與之爲取[3]。'陛下誠能輕爵重賞，與士共之，則何招而不至，何說而不釋，何向而不開，何征而不剋！如此，則能以狹爲廣，以遲爲速，亡者復存，失者復得矣。"

【注】
〔1〕介胄，披甲戴盔。
〔2〕渠率，將領。
〔3〕《老子》三十六章云："將欲取之，必固與之。"

帝省奏，愈不悅。

其後有詔會議靈臺所處[1]，帝謂譚曰："吾欲以讖決之，何如？"譚默然良久，曰："臣不讀讖。"帝問其故，譚復極言讖之非經。帝大怒曰："桓譚非聖無法，將下斬之。"譚叩頭流血，良久乃得解。出爲六安郡丞[2]，意忽忽不樂[3]，道病卒[4]，時年七十餘。

【注】
[1] 靈臺，漢代觀測天象的場所。
[2] 六安，郡名，治所在今安徽六安市北。郡丞，官名，輔作郡守。
[3] 忽忽，失意的樣子。
[4] 道病卒，在赴任途中病死。

初，譚著書言當世行事二十九篇，號曰《新論》[1]，上書獻之，世祖善焉。《琴道》一篇未成，肅宗使班固續成之[2]。所著賦、誄、書、奏，凡二十六篇[3]。

【注】
[1] 桓譚《新論》久已亡佚，嚴可均《全後漢文》有輯本。
[2] 肅宗，漢章帝劉炟的廟號。班固（公元32—92），字孟堅，《漢書》的主要撰寫者。
[3] 賦、誄、書、奏：皆文體名。賦兼具詩歌與散文的性質，誄是悼死者的文章，書即書信，奏是臣子給君主的進言、文章。

元和中[1]，肅宗行東巡狩[2]，至沛，使使者祠譚冢[3]，鄉里以爲榮。

【注】

〔1〕元和,漢章帝年號,公元84—86年。

〔2〕巡狩,帝王離開國都巡行境内。

〔3〕祠,祭祀。

選自《後漢書》卷二十八上

王　充 (27—約 97)

　　王充字仲任,會稽上虞人也[1],其先自魏郡元城徙焉[2]。充少孤,鄉里稱孝。後到京師[3],受業太學[4]。師事扶風班彪[5]。好博覽而不守章句[6]。家貧無書,常游洛陽市肆[7],閲所賣書,一見輒能誦憶[8],遂博通衆流百家之言。後歸鄉里,屏居教授[9]。仕郡爲功曹[10],以數諫争不合去。

【注】

[1] 王充,東漢哲學家。會稽,郡名,轄今江浙皖一帶。上虞,今浙江紹興市上虞區。
[2] 魏郡,郡名,轄今河北、河南和山東交界一帶。元城,今河北大名東。
[3] 京師,即首都。此指河南洛陽。
[4] 太學,古代的大學,即國學。
[5] 扶風,郡名,轄今陝西乾縣一帶。班彪(公元 3—54),班固之父。
[6] 章句,漢代經學家以分章析句來解説古書意義的一種著作體。
[7] 市肆,市中店鋪。
[8] 輒,即。
[9] 屏居,退居、隱居。
[10] 功曹,官名。漢代郡守、縣令下有功曹史,簡稱功曹,掌人事並得與聞政務。

充好論說,始若詭異,終有理實[1]。以爲俗儒守文,多失其真,乃閉門潛思,絶慶弔之禮[2],户牖墻壁各置刀筆。著《論衡》八十五篇,二十餘萬言[3],釋物類同異,正時俗嫌疑。

【注】

[1] 詭異,詭辯。實理,有實據的道理。
[2] 慶弔,賀喜曰慶,唁喪曰弔。
[3] 今存八十四篇。

刺史董勤辟爲從事[1],轉治中[2],自免還家。友人同郡謝夷吾上書薦充才學,肅宗特詔公車徵[3],病不行。年漸七十,志力衰耗,乃造《養性書》十六篇,裁節嗜欲,頤神自守[4]。永元中[5],病卒於家。

【注】

[1] 刺史,官名,爲一郡的監察長官,低於郡守。辟,徵召。從事,官名。指刺史的屬官。
[2] 轉,遷調。治中,官名,全稱治中從事史,爲州刺史的助理。
[3] 公車,即官車,漢以公家車馬遞送應舉的人。
[4] 裁節,節制。頤神,養神。
[5] 永元,漢和帝劉肇年號,公元89—105年。

選自《後漢書》卷四十九《王充王符仲長統列傳》

左　　雄（？—138）

　　左雄字伯豪，南陽涅陽人也[1]。安帝時[2]，舉孝廉[3]，稍遷冀州刺史[4]。州部多豪族[5]，好請託[6]，雄常閉門不與交通[7]。奏案貪猾二千石[8]，無所回忌[9]。

【注】
[1] 左雄，東漢政論家。南陽涅陽，在今河南鄧縣東北。
[2] 安帝，即東漢皇帝劉祜，公元107—125年在位。
[3] 舉，選拔，推薦。孝廉，漢代選拔官吏的科目之一。
[4] 稍遷，逐漸升官。冀州，州名，治所在高邑（今河北柏鄉北）。刺史，官名。西漢武帝時，分全國爲十三部（州），部置刺史，爲監察官性質，其官階低於郡守。
[5] 州部，指監察區域。豪族，豪門大族。
[6] 請託，以私事相託，走門路。
[7] 交通，交接，往還。
[8] 奏案，奏諸治罪。貪猾，貪婪狡猾而不守法紀。二千石，漢代對郡守的通稱。漢郡守俸禄爲二千石，故有此稱。
[9] 回忌，迴避顧忌。

　　永建初[1]，公車徵拜議郎[2]。時順帝新立[3]，大臣懈怠，朝多闕政[4]，雄數言事，其辭深切。尚書僕射虞詡以雄有忠公節[5]，上疏薦之曰[6]："臣見方今公卿以下[7]，類多拱默[8]，以樹恩爲賢[9]，盡節爲愚，至相戒曰：'白璧不可爲，容容多後福[10]。'伏見議郎左雄[11]，數上封事[12]，至引陛下身遭難厄[13]，以爲警戒，實有王臣蹇蹇之節[14]，周公謨成王之風[15]。宜擢在喉舌之官[16]，必有匡弼之益[17]。"由是拜雄尚書，再遷尚書令[18]。上疏陳事曰：

【注】

〔1〕永建，漢順帝年號，公元 126—132 年。

〔2〕公車，官署名。唐李賢注引《漢官儀》："公車掌殿司馬門，天下上事及徵召皆總領之。"徵拜，以禮招聘而授予官職。議郎，官名。掌顧問應對，得參預朝政。

〔3〕順帝，即東漢皇帝劉保，公元 126—144 年在位。

〔4〕闕政，政事上的漏失、錯誤。闕，同"缺"。

〔5〕尚書僕射，官名。漢建始元年置尚書五人，以一人爲僕射，爲協助皇帝政務的官員。虞詡，東漢陳國武平（今河南鹿邑西北）人，字昇卿。以勇於刺舉，觸犯權貴，曾經九受遣責，三遭刑罰。節，氣節，節操。

〔6〕疏，給皇帝的奏議。

〔7〕公卿，原指三公九卿，後泛指朝廷的高級官員。

〔8〕拱默，拱手而默然不言。

〔9〕樹恩，給予恩惠以結好。

〔10〕白璧不可爲，容容多後福，意謂不可如白玉之潔白無瑕，當隨衆附和。容容，隨衆附和。

〔11〕伏，下對上陳述自己想法時用的敬詞。

〔12〕封事，古時臣下上書奏事，防有泄漏，用袋封緘，稱爲封事。

〔13〕難厄，苦難；困窮。

〔14〕謇謇,亦作"謇謇"。忠誠;正直。
〔15〕周公,本書有傳。謨,設計策,出謀略。成王,西周王,周武王之子。風,作風;風度。
〔16〕擢,選拔;提升。喉舌之官,喻國家之重臣。此指尚書的官職,以其在皇帝左右辦事。
〔17〕匡弼,匡正輔助。
〔18〕尚書令,官名。東漢政務皆歸尚書,尚書令成為對君主負責總攬一切政務的首腦。

"臣聞柔遠和邇[1],莫大寧人,寧人之務,莫重用賢,用賢之道,必存考黜[2]。是以皋陶對禹[3],貴在知人。"安人則惠,黎民懷之。"[4]分伯建侯[5],代位親民[6],民用和穆[7],禮讓以興。故《詩》云:'有渰淒淒,興雨祁祁。雨我公田,遂及我私。'[8]及幽、厲昏亂[9],不自為政,褒豔用權[10],七子黨進[11],賢愚錯緒[12],深谷為陵[13]。故其詩云:'四國無政,不用其良。'[14]又曰:'哀今之人,故為虺蜴?'[15]言人畏吏如虺蜴也。宗周既滅[16],六國并秦[17],阬儒泯典[18],剗革五等[19],更立郡縣[20],縣設令長[21],郡置守尉[22],什伍相司[23],封豕其民[24]。大漢受命[25],雖未復古,然克慎庶官[26],蠲苛救敝[27],悅以濟難[28],撫而循之[29]。至於文、景[30],天下康乂[31]。誠由玄靖寬柔[32],克慎官人故也[33]。降及宣帝[34],興於仄陋[35],綜覈名實[36],知時所病[37],刺史守相[38],輒親引見[39],考察言行,信賞必罰。帝乃歎曰:'民所以安而無怨者,政平吏良也。與我共此者,其唯良二千石乎!'以爲吏數變易,則下不安業;久於其事,則民服教化。其有政理者[40],輒以璽書勉勵[41],增秩賜金[42],或爵至關内侯[43],公卿缺則以次用之[44]。是以吏稱其職,人安其業。漢世良吏,於兹爲盛,故能降來儀之瑞[45],建中興之功[46]。

【注】

[1] 柔遠,安撫邊遠的人民。柔,安撫,懷柔。和邇,使周圍的人民和睦安定。邇,近。

[2] 考黜,經過考察決定官吏進退升降。

[3] 皋陶,傳説的上古東夷族的首領。相傳爲虞舜掌刑法的官。禹,夏禹王。

[4] 語出《尚書‧皋陶謨》:"皋陶曰:'都!在知人,在安民。'禹曰:'吁!咸若時,惟帝其難。知人則哲,能官人。安民則惠,黎民懷之。……'"惠,愛,仁愛。黎民,百姓。懷,歸向。

[5] 分伯建侯,分封諸侯。伯、侯,均爲爵位名,此作諸侯代稱。

[6] 代位親民,指諸侯在各自的封地内代表滅子親近人民。

[7] 和穆,和悦。

[8] 見《詩‧小雅‧大田》。左雄以此喻"禮讓以興"。渹,雲興起貌。淒淒,盛貌。祁祁,徐徐。公田,指井田制。《孟子‧滕文公上》:"方里爲井,井九百畝,其中爲公田,八家皆私百畝,同養公田,公事畢,然後敢治私事。"私,指私田。

[9] 幽、厲,指周幽王和周厲王,西周王。

[10] 褒,指褒姒。周幽王的寵妃。豔,語出《詩‧小雅‧十月之交》:"豔妻煽方處"。鄭玄以爲豔妻指厲王后。

〔11〕七子黨進，指七個姦人與豔妻結爲親黨而得到進用。即《詩・小雅・十月之交》云，皇甫爲卿士，番爲司徒，家伯爲宰，仲允爲膳夫，聚子爲内史，蹶爲趣馬，楀爲師氏。

〔12〕錯緒，地位錯亂。

〔13〕深谷爲陵，謂上下易位。語出《詩・小雅・十月之交》："高岸爲谷，深谷爲陵。"鄭玄箋："易位者，君子居下，小人處上之謂也。"

〔14〕見《詩・小雅・十月之交》。

〔15〕語出《詩・小雅・正月》。虺蜴，即蠑螈。此喻今之人如蠑螈一般膽怯。

〔16〕宗周，周朝王都。周爲天下所宗，故王都所在，即稱宗周。

〔17〕六國，指戰國時韓、趙、魏、燕、楚、齊六國，最後都爲秦國所併吞。公元前221年秦王政（即秦始皇）統一中國，建立秦朝。

〔18〕阬儒泯典，指秦始皇焚書坑儒。阬，活埋。泯，滅。典，指儒家經典。

〔19〕剗革，削除，廢除。五等，本指周代天子分封諸侯的公、侯、伯、子、男五等爵位，此指分封諸侯的制度。

〔20〕郡縣，由春秋，戰國到秦代逐漸形成的地方政權組織，由中央直接領導。秦統一中國，廢除分封諸侯的制度，分全國爲三十六郡，後增加到四十多郡，下設縣。

〔21〕令長，一縣的行政長官。

〔22〕守尉，官名。郡行政的長官爲守，輔佐郡守、並掌軍事的爲尉。

〔23〕什伍，古代户籍的編制，以五家爲伍，十家爲什。相習，相互監察告發。

〔24〕封豕，本指大豬，此喻貪暴。

〔25〕漢，朝代名，公元前202年劉邦建立。受命，謂受天之命。

〔26〕克，能够。庶官，衆官。

〔27〕蠲,通"捐"。除去。苛,指苛政。敝,衰敗。
〔28〕濟,幫助,接濟。
〔29〕撫,安撫,撫慰。
〔30〕文、景,指漢文帝劉恒(前180—前157年在位)和漢景帝劉啓(前157—前141年在位)。
〔31〕康乂,平安。
〔32〕玄靖,沈静無爲。靖,通"静"。寬柔,寬厚溫和。
〔33〕官人,謂以官職任人。
〔34〕宣帝,即西漢皇帝劉詢(公元前74—前49年在位)。
〔35〕仄陋,同"側陋",喻卑賤低微。漢宣帝是戾太子劉據之孫,劉據受人誣告而遭害後,他生長民間,漢昭帝死,纔爲霍光所立。故曰宣帝"興於仄陋"。
〔36〕綜覈名實,考核事物的名稱與實際内容,以觀其是否相符。
〔37〕病,患苦。
〔38〕相,指諸侯國相。漢景帝以後,諸侯權力削弱,官員均由中央政府任免,國之長官爲國相。
〔39〕輒,總是。
〔40〕政理,政事治理得好的。
〔41〕璽書,指皇帝的詔書。
〔42〕秩,官吏的俸禄。
〔43〕關内侯,爵位名。封有食邑,可按規定户數徵收租税。
〔44〕次,按順序排列,等次。
〔45〕來儀,指鳳凰來儀。瑞,吉祥的徵兆。
〔46〕中興,復興。

"漢初至今,三百餘載,俗浸彫敝[1],巧僞滋萌[2],下飾其詐,上肆其殘[3]。典城百里[4],轉動無常,各懷一切[5],莫慮長久。謂殺害不辜爲威風,聚斂整辨爲賢能[6],以理己安民爲劣弱[7],以奉法循理爲不化。髠鉗之戮[8],生於睚眥[9];覆屍之禍,成於喜怒。視民如寇讎[10],稅之如豺虎。監司項背相望[11],與同疾疢[12],見非不舉,聞惡不察,觀政於亭傳[13],責成於期月[14],言善不稱德,論功不據實,虛誕者獲譽[15],拘檢者離毀[16]。或因罪而引高[17],或色斯以求名[18]。州宰不覆[19],競共辟召[20],踴躍升騰,超等逾匹[21]。或考奏捕案[22],而亡不受罪[23],會赦行賂[24],復見洗滌[25]。朱紫同色[26],清濁不分。故使姦猾枉濫[27],輕忽去就[28],拜除如流[29],缺動百數[30]。鄉官部吏[31],職斯祿薄[32],車馬衣服,一出於民,廉者取足,貪者充家[33],特選橫調[34],紛紛不絕,送迎煩費,損政傷民。和氣未洽,災眚不消[35],咎皆在此[36]。今之墨綬[37],猶古之諸侯,拜爵王庭[38],輿服有庸[39],而齊於匹豎[40],叛命避負[41],非所以崇憲明理[42],惠育元元也[43]。臣愚以爲守相長吏,惠和有顯效者[44],可就增秩,勿使移徙[45],非父母喪不得去官。其不從法禁,不式王命[46],錮之終身[47],雖會赦令,不得齒列[48]。若被劾奏[49],亡不就法者,徙家邊郡,以懲其後。鄉部親民之吏,皆用儒生清白任從政者[50],寬其負筭[51],增其秩祿,吏職滿歲,宰府州郡乃得辟舉[52]。如此,威福之路塞[53],虛偽之端絕[54],送迎之役損,賦斂之源息。循理之吏,得成其化;率土之民[55],各寧其所。追配文、宣中興之軌[56],流光垂祚[57],永世不刊[58]。"

【注】

〔1〕浸,漸漸。凋敝,衰敗。
〔2〕巧偽,巧言虛偽。滋萌,萌發。
〔3〕肆,放縱。
〔4〕典,掌管,主治。
〔5〕一切,一時權宜。
〔6〕聚斂,剝削,搜括。辦,通"辨"。
〔7〕理己,正己,自我修養。
〔8〕髡鉗,古代刑罰名。剃去頭髮叫髡,用鐵圈束頸叫鉗。戮,羞辱,恥辱。
〔9〕睚眥,怒目而視,引申為小怨小忿。
〔10〕寇讎,讐敵。
〔11〕監司,監察郡縣的地方長官的簡稱。項背相望,謂前後相顧。項,頸的後部。
〔12〕與同疾疢,有同樣的弊病。
〔13〕亭傳,古代設立驛站傳遞公文。
〔14〕期月,一整月。
〔15〕虛誕,虛假謬妄。
〔16〕拘檢,拘束檢點。離,通"罹",遭受。
〔17〕因罪而引高,因為有罪就先自動棄官來獲取高尚之名。
〔18〕色斯,語出《論語·鄉黨》:"色斯舉矣。"色,臉色。舉,飛走。
〔19〕覆,審查。
〔20〕辟召,徵召。

〔21〕逾,超過,勝過。匹,輩,同一類人。

〔22〕考奏捕案,經考察而奏請捉拿治罪。

〔23〕亡,逃亡。

〔24〕會,適逢。行賂,行賄。

〔25〕洗滌,指罪名消除。

〔26〕朱紫同色,喻以假亂真或是非不分。朱爲正色,紫爲雜色。

〔27〕姦猾,姦險狡猾之徒。枉濫,違法貪婪。

〔28〕去就,猶言去留。

〔29〕拜除如流,授給官職好像流水向下一樣。

〔30〕缺,指官位。

〔31〕部吏,部下的官吏。

〔32〕斯,通"廝"。卑賤。

〔33〕充家,使家產充足、富足。

〔34〕調,徵調。

〔35〕災眚,災變。

〔36〕咎,過失,罪過。

〔37〕墨綬,本指結在印環上的黑色絲帶。《後漢書·蔡邕傳》李賢注:"《漢官儀》曰:秩六百石,銅章墨綬也。"此即指令、長。

〔38〕拜爵,授予爵位。王庭,朝廷。

〔39〕輿服,車子和衣冠的總稱。古代車子和衣冠都有定式,以表示尊卑等級。庸,常。

〔40〕齊,一同。匹豎,童僕。

〔41〕避負,躲避責任。

〔42〕崇,尊重。憲,法令。

〔43〕元元,庶民,衆民。

〔44〕惠和,仁慈祥和。

〔45〕徙,調職。

〔46〕式,規格,模樣。此謂遵守。
〔47〕錮,禁錮,禁止做官或參加政治活動。
〔48〕齒列,按年次同等敍列。此指同列赦免以任官職。
〔49〕劾奏,向君主揭發別人的罪狀。
〔50〕任,勝任。
〔51〕筭,通"算"。指算賦。
〔52〕宰府,指中央政府的官員。州郡,指州和郡的長官。
〔53〕威福,即作威作福,濫用權勢。
〔54〕端,苗子,開頭。
〔55〕率土,猶言四海之內。
〔56〕追,回溯。配,媲美。軌,指秩序、規矩、法度。
〔57〕垂祚,把帝王基業傳給後代。
〔58〕刊,削,改。

　　帝感其言,申下有司[1],考其真僞,詳所施行。雄之所言,皆明達政體,而宦豎擅權[2],終不能用。自是選代交互[3],令長月易,迎新送舊[4],勞擾無已,或官寺空曠[5],無人案事[6],每選部劇[7],乃至逃亡。

【注】
〔1〕申下,告誡下達。有司,指官吏。
〔2〕宦豎,宦官的賤稱。擅,專,獨攬。
〔3〕選代,選官和授官。交互,互相交替。
〔4〕迎新送舊,指迎新官,送舊官。
〔5〕寺,古代官署名。
〔6〕案,考察。

〔7〕選部,官署名,即吏部前身。掌管全國官吏的任免、考課、升降、調動等事務。劇,指事務繁多。

　　永建三年,京師、漢陽地皆震裂[1],水泉湧出。四年,司、冀復有大水[2]。雄推較災異[3],以爲下人有逆上之徵,又上疏言:"宜密爲備[4],以俟不虞[5]。"尋而青、冀、揚州盜賊連發[6],數年之間,海內擾亂。其後天下大赦,賊雖頗解[7],而官猶無備,流叛之餘,數月復起。雄與僕射郭虔共上疏,以爲"寇賊連年,死亡太半[8],一人犯法,舉宗羣亡[9]。宜及其尚微[10],開令改悔。若告黨與者,聽除其罪[11];能誅斬者,明加其賞"。書奏,並不省[12]。

【注】
〔1〕京師,首都的舊稱,此指洛陽。漢陽,郡名,治所在冀縣(今甘肅甘谷東南)。
〔2〕司,指司隸校尉部,東漢行政區,治所在洛陽。冀,即冀州。
〔3〕推較,推求計較。災異,指自然災害和某些特異的自然現象。
〔4〕密,周到,完備。備,防備,準備。
〔5〕俟,待。不虞,指意料不到的事情。
〔6〕尋,不久。青,青州,治所在臨菑(今淄博市臨淄北)。揚州,治所在歷陽(今安徽和縣)。
〔7〕解,消除。
〔8〕太,通"大"。
〔9〕舉,全。宗,同祖、同族的人。
〔10〕尚微,指犯法情節還比較輕微的人。
〔11〕聽,判決。

〔12〕省,察看。

又上言:"宜崇經術[1],繕脩太學[2]。"帝從之。陽嘉元年[3],太學新成,詔試明經者補弟子[4],增甲乙之科,員各十人。除京師及郡國耆儒年六十以上爲郎、舍人、諸王國郎者百三十八人[5]。

【注】

〔1〕經術,儒術。
〔2〕太學,中國古代的大學。
〔3〕陽嘉,漢順帝年號,公元132—135年。
〔4〕弟子,學生。
〔5〕除,任命,授職。耆儒,高年之儒。郎,帝王侍從官的通稱。舍人,官名。漢代,太子和皇后、公主的屬官皆有舍人。

雄又上言:"郡國孝廉,古之貢士[1],出則宰民[2],宣協風教[3]。若其面墻[4],則無所施用。孔子曰'四十不惑'[5],《禮》稱'強仕'[6]。請自今孝廉年不滿四十,不得察舉[7],皆先詣公府[8],諸生試家法[9],文吏課牋奏[10],副之端門[11],練其虛實,以觀異能[12],以美風俗。有不承科令者[13],正其罪法。若有茂才異行[14],自可不拘年齒[15]。"帝從之,於是班下郡國[16]。明年,有廣陵孝廉徐淑[17],年未及舉,臺郎疑而詰之[18]。對曰:"詔書曰'有如顏回、子奇[19],不拘年齒',是故本郡以臣充選。"郎不能屈。雄詰之曰:"昔顏回聞一知十,孝廉聞一知幾邪?"淑無以對,乃譴却郡[20]。於是濟陰太守胡廣等十餘人皆坐謬舉免黜[21],唯汝南陳蕃、潁川李膺、下邳陳球等三十餘人得拜郎中[22]。自是牧守畏慄[23],莫敢輕舉。迄於永憙[24],察選清平,多得其人。

【注】

[1] 貢士,古代向最高統治者薦舉人員的制度。《禮記‧射父》:"諸侯歲獻,貢士於天子。"
[2] 宰,主宰,統治,管理。
[3] 宣協,發揚其意,協助其事。風教,風俗教化。
[4] 面墻,本指面對着墻,此喻不學。
[5] 四十不惑,語出《論語‧爲政》。
[6] 強仕,語出《禮記‧曲禮上》:"四十曰強,而仕。"
[7] 察舉,漢代選拔官吏的制度。由丞相、列侯、刺史、守相等推舉,經過考核,任以官職。其主要科目有孝廉、賢良文學、秀才等。爲漢代重要出仕途徑之一。
[8] 詣,到,往。公府,三公的官府。
[9] 家法,漢儒經學傳授,五經博士及其所傳弟子以師法説經,而各自名家,叫做"家法"。
[10] 課,考核。牋奏,古代一種文書,屬章奏一類。
[11] 副之端門,以副本送到端門,讓尚書審核。端門,宮殿的正門,當時尚書於此受下章奏。
[12] 異能,特殊的才能。
[13] 科令,法令。
[14] 茂才,極有才能。異行,特殊的德行。
[15] 年齒,年齡。

〔16〕班,頒佈。
〔17〕廣陵,郡名。治所在廣陵(今江蘇揚州市)。
〔18〕臺郎,即尚書郎。詰,問。
〔19〕顏回,孔子弟子,本書有傳。子奇,古代賢人。
〔20〕却,退。
〔21〕濟陰,郡名,治所在定陶(今山東定陶縣北)。坐,犯罪。免黜,罷免貶退。
〔22〕陳蕃,字仲舉,汝南平輿(今屬河南)人。李膺,潁川襄城(今屬河南)人,字元禮。下邳,郡名,治所在下邳(今江蘇睢寧西北)。陳球,字伯真。
〔23〕畏慄,畏懼。
〔24〕永憙,漢沖帝年號,公元145年。

　　雄又奏徵海內名儒為博士[1],使公卿子弟為諸生。有志操者,加其俸祿。及汝南謝廉,河南趙建[2],年始十二,各能通經,雄並奏拜童子郎[3]。於是負書來學,雲集京師。

【注】
〔1〕博士,古代學官名,專掌經學傳授。
〔2〕汝南,郡名,治所在上蔡(今河南上蔡西南)。河南,郡名,治所在雒陽。
〔3〕童子郎,古時選未成年的秀異能通經者,拜為郎,號童子郎。

　　初,帝廢為濟陰王[1],乳母宋娥與黃門孫程等共議立帝[2],帝後以娥前有謀,遂封為山陽君[3],邑五千戶[4]。

又封大將軍梁商子冀襄邑侯[5]。雄上封事曰："夫裂土封侯,王制所重。高皇帝約[6],非劉氏不王,非有功不侯。孝安皇帝封江京、王聖等[7],遂致地震之異。永建二年,封陰謀之功[8],又有日食之變。數術之士[9],咸歸咎於封爵[10]。今青州飢虛,盜賊未息,民有乏絶[11],上求禀貸[12]。陛下乾乾勞思[13],以濟民爲務。宜循古法,寧静無爲,以求天意,以消災異。誠不宜追録小恩,虧失大典[14]。"帝不聽。雄復諫曰:"臣聞人君莫不好忠正而惡讒諛,然而歷世之患,莫不以忠正得罪,讒諛蒙倖者[15],蓋聽忠難,從諛易也。夫刑罪,人情之所甚惡;貴寵,人情之所甚欲。是以時俗爲忠者少,而習諛者多。故令人主數聞其美,稀知其過,迷而不悟,至於危亡。臣伏見詔書顧念阿母舊德宿恩[16],欲特加顯賞。案尚書故事[17],無乳母爵邑之制,唯先帝時阿母王聖爲野王君[18]。聖造生讒賊廢立之禍[19],生爲天下所咀嚼[20],死爲海内所歡快。桀、紂貴爲天子,而庸僕羞與爲比者[21],以其無義也。夷、齊賤爲匹夫[22],而王侯爭與爲伍者[23],以其有德也。今阿母躬蹈約儉[24],以身率下,羣僚蒸庶[25],莫不向風[26],而與王聖並同爵號,懼違本操,失其常願。臣愚以爲凡人之心,理不相遠,其所不安,古今一也。百姓深懲王聖傾覆之禍[27],民萌之命[28],危於累卵[29],常懼時世復有此類。怵惕之念[30],未離於心;恐懼之言,未絶乎口。乞如前議,歲以千萬給奉阿母,内足以盡恩愛之歡,外可不爲吏民所怪。梁冀之封,事非機急[31],宜過災厄之運[32],然後平議可否[33]。"會復有地震、緱氏山崩之異[34],雄復上疏諫曰:"先帝封野王君,漢陽地震,今封山陽君而京城復震,專政在陰[35],其災尤大。臣前後瞽言封爵至重[36],王者可私人以財[37],不可以官,宜還阿母之封,以塞災異。今冀已高讓[38],山陽君亦宜崇其本節[39]。"雄言數切至,娥亦畏懼辭讓,而帝戀戀不能已,卒封之。後阿母遂以交邁失爵[40]。

【注】

〔1〕漢順帝爲安帝之子,立爲皇太子,因安帝乳母王聖、大長秋江京、中常侍樊平構陷,曾被廢爲濟陰王。

〔2〕黄門,指宦官。

〔3〕山陽,古縣名,治所在今河南焦作市東。

〔4〕邑,指食邑。

〔5〕大將軍,官名,職掌統兵征戰。冀,梁冀,安定烏氏(今甘肅平涼西北)人,字伯卓。其兩妹爲順帝、桓帝的皇后。其父梁商死後,繼爲大將軍。順帝死後,與妹梁太后先後立沖、質、桓三帝,專斷朝政幾二十年。襄邑,古縣名,治所在今河南睢縣。

〔6〕高皇帝,即漢高祖劉邦。

〔7〕孝安皇帝,即東漢皇帝劉祜,公元107—125年在位。

〔8〕此事不見於史。

〔9〕數術,一稱術數。古代關於天文、曆法、卜占的學問。

〔10〕歸咎,歸罪。

〔11〕乏絶,窮乏,斷絶。

〔12〕稟貸,猶言預支。稟,通"廩",給予糧食。貸,借出。

〔13〕乾乾,謂自强不息。勞思,用心思。

〔14〕大典,重要的制度、法則。

〔15〕倖,指帝王寵愛。
〔16〕顧念,眷念;思念。宿恩,舊恩。
〔17〕案,考察。尚書故事,尚書所事管的典章制度。故事,成例,指舊日的典章制度。
〔18〕阿母,乳母。野王,古縣名,治所在今河南沁陽。
〔19〕即前注所述王聖、江京等構陷漢順帝之事。
〔20〕咀嚼,咒罵。
〔21〕庸,通"傭"。雇工。比,並列。
〔22〕夷、齊,即伯夷和叔齊,古代所謂賢人。
〔23〕伍,同"列",等輩。
〔24〕躬,親自。蹈,實行,遵循。約儉,節約儉省。
〔25〕羣僚,衆官吏。蒸庶,衆民,百姓。
〔26〕向風,仰慕。
〔27〕懲,警戒。傾覆,顛覆。
〔28〕民萌,民衆。萌,同"氓"。
〔29〕累卵,迭起來的蛋,極易倒下打碎,喻處境危險之極。
〔30〕怵惕,戒懼。
〔31〕機急,機要而急迫。
〔32〕災厄,災難。
〔33〕平議,即評議。
〔34〕緱氏,古縣名,治所在今河南偃師東南。
〔35〕專政,猶獨專政權。陰,指女性。
〔36〕瞽言,瞎説。此作謙詞用。
〔37〕私,私贈。
〔38〕高讓,高尚地辭讓了爵位。
〔39〕本節,本來的節操。
〔40〕交遘,即交構,相互構陷致禍。

是時大司農劉據以職事被譴[1]，召詣尚書，傳呼促步[2]，又加以捶撲[3]。雄上言："九卿位亞三事[4]，班在大臣[5]，行有佩玉之節[6]，動有庠序之儀[7]。孝明皇帝始有撲罰[8]，皆非古典。"帝從而改之，其後九卿無復捶撲者。自雄掌納言[9]，多所匡肅[10]，每有章表奏議，臺閣以爲故事[11]。遷司隸校尉[12]。

【注】

[1] 大司農，官名。掌租稅錢穀鹽鐵和國家的財政收支，爲九卿之一。譴，責備，責罰。
[2] 促步，推使速行。
[3] 捶撲，棒打鞭抽。
[4] 亞，次於。三事，指三公。
[5] 班，等級。
[6] 佩玉，繫帶玉珮。節，禮節。
[7] 庠序，古代的學校，教人以明人倫。儀，禮儀。
[8] 孝明皇帝，即東漢皇帝劉莊，公元57—75年在位。撲罰，笞打。
[9] 納言，指宣達帝命。左雄職爲尚書令，直接對君主負責總攬一切政令，故稱其"掌納言"。
[10] 匡肅，方正莊重。
[11] 臺閣，指尚書。因尚書臺在宮廷建築之內，故有此稱。
[12] 司隸校尉，官名。掌糾察京師百官及所轄附近各郡。

初，雄薦周舉爲尚書[1]，舉既稱職，議者咸稱焉。及在司隸，又舉故冀州刺史馮直以爲將帥，而直嘗坐臧受罪[2],舉以此劾奏雄。雄悦曰:"吾嘗事馮直之父而又與直善,今宣光以此奏吾,乃是韓厥之舉也[3]。"由是天下服焉。明年坐法免。後復爲尚書。永和三年卒[4]。

【注】
[1] 周舉,字宣光,汝南汝陽(今河南商水縣西北)人。
[2] 臧,通"贓",貪污受賄或盜竊所得的財物。
[3] 韓厥之舉,指春秋時晉國正卿趙宣子舉薦韓厥之事。趙宣子向晉靈公舉薦韓厥爲司馬,後趙宣子手下人違反軍紀,被韓厥抓住殺了,趙宣子對諸大夫説:"二三子可以賀我矣!吾舉厥也而中,吾乃今知免於罪矣。"事見《國語·晉語》。
[4] 永和,漢順帝年號,公元136—141年。

選自《後漢書》卷六十一《左周黃列傳》

王　　符 （約85—162）

　　王符字節信,安定臨涇人也[1]。少好學,有志操,與馬融、竇章、張衡、崔瑗等友善[2]。安定俗鄙庶孼[3],而符無外家[4],爲鄉人所賤。自和、安之後[5],世務游宦[6],當塗者更相薦引,而符獨耿介不同於俗[7],以此遂不得升進。志意蘊憤,乃隱居著書三十餘篇,以譏當時失得,不欲章顯其名,故號曰《潛夫論》。其指訐時短[8],討謫物情,足以觀見當時風政,著其五篇云爾。

【注】
〔1〕安定,郡名,今甘肅平涼地區一部分。臨涇,縣名,在今甘肅鎮原縣境。
〔2〕馬融,字季長,東漢中期人,官至南郡太守。嘗校書東觀,爲當世大儒。竇章,字伯向,官至大鴻臚。張衡,字平子,官至尚書,學識淵博,尤精自然科學,嘗作渾天儀、地動儀等。崔瑗,字子玉,官至濟北相,工於文辭。
〔3〕庶孼,妾所生的子女。
〔4〕無外家,安定的鄙俗,妾婢之子不能承認自己的外祖父母。
〔5〕和,漢和帝劉肇。安,漢安帝劉祜。
〔6〕游宦,四處游散以求官。
〔7〕耿介,耿直守志不趨時。
〔8〕訐,攻。

《貴忠篇》曰：

"夫帝王之所尊敬者天也，皇天之所愛育者人也。今人臣受君之重位，牧天之所愛[1]，焉可以不安而利之，養而濟之哉？是以君子任職則思利人，達上則思進賢，故居上而下不怨，在前而後不恨也。《書》稱'天工人其代之'[2]。王者法天而建官，故明主不敢以私授，忠臣不敢以虛受。竊人之財猶謂之盜，況偷天官以私己乎！以罪犯人，必加誅罰，況乃犯天，得無咎乎？夫五代之臣[3]，以道事君，澤及草木，仁被率土[4]，是以福祚流行，本支百世[5]。季世之臣，以諂媚主，不思順天，專杖殺伐。白起、蒙恬[6]，秦以爲功，天以爲賊，息夫、董賢[7]，主以爲忠，天以爲盜。《易》曰：'德薄而位尊，智小而謀大，鮮不及矣。'[8]是故德不稱，其禍必酷；能不稱，其殃必大。夫竊位之人，天奪其鑒[9]。雖有明察之資，仁義之志，一旦富貴，則背親捐舊，喪其本心，疏骨肉而親便辟[10]，薄知友而厚犬馬，寧見朽貫千萬，而不忍貸人一錢，情知積粟腐倉，而不忍貸人一斗，骨肉怨望於家，細人謗讟於道[11]。前人以敗，後爭襲之，誠可傷也。

【注】

[1] 牧，治。所愛，指人。
[2] 《書》，指《尚書·皋陶謨》。天工人其代之，謂人代天理官，不可以任非其才。
[3] 五代，指唐、虞、夏、商、周。

〔4〕率土,境域以内。《詩·小雅·北山》:"率土之濱,莫非王臣。"
〔5〕本支,樹幹和枝葉。《詩·大雅·文王》:"文王孫子,本支百世。"
〔6〕白起,戰國時秦將,善用兵,長平一戰坑趙降卒四十萬。蒙恬,秦始皇時任內史,秦滅六國後,將兵三十萬北擊匈奴、築長城。
〔7〕息夫,即息夫躬,位至光祿大夫,宜陵侯。董賢(前23—前1),字聖卿,得幸哀帝,封高安侯,官至大司馬衛將軍。
〔8〕語見《易傳·繫辭》。
〔9〕天奪其鑒,語出《左傳》。指天不讓他看到惡果。
〔10〕便辟,逢迎諂媚之人。
〔11〕細人,小人。謗讟,非議、怨言。

"歷觀前政貴人之用心也,與嬰兒子何其異哉?嬰兒有常病,貴臣有常禍,父母有常失,人君有常過。嬰兒常病,傷於飽也;貴臣常禍,傷於寵也。哺乳多則生癇病,富貴盛而致驕疾。愛子而賊之,驕臣而滅之者,非一也。極其罰者,乃有仆死深牢,銜刀都市[1],豈非無功於天,有害於人者乎?夫鳥以山為卑[2],而增巢其上,魚以泉為淺,而穿穴其中,卒所以得者餌也。貴戚願其宅吉而制為令名[3],欲其門堅而造作鐵樞[4],卒其所以敗者,非苦禁忌少而門樞朽也,常苦崇財貨而行驕僭耳。

【注】
〔1〕銜刀,戰國時趙將李牧被人謗讒賜死,將自殺,臂短不能及,就銜刀於柱而自死。

〔2〕埤,通"卑",低下。
〔3〕令名,善名。
〔4〕樞,門上的轉軸。

"不上順天心,下育人物,而欲任其私智,竊弄君威[1],反戾天地,欺誣神明。居累卵之危,而圖太山之安[2],爲朝露之行[3],而思傳世之功。豈不惑哉!豈不惑哉!"

【注】
〔1〕竊弄君威,欺君弄權。
〔2〕太,通"泰"。
〔3〕爲朝露之行,做易致衰敗的事。

《浮侈篇》曰:

"王者以四海爲家,兆人爲子[1]。一夫不耕,天下受其飢;一婦不織,天下受其寒。今舉俗舍本農[2],趨商賈,牛馬車輿,填塞道路,游手爲巧,充盈都邑,務本者少,浮食者衆。'商邑翼翼,四方是極。'[3]今察洛陽[4],資末業者什於農夫,虛僞游手什於末業。是則一夫耕,百人食之,一婦桑,百人衣之,以一奉百,孰能供之!天下百郡千縣,市邑萬數,類皆如此。本末不足相供,則民安得不飢寒?飢寒並至,則民安能無姦軌[5]?姦軌繁多,則吏安能無嚴酷?嚴酷數加,則下安能無愁怨?愁怨者多,則咎徵並臻[6]。下民無聊[7],而上天降災,則國危矣。

【注】
〔1〕兆人,即兆民。萬億爲兆。
〔2〕舉俗,整個世俗。
〔3〕引《詩·商頌·殷武》。商邑,指商都。翼翼,整飭恭敬貌。極,中正。
〔4〕洛陽,東漢國都。
〔5〕姦軌,内亂外患。
〔6〕臻,至。
〔7〕無聊,無以爲生。

"夫貧生於富,弱生於强,亂生於化,危生於安。是故明王之養民,憂之勞之,教之誨之,慎微防萌,以斷其邪。故《易》美節以制度,不傷財,不害民[1]。《七月》之詩,大小教之,終而復始[2]。由此觀之,人固不可恣也。

【注】
〔1〕見《周易》"節"卦的《象辭》。
〔2〕《七月》,指《詩·豳風·七月》。大小,耕桑之法和撚繩等事。

"今人奢衣服,侈飲食,事口舌而習調欺[1],或以謀姦合任爲業[2],或以游博持掩爲事[3]。丁夫不扶犂鋤,而懷丸挾彈,攜手上山遨遊,或好取土作丸賣之,外不足禦寇盜,内不足禁鼠雀。或作泥車瓦狗諸戲弄之具，以巧詐小兒，此皆無益也。

【注】
〔1〕調欺，詭幷欺詐。
〔2〕合任，指相合爲任俠。
〔3〕博，古代的一種游戲。持掩，古代一種賭博方法。

　　"《詩》刺'不績其麻，市也婆娑'〔1〕。又婦人不修中饋〔2〕，休其蠶織〔3〕，而起學巫祝，鼓舞事神，以欺誣細民，熒惑百姓妻女〔4〕。羸弱疾病之家，懷憂憒憒，易爲恐懼。至使奔走便時，去離正宅，崎嶇路側，風寒所傷，姧人所利，盜賊所中。或增禍重祟，至於死亡，而不知巫所欺誤，反恨事神之晚，此妖妄之甚者也。

【注】
〔1〕見《詩・鄭風・東門之墠》。婆娑，歌舞。
〔2〕饋，飲食之事。
〔3〕《詩・大雅・瞻卬》："婦無公事，休其蠶織。"
〔4〕熒惑，眩惑。

　　"或刻畫好繒〔1〕，以書祝辭；或虛飾巧言，希致福祚；或糜折金彩〔2〕，令廣分寸；或斷截衆縷，繞帶手腕；或裁切綺縠〔3〕，縫紩成幡〔4〕，皆單費百縑〔5〕，用功千倍，破牢爲僞，以易就難，坐食嘉穀〔6〕，消損白日。夫山林不能給野火，江海不能實漏卮〔7〕，皆所宜禁也。

【注】
〔1〕繒,絲織品的總稱。古謂之帛,漢謂之繒。
〔2〕金彩,金黃色的絲織物。
〔3〕綺,素底絲文起花的絲織品。縠,縐紗一類的絲織品。
〔4〕袟,縫。幡,旗幟。
〔5〕縑,雙絲織成的微帶黃色的細絹。
〔6〕嘉穀,古代以小米爲嘉穀,後成爲五穀的總稱。
〔7〕卮,酒器。

"昔孝文皇帝躬衣弋綈[1],革舄韋帶[2]。而今京師貴戚,衣服飲食,車輿廬第,奢過王制,固亦甚矣。且其徒御僕妾,皆服文組綵牒[3],錦繡綺縠,葛子升越[4],筩中女布[5]。犀象珠玉,虎魄瑇瑁[6]。石山隱飾,金銀錯鏤,窮極麗靡[7],轉相誇咤[8]。其嫁娶者,車軿數里[9],緹帷竟道[10],騎奴侍童,夾轂並引。富者競欲相過,貧者恥其不逮,一饗之所費,破終身之業。古者必有命然後乃得衣繒絲而乘車馬[11],今雖不能復古,宜令細民略用孝文之制。

【注】
〔1〕孝文皇帝,即漢文帝劉恒,在位二十三年。躬衣弋綈,親自穿着黑色粗厚的絲織物。
〔2〕革,去毛並經加工的皮。韋,只去毛的皮。舄,高底的鞋。
〔3〕文組,有花紋的絲帶。綵牒,綠色的多層布。
〔4〕葛子、升越,皆布名。葛,麻織物。升越,越地所產的細布。
〔5〕筩中,布名。女布,一種精美的細布。

〔6〕虎魄,即琥珀,松柏類植物脂液的化石。瑇瑁,形似龜的爬行動物,産於熱帶海中,甲殼可作裝飾品。
〔7〕麗靡,奢華。
〔8〕咤,通"詫",誇耀。
〔9〕軿,婦女所乘四周有障蔽的車。
〔10〕緹帷,橘紅色的帳幕。竟道,遍道。
〔11〕古者必有命,《尚書大傳》云:"古之帝王者必有命。命於其君,得乘飾車軿馬,衣文錦。未有命者,不得衣乘,乘衣者有罰。"

　　"古之葬者,厚衣之以薪,葬之中野,不封不樹[1],喪期無數。後世聖人易之以棺椁,桐木爲棺,葛采爲緘[2],下不及泉,上不泄臭。中世以後,轉用楸梓槐柏杶樗之屬,各因方土,裁用膠漆,使其堅足恃,其用足任,如此而已。今者京師貴戚,必欲江南檽梓豫章之木[3]。邊遠下土,亦競相放效。夫檽梓豫章,所出殊遠,伐之高山,引之窮谷,入海乘淮,逆河泝洛[4],工匠彫刻,連累日月,會衆而後動,多牛而後致,重且千斤,功將萬夫,而東至樂浪[5],西達敦煌,費力傷農於萬里之地。古者墓而不墳,中世墳而不崇[6]。仲尼喪母,冢高四尺,遇雨而崩,弟子請修之,夫子泣曰:'古不修墓。'[7]及鯉也死,有棺無椁[8]。文帝葬芷陽[9],明帝葬洛南[10],皆不臧珠寶,不起山陵,墓雖卑而德最高。今京師貴戚,郡縣豪家,生不極養,死乃崇喪。或至金鏤玉匣,檽梓梗柟,多埋珍寶偶人車馬[11],造起大冢,廣種松柏,廬舍祠堂,務崇華侈。案鄗畢之陵[12],南城之冢[13],周公非不忠,曾子非不孝[14],以爲褒君愛父,不在於聚財,揚名顯親,無取於車馬。昔晉靈公多賦以雕牆[15],《春秋》以爲不君[16]。華元、樂舉厚葬文公[17],君子以爲不臣。況於羣司士庶[18],乃可僭侈主上,過天道乎?"

【注】

〔1〕中野,荒野之中。封,堆土爲墳;樹,植樹作標記。見於《易·繫辭傳》。

〔2〕葛采爲緘,用葛的蔓制成繩子。

〔3〕豫章之木,即今産於江西的樟木。

〔4〕淮,淮河。泝,逆水而上。河,黃河。洛,洛水。

〔5〕樂浪,郡名,地在今朝鮮境内。

〔6〕崇,高。

〔7〕事見《禮記·檀弓上》。

〔8〕鯉,即孔鯉。孔子之子,字伯魚,先孔子死。棺椁,古代棺材有二重,内層叫棺,外層叫椁。

〔9〕芷陽,即霸陵,在陝西長安縣東。

〔10〕明帝,漢明帝劉莊。

〔11〕梗枏,大的楠木。偶人,用土木等制成的人像。

〔12〕鄗、畢,周文王、武王葬所。鄗通"鎬",西周都城,故地在今西安市西南。畢,在今陝西咸陽西北。

〔13〕南城,春秋時稱武城。曾子父親曾晳的葬所,故地在今山東費縣西南。

〔14〕曾子,名參,孔子弟子,以孝著稱。

〔15〕晉靈公，名夷皋，春秋時晉國國君，在位十四年，荒淫無道，爲臣下所殺。雕，畫。

〔16〕《春秋》，編年體史書，相傳孔子據魯史修訂而成。記載自魯隱公元年至魯哀公十四年共二百四十二年的歷史。不君，失君道。

〔17〕華元，春秋時宋國的公族大夫，歷事文、共、平三公，執政四十年。樂舉，宋大臣。文公，即宋文公，名鮑，在位二十二年。

〔18〕羣司，百官。

《實貢篇》曰：

"國以賢興，以諂衰；君以忠安，以佞危。此古今之常論，而時所共知也。然衰國危君，繼踵不絕者，豈時無忠信正直之士哉，誠苦其道不得行耳。夫十步之間，必有茂草[1]；十室之邑，必有忠信[2]。是故亂殷有三仁[3]，小衛多君子[4]。今以大漢之廣土，士民之繁庶，朝廷之清明，上下之脩正，而官無善吏，位無良臣。此豈時之無賢，諒由取之乖實。夫志道者少與，逐俗者多儔[5]，是以朋黨用私，背實趨華。其貢士者[6]，不復依其質幹，準其才行[7]，但虛造聲譽，妄生羽毛。略計所舉，歲且二百[8]。覽察其狀，則德侔顏、冉[9]，詳覈厥能[10]，則鮮及中人，皆總務升官，自相推達。夫士者貴其用也，不必求備。故四友雖美[11]，能不相兼；三仁齊致，事不一節[12]。高祖佐命[13]，出自亡秦；光武得士[14]，亦資暴莽[15]。況太平之時，而云無士乎！

【注】

〔1〕劉向《說苑》："十步之澤,必有芳草。"

〔2〕《論語·公冶長》："十室之邑,必有忠信如丘者焉,不如丘之好學也。"

〔3〕三仁,指箕子、微子、比干。

〔4〕衛,春秋時諸侯國名,地在今河南滑縣一帶,當時是小國。小衛多君子,《左傳》載:吳國季札適衛,悅蘧瑗、史狗、史鰌、公子荊、公叔發、公子朝六人,說"衛多君子,未有患也"。

〔5〕少與,少有朋友。多疇,多有其類。

〔6〕貢,推舉。

〔7〕準,衡量。

〔8〕《通典》云,後漢光武帝建武十二年,詔高級官吏舉茂才、孝廉各一人。其後多承此制。推核當時戶口,一年所舉不過二百。

〔9〕侔,等。顏,顏回,見前注。冉,冉耕,字伯牛,春秋魯國人,孔子弟子。

〔10〕覈,考覈。厥,其。

〔11〕四友,《尚書大傳》孔子曰:"文王得四臣,丘亦得四友。"四臣,指散宜生、南宮括、閎夭、太顛。四友,指顏回、子貢、子張、子路。

〔12〕三仁齊致,事不一節,微子諫而去,箕子諫而為奴,比干諫而死。三人所行雖異,但都達到了仁的境界。

〔13〕佐命,指輔佐之臣。古代帝王自謂受天命,故稱輔佐之臣為佐命。

〔14〕光武,即後漢光武帝劉秀(前6—公元57),在位三十三年。

〔15〕莽,王莽(前45—公元23),字巨君,漢元皇后的侄子。後取西漢而代之,自稱帝,改國號為新,居位十五年。

"夫明君之詔也若聲,忠臣之和也如響。長短大小,清濁疾徐,必相應也。且攻玉以石,洗金以鹽,濯錦以魚,浣布以灰。夫物固有以賤理貴,以醜化好者矣。智者棄短取長,以致其功。今使貢士必覈以實,其有小疵,勿彊衣飾[1],出處默語[2],各因其方,則蕭、曹、周、韓之倫[3],何足不致,吳、鄧、梁、竇之屬[4],企踵可待[5]。孔子曰:'未之思也,夫何遠之有[6]?'"

【注】

[1] 衣飾,掩蓋粉飾。
[2] 出處默語,《易・繫辭上傳》:"子曰,君子之道,或出,或處,或默,或語。"
[3] 蕭,蕭何。曹,曹參。周,周勃。韓,韓信。四人都是西漢開國功臣。
[4] 吳,吳漢,字子顏。鄧,鄧禹,字仲華。梁,梁統,字仲寧。竇,竇融,字周公。四人都是東漢開國功臣。
[5] 企踵,踮起脚跟。喻時間短。
[6] 語出《論語・子罕》。

《愛日篇》曰:

"國之所以爲國者,以有民也。民之所以爲民者,以有穀也。穀之所以豐殖者,以有民功也。功之所以能建者,以日力也。化國之日舒以長[1],故其民閒暇而力有餘;亂國之日促以短,故其民困務而力不足。

舒長者,非謂羲和安行[2],乃君明民靜而力有餘也。促短者,非謂分度損減[3],乃上暗下亂,力不足也。孔子稱'既庶則富之,既富乃教之'[4]。是故禮義生於富足,盜竊起於貧窮,富足生於寬暇,貧窮起於無日。聖人深知力者民之本,國之基也,故務省徭役,使之愛日。是以堯敕羲和,欽若昊天,敬授民時[5]。明帝時,公車以反支日不受章奏[6],帝聞而怪曰:'民廢農桑,遠來詣闕[7],而復拘以禁忌,豈爲政之意乎!'於是遂蠲其制[8]。今冤民仰希申訴,而令長以神自畜[9],百姓廢農桑而趨府廷者,相續道路,非朝餔不得通[10],非意氣不得見[11]。或連日累月,更相瞻視;或轉請鄰里,饋糧應對。歲功既虧,天下豈無受其飢者乎?

【注】

〔1〕以,而。

〔2〕羲和,在此指神話中太陽的御者。

〔3〕古人以爲,一周天爲三百六十五度四分度之一,一度爲千九百三十二里。太陽一日行一度,月亮一日行十三度十九分度之一。

〔4〕《論語·子路》:"子適衛,冉有僕。子曰:'庶矣哉!'冉有曰:'既庶矣,又何加焉?'曰:'富之。'曰:'既富矣,又何加焉?'曰:'教之。'"庶,人員衆多。

〔5〕羲和,相傳唐堯時掌管天地四時的官。《書·堯典》:"乃命羲和,欽若昊天,曆象日月星辰,敬授人時。"欽,敬佩。昊天,崇高的天。

〔6〕反支日,指凶日。古術數星命之説,以陰陽五行配合歲月日時,決定日之吉凶。公車,官署名,掌管宫中司馬門的警衛,并掌吏民上書。
〔7〕闕,指皇帝所居的地方。
〔8〕蠲,除去。
〔9〕令長以神自畜,官僚們以神自居,不輕易見人。
〔10〕朝餔,早晨和下午。餔,古代申時喫飯,故以餔代申時。申時是下午三點到五點。
〔11〕意氣,饋贈送禮。

　　"孔子曰:'聽訟吾猶人也。'〔1〕從此言之,中才以上,足議曲直,鄉亭部吏,亦有任决斷者,而類多枉曲,蓋有故焉。夫理直則恃正而不橈,事曲則諂意以行賕〔2〕。不橈故無恩於吏,行賕故見私於法。若事有反覆,吏應坐之,吏以應坐之故,不得不枉之於庭。以贏民之少黨,而與豪吏對訟,其勢得無屈乎?縣承吏言,故與之同。若事有反覆,縣亦應坐之,縣以應坐之故,而排之於郡〔3〕。以一民之輕,而與一縣爲訟,其理豈得申乎?事有反覆,郡亦坐之,郡以共坐之故,而排之於州。以一民之輕,與一郡爲訟,其事豈獲勝乎?既不肯理,故乃遠詣公府〔4〕。公府復不能察,而當延以日月〔5〕。貧弱者無以曠旬〔6〕,彊富者可盈千日。理訟若此,何枉之能理乎?正士懷怨結而不見信〔7〕,猾吏崇姦軌而不被坐〔8〕,此小民所以易侵苦,而天下所以多困窮也。

【注】

〔1〕見《論語·顏淵》。孔子曰："聽訟,吾猶人也,必也使無訟乎!"
〔2〕賕,賄賂。
〔3〕排,推也。
〔4〕公府,三公的官府,屬中央一級的機構。
〔5〕延,拖延。
〔6〕旬,十天爲旬。
〔7〕信,讀作"申"。不見,不能得到。
〔8〕崇,助長。

"且除上天感痛致災,但以人功見事言之。自三府州郡[1],至於鄉縣典司之吏,辭訟之民,官事相連,更相檢對者,日可有十萬人。一人有事,二人經營,是爲日三十萬人廢其業也。以中農率之[2],則是歲三百萬人受其飢者也。然則盜賊何從而銷,太平何由而作乎[3]?《詩》云:'莫肯念亂,誰無父母?'[4]百姓不足,君誰與足[5]?可無思哉!可無思哉!"

【注】

〔1〕三府,指太尉、司徒、司空的官署。
〔2〕率,計算。
〔3〕銷,通"消"。作,興起。
〔4〕見《詩·小雅·沔水》。父母,指京師。
〔5〕語見《論語·顏淵》。

《述赦篇》曰:

"凡療病者,必知脈之虛實,氣之所結,然後爲之方,故疾可愈而壽可長也。爲國者,必先知民之所苦,禍之所起,然後爲之禁,故姦可塞而國可安也。今日賊良民之甚者,莫大於數赦贖[1]。赦贖數,則惡人昌而善人傷矣。何以明之哉?夫謹敕之人[2],身不蹈非,又有爲吏正直,不避彊禦,而姦猾之黨橫加誣言者,皆知赦之不久故也。善人君子,被侵怨而能至闕庭自明者,萬無數人;數人之中得省問者,百不過一;既對尚書而空遣去者,復十六七矣[3]。其輕薄姦軌,既陷罪法,怨毒之家冀其辜戮[4],以解畜憤,而反一概悉蒙赦釋,令惡人高會而誇咤[5],老盜服臧而過門[6],孝子見讎而不得討,遭盜者睹物而不敢取,痛莫甚焉!

【注】
[1] 赦贖,赦免以錢贖罪的人。
[2] 謹敕,謹慎而整飭。
[3] 空遣,無結果。
[4] 冀,希望。辜戮,有罪而誅。
[5] 高會而誇咤,大擺筵席以示誇耀。
[6] 謂慣竊穿着偷來的衣服招搖過市。

"夫養稂莠者傷禾嫁,惠姦軌者賊良民。《書》曰:'文王作罰,刑兹無赦。'[1]先王之制刑法也,非好傷人肌膚,斷人壽命也;貴威姦懲惡,除人害也。故經稱

'天命有德,五服五章哉,天討五罪,五刑五用哉'[2],《詩》刺'彼宜有罪,汝反脫之'[3]。古者唯始受命之君,承大亂之極,寇賊姦軌,難爲法禁,故不得不有一赦,與之更新,頤育萬民,以成大化。非以養姦活罪,放縱天賊也。夫性惡之民,民之豺狼,雖得放宥之澤,終無改悔之心。旦脫重桎,夕還囹圄,嚴明令尹[4],不能使其斷絕。何也？凡敢爲大姦者,才必有過於衆,而能自媚於上者也。多散誕得之財[5],奉以詔諛之辭,以轉相驅,非有第五公之廉直[6],孰不爲顧哉？論者多曰:'久不赦則姦軌熾而吏不制,宜數肆眚以解散之。'[7] 此未昭政亂之本源[8],不察禍福之所生也。"

【注】

[1] 見《尚書·康誥》。
[2] 見《尚書·皋陶謨》。經,指《書經》。五服五章,天子、諸侯、卿、大夫、士的衣服各有不同的彩章。五刑五用,墨、劓、剕、宮、大辟五種刑罰各有其用。
[3] 見《詩·大雅·瞻卬》。脫,赦。
[4] 令尹,泛指官吏。
[5] 誕,欺騙。
[6] 第五公,復姓第五,名倫,字伯魚。歷任會稽太守和司空,東漢名臣。
[7] 肆眚,寬縱有罪的人。
[8] 清汪繼培說,"未"當作"乃"。

後度遼將軍皇甫規解官歸安定[1],鄉人有以貨得雁門太守者[2],亦去職還家,書刺謁規[3]。規臥不迎,既入而問:"卿前在郡食雁美乎?"有頃[4],又白王符在門[5]。規素聞符名,乃驚遽而起,衣不及帶,屣履出迎[6],援符手而還,與同坐,極歡。時人爲之語曰:"徒見二千石,不如一縫掖[7]。"言書生道義之爲貴也。符竟不仕,終於家。

【注】
〔1〕度遼將軍,漢代將軍名號。皇甫規,字威明。
〔2〕雁門,郡名,轄今山西北部地區。
〔3〕書刺,即今名片。古代在竹簡上刻上名字,故稱。
〔4〕有頃,過了不久。
〔5〕白,稟報。
〔6〕屣履,拖着鞋。
〔7〕二千石,漢代知府以上官員的俸祿都是二千石,故稱郎將、郡守和知府爲二千石。縫掖,寬袖單衣,古代儒生所服,因亦作儒生的代稱。

選自《後漢書》卷四十九《王充王符仲長統列傳》

崔　　寔（？—約170）

　　寔字子真[1]，一名台，字元始。少沈静[2]，好典籍[3]。父卒，隱居墓側。服竟[4]，三公並辟[5]，皆不就[6]。

【注】
[1] 崔寔，東漢政論家。涿郡安平（今屬河北）人。
[2] 沈，同"沉"，深沉。
[3] 典籍，指各種典册、書籍。
[4] 服竟，父死後守喪期滿除服。竟，完，盡。
[5] 三公，東漢時以太尉、司徒、司空合稱三公。並，一起。辟，徵召。
[6] 就，趨，從。

　　桓帝初[1]，詔公卿郡國舉至孝獨行之士[2]。寔以郡舉，徵詣公車[3]，病不對策[4]，除爲郎[5]。明於政體[6]，吏才有餘[7]，論當世便事數十條，名曰《政論》。指切時要，言辯而確[8]，當世稱之[9]。仲長統曰[10]："凡爲人主[11]，宜寫一通[12]，置之坐側。"其辭曰：

【注】
[1] 桓帝，即東漢皇帝劉志（公元146—167年在位）。
[2] 公卿，原指三公九卿，後泛指朝廷中的高級官員。郡國，郡和

侯國。舉,推薦;選拔。至孝,最孝。獨行,指獨特的操行。
〔3〕詣,前往,去到。公車,官署名,總領徵召之事。
〔4〕對策,對答皇帝的策問。
〔5〕除,任命,授職。郎,帝王侍從官的通稱。
〔6〕政體,爲政的根本。
〔7〕吏才有餘,謂任本職,尚未能使其才幹全部發揮出來。
〔8〕辯而確,清楚而明確。
〔9〕稱,稱頌,贊許。
〔10〕仲長統,本書有傳。
〔11〕人主,君主。
〔12〕一通,一份。

"自堯舜之帝[1],湯武之王[2],皆賴明哲之佐[3],博物之臣。故皋陶陳謨而唐虞以興[4],伊、箕作訓而殷周用隆[5]。及繼體之君[6],欲立中興之功者[7],曷嘗不賴賢哲之謀乎!凡天下所以不理者[8],常由人主承平日久[9],俗漸敝而不悟[10],政寖衰而不改[11],習亂安危,怢不自睹[12]。或荒耽嗜欲[13],不恤萬機[14];或耳蔽箴誨[15],厭偽忽真[16];或猶豫歧路,莫適所從;或見信之佐,括囊守禄[17];或疏遠之臣,言以賤廢。是以王綱縱弛於上[18],智士鬱伊於下[19]。悲夫!

【注】
〔1〕堯,唐堯。舜,虞舜。
〔2〕湯,商湯王。武,周武王。

〔3〕明哲,明智;洞明事理。佐,輔助的人。
〔4〕皋陶,相傳在虞舜時掌管刑法的官。陳,陳述。謨,計策,謀略。《尚書》有《皋陶謨》篇。
〔5〕伊,即伊尹,商初大臣,曾助湯攻滅夏桀。箕,即箕子,商貴族,紂王的諸父。訓,敎誨;開導。《史記·殷本紀》:"帝太甲元年,伊尹作《伊訓》。"《尚書》有《洪範》篇,傳爲箕子向周武王陳述的"天地之大法"。殷,朝代名。商王盤庚遷殷(今河南安陽),故商亦稱殷。周,朝代名,公元前11世紀周武王滅商後建立。隆,興盛。
〔6〕繼體,猶言繼位。
〔7〕興,復興。
〔8〕理,治。
〔9〕承平,相承平安之意。
〔10〕敝,衰敗。
〔11〕寖,同"浸",漸漸。
〔12〕怢,忽視,不經意。
〔13〕荒耽,沉湎迷戀。
〔14〕恤,擔憂,憂慮。萬機,指日常處理的紛繁的政務。
〔15〕蔽,遮住。箴誨,規誡教誨。
〔16〕厭,滿足。
〔17〕括囊守禄,不輕易說話而保持禄位。括囊,本指束緊袋口,比喻縝密,不輕易說話。
〔18〕王綱,王朝綱紀。
〔19〕鬱伊,抑鬱,憂悶。

"自漢興以來,三百五十餘歲矣。政令垢玩[1],上下怠懈,風俗凋敝[2],人庶巧偽[3],百姓囂然[4],咸復思中興之救矣。且濟時拯世之術[5]，豈必體堯蹈舜然後乃理哉[6]？期於補綻決壞[7]，枝柱邪傾[8]，隨形裁割，要措斯世於安寧之域而已[9]。故聖人執權[10]，遭時定制[11]，步驟之差，各有云設[12]。不彊人以不能，背急切而慕所聞也。蓋孔子對葉公以來遠，哀公以臨人，景公以節禮[13]，非其不同，所急異務也。是以受命之君，每輒創制[14]；中興之主，亦匡時失[15]。昔盤庚愍殷，遷都易民[16]；周穆有闕，甫侯正刑[17]。俗人拘文牽古[18]，不達權制[19]，奇偉所聞，簡忽所見，烏可與論國家之大事哉！故言事者，雖合聖德，輒見掎奪[20]。何者？其頑士闇於時權，安習所見，不知樂成[21]，況可慮始[22]，苟云率由舊章而已[23]。其達者或矜名妒能[24]，恥策非己，舞筆奮辭[25]，以破其義，寡不勝衆，遂見擯棄。雖稷契復存[26]，猶將困焉。斯賈生之所以排於絳、灌[27]，屈子之所以攄其幽憤者也[28]。夫以文帝之明[29]，賈生之賢，絳、灌之忠，而有此患，況其餘哉！

【注】

〔1〕垢，濁亂。玩，忽視。
〔2〕凋敝，衰敗。
〔3〕人庶，民衆，庶民。巧僞，虛僞。
〔4〕囂然，憂愁貌。
〔5〕濟，救助。時，時世。
〔6〕體堯蹈舜，實行堯舜之道。體，實行。蹈，履行。

〔7〕期,希望。補袒,縫補。決,通"缺"。

〔8〕枝柱,支撐。邪,通"斜"。傾,側;斜。

〔9〕要,要領,關鍵。措,放置,安排。斯,此。

〔10〕權,權變;權宜。即衡量是非輕重,以因事制宜。

〔11〕遭,逢;遇。

〔12〕云設,言論和籌劃。

〔13〕葉公,春秋楚人,采地在葉(今河南葉縣南)。《論語・子路》:"葉公問政,子曰:'近者悦,遠者來。'"哀公,春秋魯國君。臨,統治。《史記・孔子世家》:"魯哀公問政,對曰:'政在選臣。'"景公,春秋齊國君。《史記・孔子世家》:"景公……問政於孔子,孔子曰:'政在節財。'"

〔14〕每,往往。輒,總是。制,制度。

〔15〕匡,正,糾正。

〔16〕盤庚,商代國王。愍,哀憐。

〔17〕周穆,即周穆王。闕,通"缺",缺點。甫侯,即吕侯,周穆王的大臣,曾爲穆王頒佈有關刑罰的文告。

〔18〕拘文,拘泥於文典。牽,拘束,拘泥。

〔19〕達,通,通曉。權制,權變之制。

〔20〕掎奪,錯亂。

〔21〕樂成,共享成果。

〔22〕慮始,籌劃創業。

〔23〕苟,苟且。云,説。率由舊章,循用舊典樂制度。

〔24〕矜,夸耀。

〔25〕奮辭,説大話。

〔26〕稷,即后稷。古代周人的始祖。契,傳説中商的始祖。

〔27〕賈生,即賈誼,本書有傳。絳,即周勃,漢初大臣,封爲絳侯。灌,即灌嬰,漢初大臣。《史記・屈原賈生列傳》云:"天子議以

賈生任公卿之位，絳、灌之屬盡害之。"
〔28〕屈子，即屈原，本書有傳。攄，發抒。幽憤，潛藏在心裏的怨憤。
〔29〕文帝，即西漢皇帝劉恒，公元前180—前157年在位。

"量力度德[1]，《春秋》之義。今既不能純法八代[2]，故宜參以霸政[3]，則宜重賞深罰以御之[4]，明著法術以檢之[5]。自非上德[6]，嚴之則理，寬之則亂。何以明其然也？近孝宣皇帝明於君人之道[7]，審於爲政之理，故嚴刑峻法，破姦軌之膽[8]，海內清肅[9]，天下密如[10]。薦勳祖廟[11]，享號中宗[12]。算計見效，優於孝文[13]。及元帝即位[14]，多行寬政，卒以墮損[15]，威權始奪，遂爲漢室基禍之主[16]。政道得失，於斯可監[17]。昔孔子作《春秋》，褒齊桓，懿晉文，嘆管仲之功[18]。夫豈不美文、武之道哉[19]？誠達權救敝之理也。故聖人能與世推移[20]，而俗士苦不知變，以爲結繩之約[21]，可復理亂秦之緒[22]，《干戚》之舞[23]，足以解平城之圍[24]。

【注】
〔1〕量力度德，量力而行，度德而處。語見《春秋左傳‧隱公十一年》。
〔2〕八代，指三皇五帝之世。
〔3〕參，配合。霸政，即霸道。
〔4〕御，統治。
〔5〕法術，指循名責實的刑名法術。檢，考察，察驗。

〔6〕上德，語出《老子》："上德不德，是以有德。"指無爲而治之德。
〔7〕孝宣皇帝，即西漢漢宣帝劉詢（公元前74—前49年在位）。君人之道，統治人民之道，指王、霸道雜之。
〔8〕姦軌，又作"姦宄"，爲非作歹的人。亂在内爲宄，在外爲姦。
〔9〕海内，國境之内。清肅，清平嚴正。
〔10〕密，安定。
〔11〕薦勳，獻功。
〔12〕中宗，漢宣帝的廟號。
〔13〕孝文，即漢文帝。
〔14〕元帝，即西漢皇帝劉奭（公元前49—前33年在位），宣帝之子。好儒術，統治期間，西漢開始由盛而衰。
〔15〕墮，通"隳"，毀壞。
〔16〕基，始。
〔17〕監，通"鑒"。借鑒；參考。
〔18〕襃，嘉獎；稱贊。齊桓，即齊桓公，爲春秋第一個霸主。懿，美；贊美。晉文，即晉文公，爲春秋"五霸"之一。管仲，齊桓公的輔佐大臣，本書有傳。
〔19〕文、武，周文王、武王的合稱。
〔20〕與世推移，隨着時代的變化而變化。
〔21〕結繩，指上古結繩而治。
〔22〕亂秦，指秦朝亡亂。緒，餘，餘緒。
〔23〕《干戚》之舞，一種武樂舞。干，盾；戚，斧。
〔24〕平城，古縣名，治所在今山西大同市東北。公元前200年漢高祖親率軍迎匈奴的入侵，被圍於平城東白登山。

"夫熊經鳥伸[1]，雖延歷之術[2]，非傷寒之理；呼吸吐納[3]，雖度紀之道[4]，非續骨之膏[5]。蓋爲國之法,有似理身,平則致養,疾則攻焉。夫刑罰者,治亂之藥石也[6];德教者,興平之粱肉也[7]。夫以德教除殘,是以粱肉理疾也;以刑罰理平,是以藥石供養也,方今承百王之敝,值厄運之會[8]。自數世以來,政多恩貸[9],馭委其轡[10],馬駘其銜[11],四牡橫奔[12],皇路險傾[13]。方將柑勒鞭靷以救之[14],豈暇鳴和鑾[15],清節奏哉[16]?昔高祖令蕭何作九章之律[17],有夷三族之令[18],黥、劓、斬趾、斷舌、梟首,故謂之具五刑[19]。文帝雖除肉刑,當劓者笞三百[20],當斬左趾者笞五百,當斬右趾者棄市[21]。右趾者既殞其命[22],笞撻者往往至死[23],雖有輕刑之名,其實殺也。當此之時,民皆思復肉刑,至景帝元年[24],乃下詔曰:'加笞與重罪無異,幸而不死,不可爲人。'乃定律,減笞輕箠[25]。自是之後,笞者得全。以此言之,文帝乃重刑,非輕之也;以嚴致平,非以寬致平也。必欲行若言,當大定其本,使人主師五帝而式三王[26]。蕩亡秦之俗[27],遵先聖之風,棄苟全之政[28],蹈稽古之蹤[29],復五等之爵[30],立井田之制[31]。然後選稷契爲佐,伊吕爲輔[32],樂作而鳳皇儀,擊石而百獸舞[33]。若不然,則多爲累而已。"

【注】

[1] 熊經鳥伸,古代一種體育運動。模擬熊鳥動作,用以養生。

[2] 延歷,延年。

[3] 呼吸吐納,指古代的氣功療法。

〔4〕度紀,延年益壽。

〔5〕續骨,連接斷骨。續,連接起來。

〔6〕藥石,治病的針藥。石,砭石,即針灸。

〔7〕興平,建立清平。粱肉,指精美的膳食。

〔8〕戹,即"厄",苦難,困窮。會,會合。

〔9〕貸,寬恕;寬免。

〔10〕馭,駕馭車馬之人。委,拋棄。轡,駕馭牲口的繮繩。

〔11〕馬駘其銜,馬嚼子脫落。銜,馬口中的嚼子。

〔12〕四牡,同駕一輛車的四匹雄馬。牡,雄馬。

〔13〕皇路險傾,喻國家政權有傾覆的危險。皇路,皇帝乘的車。

〔14〕柑勒,控制繮繩。鞻輈,猶鬨車。鞻,約束。輈,車轅。

〔15〕暇,有空閑。和鸞,即"和鑾"。古代車馬上的鈴鐺。

〔16〕清,明晰。

〔17〕高祖,即西漢高帝劉邦。蕭何,漢初相國。曾為漢制定律令。九章之律,漢高祖時頒行的法典。由蕭何參考秦代法律制定,分為《盜律》、《賊律》、《囚律》、《捕律》、《雜律》、《具律》、《戶律》、《興律》、《廄律》九章。

〔18〕夷三族,滅三族。

〔19〕黥,古代的一種肉刑。用刀刺刻額頰等處,再塗上墨。劓,割鼻的刑罰。梟首,即斬首高懸以示衆。具,完備。

〔20〕笞,刑具;鞭打。

〔21〕棄市,處死刑。

〔22〕殞,死亡。

〔23〕撻,鞭打。

〔24〕景帝,即西漢皇帝劉啓,公元前157—前141年在位。

〔25〕捶,用棍打,即杖刑。

〔26〕師,法。五帝,傳說上古有五帝,其說不一。式,傚法。三王,

指夏、商、周三代之聖王。
〔27〕蕩,滌除。
〔28〕苟全,苟且求全。
〔29〕蹈,踩。稽古,猶言考古。蹤,蹤迹。
〔30〕復五等之爵,恢復公、侯、伯、子、男五等爵位。
〔31〕井田之制,相傳古代的一種土地制度。
〔32〕伊,即伊尹。吕,即吕尚,俗稱姜太公。
〔33〕語出《尚書·皋陶謨》:"簫韶九成,鳳凰來儀。夔曰:'於!予擊石拊石,百獸率舞。'"此乃描寫昇平氣象。儀,容儀。石,古樂器。

其後辟太尉袁湯、大將軍梁冀府[1],並不應。大司農羊傅、少府何豹上書薦寔才美能高[2],宜在朝廷。召拜議郎[3],遷大將軍冀司馬[4],與邊韶、延篤等著作東觀[5]。

【注】
〔1〕太尉,官名,爲全國軍政首腦。大將軍,最高的武官,職掌統兵征戰。事實上多由貴戚擔任,掌握政權,職位甚高。梁冀,東漢外戚,其兩個妹妹分别爲順帝、桓帝皇后。
〔2〕大司農,官名,掌租税錢穀鹽鐵和國家的財政收支。少府,官名,掌宫中御衣、寶貨、珍膳等。
〔3〕議郎,官名,掌顧問應付,得參預朝政。
〔4〕遷,調動官職,一般指升官。司馬,官名。漢制,大將軍營五部,部各置軍司馬一人。
〔5〕東觀,東漢都城洛陽宫中殿名。時爲修史之處。

出爲五原太守[1]。五原土宜麻枲[2],而俗不知織績[3],民冬月無衣,積細草而臥其中,見吏則衣草而出。寔至官,斥賣儲峙[4],爲作紡績、織紝、練縕之具以教之[5],民得以免寒苦。是時胡虜連入雲中、朔方[6],殺略吏民[7],一歲至九奔命[8]。寔整厲士馬,嚴烽候,虜不敢犯,常爲邊最[9]。

【注】

[1] 五原,郡名,治所在九原(今內蒙古自治區包頭市西北)。太守,官名,爲一郡行政的最高長官。
[2] 枲,大麻。
[3] 績,緝麻綫。
[4] 斥賣,猶變賣,拿去賣掉。儲峙,亦作"儲跱",所儲備以待用的器物。
[5] 織紝,織布。紝,織布帛的絲縷。練,粗絲織成的布。縕,亂麻。具,器械。
[6] 胡,古代北方和西方各民族的泛稱。虜,對敵方的蔑稱。雲中,郡名,轄境有今內蒙古部分地區。朔方,郡名,治所在朔方(今內蒙古自治區杭錦旗北)。
[7] 略,掠奪。
[8] 九,多次。奔命,忙於應付。
[9] 整厲,整頓訓練。烽候,烽火臺,古代邊防用以報警的堡所。邊最,邊境最安定的地方。

以病徵,拜議郎,復與諸儒博士共雜定《五經》[1]。會梁冀誅,寔以故吏免官,禁錮數年[2]。

【注】

〔1〕博士,學官名,掌經學傳授。雜定,猶言幾方會合考定。五經,指《詩》、《書》、《禮》、《易》、《春秋》五部儒家經典。
〔2〕會,當。誅,殺死。禁錮,限制不準做官。

　　時鮮卑數犯邊[1],詔三公舉威武謀略之士,司空黃瓊薦寔[2],拜遼東太守[3]。行道[4],母劉氏病卒,上疏求歸葬行喪[5]。母有母儀淑德[6],博覽書傳[7]。初,寔在五原,常訓以臨民之政,寔之善績,母有其助焉。服竟,召拜尚書[8]。寔以世方阻亂[9],稱疾不視事[10],數月免歸。

【注】

〔1〕鮮卑,古東胡族的一支。
〔2〕司空,官名,掌監察、執法,兼掌重要文書圖籍。黃瓊,字世英,東漢江夏察陸(今屬湖北)人。
〔3〕遼東,郡名,治所在襄平(今遼寧遼陽市)。
〔4〕行道,指在就職的路上。
〔5〕疏,給皇帝的奏議。行喪,辦喪事。
〔6〕母儀,指為母者的典範。淑德,美善的品德。
〔7〕書傳,典籍和傳述。
〔8〕尚書,官名,協助皇帝處理政務的官員。
〔9〕阻亂,艱難混亂。
〔10〕視事,辦公。

　　初,寔父卒,剽賣田宅[1],起冢塋[2],立碑頌[3]。葬訖,資產竭盡,因窮困,以酤釀販鬻為業[4]。時人多以此譏之,寔終不改。亦取足而已,不致盈餘。及仕宦,歷位邊郡[5],而愈貧薄。建寧中病卒[6]。家徒四壁立[7],無以殯斂,光禄勳楊賜、太僕袁逢、少府段熲爲備棺椁葬具[8],大鴻臚袁隗樹碑頌德[9]。所著碑、論、箴、銘、答、七言、祠、文、表、記、書凡十五篇[10]。

【注】

〔1〕剽,削,一作"標"。
〔2〕冢塋,墳墓。
〔3〕碑頌,碑文。
〔4〕酤,賣酒。釀,做酒。鬻,賣。
〔5〕位,任職。邊郡,邊境上的郡。
〔6〕建寧,漢靈帝年號,公元168—172年。
〔7〕徒,僅僅。
〔8〕光禄勳,官名,掌領宿衛侍從之官。太僕,官名,掌皇帝的輿馬和馬政。椁,棺外的套棺。
〔9〕大鴻臚,官名,主要職掌爲朝儀禮祭之贊導。
〔10〕論,文體的一種,即議論文。箴,文體的一種,用以規誡。銘,文體的一種。古代常刻銘於碑版或器物,以稱功德或申鑒戒,後成爲一種文體。祠,指祭文。表,章奏的一種。記,古時一種公文。書,信函。

選自《後漢書》卷五十二《崔駰列傳》

魏 伯 陽 （東漢中期）

魏伯陽者，東漢上虞人也[1]。通貫詩律，文辭贍博[2]，修真養志[3]，約《周易》作《參同契》五卷[4]，《五行相類》三卷。今僅傳《參同契》。《參同契》者，契，一符也；同，兩合也；參，三易化也[5]。其名周易，實多借納甲之法[6]，言坎離水火龍虎鉛汞之要[7]，以陰陽五行昏旦時刻爲進退持修之候[8]。伯陽書成，先示青州徐從事[9]，徐乃隱名以注之。至桓帝時，以授同郡淳于叔通，遂行於世[10]。其於《周易》，尤重以陰陽消息之道，闡發長生久視之理。如云：將欲養性，延命郤期，審思後末，當慮其先。又云：惟昔聖賢，懷玄抱真[11]，含精養神，通德三光[12]，津液腠理[13]，筋骨致堅，衆邪辟除，正氣長存。此取《説卦》順性命之説也[14]。又引《關雎》之詩云[15]：雄不獨處，雌不孤居，玄武龜蛇[16]，蟠糾相扶[17]，以明牝牡，竟當相須。以《詩》之男女，合《易》之陰陽，而並以爲性情魂魄之譬也。而其歸根則在於黃老五行[18]。如云：則水定火，五行之初。又云：五行相克[19]，更爲父母。又云：金水合處，木火爲侶。又云：三物一家，都歸戊己[20]。又云：推情合性，轉而相與。又云：知白守黑[21]，神明自來。又云：神氣滿室，莫之能留，守之者昌，失之者亡。其辭雖有顯晦，然要其大意，不過欲陰陽各安其位，而以互濟爲用。故又云：文約易思，事省不繁，披列其條，覈實可觀，豈非明且晰乎？愚者不能以意逆志，溺於金丹爐火之説，造作弔詭[22]，謂與弟子三人入山作神丹，丹成，知弟子心懷未盡，乃試之。服丹即死，一弟子又服之，亦死，餘二子恐而去，伯陽及死弟子皆起[23]。或以金丹爐火爲丹藥而反促其生者；或又流爲容成陰道房中之邪説[24]，豈足爲伯陽咎邪？

【注】

〔1〕上虞，縣名，屬會稽郡（今浙江紹興）。
〔2〕贍博，豐富廣博。
〔3〕真，身也，指人的本性。以上見葛洪《神仙傳》。
〔4〕《周易》，即《易經》，儒家經典之一。《參同契》，又名《周易參同契》，以《周易》爻象附會道教煉丹修養之説，爲丹經之祖。
〔5〕見《漢魏叢書》九洞天符道人宋長春《參同契序》。
〔6〕納甲，易學術語。將八卦與天干、五行、方位相配合，故名。
〔7〕坎離水火龍虎鉛汞，八者異名同指，都指精與氣二者。坎、水、龍、汞爲精，離、火、虎、鉛爲氣。
〔8〕見《四庫全書提要》。
〔9〕青州，地域名，治所在今山東淄博市臨淄北。從事，官名。漢以後三公及州郡長官皆自辟僚屬，稱爲從事。
〔10〕淳于叔通，人名，無考。以上見後蜀彭曉《周易參同契通真義序》。
〔11〕懷玄抱真，玄與真在此都指道的真諦。
〔12〕三光，有二説。一指日、月、星，一指二十八宿中的房、心、尾三宿。
〔13〕腠理，中醫學名詞。指人體皮膚、肌肉的紋理。
〔14〕《説卦》，《易傳》之一。

〔15〕《關雎》，《詩·國風》首篇。
〔16〕玄武龜蛇，玄武爲北方太陽之神，其形似龜蛇相交。
〔17〕蟠，盤伏。糾，曲折。
〔18〕黄老，指黄老之學。五行，指陰陽家。
〔19〕五行相克，據陰陽五行家說，水勝火，火勝金，金勝木，木勝土，土勝水。
〔20〕三物指肝、肺、腎。戊己指土，土屬脾。《參同契》云："肝青爲父，肺白爲母，腎黑爲子，脾黄爲祖，三物一家，皆歸戊己。"
〔21〕知白守黑，《老子》二十八章語。
〔22〕弔詭，怪誕，奇異。同"恑詭"。
〔23〕據《神仙傳》。
〔24〕容成，相傳爲黄帝的大臣，最早發明曆法。《漢書·藝文志》方技房中有《容成陰道》二十六卷，今不傳。

　　王蘧常曰：班孟堅之言神仙曰[1]：神仙者，保性命之真，而無求於其外者也。聊以蕩意平心，同死生之域，而無怵惕於胸中。伯陽抉性命之奧[2]，示修養之要，深契乎孟堅所言。宜後人崇爲萬古丹經之王[3]，修煉者莫不本之於《參同契》，則惡可以不述乎？

【注】
〔1〕班孟堅，即班固，《漢書》的作者。語見《漢書·藝文志》。
〔2〕抉，戳，穿。
〔3〕此據宋張伯端《悟真篇》。

王蘧常《諸子新傳》

鄭　玄 (127—200)

鄭玄字康成,北海高密人也[1]。八世祖崇,哀帝時尚書僕射[2]。玄少爲鄉嗇夫[3],得休歸,常詣學官[4],不樂爲吏,父數怒之,不能禁。遂造太學受業[5],師事京兆第五元先[6],始通《京氏易》、《公羊春秋》、《三統歷》、《九章算術》[7]。又從東郡張恭祖受《周官》、《禮記》、《左氏春秋》、《韓詩》、《古文尚書》[8]。以山東無足問者[9],乃西入關[10],因涿郡盧植[11],事扶風馬融[12]。

【注】
〔1〕鄭玄,東漢經學家。北海,東漢國名。高密,在今山東高密市西南。
〔2〕哀帝,西漢皇帝劉欣,公元前7—前1年在位。尚書,官名,掌管文書章奏。僕射,官名。古者重武官,有主射以督課之。漢置尚書數人,以一人爲僕射。
〔3〕嗇夫,秦漢時的鄉官,掌管訴訟和賦稅。
〔4〕詣,前往。學官,主管學務的官員和官學教師。
〔5〕造,往。太學,古代的大學。
〔6〕京兆,漢代京畿的行政區劃名,即今陝西西安市以東至渭南市華州區之地。第五元先,人名,復姓第五,名元先。
〔7〕《京氏易》,西漢京房著,三卷。京房傳焦延壽以《易》學,將自然界的災變現象,附會成人事禍福的迹兆,宣揚天人感應的思

想,形成了漢代《易學》的一大流派。《公羊春秋》,即《春秋公羊傳》,儒家經典之一,相傳爲戰國時公羊高撰。着重闡釋《春秋》"大義",爲今文經學的重要經籍。《三統曆》,西漢末年劉歆根據《太初曆》修訂而成,内容有曆法理論和常數。以十九年爲一章,一統八十一章,一元三統,周而復始,故稱《三統曆》。《九章算術》,我國古代最早的數學專著之一。全書分爲九章:方田,粟米,衰分,少廣,商功,均輸,盈不足,方程,勾股。

〔8〕東郡,郡名,治所在郯(今山東郯城北)。《周官》,即《周禮》,因與《尚書》中的《周官》篇名相混,改稱《周官經》。西漢末列爲經而屬於禮,故稱《周禮》。《禮記》,秦漢以前各種禮儀論著的選集。《左氏春秋》,即《左傳》,相傳爲春秋時左丘明所撰。《韓詩》,西漢韓嬰撰。嬰推《詩》之意,著《韓詩内傳》四卷、《韓詩外傳》六卷,爲漢初《詩》學齊、魯、韓、毛四家之一,今惟《外傳》行世。《古文尚書》,儒家經典《尚書》的一種。據説是漢武帝末年魯共王劉餘從孔子住宅的壁中發現,較《今文尚書》多十六篇,因用秦漢以前的"古文"書寫,故名。

〔9〕山東,指崤山或華山以東地區。

〔10〕關,指函谷關。

〔11〕因,就。涿郡,郡名,治所在涿縣(今屬河北)。盧植,東漢涿郡涿縣人,字子幹。著有《尚書章句》、《三禮解詁》。

〔12〕事,師事。扶風,政區名,即右扶風,其地在今陝西長安縣以西。馬融,東漢經學家、文學家,字季長,右扶風茂陵(今陝西興平東北)人。

融門徒四百餘人,升堂進者五十餘生[1]。融素驕貴[2],玄在門下,三年不得見,乃使高業弟子傳授於玄[3]。

玄日夜尋誦[4]，未嘗怠倦。會融集諸生考論圖緯[5]，聞玄善算，乃召見於樓上，玄因從質諸疑義[6]，問畢辭歸。融喟然謂門人曰："鄭生今去，吾道東矣[7]。"

【注】
〔1〕升堂進者，謂學有成就者。
〔2〕素，一向。
〔3〕高業，即高足，猶言高才。
〔4〕尋誦，反復推求誦讀。
〔5〕考論，考核論定。圖緯，兩漢時宣揚神學迷信的圖讖和緯書。
〔6〕質，詢問。
〔7〕東，謂向東方傳佈。

玄自游學[1]，十餘年乃歸鄉里。家貧，客耕東萊[2]，學徒相隨已數百千人。及黨事起，乃與同郡孫嵩等四十餘人俱被禁錮[3]，遂隱修經業，杜門不出[4]。時任城何休好公羊學[5]，遂著《公羊墨守》、《左氏膏肓》、《穀梁廢疾》[6]；玄乃發《墨守》，鍼《膏肓》，起《廢疾》[7]。休見而嘆曰："康成入吾室，操吾矛，以伐我乎！"初，中興之後[8]，范升、陳元、李育、賈逵之徒爭論古今學[9]，後馬融答北地太守劉瓌及玄答何休[10]，義據通深[11]，由是古學遂明。

【注】
〔1〕游學，遠游異地，從師求學。
〔2〕客耕，從事於種田。東萊，郡名，治所在掖縣（今屬山東）。
〔3〕黨事，即黨錮之禍。東漢桓帝時宦官專權，士大夫李膺等疾

之,捕殺其黨,宦官乃言膺等與太學游士爲朋黨,"誹訕朝廷",辭連二百多人禁錮終身。靈帝時膺等復起用,與大將軍竇武謀誅宦官,事泄,被殺徙廢禁者六七百人。禁錮,限制不準做官。

〔4〕經業,指儒家經典的學業。杜門,閉門。

〔5〕任城,東漢國名,轄有今山東濟寧、曲阜等地。何休,東漢經學家。公羊學,《公羊春秋》之學。

〔6〕《公羊墨守》,題意謂《公羊傳》義理深遠,不可駁難,如墨翟之守城。《左氏膏肓》,題意謂《左傳》已病入膏肓,無可救藥。《穀梁癈疾》,題意謂《穀梁傳》有了殘疾,不可和孔子《春秋》相比。何休此三文已佚,清王謨《漢魏遺書鈔》有輯本。

〔7〕發,開,打開。鍼,以金針刺入進行醫治。起,起床,引申爲病愈。

〔8〕中興,指東漢王朝的建立。

〔9〕范升,漢光武帝時博士,曾反對爲《左傳》立博士。陳元,漢光武帝時學者,曾與范升相辯難,力主爲《左傳》立博士。李育,東漢經學家,專治《春秋公羊傳》,謂《左傳》"不得聖人深意"。漢章帝時在白虎觀爭論五經同異時,以《公羊》經義同賈逵相辯難。賈逵,東漢經學家、天文學家,曾同李育相辯難,提高了古文經學的地位。古今學,指古文經學和今文經學。

〔10〕北地,郡名,治所在富平(今寧夏吳忠西南)。東漢末地入羌胡。太守,官名,爲一郡行政的最高長官。

〔11〕義據通深,義理通達,論據深刻。

　　靈帝末[1],黨禁解,大將軍何進聞而辟之[2]。州郡以進權戚[3],不敢違意,遂迫脅玄[4],不得已而詣之。進爲設几杖[5],禮待甚優。玄不受朝服,而以幅巾見[6]。一宿逃去。時年六十,弟子河內趙商等自遠方至者數千[7]。後將軍袁隗表爲侍中[8],以父喪不行。國相孔融深敬於玄[9],屢履造門[10]。告高密縣爲玄特立一鄉,曰:"昔齊置'士鄉'[11],越有'君子軍'[12],皆異賢之意也[13]。鄭君好學,實懷明德[14]。昔太史公、廷尉吳公、謁者僕射鄧公[15],皆漢之名臣。又南山四皓有園公、夏黃公[16],潛光隱耀[17],世嘉其高[18],皆悉稱公。然則公者仁德之正號,不必三事大夫也[19]。今鄭君鄉宜曰'鄭公鄉'。昔東海于公僅有一節[20],猶或戒鄉人侈其門閭[21],矧乃鄭公之德[22],而無駟牡之路[23]!可廣開門衢[24],令容高車,號爲'通德門'。"

【注】

[1] 靈帝,東漢皇帝劉宏,公元168—189年在位。
[2] 大將軍,官名,爲最高的武官稱號,職掌統兵征戰。何進,靈帝皇后之兄,189年爲宦官所殺。辟,徵召。
[3] 州郡,均爲政區名稱。權戚,有權勢的外戚。
[4] 迫脅,以威力相強迫。
[5] 几杖,几案與手杖。古時用於敬老,老人居則憑几,行則攜杖。
[6] 幅巾,頭巾。古代男子用絹一幅束頭髮,是一種表示儒雅的裝束。
[7] 河內,郡名,治所在懷縣(今河南武陟西南)。
[8] 表,表奏。漢制,下言於上,分章、奏、表、駁論四種。侍中,官名,爲自列侯以下至郎中的加官。
[9] 國相,指北海國相,地位相當於太守。孔融,東漢末文學家,孔

子的後人,被列爲"建安七子"之一。
〔10〕屣履,拖着鞋子走路,形容行走急遽。造門,上門。謂到鄭玄家。
〔11〕士鄉,士人聚居的地方。《國語‧齊語》:"管子於是制國以爲二十一鄉:工商之鄉六,士鄉十五。"
〔12〕君子軍,《國語‧吳語》:"越王乃分其師以爲左右軍,以其私卒君子六千人爲中軍。"韋昭注:"私卒君子,王所親近有志行者,猶吳所謂賢良,齊所謂士。"
〔13〕異賢,突出賢人。
〔14〕明德,美德。
〔15〕太史公,指司馬談。本書有傳。廷尉,官名,掌刑獄,爲九卿之一。吳公,文帝時爲河南守。謁者,官名。漢制,郎中令屬官有謁者,少府屬官亦有中書謁者令(後改稱中謁者令),其長官稱謁者僕射。鄧公,景帝時對謁者僕射。
〔16〕南山四皓,即東園公、角里先生、綺里季、夏黃公。秦末隱居於商雒南山,漢初被太子劉盈招爲上客。
〔17〕潛光隱耀,把聲名才華掩蓋起來,隱藏蹤迹。
〔18〕嘉,贊美,嘉獎。
〔19〕三事大夫,即太尉、司徒、司空,東漢稱三公。
〔20〕東海,郡名,治所在郯(今山東郯城北)。于公,即于定國。漢昭帝時爲縣獄吏,決獄平,郡爲生立祠。一節,指于公有決獄平這一美德。
〔21〕侈,張大。閭,里巷的大門。
〔22〕矧,況且。
〔23〕駟牡,駕四匹雄馬的車。
〔24〕衢,四通八達的道路。

董卓遷都長安[1],公卿舉玄爲趙相[2],道斷不至。會黃巾寇青部[3],乃避地徐州[4],徐州牧陶謙接以師友之禮[5]。建安元年[6],自徐州還高密,道遇黃巾賊數萬人,見玄皆拜,相約不敢入縣境,玄後嘗疾篤[7],自慮,以書戒子益恩曰:"吾家舊貧,不爲父母羣弟所容,去廝役之吏,游學周、秦之都[8],往來幽、并、兗、豫之域[9],獲覲乎在位通人[10],處逸大儒[11],得意者咸從捧手[12],有所受焉。遂博稽《六藝》[13],粗覽傳記[14],時覩祕書緯術之奧[15]。年過四十,乃歸供養,假田播殖[16],以娛朝夕。遇閹尹擅埶[17],坐黨禁錮[18],十有四年,而蒙赦令,舉賢良方正有道[19],辟大將軍三司府[20]。公車再召[21],比牒併名[22],早爲宰相[23]。惟彼數公,懿德大雅[24],克堪王臣[25],故宜式序[26]。吾自忖度,無任於此,但念述先聖之元意[27],思整百家之不齊[28],亦庶幾以竭吾才[29],故聞命罔從[30]。而黃巾爲害,萍浮南北[31],復歸邦鄉[32]。入此歲來,已七十矣。宿素衰落[33],仍有失誤,案之禮典[34],便合傳家[35]。今我告爾以老,歸爾以事,將閑居以安性,覃思以終業[36]。自非拜國君之命,問族親之憂,展敬墳墓[37],觀省野物[38],胡嘗扶杖出門乎[39]!家事大小,汝一承之[40],咨爾煢煢一夫[41],曾無同生相依[42]。其勗求君子之道[43],研鑽勿替[44],敬慎威儀[45],以近有德。顯譽成於僚友[46],德行立於己志。若致聲稱,亦有榮於所生,可不深念邪!可不深念邪!吾雖無紱冕之緒[47],頗有讓爵之高[48]。自樂以論贊之功[49],庶不遺後人之羞[50]。末所憤憤者[51],徒以亡親墳壟未成[52],所好羣書率皆腐敝[53]，不得於禮堂寫定[54]，傳與其人[55]。日西方暮[56]，其可圖乎[57]！家今差多於昔[58]，勤力務時[59]，無恤飢寒[60]。菲飲食[61]，薄衣服，節夫二者[62]，尚令吾寡恨。若忽忘不識[63]，亦已焉哉[64]！"

【注】

〔1〕董卓，東漢末軍閥。長安，在今西安市西北。

〔2〕公卿，原指三公九卿，後泛指朝廷中的高級官員。趙，國名，治所在邯鄲（今河北邯鄲市西南）。

〔3〕黃巾，東漢末農民起義軍以黃巾裹頭，故有此稱。寇，騷擾，侵犯。青部，即青州，漢武帝所置十三刺史部之一，東漢治所在臨菑（今淄博市臨淄北）。

〔4〕徐州，漢武帝所置十三刺史部之一，東漢治所在郯（今山東郯城）。

〔5〕牧，一州的軍政長官。陶謙，194年病死。師友，可以求教請益的人。

〔6〕建安，漢獻帝年號，公元196—220年。

〔7〕疾篤，病重。

〔8〕周秦之都，爲鎬京（後爲洛邑）和咸陽。

〔9〕幽，州名，轄境相當今河北北部、遼寧大部分及朝鮮大同江流域。并，州名，約當今山西大部和内蒙古、河北的一部。兗，州名，約當今山東西南部。豫，州名，約當今淮河以北伏牛山以東豫東、皖北地。

〔10〕覲，拜見。通人，學識淵博貫通古今的人。

〔11〕處逸，隱居。

〔12〕得意者，領會經學旨趣的人。捧手，拱手以示敬佩。

〔13〕博,廣泛。稽,考核。六藝,即"六經",指《詩》、《書》、《禮》、《樂》、《易》、《春秋》。
〔14〕覽,看。傳記,書傳記載。
〔15〕祕書,指讖緯圖錄等書。緯術,讖緯之術。奧,奧妙。
〔16〕假,憑藉。
〔17〕閹尹,主宮門的宦官。擅執,獨攬權力。
〔18〕坐黨,因黨禍獲罪。
〔19〕舉,推薦,選拔。賢良方正,漢代選拔統治人才的科目之一。始於漢文帝詔"舉賢良方正能直言極諫者",中選者則授予官職。
〔20〕三司府,三公的辦事機構。
〔21〕公車,漢官署名,李賢注引《漢官儀》:"公車掌殿司馬門,天下上事及徵召皆總領之。"漢以公家車馬遞送應舉的人。
〔22〕比牒併名,同時在同一文牒上被列名徵名的人。
〔23〕宰相,古代對君主負責總攬政務者之稱,東漢時指司徒。
〔24〕懿德,美德。雅,高尚。
〔25〕克,能夠。堪,勝任。
〔26〕式序,謂按次第論功序位。
〔27〕元,本來。
〔28〕百家,指學術上的各種派別。
〔29〕庶幾,也許可以,表示希望。
〔30〕罔,不。
〔31〕萍浮,喻行蹤不定。
〔32〕邦鄉,家鄉。
〔33〕宿素,平素的志願。
〔34〕案,按照。
〔35〕傳家,把家務托付給子孫管理。《禮記·曲禮》:"七十而傳。"

〔36〕覃思,深思。

〔37〕展敬,表示敬意。

〔38〕觀省,觀看。

〔39〕胡嘗,何嘗。

〔40〕承,接受,承受。

〔41〕咨,嗟嘆聲。煢煢,孤獨無依貌。

〔42〕曾,乃。無同生相依,指無兄弟姐妹。

〔43〕勖,勉,勉力。

〔44〕替,廢棄。

〔45〕威儀,古時典禮中的動作儀文及待人接物的儀節。

〔46〕僚友,同事。

〔47〕紱冕之緒,擔任官職的功業。紱,繫印章或珮玉用的絲帶。冕,禮帽。

〔48〕讓爵,指數次被辟舉不就。

〔49〕論贊,附在史傳後面的評語。論贊之功,指能寫入史書的成績。

〔50〕庶,幸。

〔51〕末,最後。憤憤,心中不平,頗感遺憾。

〔52〕徒,僅僅。亡親,死去的雙親。墳壟,墳墓。

〔53〕敝,壞。

〔54〕禮堂,即講堂,講習禮儀之堂。

〔55〕其人,他人。

〔56〕日西方暮,喻己年老體衰。

〔57〕圖,謀取,辦到。

〔58〕家,指家產。

〔59〕務時,合於時宜地勉力從事。

〔60〕恤,憂慮,擔憂。

〔61〕菲,微薄。

〔62〕節,節約。

〔63〕忽忘,疏忽遺忘。識,記住。

〔64〕亦已焉哉,也就完了啊。

　　時大將軍袁紹總兵冀州[1],遣使要玄[2],大會賓客,玄最後至,乃延升上坐[3]。身長八尺,飲酒一斛[4],秀眉明目,容儀溫偉[5]。紹客多豪俊,並有才説[6],見玄儒者,未以通人許之,競設異端[7],百家互起。玄依方辯對[8],咸出問表[9],皆得所未聞,莫不嗟服。時汝南應劭亦歸於紹[10],因自贊曰:"故太山太守應中遠[11],北面稱弟子何如[12]?"玄笑曰:"仲尼之門考以四科[13],回、賜之徒不稱官閥[14]。"劭有慚色。紹乃舉玄茂才[15],表為左中郎將[16],皆不就。公車徵為大司農[17],給安車一乘[18],所過長吏送迎[19]。玄乃以病自乞還家[20]。

【注】

〔1〕袁紹,東漢末軍閥,202年病死。總,統領。冀州,政區名,轄境相當今河北中南部、山東西端及河南北端。

〔2〕要,邀請。

〔3〕延,邀請。

〔4〕斛,古量器。十斗為一斛。

〔5〕溫偉,溫和偉岸。

〔6〕豪俊,才能出衆的人。才説,才能和見解。

〔7〕異端,不同的學説。

〔8〕方,道也。

〔9〕問表,問者之意外。
〔10〕汝南,郡名,東漢時治所在平輿(今河南平輿北)。應劭,字仲遠,獻帝時任泰山太守,著有《漢官儀》、《風俗通義》等。
〔11〕太山,即泰山,郡名,因境内泰山得名。
〔12〕北面,古尊者面南而坐,下者北面而禮。
〔13〕仲尼,即孔子,本書有傳。四科,指孔子所設德行、言語、政事、文學四科。
〔14〕回,指顏淵,本書有傳。賜,指子貢,本書有傳。官閥,官階門第。
〔15〕茂才,秀才,漢代薦舉人員科目之一。
〔16〕中郎將,漢官名。漢代中郎分五官、左、右等署,各置中郎將以統領皇帝的侍衛。東漢以後,統兵將領亦多用此名,其上再加稱號。
〔17〕大司農,漢官名。掌租稅錢穀鹽鐵和國家的財政收支,爲九卿之一。
〔18〕安車,古代一種小車,可以安坐。
〔19〕長吏,主要的官員。
〔20〕乞,求。

　　五年春,夢孔子告之曰:"起,起,今年歲在辰,來年歲在巳〔1〕。"既寤〔2〕,以讖合之〔3〕,知命當終,有頃寢疾〔4〕。時袁紹與曹操相拒於官度〔5〕,令其子譚遣使逼玄隨軍。不得已,載病到元城縣〔6〕,疾篤不進,其年六月卒,年七十四。遺令薄葬。自郡守以下嘗受業者〔7〕,縗絰赴會千餘人〔8〕。

【注】

〔1〕建安五年爲庚辰年,建安六年爲辛巳年。
〔2〕寤,覺醒。
〔3〕讖,一種預言,即用隱語來預決吉凶。
〔4〕有頃,不久。寢疾,臥病。
〔5〕曹操,東漢末政治家、軍事家,本書有傳。官度,即官渡,在今河南中牟東北。
〔6〕載病,帶病。元城縣,治所在今河北大名東。
〔7〕守,太守的簡稱。受業,謂從師學業。
〔8〕縗経,披麻戴孝。縗,用粗麻布制成的喪服。経,喪服中的麻帶。

　　門人相與撰玄答諸弟子問"五經",依《論語》作《鄭志》八篇〔1〕。凡玄所注《周易》、《尚書》、《毛詩》、《儀禮》、《禮記》、《論語》、《孝經》、《尚書大傳》、《中候》、《乾象歷》,又著《天文七政論》、《魯禮禘祫義》、《六藝論》、《毛詩譜》、《駁許慎五經異義》、《答臨孝存周禮難》〔2〕,凡百餘萬言。

【注】

〔1〕依,仿照。
〔2〕七政,語出《尚書·堯典》:"在璇璣玉衡,以齊七政。"其說不一。禘、祫,古祭名。許慎,東漢經學家、文字學家,著有《説文解字》、《五經異義》等。

　　玄質於辭訓〔1〕,通人頗譏其繁。至於經傳洽孰〔2〕,稱爲純儒,齊魯間宗之〔3〕。其門人山陽郗慮至御史大夫〔4〕,東萊王基、清河崔琰著名於世〔5〕。又樂安國淵、任嘏〔6〕,

時並童幼，玄稱淵爲國器[7]，叚有道德，其餘亦多所鑒拔[8]，皆如其言。玄唯有一子益恩，孔融在北海，舉爲孝廉[9]；及融爲黃巾所圍，益恩赴難隕身[10]。有遺腹子，玄以其手文似己[11]，名之曰小同。

【注】
〔1〕質，誠也。辭訓，文字解釋。
〔2〕經，儒家的經籍。傳，解釋經文的書。洽孰，精通熟悉。孰，"熟"的本字。
〔3〕齊、魯，地區名。宗，尊奉。
〔4〕山陽，郡名，治所在昌邑（今山東金鄉縣西北）。御史大夫，官名，即司空，僅次於丞相的中央最高長官。
〔5〕王基，字伯興，曹魏時爲鎮南將軍、安樂鄉侯。清河，國名，治所在甘陵（今山東臨清東）。崔琰，字季珪，初爲袁紹騎都尉，後歸曹操，歷東西曹掾屬，平章尚書，遷中尉。
〔6〕樂安，國名，治所在臨濟（今山東高青縣高苑鎮西北）。國淵，字子尼，魏司空掾，遷太僕。任叚，字昭光，魏黃門侍郎。
〔7〕國器，謂可使主持國政的人才。
〔8〕鑒拔，賞識選拔。
〔9〕孝廉，漢代選拔官吏的科目之一。
〔10〕隕身，死亡。
〔11〕文，紋理。

論曰：自秦焚"六經"[1]，聖文埃滅[2]。漢興，諸儒頗修藝文[3]；及東京[4]，學者亦各名家。而守文之徒[5]，滯固所稟[6]，異端紛紜，互相詭激[7]，遂令經有數家，家有數説,章句多者或乃百餘萬言[8],學徒勞而少功,後生疑而莫正。鄭玄括囊大典[9],網羅眾家,刪裁繁誣[10],刊改漏失[11],自是學者略知所歸。王父豫章君每考先儒經訓[12],而長於玄[13],常以爲仲尼之門不能過也。及傳授生徒[14],並專以鄭氏家法云[15]。

【注】

〔1〕論曰,《後漢書》著者范曄的評論。秦焚"六經",指秦始皇下令焚燒儒家經典。
〔2〕埃滅,化作塵埃消滅了。
〔3〕藝文,六藝和其他著作。
〔4〕東京,指東漢。東漢都洛陽,在長安之東,稱東京。
〔5〕守文,謂墨守成法。
〔6〕滯固,猶頑固。禀,受,承受。
〔7〕詭激,詭異偏激。
〔8〕章句,漢儒以分章析句來解説經文的一種著作之體。
〔9〕括囊,猶囊括,包羅。大典,重要的典籍、著作。
〔10〕繁誣,繁雜和不真實。
〔11〕刊改,修改,修訂。
〔12〕王父,祖父。豫章君,指范曄的祖父范甯,爲東晉經學家,曾任豫章太守。經訓,經文的訓釋。
〔13〕長於玄,以鄭玄爲長。
〔14〕生徒,學生,門徒。
〔15〕家法,漢儒經學傳授,五經博士及其所傳弟子以師法説經,而各自名家,叫作"家法"。

選自《後漢書》卷三十五《張曹鄭列傳》

荀　　悦（148—209）

悦字仲豫，儉之子也[1]。儉早卒。悦年十二，能說《春秋》[2]。家貧無書，每之人間，所見篇牘，一覽多能誦記[3]。性沈靜，美姿容，尤好著述。靈帝時閹官用權[4]，士多退身窮處，悦乃託疾隱居，時人莫之識，唯從弟彧特稱敬焉[5]。初辟鎮東將軍曹操府[6]，遷黃門侍郎[7]。獻帝頗好文學[8]，悦與彧及少府孔融侍講禁中[9]，旦夕談論。累遷秘書監、侍中[10]。

【注】

[1] 悦，荀悦，潁川潁陰（今河南許昌）人。儉，荀儉，荀悦之父。
[2] 《春秋》，儒家經典之一，魯國編年史。
[3] 覽，看。
[4] 靈帝，即東漢皇帝劉宏，公元168—189年在位。閹官，太監。
[5] 從弟，堂弟。彧，荀彧，東漢末曹操謀士。
[6] 辟，徵召。
[7] 遷，升官。黃門侍郎，官名，或稱給事黃門侍郎，其職爲侍從皇帝，傳達詔命。
[8] 獻帝，即東漢皇帝劉協，公元190—220年在位。文學，當時對哲學、歷史、文學等書面著作的統稱。
[9] 少府，東漢九卿之一，掌宮中御衣、寶貨、珍膳等。孔融，見前注。侍講，給皇帝講學。禁中，宮中。

〔10〕累,接連。秘書監,東漢官名,其職爲典司圖籍等。侍中,見前注。

時政移曹氏[1],天子恭己而已[2]。悦志在獻替[3],而謀無所用,乃作《申鑒》五篇[4]。其所論辯,通見《政體》[5],既成而奏之。其大略曰:

【注】
〔1〕政移曹氏,政權轉移到曹操手裏。
〔2〕恭己,飭身克己,以恭敬自持。語出《論語·衛靈公》:"無爲而治者,其舜也與!夫何爲哉!恭己正南面而已矣。"此謂皇帝無權,不預政治。
〔3〕獻替,"獻可替否"的略語。謂勸善規過,議興議革。
〔4〕《申鑒》五篇,指《政體》、《時事》、《俗嫌》、《雜言上》、《雜言下》五篇。
〔5〕通,全,遍。《政體》,《申鑒》中篇名。

"夫道之本,仁義而已矣。五典以經之[1],羣籍以緯之[2],詠之歌之,絃之舞之,前監既明[3],後復申之[4]。故古之聖王,其於仁義也,申重而已[5]。

【注】
〔1〕五典,五種儒家倫理道德,即父義、母慈、兄友、弟恭、子孝。經,織物的縱綫,引申爲原則、規範。
〔2〕緯,織物的橫綫,引申爲詮釋、説明。
〔3〕前監,先前的經驗教訓。《申鑒·政體》作"前鑒"。

〔4〕復申,一再表達、表明。
〔5〕申重,猶再三。

"致政之術[1],先屏四患[2],乃崇五政[3]。
"一曰僞,二曰私,三曰放[4],四曰奢。僞亂俗,私壞法,放越軌,奢敗制。四者不除。則政末由行矣[5]。夫俗亂則道荒[6],雖天地不得保其性矣;法壞則世傾[7],雖人主不得守其度矣[8];軌越則禮亡,雖聖人不得全其道矣;制敗則欲肆[9],雖四表不得充其求矣[10]。是謂四患。
"興農桑以養其生,審好惡以正其俗,宣文教以章其化[11],立武備以秉其威[12],明賞罰以統其法[13]。是謂五政。

【注】
〔1〕致政,治理政治。
〔2〕屏,通"摒",除去,棄。
〔3〕崇,尊崇,推崇。
〔4〕放,恣縱,放任。
〔5〕末,無。
〔6〕荒,荒廢,棄置。
〔7〕傾,倒坍,傾覆。
〔8〕度,制度,法度。
〔9〕肆,放肆。
〔10〕四表,指四方極遠之處。充,滿足。
〔11〕宣,宣揚,傳播。章,通"彰",明。化,教化。

〔12〕武備,軍備。秉,執掌,保持。
〔13〕統,綜理。

"人不畏死,不可懼以罪。人不樂生,不可勸以善。雖使契布五教[1],皋陶作士[2],政不行焉。故在上者先豐人財以定其志,帝耕籍田,后桑蠶宮[3],國無遊人[4],野無荒業,財不賈用[5],力不妄加,以周人事[6]。是謂養生。

【注】
〔1〕契,傳説中商的始祖,曾助禹治水有功,被舜任爲司徒,掌管教化。布,宣揚,傳播。五教,即五典。《尚書·堯典》:"契,……汝作司徒,敬敷五教"。
〔2〕皋陶,傳説中東夷族的首領,曾被舜任爲掌管刑法的官。士,馬融説是獄官之長;鄭玄説士作察解,負責獄訟事務。《尚書·堯典》:"皋陶,……汝作士"。
〔3〕帝耕籍田,后桑蠶宮,這是古代帝王表示重視農副業生產的舉動。《漢書·景帝紀》漢景帝詔曰:"朕親耕,后親桑,……爲天下先。"
〔4〕遊人,遊閒的人。
〔5〕賈,《申鑒·政體》作"虛"。
〔6〕周,周濟,供給。

"君子之所以動天地,應神明,正萬物而成王化者[1],必乎真定而已[2]。故在上者審定好醜焉。善惡要乎功罪[3],毁譽效於準驗[4]。聽言責事,舉名察實,無惑詐僞,以蕩衆心[5]。故事無不覈[6],物無不切[7],善無不顯,惡無不章,俗無姦怪,民無淫風。百姓上下覩利害之存乎己也,故肅恭其心,慎修其行,內不回惑[8],外無異望,則民志平矣。是謂正俗。

【注】
[1] 王化,天子的教化。
[2] 必乎真定而已,《申鑒·政體》作"必本乎真實而已"。
[3] 要,約。
[4] 準驗,標準和證據。
[5] 蕩,動搖。
[6] 核,翔實正確。
[7] 切,切合。
[8] 回,邪。

"君子以情用,小人以刑用。榮辱者,賞罰之精華也。故禮教榮辱,以加君子,化其情也;桎梏鞭撲[1],以加小人,化其刑也。君子不犯辱,況於刑乎!小人不忌刑[2],況於辱乎!若教化之廢,推中人而墜於小人之域[3];教化之行,引中人而納於君子之塗[4]。是謂章化。小人之情,緩則驕,驕則恣[5],恣則怨,怨則叛,危則謀亂,安則思欲,非威強無以懲之。故在上者,必有武備,以戒不虞[6],以遏寇虐[7]。安居則寄之內政[8],有事則用之軍旅[9]。是謂秉威。

【注】

〔1〕桎梏,脚镣手铐。撲,古時撲責的刑杖。
〔2〕忌,顧忌,畏懼。
〔3〕中人,才德列入中間一等的人。
〔4〕納,進入。塗,道路。
〔5〕恣,放縱,無拘束。
〔6〕不虞,意想不到的事情。
〔7〕遏,阻止。寇虐,盜賊侵害。
〔8〕寄,寄託,託付。
〔9〕軍旅,軍隊。

"賞罰,政之柄也[1]。明賞必罰,審信慎令[2],賞以勸善,罰以懲惡。人主不妄賞,非徒愛其財也,賞妄行則善不勸矣。不妄罰,非矜其人也[3],罰妄行則惡不懲矣。賞不勸謂之止善,罰不懲謂之縱惡。在上者能不止下爲善,不縱下爲惡,則國法立矣。是謂統法。

【注】

〔1〕柄,根本。
〔2〕審,慎重。
〔3〕矜,憐憫,同情。

"四患既蠲[1],五政又立,行之以誠,守之以固,簡而不怠,疏而不失,無爲爲之,使自施之[2],無事事之,使自交之[3]。不肅而成[4],不嚴而化,垂拱揖讓[5],而海內平矣。是謂爲政之方。"

【注】

〔1〕蠲,通"捐"。免,除去。

〔2〕施,施行,實行。

〔3〕交,合也。

〔4〕肅,疾也。

〔5〕垂拱,垂衣拱手,形容無爲而治。揖讓,古代賓主相見的禮節,形容謙讓。

又言:

"尚主之制非古也〔1〕。釐降二女,陶唐之典〔2〕。歸妹元吉,帝乙之訓〔3〕。王姬歸齊,宗周之禮〔4〕。以陰乘陽違天〔5〕,以婦陵夫違人〔6〕。違天不祥,違人不義。又古者天子諸侯有事,必告於廟。朝有二史,左史記言,右史書事。事爲《春秋》,言爲《尚書》〔7〕。君舉必記〔8〕,善惡成敗,無不存焉。下及士庶〔9〕,苟有茂異〔10〕,咸在載籍〔11〕。或欲顯而不得,或欲隱而名章。得失一朝,而榮辱千載。善人勸焉,淫人懼焉〔12〕。宜於今者備置史官,掌其典文〔13〕,紀其行事。每於歲盡,舉之尚書〔14〕。以助賞罰,以弘法教〔15〕。

【注】

〔1〕尚主,娶公主爲妻。

〔2〕釐,飭,整治。降,下,順服。二女,指堯的兩個女兒,據說堯命令她們都嫁給了舜,舜以義理使她們悦服。《尚書·堯典》:"釐降二女於媯汭,嫁於虞。"陶唐,傳說中遠古部落名,堯乃其

〔3〕歸,指女子出嫁。妹,少女之稱。元吉,大吉。帝乙,紂王之父。《易經》泰卦六五爻辭:"帝乙歸妹以祉,元吉。"訓,典式。

〔4〕王姬,指周天子的女兒。齊,古國名。《春秋·莊公十一年》:"冬,王姬歸於齊。"宗周,周代王都。周爲天下所宗,故王都所在即稱宗周。此作周天子的代稱。

〔5〕乘,欺凌,欺壓。

〔6〕陵,侵犯,欺侮。

〔7〕《禮記·玉藻》曰:"動則左史書之,言則右史書之。"鄭玄注:"其書《春秋》、《尚書》其存者。"《漢書·藝文志》曰:"古之王者,世有史官,君舉必書,……左史記言,右史記事,事爲《春秋》,言爲《尚書》。"

〔8〕舉,舉動。

〔9〕士庶,指士大夫階層與庶民。

〔10〕茂異,特出的秀才。

〔11〕咸,全。載籍,記錄簿册。

〔12〕語出《左傳·昭公三十一年》:"或求名而不得,或欲蓋而名章,懲不義也。……故曰,《春秋》之稱微而顯,婉而辨。上之人能使昭明,善人勸焉,淫人懼焉,是以君子貴之。"

〔13〕典文,指國家重要文獻。

〔14〕舉,推薦。尚書,官名。

〔15〕弘,光大。

帝覽而善之。

帝好典籍[1],常以班固《漢書》文繁難省[2],乃令悦依《左氏傳》體以爲《漢紀》三十篇[3],詔尚書給筆札[4],辭約事詳,論辯多美。其序之曰:"昔在上聖[5],惟建皇極[6],經緯天地[7],觀象立法,乃作書契[8],以通宇宙,揚於王庭[9],厥用大焉[10]。先王光演大業[11],肆於時夏[12]。亦惟厥後[13],永世作典[14]。夫立典有五志焉:一曰達道義,二曰章法式[15],三曰通古今,四曰著功勳,五曰表賢能。於是天人之際[16],事物之宜,粲然顯著,罔不備矣[17]。世濟其軌[18],不隕其業[19]。損益盈虛,與時消息[20]。臧否不同[21],其揆一也[22]。漢四百有六載[23],撥亂反正[24],統武興文,永惟祖宗之洪業[25],思光啓乎萬嗣[26]。聖上穆然[27],惟文之恤[28],瞻前顧後,是紹是繼[29],闡崇大猷[30],命立國典。於是綴敘舊書[31],以述《漢紀》。中興以前[32],明主賢臣得失之軌,亦足以觀矣。"

【注】

[1] 典籍,各種典册、書籍的統稱。
[2] 班固,《漢書》作者。省,察看。
[3] 《左氏傳》,即《春秋左傳》。《漢紀》,編年體西漢史,爲我國現存第一部在紀傳史提供了豐富材料的基礎之上改編而成的新編年體史書。
[4] 給,供應。筆札,本指筆和寫字用的木片,後泛指紙筆。
[5] 上聖,上古的聖王。
[6] 皇極,帝王統治的準則。
[7] 經緯,治理。
[8] 書契,指文字。
[9] 揚,舉用;稱頌,宣揚。王庭,朝廷。
[10] 厥,其。

〔11〕光,通"廣"。演,推演。
〔12〕肆,張設,陳列。時,通"是",此。夏,樂歌名。
〔13〕惟,思。
〔14〕典,法。
〔15〕章,表明。法式,修史的成法。
〔16〕天人之際,天道和人事之間的相互關係。
〔17〕罔,無。
〔18〕軌,法則。
〔19〕隕,毀壞。
〔20〕損益盈虛,與時消息,語出《易·豐卦·彖傳》:"天地盈虛,與時消息。"損益,增減。消息,生滅。
〔21〕臧否,褒貶。
〔22〕揆,度。
〔23〕《漢紀》作於公元200年,漢朝建於公元前206年,正值四百零六年。
〔24〕撥亂反正,治平亂世,使之回復正常。
〔25〕洪,大。
〔26〕啓,開發,開拓。萬嗣,萬代。
〔27〕穆然,靜思貌。穆猶"默"。
〔28〕恤,安。
〔29〕紹,繼續。
〔30〕闡崇,《漢紀·後序》作"闡綜",闡明綜合。猷,道也。
〔31〕綴敍,編輯記敍。
〔32〕中興,指東漢王朝的建立,史稱光武中興。

又著《崇德》、《正論》及諸論數十篇。年六十二,建安十四年卒[1]。

【注】

〔1〕建安,漢獻帝年號。建安十四年,即公元 209 年。

選自《後漢書》卷六十二《荀韓鍾陳列傳》

徐　　幹（171—218）

始文帝爲五官將[1]，及平原侯植皆好文學[2]。粲與北海徐幹字偉長、廣陵陳琳字孔璋、陳留阮瑀字元瑜、汝南應瑒字德璉、東平劉楨字公幹並見友善[3]。

【注】

[1] 文帝，即魏文帝曹丕（187—226）。三國時魏國的建立者、文學家。五官將，官名，即五官中郎將。漢代皇帝的衛侍分置五官、左、右等署，各設中郎將統率之，故有五官中郎將的名號。
[2] 植，即曹植，字子建，魏時詩人，封平原侯。
[3] 粲，即王粲，字仲宣，山陽高平（今山東鄒縣）人。徐幹，東漢末哲學家、文學家，北海（治今山東昌樂西）人。裴松之注：“《先賢行狀》曰：幹清玄體道，六行脩備，聰識洽聞，操翰成章，輕官忽祿，不耽世榮。建安中，太祖特加旌命，以疾休息。後除上艾長，又以疾不行。”陳琳，廣陵（今江蘇揚州）人。阮瑀，陳留尉氏（今屬河南）人。應瑒，汝南（郡治今河南平輿北）人。劉楨，東平（今屬山東）人。連同孔融，以文學上的成就，而被稱爲“建安七子”。

幹爲司空軍謀祭酒掾屬[1]，五官將文學[2]。

....

瑀以十七年卒[3]。幹、琳、瑒、楨二十二年卒[4]。文帝書與元城令吳質曰[5]："昔年疾疫，親故多離其災[6]，徐、陳、應、劉，一時俱逝。觀古今文人，類不護細行[7]，鮮能以名節自立[8]。而偉長獨懷文抱質[9]，恬淡寡欲[10]，有箕山之志[11]，可謂彬彬君子矣[12]。著《中論》二十餘篇[13]，辭文典雅[14]，足傳於後。德璉常斐然有述作意[15]，其才學足以著書，美志不遂[16]，良可痛惜[17]！孔璋章表殊健[18]，微為繁富。公幹有逸氣[19]，但未遒耳[20]。元瑜書記翩翩[21]，致足樂也[22]。仲宣獨自善於辭賦[23]。惜其體弱，不起其文[24]；至於所善，古人無以遠過也。昔伯牙絕絃於鍾期[25]，仲尼覆醢於子路[26]，痛知音之難遇，傷門人之莫逮也[27]。諸子但為未及古人。自一時之俊也[28]。"

【注】

[1] 司空軍謀祭酒掾屬，司空軍謀祭酒的佐治之吏。司空，官名，主管水土及營建工程，與太尉、司徒並稱三公。祭酒，官名。掾屬，佐治之吏。

[2] 文學，官名。漢代於州郡及王國置文學，或稱文學掾，或稱文學史，為後世教官所由來。

[3] 十七年，指建安十七年，即公元212年。

[4] 二十二年，指建安二十二年，即公元217年。

[5] 元城，縣名，治所在今河北大名東。令，縣的長官。吳質，漢末濟陽（郡治今山東定陶）人，字季重。

[6] 親故，親戚故舊。離，通"罹"，遭受。

[7] 類，大抵；都。護，衛護。細行，生活上的小節。

[8] 鮮，少，不多。名節，名譽與節操。

〔9〕懷文抱質,既懷有文才,又爲人質樸。文,文采,形式。質,質地。

〔10〕恬淡,指不熱衷於名利。

〔11〕箕山之志,指有許由那樣的志向。許由是古代的賢人,相傳堯把君位讓給他,他逃至箕山之下,農耕而食。

〔12〕彬彬君子,與上文"懷文抱質"相對應。語出《論語・雍也》:"質勝文則野,文勝質則史,文質彬彬,然後君子。"彬彬,謂文質兼備,配合適宜。

〔13〕篇數與今存《中論》不合,有散佚。今存《中論》分上下兩卷,共二十篇。

〔14〕典雅,謂文辭有典據而雅訓。

〔15〕斐然,文采貌。

〔16〕遂,成功,順利。

〔17〕良,很,甚。

〔18〕章,古代臣下的奏本。表,古代章奏的一種。殊,很,極。健,矯健。

〔19〕逸氣,超逸豪放之氣。

〔20〕遒,強勁。

〔21〕書記,指書札、奏記。翩翩,形容風致、文采優美。

〔22〕致,達到;求得。

〔23〕辭賦,文體名。漢代常把辭和賦統稱爲辭賦。

〔24〕不起其文,不能充分發揮他的文采。

〔25〕伯牙,相傳爲春秋時善彈琴者。只有知友鍾子期完全理解其琴意,子期死後,伯牙終身不再彈琴。絶絃,弄斷琴絃,表示不再彈琴。

〔26〕仲尼,即孔子,本書有傳。醢,肉醬。子路,孔子弟子,本書有傳。仲尼覆醢於子路,謂孔子因子路在衛國被剁成肉醬而見

肉醬倒去不食。

〔27〕門人,弟子。逮,及。

〔28〕俊,謂才智出衆的人。

選自《三國志》卷二十一《王衛二劉傅傳》

仲 長 統（180—220）

　　仲長統字公理，山陽高平人也[1]。少好學，博涉書記[2]，贍於文辭[3]。年二十餘，游學青、徐、并、冀之間[4]，與交友者多異之。并州刺史高幹[5]，袁紹甥也[6]。素貴有名，招致四方遊士，士多歸附。統過幹，幹善待遇，訪以當時之事[7]。統謂幹曰："君有雄志而無雄才，好士而不能擇人，所以爲君深戒也。"幹雅自多[8]，不納其言，統遂去之。無幾[9]，幹以并州叛，卒至於敗。并冀之士皆以是異統。

【注】

〔1〕山陽，郡名，治所在今山東省金鄉縣西北。高平，縣名，在今鄒城西南。
〔2〕書記，用以記事的書寫文字，如書籍、書牘、奏記之類。
〔3〕贍，豐富。
〔4〕青、徐、并、冀，皆古州名。東漢時，青州的治所在今山東淄博市臨淄北；徐州的治所在今山東郯城；并州的治所在今山西太原市西南；冀州的治所在今河北柏鄉北。
〔5〕刺史，官名，掌一郡的督察，官階低於郡守。刺，檢舉不法；史，皇帝所使。
〔6〕袁紹，字本初，漢末大軍閥。
〔7〕訪，詢問。

〔8〕雅自多,非常自負。
〔9〕無幾,不多久。

　　統性俶儻[1],敢直言,不矜小節,默語無常,時人或謂之狂生。每州郡命召,輒稱疾不就。常以為凡遊帝王者,欲以立身揚名耳,而名不常存,人生易滅,優遊偃仰[2],可以自娛,欲卜居清曠[3],以樂其志,論之曰:"使居有良田廣宅,背山臨流,溝池環帀[4],竹木周布,場圃築前,果園樹後。舟車足以代步涉之艱,使令足以息四體之役。養親有兼珍之膳[5],妻孥無苦身之勞[6]。良朋萃止[7],則陳酒肴以娛之;嘉時吉日,則亨羔豚以奉之[8]。躕躇畦苑[9],遊戲平林[10],濯清水,追涼風,釣游鯉,弋高鴻[11]。諷於舞雩之下[12],詠歸高堂之上。安神閨房,思老氏之玄虛[13];呼吸精和[14],求至人之仿佛。與達者數子[15],論道講書,俯仰二儀[16],錯綜人物[17]。彈《南風》之雅操[18],發清商之妙曲[19]。消搖一世之上[20],睥睨天地之間[21]。不受當時之責,永保性命之期[22]。如是,則可以陵霄漢[23],出宇宙之外矣。豈羨夫入帝王之門哉!"又作詩二篇,以見其志。辭曰:

【注】
〔1〕俶儻,豪放不羈。俶,同"倜"。
〔2〕優游,悠閑自得。偃仰,俯仰。謂隨從時俗而無所主張。
〔3〕卜居,擇地定居。原意是用占卜選擇居住地。清曠,清平遼闊之地。

〔4〕帀,環繞一周叫"帀"。
〔5〕兼珍之膳,每餐必有兩種以上的珍奇之食。
〔6〕妻孥,妻子兒女。
〔7〕萃止,會集到一道。
〔8〕亨,通"烹"。
〔9〕躕躇,來回走動。畦苑,田野園林。
〔10〕平林,平原上的樹林。
〔11〕弋,射。
〔12〕諷,背誦。雩,古代祭壇名。舞雩,人們在祭臺上舞蹈以求雨,故稱。
〔13〕老氏,即老子,本書有傳。
〔14〕精和,精和之氣。
〔15〕達者數子,同志者數人。
〔16〕俯仰二儀,觀天察地。二儀,指天地。
〔17〕錯綜,謂分析評論。《漢書·敍傳》:"錯綜羣言,古今是經。"
〔18〕《南風》,古樂名。相傳舜作五絃琴,歌《南風》。雅操,高雅的曲調。
〔19〕商,古音名之一。《三禮圖》:"琴本五絃,曰宮、商、角、徵、羽,文王增二,曰少宮、少商,絃最清也。"
〔20〕消搖,同"逍遥"。
〔21〕睥睨,斜視,表示輕視。
〔22〕性命之期,即人的天壽。
〔23〕陵霄漢,達到天空極高處。陵,昇。霄,雲。漢,天河。

"飛鳥遺迹,蟬蛻亡殼。騰蛇棄鱗[1],神龍喪角。至人能變,達士拔俗[2]。乘雲無轡,騁風無足。垂露成幃,張霄成幄[3]。沆瀣當餐,九陽代燭[4]。恒星豔珠,朝霞潤玉。六合之内[5],恣心所欲。人事可遺,何爲局促[6]?

【注】
[1] 騰蛇,又作"螣蛇",傳説中一種能飛的蛇。
[2] 達士,明智達理之士。拔俗,超越世俗。拔,超特。
[3] 幰,幕。霄,摩天赤氣也。幄,幕。在旁曰幰,在上曰幄。
[4] 沆瀣,北方夜半氣。九陽,指太陽。
[5] 六合,天地四方。
[6] 局促,拘束、窘迫。

"大道雖夷,見幾者寡[1]。任意無非,適物無可[2]。古來繞繞,委曲如瑣[3]。百慮何爲,至要在我。寄愁天上,埋憂地下。叛散五經,滅棄風、雅[4]。百家雜碎,請用從火[5]。抗志山棲,游心海左[6]。元氣爲舟,微風爲柁[7]。敖翔太清,縱意容冶[8]。"

【注】
[1] 夷,平坦。幾,指事物的迹兆。
[2] 適物,適應事物。
[3] 瑣,好似連環。
[4] 五經,即《易》、《書》、《詩》、《禮》、《春秋》。風、雅,指《詩》中的《國風》和《大雅》、《小雅》。
[5] 請用從火,用火燒掉。
[6] 抗志,高志。海左,大海之東。
[7] 柁,船舵。

〔8〕太清,天空。容冶,鎔鑄冶煉,指造化者。

尚書令荀彧聞統名[1],奇之,舉爲尚書郎[2]。後參丞相曹操軍事。每論説古今,及時俗行事,恒發憤嘆息。因著論名曰《昌言》,凡三十四篇,十餘萬言[3]。

【注】

〔1〕尚書令,官名,東漢時直接對君主負責總攬一切政令的首腦。荀彧,字文若,曹操的功業多出其謀。
〔2〕尚書郎,官名。東漢之制,取孝廉中有才能者入尚書臺,初入稱守尚書郎中,滿一年稱尚書郎,在皇帝左右處理政務。
〔3〕《昌言》,其書久佚,《後漢書》本傳錄入三篇,《羣書治要》亦錄其一部分,清代馬國翰拾補散佚,輯爲二卷。

獻帝遜位之歲[1],統卒,時年四十一。友人東海繆襲常稱統才章足繼西京董、賈、劉、揚[2]。今簡撮其書有益政者,略載之云。

【注】

〔1〕獻帝,名劉協(181—234)。延康元年,曹丕稱帝建魏,廢獻帝爲山陽公,在位凡三十年。
〔2〕東海,郡名,治所在今山東郯城縣。繆襲,三國魏文學家,字熙伯,官至尚書光禄勛,與仲長統友善。西京,即長安,因東漢都洛陽,故稱長安爲西京,洛陽爲東京。董,董仲舒。劉,劉向。揚,揚雄。賈,賈誼。本書皆有傳。

《理亂篇》曰：

"豪傑之當天命者，未始有天下之分者也[1]。無天下之分，故戰爭者競起焉。於斯之時，並僞假天威，矯據方國[2]，擁甲兵與我角才智[3]，程勇力與我競雌雄，不知去就，疑誤天下[4]，蓋不可數也。角知者皆窮，角力者皆負，形不堪復伉，勢不足復校[5]，乃始羈首係頸，就我之銜紲耳[6]。夫或曾爲我之尊長矣，或曾與我爲等儕矣，或曾臣虜我矣，或曾執囚我矣。彼之蔚蔚[7]，皆匈詈腹詛[8]，幸我之不成[9]，而以奮其前志，詎肯用此爲終死之分邪[10]？

【注】

[1] 分，通"份"，名分，天分。
[2] 僞假天威，假借天命之威力。矯據方國，霸佔一個地方。
[3] 角，鬬也。
[4] 疑誤，迷惑，妨碍。
[5] 伉，通"抗"。校，較量。
[6] 銜紲，繫縛。銜，馬嚼子，在馬口中，用以制馭馬的行止。紲，繩索。
[7] 蔚蔚，憂傷貌，通"鬱鬱"。
[8] 匈，通"胸"。詈，罵。詛，咒罵。
[9] 幸，希望。
[10] 詎肯，怎肯。

"及繼體之時[1]，民心定矣。普天之下，賴我而得生育，由我而得富貴，安居樂業，長養子孫，天下晏然，皆歸心於我矣。豪傑之心既絕，士民之志已定，貴有常家，尊在一人。當此之時，雖下愚之才居之，猶能使恩同天地，威侔鬼神[2]，暴風疾霆，不足以方其怒[3]；陽春時雨，不足以喻其澤；周、孔數千，無所復角其聖[4]；賁、育百萬，無所復奮其勇矣[5]。

【注】

〔1〕繼體，指承嗣爲天子。
〔2〕侔，等。
〔3〕方，比擬。
〔4〕周、孔，指周公旦和孔子。角，較量。
〔5〕賁、育，指孟賁、夏育，相傳是古代的勇士。

"彼後嗣之愚主，見天下莫敢與之違，自謂若天地之不可亡也，乃奔其私嗜[1]，騁其邪欲，君臣宣淫[2]，上下同惡，目極角觝之觀[3]，耳窮鄭、衛之聲[4]。入則耽於婦人[5]，出則馳於田獵。荒廢庶政[6]，棄亡人物，澶漫彌流[7]，無所底極。信任親愛者，盡佞諂容說之人也[8]；寵貴隆豐者，盡后妃姬妾之家也。使餓狼守庖廚，飢虎牧牢豚[9]，遂至熬天下之脂膏，斮生人之骨髓[10]。怨毒無聊[11]，禍亂並起，中國擾攘[12]，四夷侵叛[13]，土崩瓦解，一朝而去。昔之爲我哺乳之子孫者，今盡是我飲血之寇讎也。至於運徙勢去，猶不覺悟者，豈非富貴生不仁，沈溺致愚疾邪？存亡以之迭代，政亂從此周復，天道常然之大數也[14]。

【注】

〔1〕奔其私嗜,放縱其私欲。
〔2〕宣淫,公然作出淫猥的行爲。
〔3〕角觝,本爲相互角力的一種技藝,引申爲各種游戲。
〔4〕鄭、衛之聲,春秋時鄭、衛國的俗樂。此指淫蕩的音樂。
〔5〕耽,沉溺。
〔6〕庶政,各種政務。
〔7〕澶漫彌流,放縱不拘。
〔8〕佞諂,討好,諂媚。容説,奉承話。
〔9〕牢豚,猪圈。牢,畜牲畜的欄圈。豚,小猪。
〔10〕生人,即生民。唐人避太宗李世民諱,於古籍中多改"民"爲"人"。
〔11〕怨毒,怨恨。無聊,没有生計。
〔12〕擾攘,紛亂。
〔13〕四夷,華夏族以外的各少數民族的統稱。
〔14〕數,勢,必然。

"又政之爲理者[1],取一切而已[2],非能斟酌賢愚之分,以開盛衰之數也[3]。日不如古,彌以遠甚[4],豈不然邪?漢興以來,相與同爲編户齊民[5],而以財力相君長者,世無數焉。而清潔之士,徒自苦於茨棘之間[6],無所益損於風俗也。豪人之室,連棟數百,膏田滿野[7],奴婢千羣,徒附萬計[8]。船車賈販,周於四方;廢居積貯[9],滿於都城。琦賂寶貨[10],巨室不能容;馬牛羊豕,山谷不能受。妖童美妾,填乎綺室[11];倡謳伎樂,列乎深堂。賓客待見而不敢去,車騎交錯而不敢進。三牲之肉，臭而不可食[12]；清醇之酎，敗而不可飲[13]。睇盼則人從其目之所視，喜怒則人隨其心之所慮。此皆公侯之廣樂，君長之厚實也。苟能運智詐者，則得之焉；苟能得之者，人不以爲罪焉。源發而橫流，路開而四通矣。求士之舍榮樂而居窮苦，棄放逸而赴束縛[14]，夫誰肯爲之者邪？夫亂世長而化世短[15]。亂世則小人貴寵，君子困賤。尚君子困賤之時，跼高天，蹐厚地，猶恐有鎮厭之禍也[16]。逮至清世，則復入於矯枉過正之檢[17]。老者耄矣，不能及寬饒之俗；少者方壯，將復困於衰亂之時。是使姦人擅無窮之福利，而善士掛不赦之罪辜。苟目能辯色，耳能辯聲，口能辯味，體能辯寒溫者，將皆以脩潔爲諱惡，設智巧以避之焉，況肯有安而樂之者邪？斯下世人主一切之愆也[18]。

【注】

〔1〕理，治。

〔2〕一切，權宜之計。

〔3〕斟酌，辨別。

〔4〕日不如古，一天一天地不如古。彌以遠甚，久之更遠。

〔5〕編戶齊民，編入戶籍的平民。

〔6〕茨棘，指山林僻野之處。茨，用茅和蘆葦蓋的屋頂。棘，有刺的樹叢。

〔7〕膏田，肥沃的田地。

〔8〕徒附，依附的徒役。

〔9〕廢居,囤積不用的貨物。

〔10〕琦,美玉。賂,財物。

〔11〕妖,嫵媚。綺室,雕畫美觀的房間。

〔12〕三牲,牛、羊、猪。

〔13〕酎,多次復釀的酒。

〔14〕放逸,放蕩。

〔15〕化世,治世。

〔16〕跼,曲身彎腰。蹐,小心行路。跼天蹐地,此形容窘迫,無所容身。《詩‧小雅‧正月》:"謂天蓋高,不敢不跼,謂地蓋厚,不敢不蹐。"

〔17〕檢,約束。

〔18〕一切之愆,權宜之計的過失。

    "昔春秋之時,周氏之亂世也。逮乎戰國,則又甚矣。秦政乘并兼之勢[1],放虎狼之心,屠裂天下,吞食生人[2],暴虐不已,以招楚漢用兵之苦,甚於戰國之時也。漢二百年而遭王莽之亂[3],計其殘夷滅亡之數,又復倍乎秦、項矣[4]。以及今日,各都空而不居,百里絶而無民者,不可勝數。此則又甚於亡新之時也[5]。悲夫!不及五百年,大難三起[6],中間之亂,尚不數焉。變而彌猜[7],下而加酷[8],推此以往,可及於盡矣。嗟乎!不知來世聖人救此之道,將何用也?又不知天若窮此之數,欲何至邪?"

【注】

〔1〕秦政,秦始皇嬴政。

〔2〕生人,即生民。
〔3〕王莽,字巨君。西漢末,以外戚掌權。公元5年,毒死平帝,8年,自立爲帝,改國號爲新。17年爆發農民起義。23年,義軍攻入長安,王莽被殺。西漢建立至王莽篡位凡二百一十四年,此取二百整數。
〔4〕秦,秦始皇。項,西楚霸王項羽。
〔5〕新,指王莽。
〔6〕大難三起,指秦末楚漢之爭、西漢末年的王莽之亂和農民起義、東漢末年的黃巾起義。
〔7〕變而彌猜,越變越懷疑。
〔8〕下而加酷,越往後越殘酷。

《損益篇》曰:

"作有利於時,制有便於物者,可爲也。事有乖於數,法有玩於時者〔1〕,可改也。故行於古有其迹,用於今無其功者,不可不變。變而不如前,易而多所敗者,亦不可不復也〔2〕。漢之初興,分王子弟,委之以士民之命,假之以殺生之權。於是驕逸自恣,志意無厭,魚肉百姓,以盈其欲;報蒸骨血〔3〕,以快其情。上有篡叛不軌之姦,下有暴亂殘賊之害。雖藉親屬之恩〔4〕,蓋源流形勢使之然也。降爵削土,稍稍割奪,卒至於坐食奉禄而已〔5〕。然其洿穢之行〔6〕,淫昏之罪,猶尚多焉。故淺其根本,輕其恩義,猶尚假一日之尊,收士民之用。況專之於國,擅之於嗣,豈可鞭笞叱咤,而使唯我所爲者乎?時政彫敝,風俗移易,純樸已去,智惠已來[7]。出於禮制之防[8],放於嗜欲之域久矣,固不可授之以柄,假之以資者也。是故收其奕世之權[9],校其從橫之勢,善者早登,否者早去,故下土無壅滯之士[10],國朝無專貴之人。此變之善,可遂行者也。

【注】
[1] 乖,違反。
[2] 復,恢復舊制。
[3] 報,上輩姦淫下輩。蒸,下輩姦淫上輩。
[4] 藉,借,恃。
[5] 指西漢景帝、武帝削奪諸侯王權力,使之坐食俸祿。
[6] 洿,同"污"。
[7] 惠,通"慧"。
[8] 出於禮制之防,不守禮節制度的範圍。
[9] 奕世,累世。奕,次序。
[10] 下土,指民間。

"井田之變[1],豪人貨殖[2],館舍布於州郡,田畝連於方國。身無半通青綸之命,而竊三辰龍章之服[3];不爲編户一伍之長,而有千室名邑之役[4]。榮樂過於封君[5],勢力侔於守令[6]。財賂自營,犯法不坐[7]。刺客死士,爲之投命[8]。至使弱力少智之子[9],被穿帷敗,寄死不斂,冤枉窮困,不敢自理[10]。雖亦由網禁疏闊[11],蓋分田無限使之然也[12]。今欲張太平之紀綱,立至化之基趾[13],齊民財之豐寡,正風俗之奢儉,非井田實莫由也。此變有所敗,而宜復者也。

【注】

〔1〕井田,西周時盛行的一種土地國有制度。
〔2〕貨殖,聚積財貨,使之蕃殖。
〔3〕身無半通青綸之命,不曾受到最低的鄉吏的任命。古稱文書一道爲"一通"。漢時鄉吏有秩,嗇夫可佩青綸半章印。三辰龍章之服,飾有日、月、星和龍的服裝,泛指高官貴爵之服。
〔4〕千室名邑,有千户人家的大城鎮。
〔5〕封君,領受封邑的貴族。
〔6〕守令,郡守、縣令。
〔7〕不坐,不獲罪。
〔8〕投命,舍命。
〔9〕至,通"致"。
〔10〕自理,自己申訴。
〔11〕網禁疏闊,法律禁令太寬。
〔12〕分田,即份地。
〔13〕基趾,基礎、基業。

"肉刑之廢,輕重無品,下死則得髡鉗[1],下髡鉗則得鞭笞。死者不可復生,而髡者無傷於人。髡笞不足以懲中罪,安得不至於死哉[2]！夫雞狗之攘竊,男女之淫奔,酒醴之賂遺[3],謬誤之傷害,皆非值於死者也。殺之則甚重,髡之則甚輕。不制中刑以稱其罪,則法令安得不參差,殺生安得不過謬乎？今患刑輕之不足以懲惡，則假臧貨以成罪[4]，託疾病以諱殺[5]。科條無所準[6]，各實不相應，恐非帝王之通法，聖人之良制也。或曰：過刑惡人，可也；過刑善人，豈可復哉？曰：若前政以來，未曾枉害善人者，則有罪不死也[7]，是爲忍於殺人，而不忍於刑人也[8]。今令五刑有品[9]，輕重有數，科條有序，名實有正，非殺人逆亂鳥獸之行甚重者[10]，皆勿殺。嗣周氏之秘典[11]，續呂侯之祥刑[12]，此又宜復之善者也。

【注】

〔1〕下死，死罪以下。髡鉗，刑名，剃去頭髮而以鐵圈束頸。
〔2〕死，指死刑。
〔3〕賂遺，送財物賄賂。
〔4〕臧貨，貪污納賄。
〔5〕諱殺，避免死。諱，迴避。
〔6〕科條，法令條規。
〔7〕有罪不死，指犯有死罪而沒有處以死刑。
〔8〕殺人，指殺人犯。刑人，懲罰殺人犯。
〔9〕五刑，漢初有黥（刺面）、劓（割鼻）、斬趾、斷舌、梟（殺後懸頭於木柱上）五刑。
〔10〕鳥獸之行，指蒸、報等亂倫之事。
〔11〕周氏，指周朝。秘典，機要的典籍。秘，即"祕"。《周禮·司寇》云："掌邦之三典，以佐王刑邦國，詰四方，一曰刑新國用輕典，二曰刑平國用中典，三曰刑亂國用重典。"
〔12〕呂侯，一作"甫侯"，西周穆王臣，爲司寇。穆王采納呂侯的言論作刑布告四方，即今《尚書·呂刑》。祥，善。

"《易》曰:'陽一君二臣,君子之道也;陰二君一臣,小人之道也。'[1]然則寡者,爲人上者也;衆者,爲人下者也。一伍之長,才足以長一伍者也;一國之君,才足以君一國者也;天下之王,才足以王天下者也。愚役於智,猶枝之附幹[2],此理天下之常法也。制國以分人,立政以分事,人遠則難綏,事總則難了。今遠州之縣,或相去數百千里,雖多山陵洿澤,猶有可居人種穀者焉。爲更制其境界,使遠者不過二百里。明版籍以相數閱[3]。審什伍以相連持[4],限夫田以斷并兼[5],定五刑以救死亡。益君長以興政理,急農桑以豐委積[6],去末作以一本業[7],敦教學以移情性[8],表德行以厲風俗,覈才藝以敍官宜,簡精悍以習師田[9],修武器以存守戰,嚴禁令以防僭差,信賞罰以驗懲勸,糾游戲以杜姦邪,察苛刻以絕煩暴。審此十六者以爲政務,操之有常,課之有限[10],安寧勿懈墮,有事不迫遽,聖人復起,不能易也。

【注】

[1] 見《易・繫辭傳》。
[2] 枝之附幹,樹枝附於樹幹。
[3] 版籍,户口册。
[4] 相連持,互相結合制約。
[5] 夫田,古代井田制,一夫受田百畝,故稱百畝爲夫。
[6] 委積,儲備。
[7] 末作,指工商。本業,農桑。

〔8〕敦,勉勵。
〔9〕師田,指軍事演習。田即田獵,古時以田獵講武,故稱師田。
〔10〕課,考核。

"向者[1],天下户過千萬,除其老弱,但户一丁壯,則千萬人也。遺漏既多,又蠻夷戎狄居漢地者尚不在焉[2],丁壯十人之中,必有堪爲其什伍之長,推什長以上,則百萬人也。又十取之,則佐史之才已上十萬人也。又十取之,則可使在政理之位者萬人也。以筋力用者謂之人,人求丁壯;以才智用者謂之士,士貴耆老。充此制以用天下之人[3]。猶將有儲,何嫌乎不足也?故物有不求,未有無物之歲也;士有不用,未有少士之世也。夫如此,然後可以用天性,究人理,興頓廢[4],屬斷絕[5],網羅遺漏,拱枒天人矣[6]。

【注】
〔1〕向者,往昔。
〔2〕蠻夷戎狄,古代對少數民族的貶稱。
〔3〕充,行。
〔4〕頓廢,困厄衰敗。
〔5〕屬,續。
〔6〕拱枒,合抱。拱枒天人,天和人和合。

"或曰:善爲政者,欲除煩去苛,并官省職,爲之以無爲,事之以無事,何子言之云云也?曰:若是,三代不足摹[1],聖人未可師也。君子用法制而至於化,小人用法制而至於亂。均是一法制也,或以之化,或以之亂,行之不同也。苟使豺狼牧羊豚,盜跖主征稅[2],國家昏亂,吏人放肆,則惡復論損益之間哉!夫人待君子然後化理,國待蓄積乃無憂患。君子非自農桑以求衣食者也,蓄積非橫賦斂以取優饒者也[3]。奉祿誠厚,則割剝貿易之罪乃可絕也[4];蓄積誠多,則兵寇水旱之災不足苦也。故由其道而得之,民不以爲奢;由其道而取之,民不以爲勞。天災流行,開倉庫以稟貸[5],不亦仁乎?衣食有餘,損靡麗以散施[6],不亦義乎?彼君子居位爲士民之長,固宜重肉累帛[7],朱輪四馬,今反謂薄屋者爲高,藿食者爲清,既失天地之性,又開虛僞之名,使小智居大位,庶績不咸熙[8],未必不由此也。得拘絜而失才能[9],非立功之實也。以廉擧而以貪去,非士君子之志也。夫選用必取善士。善士富者少而貧者多,祿不足以供養,安能不少營私門乎?從而罪之,是設機置穽以待天下之君子也[10]。

【注】

〔1〕三代,夏、商、周。摹,傚法。

〔2〕盜跖,春秋末年人民起義領袖,名跖,盜是誣稱。先秦子書多載其事。

〔3〕橫賦斂,肆意收取賦稅。

〔4〕割剝,掠奪、殘害。

〔5〕稟,賜人以穀。

〔6〕靡麗,奢華。
〔7〕重肉累帛,謂衣食加倍。
〔8〕庶績不咸熙,各種事功不興盛。《書・堯典》:"允釐百工,庶績咸熙。"
〔9〕得拘挈而失才能,指隱逸之士拘於潔身自好,而不能發揮才能。
〔10〕設機置穽,設下機關布下陷阱。穽,獵取野獸的陷坑。

"盜賊凶荒,九州代作[1],饑饉暴至,軍旅卒發[2],橫稅弱人[3],割奪吏禄,所恃者寡,所取者猥[4],萬里懸乏[5],首尾不救,徭役並起,農桑失業,兆民呼嗟於昊天,貧窮轉死於溝壑矣。今通肥饒之率[6],計稼穡之入,令畝收三斛[7],斛取一斗,未爲甚多。一歲之間,則有數年之儲,雖興非法之役,恣奢侈之欲,廣愛幸之賜[8],猶未能盡也。不循古法,規爲輕稅[9],乃至一方有警,一面被災,未逮三年,校計賽矩[10],坐視戰士之蔬食[11],立望餓殍之滿道[12],如之何爲君行此政也?二十稅一,名之曰貊[13],況三十稅一乎?夫薄吏禄以豐軍用,緣於秦征諸侯,續以四夷,漢承其業,遂不改更,危國亂家,此之由也。今田無常主,民無常居,吏食日稟[14],班禄未定。可爲法制,畫一定科,租稅十一,更賦如舊[15]。今者土廣民稀,中地未墾[16];雖然,猶當限以大家,勿令過制。其地有草者,盡曰官田,力堪農事,乃聽受之。若聽其自取,後必爲姦也。"

【注】

〔1〕代作，交替發生。

〔2〕暴、卒，皆突發之意。

〔3〕橫稅弱人，肆意征稅，使人懼怕。

〔4〕猥，多。

〔5〕懸乏，路途懸遠，糧食物資缺乏。

〔6〕率，標準。

〔7〕斛，容量單位，十斗爲一斛。

〔8〕愛幸，喜愛寵信的人。

〔9〕規爲輕稅，謀劃減輕賦稅。

〔10〕校計騫短，生計虧損短缺。

〔11〕蔬食，粗食，以草菜爲食。

〔12〕殍，通"莩"，餓死。

〔13〕貊，野獸名。

〔14〕吏食日稟，官吏的食祿逐日發給。

〔15〕更賦，秦漢時所實行的以錢代替戍邊更役的賦稅。

〔16〕中地，中等的土地。

《法誡篇》曰：

"《周禮》六典[1]，冢宰貳王而理天下[2]。春秋之時，諸侯明德者，皆一卿爲政。爰及戰國，亦皆然也。秦兼天下，則置丞相，而貳之以御史大夫[3]。自高帝逮於孝成[4]，因而不改，多終其身。漢之隆盛，是惟在焉。夫任一人則政專，任數人則相倚。政專則和諧，相倚則違戾。和諧則太平之所興也，違戾則荒亂之所起也。光武皇帝慍數世之失權[5]，忿強臣之竊命[6],矯枉過直,政不任下,雖置三公[7],事歸臺閣[8]。自此以來,三公之職,備員而已;然政有不理,猶加譴責。而權移外戚之家[9],寵被近習之豎[10],親其黨類,用其私人,內充京師,外布列郡,顛倒賢愚,貿易選舉[11],疲駑守境[12],貪殘牧民[13],撓擾百姓,忿怒四夷,招致乖叛,亂離斯瘼[14]。怨氣並作,陰陽失和,三光虧缺,怪異數至,蟲螟食稼,水旱爲災,此皆戚宦之臣所致然也。反以策讓三公,至於死免[15],乃足爲叫呼蒼天,號咷泣血者也。又中世之選三公也[16],務於清慤謹慎,循常習故者。是婦女之檢柙[17],鄉曲之常人耳[18],惡足以居斯位邪?勢既如彼,選又如此,而欲望三公勳立於國家,績加於生民,不亦遠乎?昔文帝之於鄧通[19],可謂至愛,而猶展申屠嘉之志[20]。夫見任如此,則何患於左右小臣哉?至如近世,外戚宦豎請託不行,意氣不滿[21],立能陷人於不測之禍,惡可得彈正者哉[22]!曩者任之重而責之輕,今者任之輕而責之重。昔賈誼感絳侯之困辱[23],因陳大臣廉恥之分,開引自裁之端[24]。自此以來,遂以成俗。繼世之主,生而見之,習其所常,曾莫之悟。嗚呼,可悲夫!左手據天下之圖,右手刎其喉,愚者猶知難之,況明哲君子哉!光武奪三公之重,至今而加甚,不假后黨以權,數世而不行[25],蓋親疏之勢異也。母后之黨,左右之人,有此至親之勢,故其貴任萬世。常然之敗,無世而無之,莫之斯鑒,亦可痛矣。未若置丞相自總之。若委三公,則宜分任責成。夫使爲政者,不當與之婚姻；婚姻者，不當使之爲政也。如此，在位病人[26]，舉用失賢，百姓不安，爭訟不息，天地多變，人物多妖，然後可以分此罪矣。

【注】

[1]《周禮》，原名《周官》，也稱《周官經》，西漢末列爲經而屬於禮，故有《周禮》之名，現爲儒家十三經之一。六典，《周禮·天官·冢宰》掌建邦之六典，以佐王治邦國。一曰治典，以紀萬民；二曰教典，以擾萬姓；三曰禮典，以諧萬姓；四曰政典，以均萬姓；五曰刑典，以糾萬姓；六曰事典，以生萬姓。

[2] 冢宰，周代官名，又稱大宰，爲六卿之首。貳，協助。

[3] 御史大夫，官名，秦始置。其位僅次於丞相，主管彈劾、糾察以及圖籍秘書。

[4] 高帝，即漢高祖劉邦。孝成，即漢成帝劉驁。

[5] 光武皇帝，即東漢開國皇帝劉秀。數世，指西漢末年元、成、哀、平等世。

[6] 強臣，指王莽。竊命，盜用國家權柄。

[7] 三公，官名，東漢以太尉、司徒、司空爲三公。

[8] 臺閣，指尚書。臺閣在尚書官署的名稱。

[9] 外戚，帝王的母族、妻族。

[10] 近習之豎，帝王身邊寵倖的小臣。

[11] 貿易選舉，買賣官職。選舉，指選賢舉能。

[12] 疲駑，原指疲劣的馬，比喻愚鈍無能之人。

[13] 貪殘，指貪官暴吏。牧，治理。

[14] 亂離斯瘼，人民將受亂離之苦。瘼，病，引申爲疾苦。《詩·小雅·四月》："亂離瘼矣，爰其適歸。"

〔15〕策讓,下詔責備免官。

〔16〕中世,指東漢中期。

〔17〕檢柙,即規矩。檢,約束。柙,獸籠。

〔18〕鄉曲,鄉下。以其偏居一隅,故稱。

〔19〕文帝,即漢孝文帝劉恒。鄧通,文帝時佞臣,因得寵文帝,賜銅山一坐,得自鑄錢。

〔20〕申屠嘉,初從劉邦有功,文帝時爲宰相,性廉直,鄧通戲上,嘉欲殺之,被文帝赦免。

〔21〕意氣,指饋贈貢獻。漢晉人之習語。

〔22〕彈正,彈劾糾正。

〔23〕賈誼,西漢哲學家、文學家,本書有傳。絳侯,即周勃,從劉邦有功封侯,故稱。

〔24〕文帝時,人告周勃謀反,因下獄,後查明無事,復爵邑。賈誼就此上書,以爲大臣有罪,不當受刑,應使自裁,文帝納其言。

〔25〕后黨,皇后的親族和同伙。

〔26〕病人,害人。

"或曰:政在一人,權甚重也。曰:人實難得,何重之嫌?昔者霍禹、竇憲、鄧騭、梁冀之徒[1],籍外戚之權,管國家之柄,及其伏誅,以一言以詔,詰朝而誅[2],何重之畏乎?今夫國家漏神明於媒近[3],輸權重於婦黨,第十世而爲之者八九焉[4],不此之罪而彼之疑[5],何其詭邪[6]!"

【注】

〔1〕霍禹,霍光之子,嗣父職。竇憲,字伯度,漢和帝舅。鄧騭,字

昭伯,漢安帝舅。梁冀,字伯卓,漢順帝、桓帝內兄。
〔2〕詰朝,第二天早晨。
〔3〕媟,同"褻"。媟近,左右輕狎之人。
〔4〕筭,同"算"。
〔5〕此,指后黨。彼,指三公。
〔6〕詭,違。

選自《後漢書》卷四十九《王充王符仲長統列傳》

高　　誘 (東漢末)

　　高誘者,後漢河東涿人也[1]。少從故侍中同縣盧植受句讀[2],誦舉大義[3]。會遭兵燹[4],天下棋峙[5],亡失書傳,廢不尋修者二十餘載[6]。建安十年[7],辟司空掾[8],除東郡濮陽令[9]。睹時人少爲《淮南》者[10],懼遂凌遲[11],於是乃深思其師之訓,參以經傳道家之言[12],比方其事,爲之注解,悉載本文[13],並舉音讀。典農中郎將弁揖借八卷刺之[14],會揖卒,遂亡不得,至十七年,遷監河東[15],復更補足。凡二十一篇[16]。以爲《淮南》近老子[17],淡泊無爲[18],蹈虛守靜[19],出入經道,言其大也,則燾天載地[20],說其細也,則淪於無垠[21],及古今治亂存亡禍福,世間詭異瑰奇之事[22],其義也著[23],其文也富,物事之類,無所不載。然其大較[24],歸之於道。號曰《鴻烈》,鴻,大也,烈,明也,以爲大明道之意也[25]。蓋《淮南》本名《鴻烈》[26],至劉向《七略》始題《淮南》也[27]。誘注《淮南》後,又注《呂氏春秋》[28]。其自序曰:此書所尚,以道德爲標的[29],以無爲爲綱紀,以忠義爲品式[30],以公方爲檢格[31],與孟軻、孫卿、淮南、揚雄相表裏也[32]。家有此書,尋繹案省[33],大出諸子之右[34]。既有脫誤,小儒又以私意改定,猶慮傳義失其本真,少能詳之,故復依先師舊訓,輒乃爲之解焉[35],凡二十六篇。此外又有《正孟子章句》、《孝經解》、《戰國策注》等[36]，皆佚。

【注】

〔1〕河東，郡名，治所在安邑（今山西夏縣西北）。見高誘《呂氏春秋注》所署。高誘原爲涿人，建安十七年遷監河東，故署之。涿，郡名，治所在涿縣（今屬河北）。見高誘《淮南子注》所署、酈道元《水經・易水注》。

〔2〕侍中，官名，侍從皇帝左右，出入宮廷。盧植，字子幹，東漢涿郡涿縣人，著有《尚書章句》、《三禮解詁》。句讀，句斷或句逗，指初學，明辨章句。《禮記・學記》云："古之教者，家有塾，黨有庠，術有序，國有學，比年入，中年考校，一年視離經辨志，三年……"離經，即句讀也。

〔3〕小義，要義，要旨。

〔4〕兵燹，兵火，指戰亂所遭受的焚燒破壞。

〔5〕棋峙，相持不下，如行棋時相互對峙。

〔6〕書傳，謂典籍和傳述。不尋，不常。

〔7〕建安，漢獻帝年號（196—220）。

〔8〕辟，徵召。司空掾，司空的屬官。

〔9〕除，拜官授職。東郡，郡名，治所在濮陽（今河南濮陽西南）。令，縣的長官。

〔10〕《淮南》，即《淮南子》，亦稱《淮南鴻烈》，西漢淮南王劉安及其門客蘇非、李尚、伍被等著。

〔11〕凌遲，衰敗，破壞。

〔12〕經傳，儒家的經籍和解釋經文的書。道家，以先秦老子關於"道"的學說爲中心的學術派別。

〔13〕悉，盡。

〔14〕典農中郎將，官名，漢末曹操設，分置於實行屯田的地區，掌

管農業生產、民政和田租。刺,書寫。《釋名·釋書契》:"書稱刺,書以筆刺紙簡之上也。"

〔15〕監,官署名。監河東,即河東郡官署。

〔16〕以上據《漢書·藝文志》。

〔17〕近,指其旨相近。老子,本書有傳。

〔18〕淡泊,恬淡寡欲。

〔19〕蹈虛守靜,謂實行道家的虛靜之道。

〔20〕燾,同"幬",覆蓋。

〔21〕淪,淹没。垠,邊際、界限。

〔22〕詭異,詭怪背異。瑰奇,奇偉、珍貴。

〔23〕著,顯明。

〔24〕大較,大略、大概。

〔25〕以上據《淮南子》高誘自序。

〔26〕據《西京雜記》。

〔27〕據劉向《淮南子序》。劉向,本書有傳。《七略》,我國第一部圖書分類目録。

〔28〕據《吕氏春秋》高誘自序。

〔29〕尚,崇尚。標的,鵠的;靶子。引申爲目標或努力的方向。

〔30〕品式,標準的式樣。

〔31〕檢格,猶規矩、法度。

〔32〕孟軻,本書有傳。此指《孟子》。孫卿,即荀况,本書有傳。此指《荀子》。揚雄,本書有傳。此指《法言》。

〔33〕尋繹,反復推求。案省,考察認識。

〔34〕右,指較高的地位。古以右爲尊。

〔35〕輒,即、就。以上據《吕氏春秋》高誘自序。

〔36〕章句,以分章析句來解説經文的一種著作。《孝經》,儒家經典之一,論述孝道。《戰國策》,戰國時游説之士及謀臣的言論

匯編。

　　王蘧常曰：誘生漢末天下棋峙之秋，干戈滿地[1]，救死不暇[2]，獨能不忘述作，其有道之士哉？其所注多道家言，蓋深得夫黄老之指[3]，此其所以能自全與亂世歟？

【注】
〔1〕棋峙之秋，猶戰爭之時。干戈，古代常用的兩種武器，亦爲兵器的通稱。
〔2〕暇，空閑。
〔3〕黄老，黄帝和老子。此指戰國、漢初道家學派。指，通"旨"。

王蘧常《諸子新傳》

三國

曹　　操（155—220）

　　太祖武皇帝[1]，沛國譙人也[2]，姓曹，諱操[3]，字孟德，漢相國參之後[4]。桓帝世，曹騰爲中常侍大長秋[5]，封費亭侯[6]。養子嵩嗣[7]，官至太尉[8]，莫能審其生出本末。嵩生太祖。

【注】
〔1〕太祖武皇帝，即曹操。曹操生時未稱帝，其子曹丕代漢稱帝，建立魏朝，黄初元年（220），追尊操爲武皇帝；黄初四年（223），定其廟號爲太祖。
〔2〕沛國，漢代王國名。西漢初，以一部分郡縣分封王侯，時稱"郡國"，初封地甚廣，後由於中央集權，漸削其地，至東漢初，王國封地相當於一個郡，而侯國封地則相當於一個縣。沛國治相縣，故城址在今安徽濉溪縣西北。譙，縣名，在今安徽亳州。
〔3〕諱，避諱。古代不能直稱帝王和尊長之名，稱死去帝王和尊長之名時，例加一"諱"字。
〔4〕相國，官名。西漢初，輔佐皇帝，綜理全國政務之最高長官，後改稱丞相，與太尉、御史大夫並稱三公。曹參，沛人，漢高祖劉邦的謀臣，後任相國。
〔5〕中常侍，官名，皇帝的侍從官，東漢時專以宦官充任，掌傳達詔令和管理文書，權力極大。大長秋，官名，爲皇后的近侍，多由宦官充任，掌傳達皇后旨意，管理宫中事務。

〔6〕費亭侯,漢代封爵,封地費亭在今河南省永城市南。
〔7〕嗣,繼承。指繼承曹騰費亭侯的封爵。
〔8〕太尉,官名,爲全國最高軍事長官,東漢時三公之一。

　　太祖少機警,有權數[1],而任俠放蕩[2],不治行業[3],故世人未之奇也;唯梁國橋玄、南陽何顒異焉[4]。玄謂太祖曰:"天下將亂,非命世之才不能濟也[5],能安之者,其在君乎!"年二十,舉孝廉爲郎[6],除洛陽北部尉[7],遷頓丘令[8],徵拜議郎[9]。

【注】
〔1〕權數,權謀智數。謂善於出謀劃策,隨機應變。
〔2〕任俠,以己之力幫助弱者的行爲。放蕩,放縱不拘,行爲不檢。
〔3〕治,從事;學習。行業,操行學業。
〔4〕梁國,王國名,治睢陽縣(在今河南商丘市南)。南陽,郡名,治宛縣(今河南南陽市)。
〔5〕命世之才,經邦濟世之才。濟,拯救。
〔6〕舉,推薦。孝廉,漢代選舉制的主要科目。被舉之人,名義上須孝順父母,行爲清廉。郎,西漢光祿勳之屬官議郎、侍郎等,總稱爲郎。東漢時政歸臺閣,遂於尚書臺置尚書郎,分曹任事,亦稱爲郎。漢光武帝又以孝廉爲郎,後或援以爲例。
〔7〕除,任命。洛陽北部尉,洛陽縣令的屬官,掌察禁盜賊,維持治安。因洛陽是東漢京都所在地,尉不止一人,有孝廉左尉、孝廉右尉,秩四百石(見《續漢書・百官志》劉昭注引《漢官》)。
〔8〕遷,調職。頓丘令,頓丘縣(在今河南清豐縣西南)長官。漢制,縣萬户以上者稱令,萬户以下者稱長。

〔9〕徵拜，徵召任命。議郎，官名，郎官之一種，屬光祿勳，但不入直宿衛，得參預朝政議論。

　　光和末[1]，黃巾起[2]，拜騎都尉[3]，討潁川賊[4]。遷爲濟南相[5]，國有十餘縣[6]，長吏多阿附貴戚[7]，贓污狼籍，於是奏免其八[8]；禁斷淫祀[9]，姦宄逃竄[10]，郡界肅然。久之，徵還爲東郡太守[11]；不就，稱疾歸鄉里。

【注】
〔1〕光和(178—184)，漢靈帝劉宏的年號。
〔2〕黃巾，張角兄弟領導的農民起義軍，因起義軍用黃巾裹頭，故稱黃巾軍。
〔3〕騎都尉，官名，掌統率皇帝的羽林騎兵。
〔4〕潁川，郡名，治陽翟縣，在今河南禹州。
〔5〕濟南，王國名，治東平陵，故城址在今山東濟南市歷城區東。相，官名。王國的相，由中央政府直接委派，管理王國行政大權，相當於郡太守，秩二千石。
〔6〕十餘縣，據潘眉《三國志考證》卷一，"餘"字乃衍文。
〔7〕長吏，漢代稱吏六百石以上者爲長吏，又稱各縣丞、尉秩四百石至二百石者爲長吏。漢代縣令、長，秩千石至三百石。此處所謂"長吏"即指各縣令、長。
〔8〕奏免其八，據潘眉《三國志考證》卷一，"八"字下脫"九"字。
〔9〕淫祀，不合祀典的祭祀。淫，過。
〔10〕姦宄(音鬼)，違法亂紀的人。
〔11〕東郡，治濮陽縣，故址在今河南濮陽縣西南。太守，官名，郡的最高行政長官，秩二千石。

頃之,冀州刺史王芬、南陽許攸、沛國周旌等連結豪傑[1],謀廢靈帝,立合肥侯,以告太祖,太祖拒之。芬等遂敗。

【注】
[1] 冀州,東漢末,其州治常設在鄴,故址在今河北省臨漳縣西南鄴鎮東一里半。刺史,官名。漢武帝時,分全國爲十三部,部置刺史一人,按詔書六條檢查地方豪強和郡縣官的不法行爲,爲臨時派遣的巡察官。靈帝時,爲了鎮壓農民起義,改稱州牧,權力增大,掌握一州的軍政大權。

金城邊章、韓遂殺刺史郡守以叛[1],衆十餘萬,天下騷動。徵太祖爲典軍校尉[2]。會靈帝崩,太子即位,太后臨朝[3]。大將軍何進與袁紹謀誅宦官[4],太后不聽。進乃召董卓[5],欲以脅太后,卓未至而進見殺。卓到,廢帝爲弘農王而立獻帝[6],京都大亂。卓表太祖爲驍騎校尉[7],欲與計事。太祖乃變易姓名,間行東歸[8]。出關[9],過中牟[10],爲亭長所疑[11],執詣縣,邑中或竊識之,爲請得解。卓遂殺太后及弘農王。太祖至陳留[12],散家財,合義兵,將以誅卓。冬十二月,始起兵於己吾[13],是歲中平六年也[14]。

【注】
[1] 金城,郡名,治允吾,故址在今甘肅永靖縣北。
[2] 典軍校尉,官名。漢靈帝中平五年(188),置西園八校尉,典軍校尉是其中之一。

〔3〕太后臨朝,漢靈帝皇后掌握朝政。太后,即何太后。
〔4〕大將軍,官名,爲將軍的最高稱號,職掌統兵征伐。東漢時,位在三公上,爲中央政府的執政者,但不常設。何進(？—189),字遂高,南陽宛縣(今河南南陽)人,以妹爲靈帝皇后,任大將軍。袁紹(？—202),字本初,汝南汝陽(今河南商水西南)人,時爲司隸校尉。
〔5〕董卓(？—192),字仲穎,隴西臨洮(今甘肅岷縣)人,時任并州牧。
〔6〕弘農,郡名,治弘農縣,故址在今河南靈寶市北。
〔7〕表,上表薦舉。驍騎校尉,官名。校尉,爲漢代軍職之稱,略次於將軍。東漢時,以五校尉(驍騎、越騎、步兵、胡騎、虎賁)掌京師宿衛兵。
〔8〕間行,走小路。間,空隙,此指大道間之小路。
〔9〕關,指虎牢關,其地在今河南省滎陽縣。
〔10〕中牟,縣名,故城址在今河南中牟縣東。
〔11〕亭長,鄉官名。漢代鄉間十里設一亭,置亭長一人,掌地方治安,巡捕盜賊。
〔12〕陳留,縣名,故城址在河南開封市東南。
〔13〕己吾,縣名,故城址在今河南寧陵縣西南。
〔14〕中平(184—189),漢靈帝年號。

　　初平元年春正月[1],後將軍袁術[2]、冀州牧韓馥、豫州刺史孔伷[3]、兗州刺史劉岱[4]、河內太守王匡[5]、勃海太守袁紹[6]、陳留太守張邈、東郡太守橋瑁、山陽太守袁遺、濟北相鮑信[7],同時俱起兵,衆各數萬,推紹爲盟主。太祖行奮武將軍[8]。

【注】

〔1〕初平(190—193),漢獻帝劉協年號。
〔2〕後將軍,官名。位次上卿,與前、左、右將軍掌京師兵衛和邊防屯警。
〔3〕豫州,州名,治譙縣(今安徽亳州)。
〔4〕兗州,州名,治山陽郡昌邑縣(今山東金鄉縣西北)。
〔5〕河內,郡名,治懷縣(今河南武陟縣西南)。
〔6〕勃海,郡名,治南皮縣(今河北南皮縣東北)。
〔7〕濟北,王國名,治盧縣(今山東濟南市長清區南)。
〔8〕行,代理。奮武將軍,雜號將軍之一。

　　二月,卓聞兵起,乃徙天子都長安。卓留屯洛陽[1],遂焚宫室。是時紹屯河內,邈、岱、瑁、遺屯酸棗[2],術屯南陽,伷屯潁川,馥在鄴。卓兵强,紹等莫敢先進。太祖曰:"舉義兵以誅暴亂,大衆已合,諸君何疑?向使董卓聞山東兵起[3],倚王室之重,據二周之險[4],東向以臨天下;雖以無道行之[5],猶足爲患。今焚燒宫室,劫遷天子,海內震動,不知所歸,此天亡之時也。一戰而天下定矣,不可失也。"遂引兵西,將據成皋[6]。邈遣將衛兹分兵隨太祖。到滎陽汴水[7],遇卓將徐榮,與戰不利,士卒死傷甚多。太祖爲流矢所中,所乘馬被創,從弟洪以馬與太祖,得夜遁去。榮見太祖所將兵少,力戰盡日,謂酸棗未易攻也,亦引兵還。

【注】

〔1〕屯,帶軍駐守。

〔2〕酸棗,縣名,在今河南延津縣西南。
〔3〕向使,假使。山東,指太行山以東。
〔4〕二周,指春秋末葉分治的東周與西周。周平王東遷,定都於王城(今洛陽市王城公園一帶)。至春秋末葉,王子朝之亂,周敬王徙都成周(今洛陽市白馬寺東)。當時遂稱王城爲西周,成周爲東周。
〔5〕無道,倒行逆施。
〔6〕成皋,縣名,在今河南滎陽縣汜水鎮西。
〔7〕汴水,流經滎陽縣。

　　太祖到酸棗,諸軍兵十餘萬,日置酒高會,不圖進取。太祖責讓之[1],因爲謀曰:"諸君聽吾計,使勃海引河內之衆臨孟津[2],酸棗諸將守成皋,據敖倉[3],塞轘轅、太谷[4],全制其險;使袁將軍率南陽之軍軍丹、析[5],入武關[6],以震三輔[7]:皆高壘深壁,勿與戰,益爲疑兵[8],示天下形勢,以順誅逆,可立定也。今兵以義動,持疑而不進,失天下之望,竊爲諸君恥之!"邈等不能用。

【注】
〔1〕責讓,責備。
〔2〕勃海,指袁紹,時爲勃海太守。孟津,關名,在今河南孟州南。
〔3〕敖,地名。在滎陽西北山上,臨黃河,有大倉,名敖倉。
〔4〕轘轅、太谷,均關名,在洛陽東南險要之地。轘轅關,在今河南偃師市東南。太谷關,在今洛陽市東南。
〔5〕袁將軍,指袁術,時爲後將軍。軍,進軍。丹,丹水縣(今河南淅川縣西)。析,析縣(今河南西峽縣)。

〔6〕武關，在今陝西商縣東，北接高山，南臨絕澗，爲兵家必爭之地。
〔7〕三輔，即京兆尹、右扶風、左馮翊，轄區在今陝西渭水流域一帶地區。東漢雖遷都洛陽，以三輔陵廟所在，仍因其號。
〔8〕益，增加。疑兵，用以迷惑敵人的虛設軍隊。

　　太祖兵少，乃與夏侯惇等詣揚州募兵[1]，刺史陳溫、丹楊太守周昕與兵四千餘人[2]。還到龍亢[3]，士卒多叛。至銍、建平[4]，復收兵得千餘人，進屯河內。

【注】
〔1〕揚州，州名，東漢末治所在壽春(今安徽省壽縣)。
〔2〕丹楊，郡名，治所在宛陵縣(今安徽宣城市)。
〔3〕龍亢，縣名，故址在今安徽懷遠縣西。
〔4〕銍，縣名，故址在今安徽宿州西南。建平，縣名，故址在今河南永城市西南。

　　劉岱與橋瑁相惡[1]，岱殺瑁，以王肱領東郡太守[2]。
　　袁紹與韓馥謀立幽州牧劉虞爲帝，太祖拒之。紹又嘗得一玉印[3]，於太祖坐中舉向其肘，太祖由是笑而惡焉[4]。

【注】
〔1〕相惡，互相憎恨。
〔2〕領，兼任。
〔3〕玉印，漢制，皇帝印爲玉制，稱爲璽。

〔4〕笑,恥笑。惡,厭惡。

　　二年春,紹、馥遂立虞爲帝,虞終不敢當。
　　夏四月,卓還長安。
　　秋七月,袁紹脅韓馥[1],取冀州。

【注】
〔1〕脅,以威力逼迫。

　　黑山賊于毒、白繞、眭固等十餘萬衆略魏郡[1],東郡王肱不能禦,太祖引兵入東郡,擊白繞於濮陽,破之。袁紹因表太祖爲東郡太守,治東武陽[2]。

【注】
〔1〕黑山賊,東漢末與黃巾軍同時起義的一支農民軍,以今河北、山西、河南三省的太行山區爲根據地。黑山,在今河南省濬縣西北太行山脈。略,攻奪。魏郡,治鄴(在今河南濮陽市西南)。
〔2〕東武陽,縣名,故城址在今山東莘縣南。

　　三年春,太祖軍頓丘,毒等攻東武陽。太祖乃引兵西入山,攻毒等本屯[1]。毒聞之,棄武陽還[2]。太祖要擊眭固[3],又擊匈奴於夫羅於內黃[4],皆大破之。

【注】
〔1〕屯,營寨。
〔2〕武陽,即東武陽。

〔3〕要擊,中途截擊。
〔4〕匈奴,東漢時匈奴分爲南北二部,南匈奴移居塞內。這裏即指南匈奴。於夫羅,南匈奴單于之子。內黃,縣名,故址在今河南內黃縣西北。

夏四月,司徒王允與呂布共殺卓〔1〕。卓將李傕、郭汜等殺允攻布,布敗,東出武關。傕等擅朝政〔2〕。

【注】
〔1〕司徒,官名,掌民政,與太尉、司空並稱三公。
〔2〕擅,專斷。

青州黃巾衆百萬入兗州,殺任城相鄭遂〔1〕,轉入東平〔2〕。劉岱欲擊之,鮑信諫曰:"今賊衆百萬,百姓皆震恐,士卒無鬭志,不可敵也。觀賊衆羣輩相隨〔3〕,軍無輜重,唯以鈔略爲資〔4〕,今不若畜士衆之力〔5〕,先爲固守。彼欲戰不得,攻又不能,其勢必離散,後選精銳,據其要害,擊之可破也。"岱不從,遂與戰,果爲所殺。信乃與州吏萬潛等至東郡迎太祖領兗州牧。遂進兵擊黃巾於壽張東〔6〕。信力戰鬭死,僅而破之,購求信喪不得〔7〕,衆乃刻木如信形狀,祭而哭焉。追黃巾至濟北,乞降。冬,受降卒三十餘萬,男女百餘萬口,收其精銳者,號爲青州兵。

【注】
〔1〕任城,王國名,治任城縣(今山東濟寧市)。
〔2〕東平,王國名,治無鹽縣(今山東東平縣東)。

〔3〕輩輩,指家屬。
〔4〕唯以鈔略爲資,單靠掠取物質以充給養。
〔5〕畜,通"蓄"。
〔6〕壽張,縣名,故址在今山東東平縣西南。
〔7〕購求,懸賞尋求。喪,指屍體。

　　袁術與紹有隙[1],術求援於公孫瓚,瓚使劉備屯高唐[2],單經屯平原[3],陶謙屯發干[4],以逼紹。太祖與紹會擊,皆破之。

【注】
〔1〕隙,裂痕,矛盾。
〔2〕高唐,縣名,故址在今山東禹城市西南。
〔3〕平原,縣名,故址在今山東平原縣西南。
〔4〕發干,縣名,故址在今山東聊城市東昌府區西南。

　　四年春,軍鄄城[1]。荆州牧劉表斷術糧道,術引軍入陳留,屯封丘[2],黑山餘賊及於夫羅等佐之。術使將劉詳屯匡亭[3]。太祖擊詳,術救之,與戰,大破之。術退保封丘,遂圍之,未合,術走襄邑[4],追到太壽[5],決渠水灌城。走寧陵[6],又追之,走九江[7]。夏,太祖還軍定陶[8]。

【注】
〔1〕鄄(音絹)城,縣名,在今山東鄄城縣北。
〔2〕封丘,縣名,在今河南省封丘縣。
〔3〕匡亭,地名,屬平丘縣(在今河南長垣市西南)。

〔4〕襄邑,縣名,在今河南睢縣。
〔5〕太壽,據趙一清説:"太壽不見於《兩漢志》,大約在寧陵、襄邑之間。"(梁章鉅《三國志旁證》卷一引)
〔6〕寧陵,縣名,在今河南寧陵縣南。
〔7〕九江,郡名,治壽春(今安徽壽縣)。
〔8〕定陶,縣名,在今山東菏澤市定陶區西北。

　　下邳闕宣聚衆數千人[1],自稱天子;徐州牧陶謙與共舉兵,取泰山華、費[2],略任城。秋,太祖征陶謙,下十餘城,謙守城不敢出。

　　是歲,孫策受袁術使渡江,數年間遂有江東[3]。

【注】

〔1〕下邳,縣名,在今江蘇睢寧縣西北。
〔2〕泰山,郡名,治奉高縣(今山東泰安市東)。華,縣名,在今費縣東北。費(音密),侯國名,在今費縣西北。華、費均屬泰山郡。
〔3〕江東,指長江以南的蘇、浙、皖一帶。

　　興平元年春[1],太祖自徐州還。初,太祖父嵩,去官後還譙,董卓之亂,避難琅邪[2],爲陶謙所害,故太祖志在復讎東伐。夏,使荀彧、程昱守鄄城,復征陶謙,拔五城,遂略地至東海[3]。還過郯,謙將曹豹與劉備屯郯東,要太祖。太祖擊破之,遂拔襄賁[4],所過多所殘戮。

【注】

〔1〕興平(194—195),漢獻帝年號。

〔2〕琅邪,王國名,治開陽縣(今山東臨沂市北)。
〔3〕東海,郡名,治郯縣(今山東郯城縣北)。
〔4〕襄賁(音肥),縣名,在今山東蘭陵縣南。

　　會張邈與陳宮叛迎呂布,郡縣皆應。荀彧、程昱保鄄城,范、東阿二縣固守[1],太祖乃引軍還。布到,攻鄄城不能下,西屯濮陽。太祖曰:"布一旦得一州,不能據東平,斷亢父、泰山之道乘險要我[2],而乃屯濮陽,吾知其無能爲也。"遂進軍攻之,布出兵戰,先以騎犯青州兵[3]。青州兵奔,太祖陳亂[4],馳突火出,墜馬,燒左手掌。司馬樓異扶太祖上馬,遂引去[5]。未至營止,諸將未與太祖相見,皆怖。太祖乃自力勞軍[6],令軍中促爲攻具,進復攻之,與布相守百餘日。蝗蟲起,百姓大餓,布糧食亦盡,各引去。

【注】
〔1〕范,縣名,在今山東原范縣東南。東阿,縣名,在今山東陽谷縣東北。
〔2〕亢父,縣名,在今山東濟寧市南。
〔3〕騎,騎兵。
〔4〕陳,通"陣"。下皆同。
〔5〕引,退却。
〔6〕自力,强自支持。

　　秋九月,太祖還鄄城。布到乘氏[1],爲其縣人李進所破,東屯山陽。於是紹使人説太祖,欲連和。太祖新失兗州,軍食盡,將許之。程昱止太祖,太祖從之。冬十月,太祖至東阿。

【注】
〔1〕乘氏,侯國名,在今山東鉅野縣西南。

是歲,穀一斛五十餘萬錢[1],人相食,乃罷吏兵新募者。陶謙死,劉備代之。

二年春,襲定陶。濟陰太守吳資保南城[2],未拔。會呂布至,又擊破之。夏,布將薛蘭、李封屯鉅野[3],太祖攻之,布救蘭,蘭敗,布走,遂斬蘭等。布復從東緡與陳宮將萬餘人來戰[4],時太祖兵少,設伏,縱奇兵擊,大破之。布夜走,太祖復攻,拔定陶,分兵平諸縣。布東奔劉備,張邈從布,使其弟超將家屬保雍丘[5]。秋八月,圍雍丘。冬十月,天子拜太祖兗州牧[6]。十二月,雍丘潰,超自殺,夷邈三族[7]。邈詣袁術請救,爲其衆所殺,兗州平,遂東略陳地[8]。

【注】
〔1〕斛,古量器,漢代十斗爲一斛。
〔2〕濟陰,郡名,治定陶縣。南城,謂定陶之南城。
〔3〕鉅野,縣名,在今山東鉅野縣南。
〔4〕東緡,縣名,在今山東金鄉縣東北。
〔5〕雍丘,縣名,在今河南杞縣。
〔6〕天子拜太祖兗州牧,初平三年(192),鮑信等已推曹操權領兗州牧,至此,始受到漢獻帝的正式任命。
〔7〕夷,誅殺。三族,一般指父族、母族、妻族。

〔8〕陳,王國名,治陳縣(在今河南周口市淮陽區)。

是歲,長安亂,天子東遷,敗於曹陽[1]。渡河幸安邑[2]。

建安元年春正月[3],太祖軍臨武平[4],袁術所置陳相袁嗣降。

【注】
〔1〕曹陽,澗名,又名七里澗,在今河南靈寶縣東。
〔2〕幸,指皇帝到達。安邑,縣名,在今山西夏縣西北。
〔3〕建安(196—220),漢獻帝年號。
〔4〕武平,縣名,在今河南鹿邑縣西北。

太祖將迎天子,諸將或疑,荀彧、程昱勸之,乃遣曹洪將兵西迎,衛將軍董承與袁術將萇奴拒險[1],洪不得進。

【注】
〔1〕衛將軍,官名。位次上卿,掌京師兵衛和邊防屯警。

汝南[1]、潁川黃巾何儀、劉辟、何曼等,衆各數萬,初應袁術,又附孫堅。二月,太祖進軍討破之,斬辟、邵等[2],儀及其衆皆降,天子拜太祖建德將軍[3]。夏六月,遷鎮東將軍[4],封費亭侯。秋七月,楊奉、韓暹以天子還洛陽,奉別屯梁[5]。太祖遂至洛陽,衛京都,暹遁走。天子假太祖節鉞[6],錄尚書事[7]。洛陽殘破,董昭等勸太祖都許[8]。九月,車駕出轘轅而東,以太祖爲大將軍,封武平侯。自天子西遷，朝廷日亂，至是宗廟社稷制度始立。

【注】
〔1〕汝南，郡名，治平輿縣（在今河南省平輿縣北）。
〔2〕此處"斬辟、邵等"，與下文建安五年"汝南降賊劉辟等叛應紹，略許下"前後矛盾。盧弼《三國志集解》引沈家本説："此文疑本云：'斬邵等，辟、儀及其衆皆降。'傳寫錯亂，'辟'字誤在'邵'字之上。"沈説近是。
〔3〕建德將軍，爲臨時設置的雜號將軍，以後不復置。
〔4〕鎮東將軍，將軍名號之一，東漢末有鎮東、西、南、北將軍各一人。
〔5〕梁，縣名，在今河南汝州市西。
〔6〕假太祖節鉞，授予曹操總統諸軍的大權。假，借，此爲授予之意。節，符節。假節，有權殺犯軍令者。鉞，指黃鉞。假黃鉞，總統內外諸軍。
〔7〕録尚書事，即總攬朝政。東漢以來，政歸尚書。
〔8〕許，縣名。後來魏文帝曹丕更名許昌，故址在今河南許昌市東。

　　天子之東也，奉自梁要之，不及。冬十月，公征奉，奉南奔袁術，遂攻其梁屯，拔之。於是以袁紹爲太尉，紹恥班在公下[1]，不肯受。公乃固辭，以大將軍讓紹。天子拜公司空[2]，行車騎將軍。是歲用棗祇、韓浩等議，始興屯田[3]。

【注】
〔1〕班，位，位次。

〔2〕司空,官名,掌國家的土木營建和水利工程等,爲東漢三公之一。
〔3〕屯田,此指"民屯"。即組織農民墾荒,收成按規定比例交給國家,由專設的屯田官管理,帶有軍事性質。

　　呂布襲劉備,取下邳。備來奔。程昱說公曰:"觀劉備有雄才而甚得衆心,終不爲人下,不如早圖之。"公曰:"方今收英雄時也,殺一人而失天下之心,不可。"
　　張濟自關中走南陽[1]。濟死,從子繡領其衆[2]。二年春正月,公到宛[3]。張繡降,既而悔之,復反。公與戰,軍敗,爲流矢所中,長子昂、弟子安民遇害。公乃引兵還舞陰[4],繡將騎來鈔[5],公擊破之。繡奔穰[6],與劉表合。公謂諸將曰:"吾降張繡等[7],失不便取其質[8],以至於此。吾知所以敗。諸卿觀之,自今已後不復敗矣[9]。"遂還許。

【注】
〔1〕張濟是董卓的部將,董卓被殺後,濟與李傕、郭汜等攻打呂布以爲卓報讎。濟原屯弘農,因士卒飢餓,遂入南陽。關中,指函谷關以內地區,包括今陝西省和甘肅、寧夏、內蒙古的部分地區。
〔2〕從子,侄子。
〔3〕宛,縣名,在今河南南陽市。
〔4〕舞陰,縣名,在今河南沘陽縣西北。
〔5〕鈔,掠取。
〔6〕穰,縣名,在今河南鄧縣。

〔7〕吾降張繡等，我使張繡等投降。
〔8〕失不便取其質，錯在未就勢取其人質。質，人質。當時政府對於諸將，尤其是新降者，常要他們交出妻子作人質。
〔9〕已後，同"以後"。

　　袁術欲稱帝於淮南[1]，使人告呂布。布收其使，上其書。術怒，攻布，爲布所破。秋九月，術侵陳，公東征之。術聞公自來，棄軍走，留其將橋蕤、李豐、梁綱、樂就；公到，擊破蕤等，皆斬之。術走渡淮[2]。公還許。

【注】
〔1〕淮南，即壽春（今安徽壽縣），爲當時揚州治所。
〔2〕淮，淮水，今淮河。

　　公之自舞陰還也，南陽、章陵諸縣復叛爲繡[1]，公遣曹洪擊之，不利，還屯葉[2]，數爲繡、表所侵。冬十一月，公自南征，至宛。表將鄧濟據湖陽[3]。攻拔之，生擒濟，湖陽降。攻舞陰，下之。

【注】
〔1〕章陵，縣名，在今湖北棗陽市南。
〔2〕葉（音攝），縣名，在今河南葉縣南。
〔3〕湖陽，縣名，在今河南唐河縣南。

　　三年春正月，公還許，初置軍師祭酒[1]。三月，公圍張繡於穰。夏五月，劉表遣兵救繡，以絕軍後。公將引還，繡兵來追，公軍不得進，連營稍前[2]。公與荀彧書曰："賊來追吾，雖日行數里，吾策之，到安衆[3]，破繡必矣。"到安衆，繡與表兵合守險，公軍前後受敵。公乃夜鑿險爲地道，悉過輜重，設奇兵。會明，賊謂公爲遁也，悉軍來追。乃縱奇兵步騎夾攻，大破之。秋七月，公還許。荀彧問公："前以策賊必破，何也？"公曰："虜遏吾歸師[4]，而與吾死地戰[5]，吾是以知勝矣。"

【注】

〔1〕軍師祭酒，官名，參謀軍事。祭酒，古代饗宴祭祀時，先由一位年高望重的長者舉酒致祭，稱爲祭酒。後因以爲官名。
〔2〕稍前，逐漸前進。
〔3〕安衆，縣名，在今河南鎮平縣東南。
〔4〕遏吾歸師，《孫子·軍爭》："歸師勿遏。"遏，阻止，擋住。
〔5〕與吾死地戰，與我處於死地之師作戰。《孫子·九地》："投之亡地然後存，陷之死地然後生。"

　　呂布復爲袁術使高順攻劉備[1]，公遣夏侯惇救之，不利。備爲順所敗。九月，公東征布。冬十月，屠彭城[2]，獲其相侯諧。進至下邳，布自將騎逆擊[3]。大破之，獲其驍將成廉。追至城下，布恐，欲降。陳宮等沮其計[4]，求救於術，勸布出戰，戰又敗，乃還固守，攻之不下。時公連戰，士卒罷[5]，欲還，用荀攸、郭嘉計，遂決泗、沂水以灌城[6]。月餘，布將宋憲、魏續等執陳宮，舉城降，生禽布、宮[7]，皆殺之。太山臧霸、孫觀、吳敦、尹禮、昌豨各聚衆[8]。布之破劉備也,霸等悉從布。布敗,獲霸等,公厚納待,遂割青、徐二州附於海以委焉[9],分琅邪、東海、北海爲城陽、利城、昌慮郡[10]。

【注】

[1] 爲,幫助。
[2] 彭城,縣名,爲彭城國治所,在今江蘇徐州市。
[3] 逆擊,迎擊。
[4] 沮(音舉),阻止。
[5] 罷,通"疲",困極勞弊。
[6] 泗、沂,二水名。泗水、沂水均發源於今山東省境,皆流經下邳,故引此二水以灌城。
[7] 禽,通"擒"。下同。
[8] 太山,即泰山,郡名。
[9] 割,分割。委,委任。
[10] 北海,王國名,治劇縣(今山東昌樂縣西)。城陽,西漢時爲城陽國,東漢并入北海國,此時操設爲城陽郡,治東武縣(在今山東諸城縣)。利城,原爲縣,此時設爲郡,故城址在今江蘇連雲港市贛榆區西。昌慮,亦由縣升郡,故址在今山東滕州東南。

初,公爲兗州,以東平畢諶爲別駕[1]。張邈之叛也,邈劫諶母弟妻子;公謝遣之[2],曰:"卿老母在彼,可去。"諶頓首無二心,公嘉之,爲之流涕。既出,遂亡歸。及布破,諶生得,衆爲諶懼,公曰:"夫人孝於其親者,豈不亦忠於君乎!吾所求也。"以爲魯相[3]。

【注】

〔1〕別駕,別駕從事史的簡稱,爲州牧、刺史的佐吏。
〔2〕謝遣之,辭去他。謝,辭。
〔3〕魯,王國名,治魯縣(在今山東曲阜市)。

　　四年春二月,公還至昌邑[1]。張楊將楊醜殺楊,睢固又殺醜,以其衆屬袁紹,屯射犬[2]。夏四月,進軍臨河[3],使史渙、曹仁渡河擊之。固使楊故長史薛洪、河內太守繆尚留守[4],自將兵北迎紹求救,與渙、仁相遇犬城[5]。交戰,大破之,斬固。公遂濟河,圍射犬。洪、尚率衆降,封爲列侯[6],還軍敖倉。以魏种爲河內太守,屬以河北事[7]。

【注】

〔1〕昌邑,縣名,在今山東金鄉縣西北。
〔2〕射犬,聚邑名。屬野王縣,故址在今河南沁陽市東北。
〔3〕河,黃河。
〔4〕長史,漢代三公府設有長史,以輔佐三公。將軍之屬官亦有長史,以總理幕府。張楊曾爲安國將軍和大司馬,故設有長史。
〔5〕犬城,地址未詳,當在射犬之北。
〔6〕列侯,爵位名。以封邑封有功者,功大者食縣,小者食鄉、亭。
〔7〕屬,囑託。

　　初,公舉种孝廉。兗州叛,公曰:"唯魏种且不棄孤也[1]。"及聞种走,公怒曰:"种不南走越、北走胡,不置汝也[2]!"既下射犬,生禽种,公曰:"唯其才也!"釋其縛而用之。

【注】

〔1〕且,將。
〔2〕越,古代南方的部族,亦稱爲粵。散居於今廣東、廣西、福建和浙江的部分地區。胡,泛指北方匈奴等少數部族。不置汝,不放過你。

　　是時袁紹既并公孫瓚,兼四州之地[1],衆十餘萬,將進軍攻許。諸將以爲不可敵,公曰:"吾知紹之爲人,志大而智小,色厲而膽薄,忌克而少威[2],兵多而分畫不明[3],將驕而政令不一,土地雖廣,糧食雖豐,適足以爲吾奉也[4]。"秋八月,公進軍黎陽[5],使臧霸等入青州,破齊、北海、東安[6],留于禁屯河上。九月,公還許,分兵守官渡[7]。冬十一月,張繡率衆降,封列侯。十二月,公軍官渡。

【注】

〔1〕四州之地,指青、冀、幽、并四州,相當於今山東省北部和河北省、山西省的大部分地區。
〔2〕忌克,妒忌而刻薄。
〔3〕分畫不明,指揮部署不當。
〔4〕適足以爲吾奉,正好作爲送給我的禮物。
〔5〕黎陽,縣名,在今河南濬縣東,是東漢以來的軍事重鎮。
〔6〕齊,王國名,治臨菑(在今山東淄博市)。東安,縣名,在今山東沂水縣南。
〔7〕官渡,地名,在今河南中牟縣東北。

袁術自敗於陳,稍困[1],袁譚自青州遣迎之。術欲從下邳北過,公遣劉備、朱靈要之。會術病死。程昱、郭嘉聞公遣備,言於公曰:"劉備不可縱。"公悔,追之不及。備之未東也,陰與董承等謀反,至下邳,遂殺徐州刺史車胄,舉兵屯沛[2]。遣劉岱、王忠擊之,不克。

廬江太守劉勳率衆降[3],封爲列侯。

【注】
[1] 稍困,逐漸衰弱。
[2] 沛,縣名,在今江蘇沛縣。
[3] 廬江,郡名,本治舒縣(今安徽廬江縣西南)。建安四年(199)劉勳移治皖縣(在今安徽潛山市)。

五年春正月,董承等謀泄,皆伏誅。公將自東征備,諸將皆曰:"與公爭天下者,袁紹也。今紹方來而棄之東,紹乘人後,若何?"公曰:"夫劉備,人傑也,今不擊,必爲後患。袁紹雖有大志,而見事遲,必不動也。"郭嘉亦勸公[1],遂東擊備,破之,生禽其將夏侯博。備走奔紹,獲其妻子。備將關羽屯下邳[2],復進攻之,羽降。昌豨叛爲備,又攻破之。公還官渡,紹卒不出。

【注】
[1] 勸,鼓勵;支持。
[2] 關羽(? —219),三國蜀漢大將,字雲長,河東解縣(今山西運城解州鎮)人。東漢末從劉備起兵。建安五年(200),兵敗爲曹操所俘,極受優待,封漢壽亭侯。後仍歸劉備。

二月,紹遣郭圖、淳于瓊、顏良攻東郡太守劉延於白馬[1],紹引兵至黎陽,將渡河。夏四月,公北救延。荀攸說公曰:"今兵少不敵,分其勢乃可。公到延津[2],若將渡兵向其後者,紹必西應之,然後輕兵襲白馬,掩其不備,顏良可禽也。"公從之。紹聞兵渡,即分兵西應之。公乃引軍兼行趣白馬,未至十餘里,良大驚,來逆戰。使張遼、關羽前登[3],擊破,斬良。遂解白馬圍,徙其民,循河而西。紹於是渡河追公軍,至延津南。公勒兵駐營南阪下[4],使登壘望之,曰:"可五六百騎。"有頃,復曰:"騎稍多,步兵不可勝數。"公曰:"勿復白。"乃令騎解鞍放馬。是時,白馬輜重就道。諸將以爲敵騎多,不如還保營。荀攸曰:"此所以餌敵[5],如何去之!"紹騎將文醜與劉備將五六千騎前後至。諸將復白:"可上馬。"公曰:"未也。"有頃,騎至稍多,或分趣輜重。公曰:"可矣。"乃皆上馬。時騎不滿六百,遂縱兵擊,大破之,斬醜。良、醜皆紹名將也,再戰,悉禽,紹軍大震。公還軍官渡。紹進保陽武[6]。關羽亡歸劉備。

【注】

[1] 白馬,縣名,在今河南滑縣東,在黃河之南,與黎陽隔岸相對。
[2] 延津,當時黃河的重要渡口,在今河南新鄉市東南。
[3] 前登,先接戰。
[4] 南阪,白馬山南坡。阪,山坡;尺斜坡。
[5] 餌,引誘。
[6] 陽武,縣名,在今河南原陽縣東南。

八月,紹連營稍前,依沙塠爲屯[1],東西數十里。公亦分營與相當,合戰不利。時公兵不滿萬[2],傷者十二三。紹復進臨官渡,起土山地道。公亦於內作之[3],以相應。紹射營中,矢如雨下,行者皆蒙楯,衆大懼。時公糧少,與荀彧書,議欲還許。彧以爲"紹悉衆聚官渡,欲與公決勝敗。公以至弱當至彊,若不能制,必爲所乘,是天下之大機也[4]。且紹,布衣之雄耳,能聚人而不能用。夫以公之神武明哲而輔以大順[5],何向而不濟!"公從之。

【注】
[1] 塠,同"堆"。
[2] 時公兵不滿萬,裴松之對所記曹操以數千之兵"逾時相抗"袁紹十餘萬衆,提出三點質疑。詳裴松之《三國志注》。
[3] 内,指營壘内。
[4] 機,謂成敗的關鍵。
[5] 神武,聰明威武。大順,指以天子之名義討伐不臣。

　　孫策聞公與紹相持[1],乃謀襲許,未發,爲刺客所殺。
　　汝南降賊劉辟等叛應紹,略許下[2]。紹使劉備助辟,公使曹仁擊破之。備走,遂破辟屯。

【注】
[1] 孫策(175—200),字伯符,吳郡富春(今浙江富陽)人,孫堅子,在江東地區建立孫氏政權。曹操任爲討逆將軍,封吳侯。建安五年(200),遇刺死。
[2] 許下,許都附近。

袁紹運穀車數千乘至，公用荀攸計，遣徐晃、史渙邀擊，大破之，盡燒其車。公與紹相拒連月，雖比戰斬將[1]，然衆少糧盡，士卒疲乏。公謂運者曰："却十五日爲汝破紹[2]，不復勞汝矣。"冬十月，紹遣車運穀，使淳于瓊等五人將兵萬餘人送之，宿紹營北四十里。紹謀臣許攸貪財，紹不能足，來奔，因説公擊瓊等。左右疑之，荀攸、賈詡勸公。公乃留曹洪守，自將步騎五千人夜往，會明至。瓊等望見公兵少，出陳門外。公急擊之，瓊退保營，遂攻之。紹遣騎救瓊。左右或言"賊騎稍近，請分兵拒之"。公怒曰："賊在背後，乃白！"士卒皆殊死戰，大破瓊等，皆斬之。紹初聞公之擊瓊，謂長子譚曰："就彼攻瓊等，吾攻拔其營，彼固無所歸矣！"乃使張郃、高覽攻曹洪。郃等聞瓊破，遂來降。紹衆大潰，紹及譚棄軍走，渡河。追之不及，盡收其輜重、圖書、珍寶，虜其衆。公收紹書中，得許下及軍中人書，皆焚之[3]。冀州諸郡多舉城邑降者。

【注】
[1] 比，屢次。
[2] 却，後。
[3] 裴松之注引《魏氏春秋》曰："公云：'當紹之强，孤猶不能自保，而況衆人乎！'"

初，桓帝時，有黄星見於楚、宋之分[1]，遼東殷馗善天文[2]，言後五十歲當有真人起於梁、沛之間[3]，其鋒不可當。至是凡五十年，而公破紹，天下莫敵矣。

【注】

〔1〕黄星,又名鎮星或填星,即土星。見,通"現"。楚、宋之分,楚、宋之分野。楚,春秋時之楚地,今湖北、湖南一帶。宋,春秋時之宋地,今河南商丘一帶。
〔2〕遼東,郡名,治襄平縣(在今遼寧遼陽市)。
〔3〕真人,真命天子。

六年夏四月,揚兵河上[1],擊紹倉亭軍[2],破之。紹歸,復收散卒,攻定諸叛郡縣。九月,公還許。紹之未破也,使劉備略汝南,汝南賊共都等應之。遣蔡揚擊都,不利,爲都所破。公南征備。備聞公自行,走奔劉表,都等皆散。

【注】

〔1〕揚兵,炫耀武力。
〔2〕倉亭,即倉亭津,古黃河渡口,在山東陽谷縣北。

七月春正月,公軍譙,令曰:"吾起義兵,爲天下除暴亂。舊土人民,死喪略盡,國中終日行[1],不見所識,使吾悽愴傷懷。其舉義兵已來,將士絕無後者,求其親戚以後之[2],授土田,官給耕牛。置學師以教之。爲存者立廟,使祀其先人,魂而有靈,吾百年之後何恨哉!"遂至浚儀[3],治睢陽渠[4],遣使以太牢祀橋玄[5]。進軍官渡。

【注】

〔1〕國中,指譙地。
〔2〕以後之,作爲其後嗣。

〔3〕浚儀,縣名,在今河南開封市。
〔4〕睢陽渠,在今河南商丘市南。
〔5〕太牢,古時祭祀,用牛、羊、豬三牲作祭品,稱太牢,有時也專指牛一種。橋玄,張璠《漢紀》曰:"玄歷位中外,以剛斷稱,謙儉下士,不以王爵私親。光和中爲太尉……"又《魏書》曰:"太尉橋玄,世名知人,睹太祖而異之,曰:'吾見天下名士多矣,未有若君者也!君善自持。吾老矣!願以妻子爲託。'由是聲名益重。"(裴松之《三國志注》引)

　　紹自軍破後,發病歐血[1],夏五月死。小子尚代,譚自號車騎將軍,屯黎陽。秋九月,公征之,連戰。譚、尚數敗退,固守。

　　八年春三月,攻其郭[2],乃出戰,擊,大破之,譚、尚夜遁。夏四月,進軍鄴。五月還許,留賈信屯黎陽。

【注】
〔1〕歐,通"嘔",吐。
〔2〕郭,外城。

　　己酉[1],令曰:"《司馬法》'將軍死綏[2]',故趙括之母,乞不坐括[3]。是古之將者,軍破於外,而家受罪於內也。自命將征行,但賞功而不罰罪,非國典也。其令諸將出征,敗軍者抵罪,失利者免官爵。"

【注】
〔1〕己酉,五月二十五日。古代用干支記年日。干是天干,即甲、

乙、丙、丁、戊、己、庚、辛、壬、癸；支是地支，即子、丑、寅、卯、辰、巳、午、未、申、酉、戌、亥。十干和十二支相配以記年、日。

〔2〕《司馬法》，記載古代軍事典禮制度之書。隋唐諸志誤爲春秋時齊景公大夫司馬穰苴作。據《史記》載，戰國時齊威王命大夫整理古司馬兵法，而把穰苴兵法附其中，定名《司馬穰苴兵法》。據《漢書‧藝文志》載，《司馬法》共一百五十篇，今僅存五篇。"將軍死綏"，意謂將軍退却者處死。《三國志注》引《魏書》曰："綏，却也。有前一尺，無却一寸。"

〔3〕趙括，戰國趙名將趙奢之子，紙上談兵，無實際軍事才能，其父臨終曾遺命不得令括將兵。"趙括之母，乞不坐括"，指秦攻趙，趙王不顧趙括母勸阻，以趙括代名將廉頗爲統帥，趙母曰："王終遣之，即有如不稱，妾得無隨坐乎！"趙王許諾（見《史記‧廉頗藺相如列傳》）。坐，坐罪。古代，一人犯法，家屬連同治罪。

　　秋七月，令曰："喪亂已來，十有五年，後生者不見仁義禮讓之風，吾甚傷之。其令郡國各修文學〔1〕，縣滿五百户置校官〔2〕，選其鄉之俊造而教學之〔3〕，庶幾先王之道不廢，而有以益於天下。"

【注】
〔1〕文學，指儒家經學。修文學，即提倡儒學。
〔2〕校官，猶言學官，學校。
〔3〕俊造，俊士與造士，此指才學優秀者。《禮記‧王制》："命鄉論秀士，升之司徒，曰選士。司徒論選士之秀者而升之學，曰俊士。升於司徒者，不征（服徭役）於鄉，升於學者，不征於司徒，

曰造士。"

八月,公征劉表,軍西平[1]。公之去鄴而南也,譚、尚爭冀州,譚爲尚所敗,走保平原。尚攻之急,譚遣辛毗乞降請救。諸將皆疑,荀攸勸公許之,公乃引軍還。冬十月,到黎陽,爲子整與譚結婚。尚聞公北,乃釋平原還鄴。東平呂曠、呂翔叛尚,屯陽平[2],率其衆降,封爲列侯。

【注】
[1] 西平,縣名,在今河南西平縣西。
[2] 陽平,縣名,在今山東莘縣。

九年春正月,濟河,遏淇水入白溝以通糧道[1]。二月,尚復攻譚,留蘇由、審配守鄴。公進軍到洹水[2],由降。既至,攻鄴,爲土山、地道。武安長尹楷屯毛城[3],通上黨糧道[4]。夏四月,留曹洪攻鄴,公自將擊楷,破之而還。尚將沮鵠守邯鄲[5],又擊拔之。易陽令韓范、涉長梁岐舉縣降[6],賜爵關内侯[7]。五月,毁土山、地道,作圍塹[8],決漳水灌城[9];城中餓死者過半。秋七月,尚還救鄴,諸將皆以爲"此歸師,人自爲戰,不如避之"。公曰:"尚從大道來,當避之;若循西山來者[10],此成禽耳。"尚果循西山來,臨滏水爲營[11]。夜遣兵犯圍,公逆擊破走之,遂圍其營。未合,尚懼,遣故豫州刺史陰夔及陳琳乞降,公不許,爲圍益急。尚夜遁,保祁山[12],追擊之。其將馬延、張顗等臨陳降,衆大潰,尚走中山[13]。盡獲其輜重,得尚印綬節鉞,使尚降人示其家,城中崩沮[14]。八月,審配兄子榮夜開所守城東門內兵[15],配逆戰,敗,生禽配,斬之,鄴定。公臨祀紹墓,哭之流涕;慰勞紹妻,還其家人寶物,賜雜繒絮[16],廩食之[17]。

【注】

[1] 白溝,原為小河,在今河南濬縣西。曹操進攻袁尚,為便於通糧運,遂於淇水入黃河之口,用大枋木作堰,使淇水改流,東入白溝。此後,上起枋堰,下包括今河北舊威縣以南的清河,皆稱白溝。

[2] 洹水,流經鄴縣西南。

[3] 武安,縣名,在今河北武安市西南。毛城,地名,在今河北省涉縣西。

[4] 上黨,郡名,時治壺關(今山西長治市北)。

[5] 邯鄲,縣名,在今河北邯鄲市。

[6] 易陽,縣名,在今河北邯鄲市永年區西。涉,侯國名,在今河北涉縣西北。

[7] 關內侯,次於列侯,只有俸祿而無封地。

[8] 塹,壕溝。

[9] 漳水,即今漳河。

[10] 西山,指鄴城以西今山西與河北交界處的太行山脈。一說指太行山脈中的鼓山。

[11] 滏水,即今滏陽河,在河北臨漳縣西。

[12] 祁山,山名,在今河南安陽市。《三國志·魏書·袁紹傳》作"濫口",或以為祁山即濫口,一地兩名。(見謝鍾英《補三國疆域志補注》)

〔13〕中山,王國名,治盧奴縣(在今河北定州)。
〔14〕崩沮,崩潰,瓦解。
〔15〕内,通"納"。下同。
〔16〕繒,絲織品之總稱。絮,絲絮。
〔17〕廩食之,用公糧供養之。

　　初,紹與公共起兵,紹問公曰:"若事不輯[1],則方面何所何據[2]?"公曰:"足下意以爲何如?"紹曰:"吾南據河,北阻燕、代[3],兼戎狄之衆[4],南向以争天下,庶可以濟乎[5]?"公曰:"吾任天下之智力,以道御之[6],無所不可。"

【注】
〔1〕輯,成功。
〔2〕方面,指一方的軍政事務。
〔3〕燕、代,春秋二國名。其地相當今河北北部和山西東北部一帶。
〔4〕戎狄,古代稱西方的游牧部族爲戎,北方的游牧部族爲狄。這裏泛指烏桓、鮮卑、南匈奴等部族。
〔5〕庶,或許。
〔6〕御,駕御。

　　九月,令曰:"河北罹袁氏之難[1],其令無出今年租賦!"重豪强兼并之法[2],百姓喜悦。天子以公領冀州牧,公讓還兗州。

【注】

〔1〕罹,遭受。
〔2〕重豪强兼并之法,《三國志注》引《魏書》載曹操令曰:"'有國有家者,不患寡而患不均,不患貧而患不安。'袁氏之治也,使豪强擅恣,親戚兼并;下民貧弱,代出租賦,炫鬻家財,不足應命;審配宗族,至乃藏匿罪人,爲逋逃主。欲望百姓親附,甲兵强盛,豈可得邪!其收田租畝四升,户出絹二匹、綿二斤而已,他不得擅興發。郡國守相明檢察之,無令彊民有所隱藏,而弱民兼賦也。"

公之圍鄴也,譚略取甘陵、安平、勃海、河間[1]。尚敗,還中山。譚攻之,尚奔故安[2],遂并其衆。公遺譚書,責以負約,與之絕婚,女還,然後進軍。譚懼,拔平原,走保南皮[3]。十二月,公入平原,略定諸縣。

【注】

〔1〕甘陵,縣名,在今山東臨清市東。安平,王國名,治信都縣(在今河北衡水市冀州區)。河間,王國名,治樂成縣(在今河北獻縣東南)。
〔2〕故安,縣名,在今河北易縣東南。
〔3〕南皮,縣名,在今河北南皮縣東北。

十年春正月,攻譚,破之,斬譚,誅其妻子,冀州平。下令曰:"其與袁氏同惡者,與之更始[1]。"令民不得復私讎,禁厚葬,皆一之於法。是月,袁熙大將焦觸、張南等叛攻熙、尚,熙、尚奔三郡烏丸[2]。觸等舉其縣降,封爲列侯。初討譚時,民亡椎冰[3],令不得降[4]。頃之,亡民有詣門首者〔5〕,公謂曰:"聽汝則違令,殺汝則誅首,歸深自藏,無爲吏所獲。"民垂泣而去;後竟捕得。

【注】
〔1〕更始,重新開始,改過自新。
〔2〕三郡烏丸,指遼西、上谷、右北平三郡烏丸。烏丸,也作"烏桓",古族名,東胡族的一支。秦末東胡遭匈奴擊破後,部分遷烏桓山,因以爲名。
〔3〕民亡椎冰,曹操討袁譚時,川渠水凍,操使鑿冰以通船,民憚役而亡。亡,逃亡。椎冰,鑿冰。
〔4〕令不得降,命令(官吏)不得受降。
〔5〕首,自首。

夏四月,黑山賊張燕率其衆十餘萬降,封爲列侯。故安趙犢、霍奴等殺幽州刺史、涿郡太守〔1〕。三郡烏丸攻鮮于輔於獷平〔2〕。秋八月,公征之,斬犢等,乃渡潞河救獷平〔3〕,烏丸奔走出塞。

【注】
〔1〕涿郡,治涿縣(今屬河北省)。
〔2〕獷平,縣名,在今北京市密雲區東北。
〔3〕潞河,即今河北省白河。

九月,令曰:"阿黨比周〔1〕,先聖所疾也〔2〕。聞冀州俗,父子異部,更相毀譽〔3〕。昔直不疑無兄,世人謂之盜嫂〔4〕;第五伯魚三娶孤女,謂之撾婦翁〔5〕;王鳳擅權,谷永比之申伯[6]，王商忠議，張匡謂之左道[7]：此皆以白爲黑，欺天罔君者也[8]。吾欲整齊風俗，四者不除，吾以爲羞。"冬十月，公還鄴。

【注】

〔1〕阿黨比周，偏向同黨，互相勾結。
〔2〕疾，憎恨。
〔3〕"父子異部，更相毁譽"，據顧炎武解釋，乃"父子兄弟各樹黨援，兩不相下"（《日知録》卷十三）。
〔4〕直不疑，西漢人，文帝時，官至中大夫。朝中有人毀謗直不疑曰："不疑狀貌甚美，然特無奈其善盗（私通）嫂，何也？"不疑聞之曰："我乃無兄。"（《漢書·直不疑傳》）
〔5〕第五伯魚，名倫，字伯魚，東漢人。光武帝時，爲淮陽國醫工長，從淮陽王朝京師，光武帝戲謂倫曰："聞卿爲吏，篣（打）婦公；……寧有之邪？"第五倫對曰："臣三娶妻，皆無父。"（《後漢書·第五倫傳》）
〔6〕王鳳，西漢成帝的舅父，爲大司馬、大將軍，子弟滿朝，專斷朝政，議者多加指責。而谷永欲依附王鳳，上奏章説王鳳是"骨肉大臣，有申伯之忠"（《漢書·谷永傳》）。申伯，周宣王舅父。
〔7〕王商，西漢人，成帝時爲丞相，爲人忠直。時爲王鳳所排擠，張匡爲迎合王鳳之意，因日蝕上書妄指王商"作威作福，……執左道以亂政"（《漢書·王商傳》）。左道，邪道。
〔8〕罔，蒙蔽；欺騙。

初，袁紹以甥高幹領并州牧[1]，公之拔鄴，幹降，遂以爲刺史。幹聞公討烏丸，乃以州叛，執上黨太守，舉兵守壺關口〔2〕。遣樂進、李典擊之，幹還守壺關城。十一年春正月，公征幹。幹聞之，乃留其別將守城，走入匈奴，求救於單于〔3〕，單于不受。公圍壺關三月，拔之。幹遂走荊州，上洛都尉王琰捕斬之〔4〕。

【注】

〔1〕并州，州名，治晉陽（在今山西太原市西南）。
〔2〕壺關口，在今山西長治市東南壺口山下。
〔3〕單（音禪）于，匈奴君長的稱號。
〔4〕上洛，縣名，在今陝西商洛。都尉，官名，西漢時郡置都尉，輔佐郡守並掌本郡軍事。東漢廢除，僅在邊郡或關塞之地置都尉及屬國都尉，並漸漸分縣治民，職如太守。上洛雖非邊郡，因西北有曉關，係險塞之地，故置都尉。

　　秋八月，公東征海賊管承，至淳于〔1〕，遣樂進、李典擊破之，承走入海島。割東海之襄賁、郯、戚以益琅邪〔2〕，省昌慮郡〔3〕。

【注】

〔1〕淳于，縣名，在今山東安丘市東北。
〔2〕郯，縣名，在今山東郯城縣北。戚，縣名，在今山東微山縣。
〔3〕昌慮郡，原爲縣，建安三年九月曹操設爲郡，至此省併。故城址在今山東滕州東南。

　　三郡烏丸承天下亂〔1〕，破幽州，略有漢民合十餘萬戶〔2〕。袁紹皆立其酋豪爲單于〔3〕，以家人子爲己女〔4〕，妻焉[5]。遼西單于蹋頓尤彊,爲紹所厚,故尚兄弟歸之,數入塞爲害。公將征之,鑿渠,自呼沲入泒水,名平虜渠[6];又從泃河口鑿入潞河,名泉州渠[7],以通海。

【注】
[1] 承,趁。
[2] 略,擄掠。
[3] 酋豪,部落首領。
[4] 家人子,指袁氏宗親之女。
[5] 妻,用作動詞,以女嫁人之意。
[6] 呼沲,水名,即今河北省滹沱河。泒水,上游即今沙河,下游循大清河至天津入海。平虜渠,上起呼沲,下入泒水。
[7] 泉州渠,因渠道南起泉州縣(今天津市武清區)境,故名。渠水上承潞河(即今天津市區一帶的海河),下入鮑丘水,合口處在今寶坻縣境內。

十二年春二月,公自淳于還鄴。丁酉,令曰:"吾起義兵誅暴亂,於今十九年,所征必克,豈吾功哉?乃賢士大夫之力也。天下雖未悉定,吾當要與賢士大夫共定之;而專饗其勞[1],吾何以安焉! 其促定功行封[2]。"於是大封功臣二十餘人,皆爲列侯,其餘各以次受封,及復死事之孤[3],輕重各有差[4]。

【注】
[1] 饗,同"享"。勞,謂功勞。
[2] 促,速。

〔3〕復,免除徭役租税。死事之孤,爲國而死者之子。
〔4〕差,區别等級。

　　將北征三郡烏丸,諸將皆曰:"袁尚,亡虜耳,夷狄貪而無親,豈能爲尚用? 今深入征之,劉備必説劉表以襲許。萬一爲變,事不可悔。"惟郭嘉策表必不能任備〔1〕,勸公行。夏五月,至無終〔2〕。秋七月,大水,傍海道不通,田疇請爲鄉導〔3〕,公從之。引軍出盧龍塞〔4〕,塞外道絶不通,乃塹山堙谷五百餘里〔5〕,經白檀〔6〕,歷平岡〔7〕,涉鮮卑庭〔8〕,東指柳城〔9〕。未至二百里,虜乃知之。尚、熙與蹋頓、遼西單于樓班、右北平單于能臣抵之等將數萬騎逆軍〔10〕。八月,登白狼山〔11〕,卒與虜遇〔12〕,衆甚盛。公車重在後〔13〕,被甲者少,左右皆懼。公登高,望虜陳不整,乃縱兵擊之,使張遼爲先鋒,虜衆大崩;斬蹋頓及名王已下〔14〕,胡、漢降者二十餘萬口。遼東單于速僕丸及遼西、北平諸豪〔15〕,棄其種人〔16〕,與尚、熙奔遼東,衆尚有數千騎。初,遼東太守公孫康恃遠不服。及公破烏丸,或説公遂征之,尚兄弟可禽也。公曰:"吾方使康斬送尚、熙首,不煩兵矣。"九月,公引兵自柳城還,康即斬尚、熙及速僕丸等,傳其首。諸將或問:"公還而康斬送尚、熙,何也?"公曰:"彼素畏尚等,吾急之則并力,緩之則自相圖,其勢然也。"十一月至易水〔17〕,代郡烏丸行單于普富盧、上郡烏丸行單于那樓將其名王來賀〔18〕。

【注】
〔1〕策,推斷。

〔2〕無終,縣名,在今河北薊縣。
〔3〕鄉導,同"向導"。
〔4〕盧龍塞,在今河北喜峰口一帶。
〔5〕塹山堙谷,掘山填谷。塹,挖掘。堙,填塞。
〔6〕白檀,舊縣名,故址在今河北承德市西南。
〔7〕平岡,舊縣名,故址在今内蒙古自治區喀喇沁左翼境内。
〔8〕鮮卑庭,鮮卑族君長的住所。
〔9〕柳城,舊縣名,故址在今遼寧錦州市邊界。
〔10〕右北平單于能臣抵之,據錢大昕説:"以《烏丸鮮卑傳》考之,右北平單于乃烏延,非能臣抵之,其名能臣氏者,則代郡烏丸,非右北平也。"(《廿二史考異》卷十五)
〔11〕白狼山,即今内蒙古自治區喀喇沁左翼東三十里之白鹿山。
〔12〕卒,通"猝",突然。
〔13〕車重,即輜重,軍用器械、糧草、材料等物資。
〔14〕名王,部族中有名之王。
〔15〕北平,即右北平郡。東漢治土垠(今河北豐潤東南)。
〔16〕種人,同一部族的人。
〔17〕易水,發源於今河北易縣西,東流至定興縣西南。
〔18〕上郡,治膚施縣(在今陝西榆林市東南)。

十三年春正月,公還鄴,作玄武池以肄舟師[1]。漢罷三公官,置丞相、御史大夫。夏六月,以公爲丞相[2]。

【注】
〔1〕肄,練習。
〔2〕西漢初,丞相、御史大夫、太尉並稱三公,御史大夫位僅次於丞

相,如丞相缺位,往往以御史大夫遞補。東漢不設丞相和御史大夫,以太尉、司徒、司空爲三公,但實權歸於尚書。今罷三公官,復置丞相、御史大夫,而以曹操爲丞相,遂使操總攬朝政。

秋七月,公南征劉表。八月,表卒,其子琮代,屯襄陽[1],劉備屯樊[2]。九月,公到新野[3],琮遂降,備走夏口[4]。公進軍江陵[5],下令荆州吏民[6],與之更始。乃論荆州服從之功,侯者十五人,以劉表大將文聘爲江夏太守[7],使統本兵,引用荆州名士韓嵩、鄧義等。益州牧劉璋始受徵役[8],遣兵給軍。十二月,孫權爲備攻合肥[9]。公自江陵征備,至巴丘[10],遣張憙救合肥。權聞憙走,乃走。公至赤壁[11],與備戰,不利。於是大疫,吏士歲死者,乃引軍還。備遂有荆州、江南諸郡。

【注】
[1] 襄陽,縣名,在今湖北襄樊市。
[2] 樊,即樊城,在襄陽北,與襄陽隔漢水相對,在今襄樊市。
[3] 新野,縣名,在今河南新野縣。
[4] 夏口,地名,即今湖北漢口。
[5] 江陵,縣名,在今湖北荆州市。
[6] 荆州,東漢轄境約當今湖北、湖南兩省及河南、貴州、廣東、廣西的小部分。劉表爲荆州牧時,治所在襄陽。
[7] 江夏,郡名,時治所在安陸(在今湖北安陸市北)。
[8] 益州,治所在成都(今四川成都市)。
[9] 合肥,縣名,在今安徽合肥市。
[10] 巴丘,山名,在今湖南岳陽市境。

〔11〕赤壁，山名。詳見《諸葛亮傳》注。

　　十四年春三月，軍至譙，作輕舟，治水軍。秋七月，自渦入淮〔1〕，出肥水〔2〕，軍合肥。辛未，令曰：“自頃已來，軍數征行，或遇疫氣，吏士死亡不歸，家室怨曠〔3〕，百姓流離，而仁者豈樂之哉？不得已也。其令死者家無基業不能自存者，縣官勿絕廩〔4〕，長吏存恤撫循〔5〕，以稱吾意。”置揚州郡縣長吏，開芍陂屯田〔6〕。十二月，軍還譙。

【注】
〔1〕渦（音戈），渦水，源出河南尉氏縣，東南流至安徽懷遠縣入淮水。
〔2〕肥水，源出安徽合肥市紫蓬山，一支東流入巢湖，一支北流至壽縣入淮。
〔3〕家室怨曠，指夫妻生離死別而不能團聚。怨曠，古人成年而未婚者，女稱怨女，男稱曠夫。
〔4〕縣官，漢代時稱朝廷為縣官，此指政府。廩，供給食糧。
〔5〕存恤撫循，慰問救濟。
〔6〕芍陂（音碑），在今安徽壽縣南，因淠水經白芍亭與附近諸水積而成湖，今安豐塘即其遺址。

　　十五年春，下令曰：“自古受命及中興之君〔1〕，曷嘗不得賢人君子與之共治天下者乎！及其得賢也，曾不出閭巷〔2〕，豈幸相遇哉〔3〕？上之人不求之耳。今天下尚未定，此特求賢之急時也。‘孟公綽為趙、魏老則優，不可以為滕、薛大夫’〔4〕。若必廉士而後可用，則齊桓其何以霸世[5]！今天下得無有被褐懷玉而釣於渭濱者乎[6]？又得無盜嫂受金而未遇無知者乎[7]？二三子其佐我明揚仄陋[8]，唯才是舉，吾得而用之[9]。"

【注】

[1] 受命，古代謂朝代更替，開國即位，是受天之命。中興，古代稱一個朝代衰而復興爲中興。

[2] 閭巷，里弄。古代二十五家爲一里，里門稱閭。

[3] 幸，僥幸。

[4] "孟公綽"一句，語出《論語・憲問》。意謂孟公綽作趙、魏二卿的家臣之長則有餘，而作滕、薛二國的大夫則不可；人之德才各有長短，不可求全責備。孟公綽，春秋魯國的大夫；趙、魏，春秋晉國之卿；滕、薛，春秋二小國。大夫，擔任國政者。老，家臣之長。優，有餘。

[5] 此句指齊桓公任用管仲而稱霸諸侯。管仲少時曾欺騙鮑叔牙，有不廉之名，後事齊公子糾，曾謀害公子小白（即齊桓公），齊桓公與鮑叔牙不計前嫌，起用管仲，遂使齊國稱霸。

[6] 被褐懷玉，見於《老子》，意謂貧賤而有才智的人。褐（音赫），粗毛布或麻制成的短衣，古代貧賤人所穿。釣於渭濱，指呂尚釣於渭水之濱，周文王求賢得之，後呂尚佐周滅商，建立周朝。

[7] "盜嫂受金而未遇無知"，是陳平的故事。陳平因魏無知引薦而見劉邦，被任爲都尉，典護諸將。後周勃、灌嬰等譖毀陳平，説他家居盜嫂，爲都尉又受諸將賄賂。劉邦責備魏無知，魏無知説："楚漢相距，臣進奇謀之士，顧其計誠足以利國家不耳？且盜嫂受金又何足疑乎？"（《史記・陳丞相世家》）

[8] 二三子，你們，此指曹操僚屬。明揚仄陋，指明察薦舉出身微

賤的人。語出《尚書·堯典》。仄陋,謂微賤者。

〔9〕裴松之《三國志注》引《魏武故事》所載曹操建安十五年十二月己亥令曰:"孤始舉孝廉,年少,自以本非巖穴知名之士,恐爲海內人之所見凡愚,欲爲一郡守,好作政教,以建立名譽,使世士明知之。故在濟南,始除殘去穢,平心選舉,違迕諸常侍。以爲強豪所忿,恐致家禍,故以病還。去官之後,年紀尚少。顧視同歲中,年有五十,未名爲老。內自圖之,從此却去二十年,待天下清,乃與同歲中始舉者等耳。故以四時歸鄉里,於譙東五十里築精舍,欲秋夏讀書,冬春射獵。求底下之地,欲以泥水自蔽,絕賓客往來之望,然不能得如意。後徵爲都尉,遷典軍校尉,意遂更欲爲國家討賊立功,欲望封侯作征西將軍,然後題墓道言'漢故征西將軍曹侯之墓',此其志也。而遭值董卓之難,興舉義兵。……設使國家無有孤,不知當幾人稱帝,幾人稱王。"

冬,作銅爵臺[1]。

十六年春正月,天子命公世子丕爲五官中郎將,置官屬,爲丞相副[2]。太原商曜等以大陵叛[3],遣夏侯淵、徐晃圍破之。張魯據漢中[4],三月,遣鍾繇討之,公使淵等出河東與繇會[5]。

【注】

〔1〕銅爵臺,即銅雀臺,臺高十丈,有屋一百間,在樓頂鑄有一丈五尺高的大銅雀。遺址在今河北臨漳縣西。

〔2〕五官中郎將,在漢代主管五官郎,屬光祿勳,不置官屬。這時曹丕爲五官中郎將,置官屬,並爲丞相之副,表示加重榮寵,提

高政治地位。

〔3〕太原,郡名,治晉陽縣(在今山西太原市西南)。大陵,縣名,在今山西文水縣東北。
〔4〕漢中,郡名,治南鄭縣(在今陝西漢中市東)。
〔5〕河東,郡名,治安邑縣(在今山西夏縣西北)。

　　是時關中諸將疑繇欲自襲[1],馬超遂與韓遂、楊秋、李堪、成宜等叛。遣曹仁討之。超等屯潼關[2],公敕諸將:"關西兵精悍,堅壁勿與戰。"秋七月,公西征,與超等夾關而軍。公急持之[3],而潛遣徐晃、朱靈等夜渡蒲阪津[4],據河西為營。公自潼關北渡,未濟,超赴船急戰。校尉丁斐因放牛馬以餌賊,賊亂取牛馬,公乃得渡,循河為甬道而南[5]。賊退,拒渭口[6],公乃多設疑兵,潛以舟載兵入渭,為浮橋,夜,分兵結營於渭南。賊夜攻營,伏兵擊破之。超等屯渭南,遣信求割河以西請和[7],公不許。九月,進軍渡渭。超等數挑戰,又不許;固請割地,求送任子[8],公用賈詡計,偽許之。韓遂請與公相見,公與遂父同歲孝廉,又與遂同時儕輩[9],於是交馬語移時,不及軍事,但說京都舊故,拊手歡笑[10]。既罷,超等問遂:"公何言?"遂曰:"無所言也。"超等疑之。他日,公又與遂書,多所點竄[11],如遂改定者;超等愈疑遂。公乃與克日會戰[12],先以輕兵挑之,戰良久,乃縱虎騎夾擊,大破之,斬成宜、李堪等。遂、超等走涼州[13],楊秋奔安定[14],關中平。諸將或問公曰:"初,賊守潼關,渭北道缺[15],不從河東擊馮翊[16],而反守潼關,引日而後北渡[17],何也?"公曰:"賊守潼關,若吾入河東,賊必引守諸津,則西河未可渡[18],吾故盛兵向潼關[19];賊悉衆南守,西河之備虛,故二將得擅取西河;然後引軍北渡,賊不能與吾爭西河者,以有二將之軍也。連車樹柵,爲甬道而南,既爲不可勝[20],且以示弱。渡渭爲堅壘,虜至不出,所以驕之也;故賊不爲營壘而求割地。吾順言許之,所以從其意,使自安而不爲備,因畜士卒之力,一旦擊之,所謂疾雷不及掩耳,兵之變化,固非一道也。"始,賊每一部到,公輒有喜色。賊破之後,諸將問其故。公答曰:"關中長遠,若賊各依險阻,征之,不一二年不可定也。今皆來集,其衆雖多,莫相歸服,軍無適主[21],一舉可滅,爲功差易[22],吾是以喜。"

【注】
[1] 疑繇欲自襲,懷疑鍾繇將襲擊自己。
[2] 潼關,關名,在今陝西潼關縣東南。
[3] 持,抓住。此謂拖住馬超等,使之不能擺脱。
[4] 蒲阪津,蒲阪縣西的黃河渡口,在今山西永濟市西。
[5] 甬道,兩邊築墙或以車、樹爲屏障的通道。
[6] 渭口,渭水入黃河之處。
[7] 信,使者。
[8] 任子,這裏義同"質子",即以子爲抵押。
[9] 儕輩,即同輩。儕(音柴),同類的人。
[10] 拊,拍。
[11] 點竄,謂涂改字句。
[12] 克日,限定日期。
[13] 涼州,刺史治隴縣(在今甘肅張家川回族自治縣)。

〔14〕安定,郡名,治臨涇縣(在今甘肅鎮原縣東南)。
〔15〕缺,謂缺而不備。
〔16〕馮翊,即左馮翊,漢代"三輔"之一。時治在臨晉(在今陝西大荔縣)。
〔17〕引日,拖延時日。
〔18〕西河,指今山西與陝西間自北向南流的一段黃河。
〔19〕盛兵,加強兵力。
〔20〕爲不可勝,意謂造成敵方無法取勝的條件。《孫子・形篇》："先爲不可勝,以待敵之可勝。"
〔21〕適(音嫡)主,專主,謂統一的主帥。
〔22〕差易,較容易。

　　冬十月,軍自長安北征楊秋,圍安定。秋降,復其爵位,使留撫其民人。十二月,自安定還,留夏侯淵屯長安。
　　十七年春正月,公還鄴。天子命公贊拜不名[1],入朝不趨[2],劍履上殿[3],如蕭何故事[4]。馬超餘衆梁興等屯藍田[5],使夏侯淵擊平之。割河內之蕩陰、朝歌、林慮[6],東郡之衛國、頓丘、東武陽、發干[7],鉅鹿之廮陶、曲周、南和[8],廣平之任城[9],趙之襄國、邯鄲、易陽以益魏郡[10]。

【注】
〔1〕贊拜,古時臣下朝拜天子,司儀者在旁唱禮,唱禮時直呼朝拜者的姓名。不名,不直呼姓名,只稱官職。
〔2〕趨,小步快走,表示恭敬。
〔3〕劍履上殿,帶劍穿鞋上殿。
〔4〕蕭何,沛人,助漢高祖劉邦定天下。劉邦賜與劍履上殿,入朝

不趨的待遇。

〔5〕藍田,縣名,在今陝西藍田縣西。

〔6〕蕩陰,縣名,在今河南湯陰縣西南。朝歌,縣名,在今河南淇縣。林慮,縣名,在今河南林州。

〔7〕衛國,縣名,在山東觀朝縣西。

〔8〕鉅鹿,郡名,治廮陶縣(今河北寧晉縣西南)。曲周,縣名,在今河北曲周縣東北。南和,縣名,在河北省。

〔9〕廣平之任城,據錢大昕《廿二史考異》卷十五,疑衍"之"、"城"二字,當爲"廣平、任"二縣。廣平,在今河北雞澤縣東;任,在今河北邢臺市任澤區東南。

〔10〕趙,王國名,治邯鄲縣(今河北邯鄲市)。襄國,縣名,在今河北邢臺市西南。易陽,縣名,在今河北邯鄲市永年區西。

冬十月,公征孫權。

十八年春正月,進軍濡須口[1],攻破權江西營,獲權都督公孫陽[2],乃引軍還。詔書并十四州,復爲九州[3]。夏四月,至鄴。

【注】

〔1〕濡須口,濡須水(在今安徽省境)入長江處。

〔2〕都督,東漢末軍事長官或領兵將帥的官名,領兵多少和職權大小沒有一定。

〔3〕十四州,指司、豫、冀、兗、徐、青、荊、揚、益、涼、雍、并、幽、交。復爲九州,是省幽州、并州,以其郡國并於冀州;省司隸校尉及涼州,以其郡國并於雍州;省交州,并入荊州、益州。於是有兗、豫、青、徐、荊、揚、冀、益、雍九州。時曹操爲冀州牧,通過

省并,大大擴大了冀州地區。

五月丙申,天子使御史大夫郗慮持節策命公爲魏公曰:

"朕以不德,少遭愍凶[1],越在西土[2],遷於唐、衛[3]。當此之時,若綴旒然[4],宗廟乏祀,社稷無位;羣凶覬覦[5],分裂諸夏[6],率土之民,朕無獲焉,即我高祖之命將墜於地。朕用夙興假寐[7],震悼於厥心[8],曰'惟祖惟父,股肱先正[9],其孰能恤朕躬?'乃誘天衷[10],誕育丞相,保乂我皇家[11],弘濟於艱難,朕實賴之。今將授君典禮,其敬德朕命。

【注】

〔1〕愍,憂患;凶,災難。
〔2〕越在西土,指被董卓劫持到長安。越,遠。
〔3〕遷於唐、衛,獻帝至長安後,爲避關中大亂,東渡黃河,經安邑、聞喜,又至洛陽。安邑、聞喜所在河東郡爲古唐國地;自聞喜入洛陽所經河内郡爲古衛國地,故云"遷於唐、衛"。
〔4〕綴旒,語出《公羊傳》:"君若贅旒然。"綴,同"贅"。旒,旗上之飄帶。
〔5〕羣凶,指董卓、袁紹、袁術等人。覬覦,非分之想。
〔6〕諸夏,本指中原地區,這裏指全國。
〔7〕夙,早。興,起。假寐,不脫衣而睡。
〔8〕震,震動。悼,傷痛。厥,其。
〔9〕股肱,大腿和胳膊,此喻輔助帝王的大臣。先正,先臣。
〔10〕誘,引導。天衷,天心。

〔11〕乂(音義),治理,安定。

"昔者董卓初興國難,羣后釋位,以謀王室[1],君則攝進,首啓戎行,此君之忠於本朝也。後及黃巾反易天常[2],侵我三州[3],延及平民,君又勦之以寧東夏[4],此又君之功也。韓暹、楊奉專用威命,君則致討[5],克黜其難[6],遂遷許都,造我京畿,設官兆祀[7],不失舊物[8],天地鬼神,於是獲乂,此又君之功也。袁術僭逆[9],肆於淮南,懾憚君靈,用丕顯謀[10],蘄陽之役,橋蕤授首,稜威南邁[11],術以隕潰,此又君之功也。迴戈東征,呂布就戮,乘轅將返[12],張楊殂斃,眭固伏罪,張繡稽服[13],此又君之功也。袁紹逆亂天常,謀危社稷,憑恃其衆,稱兵內侮[14],當此之時,王師寡弱,天下寒心,莫有固志,君執大節[15],精貫白日[16],奮其武怒[17],運其神策[18],致屆官渡,大殱丑類,俾我國家拯於危墜[19],此又君之功也。濟師洪河[20],拓定四州[21],袁譚、高幹,咸梟其首,海盜奔迸[22],黑山順軌[23],此又君之功也。烏丸三種[24],崇亂二世[25],袁尚因之,逼據塞北,束馬縣車[26],一征而滅,此又君之功也。劉表背誕[27],不供貢職,王師首路[28],威風先逝[29],百城八郡[30],交臂屈膝[31],此又君之功也。馬超、成宜,同惡相濟,濱據河、潼[32],求逞所欲,殄之渭南,獻馘萬計[33],遂定邊境,撫和戎狄,此又君之功也。鮮卑、丁零[34],重譯而至[35],箄于、白屋[36],請吏率職[37],此又君之功也。

君有定天下之功,重之以明德,班敍海內[38],宜美風俗,旁施勤教,恤慎刑獄,吏無苛政,民無懷慝[39];敦崇帝族[40],表繼絕世,舊德前功,罔不咸秩[41];雖伊尹格於皇天[42],周公光於四海,方之蔑如也[43]。

【注】

〔1〕羣后,諸侯,此指當時的州牧、郡守。謀,謀劃,輔助。

〔2〕易,改變。常,常規。

〔3〕三州,指青、冀、兗三州。

〔4〕東夏,中國東部。

〔5〕致討,給予討伐。

〔6〕克黜,除掉。

〔7〕兆祀,為壇城以祭祀。兆,祭壇的界域。

〔8〕舊物,以前的典章文物。

〔9〕僭逆,僭,超越本分。逆,背叛。此指袁術自稱帝號。

〔10〕丕,大。顯,明。

〔11〕稜威,威勢。

〔12〕轅,駕車之木,此指車。

〔13〕稽服,叩頭降服。

〔14〕稱兵內侮,舉兵向內侵陵朝廷。侮,侵陵。

〔15〕大節,謂忠於國家的高尚氣節。

〔16〕精貫白日,意謂精誠感動上天。貫,通。白日,太陽。

〔17〕奮,振奮。怒,威勢。

〔18〕神策,神機妙策。

〔19〕俾,使。

〔20〕洪河,大河,即黃河。

〔21〕四州,指冀、青、兗、并四州。

〔22〕海盜,指管承。

〔23〕黑山,指張燕等黑山起義軍。

〔24〕烏丸三種,即三郡烏丸。

〔25〕崇,重,加重。

〔26〕束馬縣車,語見《管子·封禪篇》,言山路險峻,須纏束其馬,鈎懸其車而過。縣,"懸"之本字。

〔27〕誕,欺騙。

〔28〕首路,上路,出發。首,向。

〔29〕逝,往。

〔30〕百城,舉其整數而言,荆州有縣城一百多。八郡,指荆州所轄的長沙、零陵、桂陽、南陽、江夏、武陵、南郡、章陵八郡。

〔31〕交臂屈膝,謂來降時自縛叩拜。

〔32〕濱,近。潼,潼關。

〔33〕馘(音國),割取敵人的左耳稱馘,故俘虜亦稱馘。

〔34〕丁零,古代北方的一種少數民族。

〔35〕重譯,輾轉翻譯。

〔36〕單于、白屋,都是古代少數民族。單于即後世的契丹,白屋即後世的靺鞨。

〔37〕請吏,請漢朝爲他們設置官吏。率職,遵循職守。

〔38〕班敍海内,定天下秩序。

〔39〕懷慝(音特),《文選》作"回慝"。《左傳》杜預注:"回慝,惡也。"

〔40〕敦崇,極尊崇。敦,厚。

〔41〕罔,無。秩,給秩祿。

〔42〕伊尹格於皇天,言伊尹之德高至於天。語出《尚書·君奭》:"時則有若伊尹,格於皇天。"伊尹,商初大賢臣。格,至。

〔43〕蔑,無。

"朕聞先王並建明德[1],胙之以土[2],分之以民,崇其寵章,備其禮物,所以藩衛王室,左右厥世也[3]。其在周成[4],管、蔡不靜[5],懲難念功,乃使邵康公賜齊太公履[6],東至於海,西至於河,南至穆陵[7],北至於無棣[8],五侯九伯[9],實得征之,世祚太師,以表東海[10];爰及襄王,亦有楚人,不供王職[11],又命晉文,登爲侯伯,錫以二輅、虎賁、鈇鉞、秬鬯、弓矢[12],大啟南陽[13],世作盟主。故周室之不壞,繄二國是賴[14]。今君稱丕顯德,明保朕躬,奉答天命,導揚弘烈[15],綏爰九域[16],莫不率俾,功高於伊、周,而賞卑於齊、晉,朕甚恧焉[17]。朕以眇眇之身,託於兆民之上,永思厥艱,若涉淵冰[18],非君攸濟,朕無任焉。今以冀州之河東、河內、魏郡、趙國、中山、常山、鉅鹿、安平、甘陵、平原凡十郡,封君爲魏公。錫君玄土,苴以白茅,爰契爾龜,用建冢社[19]。昔在周室,畢公、毛公,入爲卿佐[20],周、邵師保,出爲二伯[21],外內之任,君實宜之。其以丞相領冀州牧如故。又加君九錫[22],其敬德聽朕命。以君經緯禮律[23],爲民軌儀,使安職業,無或遷志,是用錫君大輅、戎輅各一,玄牡二駟[24]。君勸分務本[25],穡人昏作[26],粟帛滯積,大業惟興,是用錫君袞冕之服[27],赤舄副焉[28]。君敦尚謙讓,俾民興行[29],少長有禮,上下咸和,是用錫君軒縣之樂[30],六佾之舞[31]。君翼宣風化[32],爰發四方,遠人革面[33]，華夏充實，是用錫君朱戶以居[34]。君研其明哲[35]，思帝所難[36]，官才任賢[37]，羣善必舉，是用錫君納陛以登[38]。君秉國之鈞[39]，正色處中[40]，纖毫之惡，靡不抑退[41]，是用錫君虎賁之士三百人。君糾虔天刑，章厥有罪[42]，犯關干紀[43]，莫不誅殄，是用錫君鈇鉞各一。君龍驤虎視[44]，旁眺八維，掩討逆節[45]，折衝四海[46]，是用錫君彤弓一，彤矢百，玈弓十，玈矢千[47]。君以溫恭爲基，孝友爲德，明允篤誠，感於朕思，是用錫君秬鬯一卣，珪瓚副焉[48]。魏國置丞相已下羣卿百寮，皆如漢初諸侯王之制。往欽哉，敬服朕命！簡恤爾衆[49]，時亮庶功[50]，用終爾顯德，對揚我高祖之休命！"

【注】

〔1〕建明德，《左傳·定公四年》："子魚曰：'昔武王克商，成王定之，選建明德，以蕃屏周。'"封，封建，分封。明德，明德之人。

〔2〕胙之以土，《左傳·隱公八年》："衆仲曰：'天子建德，因生以賜姓，胙之土而命之氏。'"胙（音作），賜，賞賜。

〔3〕左右，同"佐佑"，輔助，扶助。

〔4〕周成，周成王。

〔5〕管、蔡，管叔和蔡叔，周武王之弟。因叛亂被周公所平定。

〔6〕邵康公，即邵公奭，曾助周武王滅商，成王時爲太保。齊太公，即呂尚，佐周武王滅商，封於齊。履，踐踏，謂所踐踏之範圍，亦即權力所及之範圍。

〔7〕穆陵，關名。後世稱爲大峴關，在今山東臨朐縣東南。

〔8〕無棣，齊國北境地名，在今河北鹽山縣和山東無棣縣一帶。

〔9〕五侯九伯,指天下諸侯。五侯,公、侯、伯、子、男五等爵;九伯,九州之長。

〔10〕"世祚太師,以表東海",語出《左傳·襄公十四年》:"王使劉定公賜齊侯命曰:'……世胙大師,以表東海。'"胙,通"祚",位。太師,西周三公之最尊者。

〔11〕不供王職,不向周天子朝貢述職。

〔12〕《左傳·僖公二十八年》:"晉侯及鄭伯盟於衡雍。……(王)策命晉侯爲侯伯,賜之大輅之服、戎輅之服、彤弓一、彤矢百、旅弓矢千、秬鬯一卣、虎賁三百人。"晉文,即晉文公。侯伯,霸主。二輅,即大輅(金車)、戎輅(兵車)。虎賁,勇士。秬鬯(音巨暢),黑黍釀成之香酒,用以祭祀。

〔13〕大啓南陽,《左傳·僖公二十五年》:"晉侯朝王。王饗禮,命之宥,請隧,弗許。……與之陽樊、溫、原、攢茅之田,晉於是始啓南陽。"啓,開拓。南陽,指今河南省太行山南黃河以北地區。

〔14〕繄(音醫),語氣詞。二國,指齊、晉二國。《左傳·襄公十四年》:"王使劉定公賜齊侯命曰:'……王室之不壞,繄伯舅是賴。'"

〔15〕導揚,發揚。弘烈,大功。

〔16〕綏,安撫。九域,九州。

〔17〕忸(音忸去聲),慚愧。

〔18〕淵冰,《文選》作"淵水"。《尚書·大誥》:"已予惟小子,若涉淵水。"若涉淵水,比喻心之憂懼。

〔19〕玄土,黑土。苴,包裹。契,灼。冢社,大社。灼龜以卜,用立冢社。《文選》李善注引《尚書緯》:"天子社,東方青,南方赤,西方白,北方黑。上冒以黃土。將封諸侯,各取方土,苴以白茅以爲社。"漢獻帝封曹操爲魏公,魏在北方,故用白茅包裹玄

土賜給曹操以立社。

〔20〕畢、毛,周初國名。畢公高,毛公鄭,皆入爲天子公卿。

〔21〕周邵師保,指周公爲太師,邵公爲太傅。出爲二伯,指周公、邵公分陝而治。《公羊傳・隱公五年》:"自陝而東者,周公主之;自陝而西者,召公主之。"

〔22〕九錫,古代天子賜給大臣的最高禮遇。《漢書・武帝紀》注引應劭説:"九錫者,一曰車馬,二曰衣服,三曰樂器,四曰朱户,五曰納陛,六曰虎賁百人,七曰鈇鉞,八曰弓矢,九曰秬鬯。"

〔23〕經緯,編制。禮律,禮制刑律。

〔24〕玄牡,黑紅色公馬。駟,四馬所駕之車。

〔25〕勸分,有無相濟。務本,務農。

〔26〕穡人,農人。昏作,勉作。昏,勉也。

〔27〕衮(音滾),天子、上公所穿繡龍之禮服。冕,天子、諸侯、卿大夫之禮冠。

〔28〕舄(音昔),復底鞋。副,相配。

〔29〕行,德行。

〔30〕軒縣之樂,三面懸掛樂器。周制,天子宫懸,即四面懸掛樂器;諸侯軒懸,即三面懸掛。

〔31〕六佾之舞,縱橫皆六人的舞蹈行列。周制,天子八佾,八八六十四人;諸侯六佾,六六三十六人。

〔32〕翼,輔助。風化,謂以教令感化人。

〔33〕革面,改變面貌。《文選》作"回面",謂回面内向。

〔34〕朱户,紅門。古時天子之居用紅門。

〔35〕研,思考研尋。

〔36〕思帝所難,帝之所難在知人安民,意謂要輔佐天子,知人善任。語見《尚書・皋陶謨》:"皋陶曰:'都,在知人,在安民。'禹曰:'吁!咸若時,惟帝其難之。知人則哲,能官人;安民則惠,

黎民懷之。'"

〔37〕官才,授官給才學之士。任賢,任用賢人。
〔38〕納陛,帝王昇陛欲不露,故內之於檐下,稱爲納陛。納,內。陛,帝王登殿之臺階。
〔39〕秉國之鈞,意謂執掌國家大政。語見《詩·小雅·節南山》。
〔40〕正色處中,態度嚴肅,不偏不倚。
〔41〕抑退,抑止黜退。
〔42〕章,露,公佈。
〔43〕犯關干紀,觸犯國家法紀。
〔44〕龍驤虎視,喻高瞻遠矚。驤,高舉。
〔45〕掩,《文選》作"挋",大之意。
〔46〕折衝,謂禦敵。
〔47〕旅弓十、旅矢千,弓一矢百,則弓十矢千。旅(音盧)弓,黑弓。
〔48〕珪瓚,以珪爲柄的勺子。珪,上圓下方的玉器。瓚,勺子。
〔49〕簡,選拔。恤,安撫。衆,部下。
〔50〕時亮庶功,謂時時明察衆事。

秋七月,始建魏社稷宗廟。天子聘公三女爲貴人[1],少者待年於國[2]。九月,作金虎臺[3],鑿渠引漳水入白溝以通河。冬十月,分魏郡爲東西部,置都尉。十一月,初置尚書、侍中、六卿[4]。

【注】
〔1〕貴人,妃嬪之稱號,位次於皇后。
〔2〕待年,等待年長。

〔3〕金虎臺,臺高八丈,有屋一百零九間,在銅雀臺南六十步。後曹操又在銅雀臺北建冰井臺,總稱三臺。
〔4〕尚書,官名,東漢時協助天子處理政務。侍中,官名,職在侍從天子,應對顧問,無定員。六卿,指太常、光祿勳、衛尉、太僕、大鴻臚、大司農六卿。以上諸官,皆魏國所置,故曰"初置"。

　　馬超在漢陽,復因羌、胡爲害[1],氐王千萬叛應超[2],屯興國[3]。使夏侯淵討之。
　　十九年春正月,始耕籍田[4]。南安趙衢、漢陽尹奉等討超[5],梟其妻子,超奔漢中。韓遂徙金城,入氐王千萬部,率羌、胡萬餘騎與夏侯淵戰,擊,大破之,遂走西平[6]。淵與諸將攻興國,屠之。省安東、永陽郡[7]。

【注】
〔1〕因,依靠。羌胡,即羌族,古代西方少數民族。胡,少數民族之泛稱。
〔2〕氐王千萬,氐族之王千萬。氐,古代西北方少數民族。
〔3〕興國,聚邑名,在今甘肅秦安縣東北。
〔4〕籍田,古時帝王於春耕前親耕農田,以奉祀宗廟。寓勸農之意。
〔5〕南安,郡名,治獂(音桓)道(今甘肅隴西縣東南)。
〔6〕西平,郡名,治臨羌縣(今青海西寧市)。
〔7〕安東,郡名,其地當在涼州。永陽,郡名,治上邽(今甘肅天水市)。

　　安定太守毌丘興將之官[1],公戒之曰:"羌、胡欲與中國通[2],自當遣人來,慎勿遣人往。善人難得,必將教羌、胡妄有所請求,因欲以自利;不從便爲失異俗意,從之則無益事。"興至,遣校尉范陵至羌中,陵果教羌,使自請爲屬國都尉[3]。公曰:"吾預知當爾,非聖也,但更事多耳[4]。"

【注】

〔1〕毌(音貫)丘,複姓。
〔2〕通,往來。
〔3〕屬國都尉,官名。西漢於邊郡置屬國都尉,主管與少數民族之事務。東漢亦於邊郡置屬國都尉,而漸漸分縣治民,職如太守。
〔4〕更,經歷。

　　三月,天子使魏公位在諸侯王上,改授金璽、赤紱、遠游冠[1]。
　　秋七月,公征孫權。
　　初,隴西宋建自稱河首平漢王[2],聚衆枹罕[3],改元,置百官,三十餘年。遣夏侯淵自興國討之。冬十月,屠枹罕,斬建,涼州平。公自合肥還。

【注】

〔1〕金璽、赤紱、遠游冠,乃東漢諸侯王所佩用,此時曹操雖未爲王,却已受王之待遇。紱,繫印環的絲繩。
〔2〕隴西,郡名,治狄道(在今甘肅臨洮縣)。河首,黃河上游。
〔3〕枹罕,縣名,在今甘肅臨夏市東北。

　　十一月,漢皇后伏氏坐昔與父故屯騎校尉完書,云帝以董承被誅怨恨公,辭甚醜惡,發聞[1],后廢黜死[2],兄弟皆伏法。

【注】
[1] 發聞,發覺。
[2] 后廢黜死,《三國志注》引《曹瞞傳》曰:"公遣華歆勒兵入宮收后,后閉戶匿壁中。歆壞戶發壁,牽后出。帝時與御史大夫郗慮坐,后被髮徒跣過,執帝手曰:'不能復相活邪?'帝曰:'我亦不自知命在何時也。'帝謂慮曰:'郗公,天下寧有是邪!'遂將后殺之,完及宗族死者數百人。"

十二月,公至孟津。天子命公置旄頭[1],宮殿設鐘虡[2]。乙未,令曰:"夫有行之士未必能進取,進取之士未必能有行業。陳平豈篤行[3],蘇秦豈守信邪[4]?而陳平定漢業,蘇秦濟弱燕。由此言之,士有偏短,庸可廢乎[5]!有司明思此義,則士無遺滯[6],官無廢業矣。"又曰:"夫刑,百姓之命也,而軍中典獄者或非其人[7],而任以三軍死生之事,吾甚懼之。其選明達法理者,使持典刑。"於是置理曹掾屬[8]。

【注】
[1] 旄頭,皇帝出行時,羽林騎兵披髮先驅,稱爲旄頭。
[2] 鐘虡(音巨),古時懸掛鐘磬之木架,架上刻飾猛獸。
[3] 陳平(?—前178),漢初陽武(今河南原陽東南)人。陳勝起義時,投魏王咎,爲太僕。后從項羽入關,任都尉。旋歸劉邦,任護軍中尉。呂后專權時任丞相,不治事。呂后死,與周勃定

計,誅殺吕産、吕禄等,迎立文帝,任丞相。
〔4〕蘇秦,戰國縱橫家。奉燕昭王命入齊,從事反間活動,使齊疲於對外戰爭,後因事發,被車裂而死。對人稱其"左右賣國反覆之臣"(見《史記·蘇秦列傳》)。
〔5〕庸,豈,難道。
〔6〕遺滯,遺漏、停滯而不被提拔。
〔7〕典,主管。非其人,指不稱職的人。
〔8〕理曹,掌刑獄的官署。掾(音願)屬,古代佐治屬官的通稱。

二十年春正月,天子立公中女爲皇后。省雲中、定襄、五原、朔方郡〔1〕,郡置一縣領其民,合以爲新興郡〔2〕。

三月,公西征張魯,至陳倉〔3〕,將自武都入氐〔4〕;氐人塞道,先遣張郃、朱靈等攻破之。夏四月,公自陳倉以出散關〔5〕,至河池〔6〕。氐王竇茂衆萬餘人,恃險不服,五月,公攻屠之。西平、金城諸將麴演、蔣石等共斬送韓遂首。秋七月,公至陽平。張魯使弟衛與將楊昂等據陽平關〔7〕,横山築城十餘里,攻之不能拔,乃引軍還。賊見大軍退,其守備解散。公乃密遣解慓、高祚等乘險夜襲,大破之,斬其將楊任,進攻衛,衛等夜遁,魯潰奔巴中〔8〕。公軍入南鄭,盡得魯府珍寶。巴、漢皆降。復漢寧郡爲漢中;分漢中之安陽、西城爲西城郡〔9〕,置太守;分錫、上庸郡〔10〕,置都尉。

【注】
〔1〕雲中,郡名,治雲中縣(在今内蒙古自治區托克托縣東北)。定襄,郡名,治善無縣(在今山西右玉縣南)。五原,郡名,治九原縣(在今内蒙古自治區包頭市西北)。朔方,郡名,治臨戎

縣(在今內蒙古自治區磴口縣北)。

〔2〕新興,郡名,治所在今山西忻縣。東漢末年,因軍閥混戰,加之匈奴侵擾北邊,人口流散,土地荒蕪,故曹操并上述四郡爲一郡。

〔3〕陳倉,縣名,在今陝西寶雞市東。

〔4〕武都,郡名,治下辯縣(在今甘肅成縣西)。

〔5〕散關,亦名大散關,在今寶雞市西南的大散嶺上,形勢險要,古爲軍事重地。

〔6〕河池,縣名,在今甘肅徽縣西。

〔7〕陽平關,在今陝西勉縣西北白馬城。

〔8〕巴中,地名。據胡三省《資治通鑑注》,即巴州,在巴郡宕渠縣(今四川渠縣東北)之北界。

〔9〕安陽,縣名,在今陝西城固縣東。西城,縣名,在今陝西安康市西北。新置之西城郡,即治西城縣。

〔10〕錫,縣名,在今陝西白河縣東。上庸郡,據潘眉《三國志考證》卷一,"郡"字衍文。錫、上庸皆爲漢中郡屬縣。上庸縣故址在今湖北竹山縣西南。

八月,孫權圍合肥,張遼、李典擊破之。

九月,巴七姓夷王朴胡、賨邑侯杜濩舉巴夷、賨民來附[1],於是分巴郡[2],以胡爲巴東太守[3],濩爲巴西太守[4],皆封列侯,天子命公承制封拜諸侯守相[5]。

【注】

〔1〕巴,古代居於今四川東北部嘉陵江與渠江流域的少數民族,亦稱板楯蠻或賨。巴族有七族,即羅、朴、昝、鄂、度、夕、龔。

〔2〕巴郡,治江州縣(在今重慶市)。
〔3〕巴東,郡名,治魚腹縣(在今重慶市奉節縣東)。
〔4〕巴西,郡名,治閬中縣(在今四川閬中市)。
〔5〕承制,承受天子命令。

　　冬十月,始置名號侯至五大夫,與舊列侯、關内侯凡六等[1],以賞軍功。
　　十一月,魯自巴中將其餘衆降。封魯及五子皆爲列侯。劉備襲劉璋,取益州,遂據巴中;遣張郃擊之。
　　十二月,公自南鄭還,留夏侯淵屯漢中。
　　二十一年春二月,公還鄴。三月壬寅,公親耕籍田。夏五月,天子進公爵爲魏王。代郡烏丸行單于普富盧與其侯王來朝。天子命王女爲公主,食湯沐邑[2]。秋七月,匈奴南單于呼廚泉將其名王來朝,待以客禮,遂留魏,使右賢王去卑監其國。八月,以大理鍾繇爲相國[3]。

【注】
〔1〕《三國志注》引《魏書》曰:"置名號侯爵十八級,關中侯爵十七級,皆金印紫綬;又置關内外侯十六("内"字疑衍),銅印龜紐墨綬;五大夫十五級,銅印環紐,亦墨綬,皆不食租,與舊列侯關内侯凡六等。"
〔2〕湯沐邑,古時諸侯朝天子,天子賜以齋戒沐浴之地,稱爲湯沐邑。後世賜予皇后、公主收租賦之地,亦稱湯沐邑。
〔3〕大理,官名,即漢之廷尉,魏國建立後改稱大理,掌司法刑獄。相國,即丞相,建安十八年魏國建立時置丞相等官,此時改稱丞相爲相國。

冬十月,治兵,遂征孫權,十一月至譙。

二十二年春正月,王軍居巢[1]。二月,進軍屯江西郝溪[2]。權在濡須口築城拒守,遂逼攻之,權退走。三月,王引軍還,留夏侯惇、曹仁、張遼等屯居巢。

【注】

[1] 居巢,縣名,在今安徽巢湖東北。
[2] 江西,指今皖北和淮河下游一帶。郝溪,地名,在居巢東。

夏四月,天子命王設天子旌旗,出入稱警蹕[1]。五月,作泮宮[2]。六月,以軍師華歆爲御史大夫。冬十月,天子命王冕十有二旒[3],乘金根車[4],駕六馬[5],設五時副車[6],以五官中郎將丕爲魏太子。

劉備遣張飛、馬超、吳蘭等屯下辯[7];遣曹洪拒之。

【注】

[1] 警蹕,古時天子出稱警,入稱蹕。警,警戒。蹕,清道。
[2] 泮宮,古時諸侯的學宮。
[3] 旒,古代天子、諸侯、大夫冠冕前後所懸玉串。天子十二旒,諸侯七旒,大夫五旒。
[4] 金根車,皇帝專用的特製車。
[5] 駕六馬,古制,天子之車駕六馬,諸侯以下駕四馬。
[6] 五時副車,天子外出,其車輿後從車五輛,按東、西、南、北、中五方,配以青、白、紅、黑、黃五色,稱爲五時副車。
[7] 下辯,縣名,在今甘肅成縣西。

二十三年春正月,漢太醫令吉本與少府耿紀、司直韋晃等反[1],攻許,燒丞相長史王必營,必與潁川典農中郎將嚴匡討斬之[2]。

曹洪破吳蘭,斬其將任夔等。三月,張飛、馬超走漢中,陰平氏強端斬吳蘭[3],傳其首。

夏四月,代郡、上谷烏丸無臣氏等叛[4],遣鄢陵侯彰討破之。

【注】

[1] 太醫令,官名。漢代,太常、少府下皆有太醫令,屬太常的爲百官治病,屬少府的爲宮廷治病。少府,官名,漢九卿之一,東漢時掌宮中御衣、寶貨、珍膳等。司直,官名,佐理丞相,檢舉不法。

[2] 典農中郎將,官名。東漢末,曹操實行屯田制,所置之官,主管屯田區的農業生產、民政和田租,地位相當於郡太守,但直屬中央大司農。潁川典農中郎將管理許下屯田。因屯田民采用軍事編制,故屯田官亦用軍職名稱。

[3] 陰平,道名(漢代,少數民族聚居的縣稱道),在今甘肅文縣西北。

[4] "上谷烏丸無臣氏",據錢大昕《廿二史考異》卷十五,疑"上谷"二字衍,"無臣氏"係"能臣氏"之訛。

六月,令曰:"古之葬者,必居瘠薄之地。其規西門豹祠西原上爲壽陵[1],因高爲基,不封不樹。《周禮》冢人掌公墓之地[2],凡諸侯居左右以前,卿大夫居後,漢制亦謂之陪陵[3]。其公卿大臣列將有功者,宜陪壽陵,其廣爲兆域,使足相容。"

【注】
〔1〕規,規劃。西門豹,戰國魏人,魏文侯時爲鄴令,政績甚好,後人立祠祀之。壽陵,古帝王之陵墓未定名前,稱爲壽陵。
〔2〕冢人,古官名。《周禮・春官宗伯》:"冢人,掌公墓之地。"
〔3〕陪陵,古代功臣死後葬於皇帝陵墓旁,稱爲陪陵。

　　秋七月,治兵,遂西征劉備。九月,至長安。
　　冬十月,宛守將侯音等反,執南陽太守,劫略吏民,保宛。初,曹仁討關羽,屯樊城,是月,使仁圍宛。
　　二十四年春正月,仁屠宛,斬音。
　　夏侯淵與劉備戰於陽平,爲備所殺。三月,王自長安出斜谷[1],軍遮要以臨漢中[2],遂至陽平。備因險拒守。

【注】
〔1〕斜(音耶)谷,在陝西郿縣西南,爲古褒斜道之北口。
〔2〕遮要,以兵拒守險要之處。

　　夏五月,引軍還長安。
　　秋七月,以夫人卞氏爲王后。遣于禁助曹仁擊關羽。八月,漢水溢,灌禁軍,軍沒,羽獲禁,遂圍仁。使徐晃救之。
　　九月,相國鍾繇坐西曹掾魏諷反,免[1]。
　　冬十月,軍還洛陽。孫權遣使上書[2],以討關羽自效。王自洛陽南征羽,未至,晃攻羽,羽走,仁圍解。王軍摩陂[3]。

【注】

[1]《三國志注》引《世語》曰:"諷字子京,沛人,有惑衆才,傾動鄴都,鍾繇由是辟焉。大軍未反,諷潛結徒黨,又與長樂衛尉陳褘謀襲鄴。未及期,褘懼,告之太子,誅諷,坐死者數十人。"
[2] 孫權遣使上書,《三國志注》引《魏略》曰:"孫權上書稱臣,稱説天命。王以權書示外曰:'是兒欲踞吾著爐火上邪!'"
[3] 摩陂(音卑),在今河南郟縣東南。

二十五年春正月,至洛陽。權擊斬羽,傳其首。

庚子,王崩於洛陽[1],年六十六。遺令曰:"天下尚未安定,未得遵古也。葬畢,皆除服。其將兵屯戍者,皆不得離屯部。有司各率乃職。斂以時服,無藏金玉珍寶。"諡曰武王。二月丁卯,葬高陵[2]。

【注】

[1] 崩,古代皇帝死稱崩。曹操雖未做皇帝,但其子曹丕稱帝後追尊他爲帝,故得稱崩。
[2] 高陵,曹操陵墓名,在今河南安陽市安豐鄉西高穴村。該墓址爲"2009年度全國十大考古發現"之首。

評曰[1]:漢末,天下大亂,雄豪並起,而袁紹虎眎四州[2],强盛莫敵。太祖運籌演謀,鞭撻宇内[3],擎申、商之法術[4],該韓、白之奇策[5],官方授材,各其其器[6],矯情任算,不念舊惡,終能總御皇機[7],克成洪業者,惟其明略最優也。抑可謂非常之人,超世之傑矣。

【注】

[1] 評,《三國志》作者陳壽的評論。
[2] 眎,同"視"。
[3] 鞭撻宇內,謂以武力征服天下。
[4] 擥,同"攬",采取,運用。申,申不害,戰國鄭人,法家術派之代表。商,商鞅,戰國衛人,法家法派之代表。
[5] 該,兼備。韓,韓信,西漢初名將。白,白起,戰國秦名將。
[6] 器,猶言材能。
[7] 皇機,謂朝政大權。

選自《三國志》卷一《魏書・武帝紀》

諸 葛 亮（181—234）

　　諸葛亮字孔明，琅邪陽都人也[1]。漢司隸校尉諸葛豐後也[2]。父珪，字君貢，漢末爲太山郡丞[3]。亮早孤，從父玄爲袁術所署豫章太守[4]，玄將亮及亮弟均之官[5]。會漢朝更選朱皓代玄。玄素與荆州牧劉表有舊[6]，往依之[7]。玄卒，亮躬畊隴畝[8]，好爲《梁父吟》[9]。身長八尺[10]，每自比於管仲、樂毅[11]，時人莫之許也[12]，惟博陵崔州平、潁川徐庶元直與亮友善[13]，謂爲信然[14]。

【注】
〔1〕陽都，縣名，故址在今山東沂水縣南部。
〔2〕司隸校尉，官名，掌糾察京師百官違法者，并治所轄各郡，相當於州刺史。
〔3〕太山，即泰山郡，治奉高縣，故址在今山東泰安市東部。郡丞，官名，郡的副長官。
〔4〕從父，叔父。袁術，字公路，東漢末先後在今河南南陽和今皖北到蘇北一帶割據，曾自稱皇帝，後被曹操所破。豫章，郡名，治所在今江西南昌。
〔5〕將，率領。
〔6〕荆州，漢時包括今湖北、湖南區域，東漢末治所在今湖北襄陽。劉表，字景升，東漢末割據荆州，地方千里，甲兵十餘萬，是當時的强大勢力。

〔7〕《獻帝春秋》曰:"初,豫章太守周術病卒,劉表上諸葛玄爲豫章太守,治南昌。漢朝聞周術死,遣朱皓代玄。皓從揚州太守劉繇求兵擊玄,玄退屯西城,皓入南昌。建安二年正月,西城民反,殺玄,送首詣繇。"此書所云,與本傳不同。

〔8〕躬畊隴畝,耕作自食。畊,同"耕"。

〔9〕《梁父吟》,古歌謠名。父或作"甫"。

〔10〕八尺,漢代一尺合今市尺六寸九分;八尺約當今市尺五尺五寸,合1.8米。

〔11〕管仲,名夷吾,春秋時齊人,相齊桓公首建霸業。樂毅,戰國時中山國人,輔佐燕昭王,率燕、趙、楚、韓、魏五國聯軍大破齊軍,連下七十餘城。

〔12〕許,同意,承許。

〔13〕博陵,郡名,治所在今河北蠡縣南。潁川,郡名,治所在今河南禹縣。徐庶,本名福,字元直,出身寒家,三國魏時曾任右中郎將,御史中丞。

〔14〕信然,確實如此。

　　時先主屯新野[1]。徐庶見先主,先主器之[2],謂先主曰:"諸葛孔明者,卧龍也[3],將軍豈願見之乎[4]?"先主曰:"君與俱來。"庶曰:"此人可就見,不可屈致也[5]。將軍宜枉駕顧之。"由是先主遂詣亮,凡三往,乃見。因屏人曰:"漢室傾頹,姦臣竊命[6],主上蒙塵[7]。孤不度德量力,欲信大義於天下[8],而智術淺短,遂用猖蹶[9],至於今日。然志猶未已,君謂計將安出?"亮答曰:"自董卓已來[10],豪傑並起,跨州連郡者不可勝數。曹操比於袁紹[11],則名微而衆寡,然操遂能克紹,以弱爲強者,非惟天時,抑亦人謀也。今操已擁百萬之衆,挾天子而令諸侯,此誠不可與爭鋒。孫權據有江東[12],已歷三世[13],國險而民附,賢能爲之用,此可以爲援而不可圖也。荊州北據漢、沔[14],利盡南海[15],東連吳、會[16],西通巴、蜀[17],此用武之國,而其主不能守,此殆天所以資將軍,將軍豈有意乎?益州險塞[18],沃野千里,天府之土[19],高祖因之以成帝業。劉璋闇弱[20],張魯在北[21],民殷國富而不知存恤[22],智能之士思得明君。將軍既帝室之胄[23],信義著於四海,總攬英雄,思賢如渴,若跨有荊、益,保其巖阻,西和諸戎,南撫夷越,外結好孫權,內修政理;天下有變,則命一上將將荊州之軍以向宛、洛[24],將軍身率益州之衆出於秦川[25],百姓孰敢不簞食壺漿以迎將軍者乎[26]?誠如是,則霸業可成,漢室可興矣。"先主曰:"善!"於是與亮情好日密。關羽、張飛等不悦[27],先主解之曰:"孤之有孔明,猶魚之有水也。願諸君勿復言。"羽、飛乃止。

【注】

[1] 先主,指劉備。新野,縣名,在今河南新野縣。

[2] 器,器重。

[3] 臥龍,裴松之注引《襄陽記》:"劉備訪世事於司馬德操。德操曰:'儒生俗士,豈識時務?識時務者在乎俊傑。此間自有伏龍、鳳雛。'備問爲誰,曰:'諸葛孔明、龐士元也。'"

[4] 豈,推度副詞,猶"寧"也。

[5] 屈致,屈其志節而招致。

[6] 姦臣,指曹操。竊命,時曹操挾天子以令諸侯,故説他竊命。

〔7〕主上，指漢獻帝。蒙塵，皇帝遭難出奔。時漢獻帝爲曹操脅迫而遷至許昌。

〔8〕信，通"伸"。

〔9〕用，因此。猖蹶，顛覆之意，此處作挫敗解。

〔10〕董卓，字仲穎，東漢末軍閥，靈帝死後，率軍入洛陽，廢少帝，立獻帝。各地起兵反對，開始軍閥混戰。

〔11〕袁紹，字本初，袁術兄，東漢末割據冀、青、幽、并四州，是當時最強大的勢力。公元200年官渡之戰中，爲曹操所敗。

〔12〕孫權，字仲謀，吳郡富春（今浙江富陽）人。東漢末，繼其兄孫策據有江東六郡。公元229年稱帝，國號吳。江東，長江在蕪湖、南京之間，折向東北流，古代習慣上稱自此以下的長江以南的蘇、浙、皖一帶地區爲江東。

〔13〕三世，指孫堅、堅子策、策弟權，三世割據江東。

〔14〕漢、沔（音免），指漢水、沔水。漢水始出稱漾水，南流爲沔水，納襃水後始稱漢水。

〔15〕南海，指今兩廣地區。

〔16〕吳、會，吳郡和會稽郡。

〔17〕巴、蜀，巴郡和蜀郡。

〔18〕益州，漢時包括今川、滇、黔大部分地區和今陝、甘等部分地區。

〔19〕天府，古人認爲西蜀沃野千里，水旱從人，不知饑饉，時無荒年，天下謂之天府。

〔20〕劉璋，字季玉，東漢末繼其父劉焉爲益州牧，割據今四川，後爲劉備奪取。

〔21〕張魯，字公祺，東漢末天師道首領，割據漢中三十年，後被曹操攻破。

〔22〕存恤，愛護。

〔23〕帝室之胄,劉備是漢景帝子中山靖王劉勝的後代,胄,後代,後裔。
〔24〕宛,今河南南陽。洛,今河南洛陽。
〔25〕秦川,今陝西、甘肅、秦嶺以北平原地區,渭水貫其中,因春秋、戰國時地屬秦國,故謂之秦川。
〔26〕簞食壺漿,《孟子·梁惠王下》:"簞食壺漿,以迎王師。"簞(音單),圓形竹籃。食(音嗣),飯。
〔27〕關羽、張飛,都是從劉備起兵的蜀漢名將。關羽字雲長,河東解(今山西臨猗)人。張飛字翼德,涿郡(治今河北涿州)人。

　　劉表長子琦,亦深器亮。表受後妻之言,愛少子琮,不悅於琦。琦每欲與亮謀自安之術,亮輒拒塞[1],未與處畫。琦乃將亮游觀後園,共上高樓,飲宴之間,令人去梯,因謂亮曰:"今日上不至天,下不至地,言出子口,入於吾耳,可以言未?"亮答曰:"君不見申生在內而危,重耳在外而安乎[2]!"琦意感悟,陰規出計[3]。會黃祖死[4],得出,遂爲江夏太守[5]。俄而表卒,琮聞曹公來征,遣使請降。先主在樊聞之[6],率其衆南行,亮與徐庶並從,爲曹公所追破,獲庶母。庶辭先主而指其心曰:"本欲與將軍共圖王霸之業者,以此方寸之地也[7]。今已失老母,方寸亂矣,無益於事,請從此別。"遂詣曹公。

【注】

〔1〕輒,每,常常。
〔2〕申生、重耳,皆春秋時晉獻公之子。太子申生爲獻公寵妃驪姬所譖,自縊而死。重耳在蒲,聞難出奔,流亡諸國十九年,後返

國爲君,是爲晉文公。事見《左傳》。
〔3〕規,圖謀。
〔4〕會,際會,適逢。
〔5〕江夏,漢郡名,治所在西陵(今湖北麻城南)。
〔6〕樊,今湖北樊城。
〔7〕方寸之地,指心胸。古人認爲思考問題的器官是心。

　　先主至於夏口[1],亮曰:"事急矣,請奉命求救於孫將軍。"時權擁軍在柴桑[2],觀望成敗,亮說權曰:"海内大亂,將軍起兵據有江東,劉豫州亦收衆漢南[3],與曹操並爭天下。今操芟夷大難[4],略已平矣,遂破荆州,威震四海。英雄無所用武,故豫州遁逃至此。將軍量力而處之:若能以吳、越之衆與中國抗衡,不如早與之絶;若不能當,何不案兵束甲,北面而事之!今將軍外託服從之名,而内懷猶豫之計[5],事急而不斷,禍至無日矣!"權曰:"苟如君言,劉豫州何不遂事之乎?"亮曰:"田橫[6],齊之壯士耳,猶守義不辱,況劉豫州王室之胄,英才蓋世,衆士慕仰,若水之歸海,若事之不濟,此乃天也,安能復爲之下乎!"權勃然曰:"吾不能舉全吳之地,十萬之衆,受制於人。吾計決矣!非劉豫州莫可以當曹操者,然豫州新敗之後,安能抗此難乎?"亮曰:"豫州軍雖敗於長阪[7],今戰士還者及關羽水軍精甲萬人,劉琦合江夏戰士亦不下萬人。曹操之衆,遠來疲弊,聞追豫州,輕騎一日一夜行三百餘里,此所謂'強弩之末,勢不能穿魯縞'者也[8]。故兵法忌之,曰'必蹶上將軍'[9]。且北方之人,不習水戰;又荆州之民附操者,逼兵勢耳,非心服也。今將軍誠能命猛將統兵數萬,與豫州協規同力,破操軍必矣。操軍破,必北還,如此則荆、吳之勢强,鼎足之形成矣。成敗之機,在於今日。"權大悅,即遣周瑜、程普、魯肅等水軍三萬[10],隨亮詣先主,并力拒曹公。曹公敗於赤壁[11],引軍歸鄴[12]。先主遂收江南,以亮爲軍師中郎將[13],使督零陵、桂陽、長沙三郡[14],調其賦税,以充軍實。

【注】

[1] 夏口,今湖北漢口。

[2] 柴桑,縣名,今江西九江西南。

[3] 劉豫州,即劉備。漢獻帝建安元年(196),呂布攻劉備,劉備投奔曹操,曹操以劉備爲豫州牧,故稱。

[4] 芟夷大難,指曹操此時已消滅袁術、呂布和袁紹等割據勢力。芟(音山)夷,削除。

[5] 猶豫,遲疑不決。

[6] 田横,戰國末齊國的宗室,楚漢相爭時,自立爲齊王。漢滅楚,田横率五百人避居海島。漢高祖派人召田横入朝,横與其客二人共赴洛陽,將到,對他的客二人説:"横始與漢王俱南面稱孤,今漢王爲天子,而横乃亡虜而北面事之,其恥固已甚矣。"乃自殺。見《史記・田儋列傳》。

[7] 長阪,即長坂,在今湖北當陽東北。建安十三年(208),曹操追擊劉備至此。

[8] "强弩之末,勢不能穿魯縞",語出《史記・韓長孺列傳》,原作"强弩之極,矢不能穿魯縞"。魯縞,魯地出産的絹,以質薄著名。

〔9〕必蹶上將軍，《孫子·軍事篇》："是故卷甲而趨，日夜不處，倍道兼行，……五十里而爭利，則蹶上將軍。"蹶，挫敗。

〔10〕周瑜、程普、魯肅，都是三國吳名將。周瑜，字公瑾，廬江舒（今安徽廬江西南）人。程普，字德謀，右北平土垠（今河北豐潤東南）人。魯肅，字子敬，臨淮東城（今安徽定遠東南）人。

〔11〕赤壁，山名。一說即今湖北武昌西赤磯山，說見劉宋盛弘之《荊州記》、北魏酈道元《水經注》；一說在今湖北蒲圻縣西北赤壁山，說見唐李吉甫《元和郡縣誌》。

〔12〕鄴，古都邑名，故址在今河北臨漳西南鄴鎮、三臺村迤東一帶。曹操爲魏王，都於此。

〔13〕軍師中郎將，官名。胡三省說："軍師，亦古將軍號。曹操初置軍師祭酒，而備置軍師中郎將，皆以一時軍事創置官名也。然軍師祭酒止決軍謀，中郎將則有兵柄。"（《資治通鑑》卷六五《漢紀》獻帝建安十三年注）

〔14〕零陵，治泉陵縣（今湖南永州）。桂陽，治郴（音琛）縣（今湖南郴州）。長沙，治臨湘縣（今湖南長沙市）。

　　建安十六年〔1〕，益州牧劉璋遣法正迎先主〔2〕，使擊張魯。亮與關羽鎮荊州。先主自葭萌還攻璋〔3〕，亮與張飛、趙雲等率衆泝江〔4〕，分定郡縣，與先主共圍成都。成都平，以亮爲軍師將軍，署左將軍府事〔5〕。先主外出，亮常鎮守成都，足食足兵。二十六年〔6〕，羣下勸先主稱尊號，先主未許，亮說曰："昔吳漢、耿弇等初勸世祖即帝位〔7〕，世祖辭讓，前後數四，耿純進言曰〔8〕：'天下英雄喁喁〔9〕，冀有所望。如不從議者，士大夫各歸求主，無爲從公也。'世祖感純言深至，遂然諾之。今曹氏篡漢，天下無主，大王劉氏苗族[10]，紹世而起[11]，今即帝位，乃其宜也。士大夫隨大王久勤苦者，亦欲望尺寸之功如純言耳。"先主於是即帝位，策亮爲丞相曰[12]："朕遭家不造[13]，奉承大統[14]，兢兢業業，不敢康寧，思靖百姓，懼未能綏[15]。於戲[16]！丞相亮其悉朕意，無怠輔朕之闕[17]，助宣重光，以照明天下，君其勖哉[18]！"亮以丞相錄尚書事[19]，假節[20]。張飛卒後，領司隸校尉。

【注】

〔1〕建安(196—220)，漢獻帝劉協年號。

〔2〕法正，字孝直，右扶風郿(今陝西郿縣)人。初依劉璋，後向劉備獻策取蜀，成爲蜀漢要人，官至尚書令。

〔3〕葭(音家)萌，縣名，今四川廣元西南。

〔4〕趙雲，字子龍，常山真定(今河北正定)人，蜀漢名將。

〔5〕署，署理。時劉備任左將軍，諸葛亮以軍師將軍，署理左將軍府事。

〔6〕二十六年，指建安年份。延康元年(220)，曹丕已廢漢獻帝，自立爲魏帝，改年號爲黃初。故建安無二十六年。這裏，劉備不承認曹丕所改的年號，繼續使用建安年號。

〔7〕吳漢、耿弇，都是西漢末劉秀部下主要將領。吳漢，字子顏，南陽宛人。耿弇，字伯昭，右扶風茂陵(今陝西興平東北)人。世祖，東漢光武帝劉秀的廟號。

〔8〕耿純，劉秀部下主要將領之一，字伯山，鉅鹿(今河北平鄉西南)人。耿純進言見《後漢書·光武帝紀》。

〔9〕喁喁(音庸庸)，本是形容魚的嘴露在水面上的樣子，比喻衆人景仰和歸向。

〔10〕苗族,此處指後裔。

〔11〕紹世,繼世。

〔12〕策,策命。

〔13〕不造,《詩經·周頌·閔予小子》:"閔予小子,遭家不造。"鄭箋曰:"造猶成也。"或謂,不造即是不幸的意思。

〔14〕大統,正統,指即皇帝位。

〔15〕綏,安寧。

〔16〕於戲,嘆詞,同"嗚呼"。

〔17〕闕,過失。

〔18〕勖(音緒),勉勵。

〔19〕錄尚書事,即總攬朝政。錄,總領之意。東漢以來,政歸尚書。錄尚書事,即軍政大權都集中於一人之身。

〔20〕假節,授予諸葛亮總統諸軍的大權。假,借,此為授予之意。節,符節。假節,有權殺犯軍令者。

　　章武三年春〔1〕,先主於永安病篤〔2〕,召亮於成都,屬以後事〔3〕,謂亮曰:"君才十倍曹丕,必能安國,終定大事。若嗣子可輔〔4〕,輔之;如其不才,君可自取。"亮涕泣曰:"臣敢竭股肱之力,效忠貞之節,繼之以死〔5〕!"先主又為詔敕後主曰:"汝與丞相從事,事之如父。"建興元年〔6〕,封亮武鄉侯〔7〕,開府治事〔8〕。頃之,又領益州牧。政事無巨細,咸決於亮。南中諸郡〔9〕,並皆叛亂,亮以新遭大喪,故未便加兵,且遣使聘吳,因結和親,遂為與國〔10〕。

【注】

〔1〕章武(221—223),蜀漢昭烈帝劉備年號。

〔2〕永安,宮名,故址在今重慶市奉節縣東。劉備伐吳,敗退居此。
〔3〕屬,通"囑"。託付。
〔4〕嗣子,指劉禪,繼位爲後主。
〔5〕"臣敢竭股肱之力"三句,據胡三省注,係用晉荀息答獻公語意。春秋時,晉獻公臨終,託孤(奚齊)於荀息,荀息曰:"臣竭其股肱之力,加之以忠貞;其濟,君之靈也,不濟,則以死繼之。"見《左傳》僖公九年。敢,猶言"敢不"。
〔6〕建興(223—237),蜀漢後主劉禪年號。
〔7〕武鄉侯,武鄉是琅邪郡的一個縣;三國時封爵,多以受封者本郡的縣爲封土,雖不在本國版圖之內,也可遙領。諸葛亮是琅邪郡人,故以郡內的武鄉封他。據潘眉《三國志改證》卷六。
〔8〕開府治事,開建府署,設置官屬,處理軍國大事。漢代,三公得開府,此處諸葛亮以丞相開府。
〔9〕南中,今雲南、貴州及四川西昌一帶。當時爲少數民族聚居地區,稱爲"南中"。
〔10〕與國,相互親善友好之國。

　　三年春〔1〕,亮率衆南征〔2〕,其秋悉平。軍資所出,國以富饒,乃治戎講武,以俟大舉。五年,率諸軍北駐漢中,臨發,上疏曰〔3〕:

【注】
〔1〕三年,建興三年(225)。
〔2〕南征,建興三年,諸葛亮率軍遠征南中少數民族,曾七獲孟獲,平定益州、永昌、牂柯、越巂等郡,使出師北伐無後顧之憂。
〔3〕疏,即《出師表》,或稱《前出師表》。

"先帝創業未半而中道崩殂[1],今天下三分,益州疲弊,此誠危急存亡之秋也。然侍衛之臣不懈於内,忠志之士忘身於外者,蓋追先帝之殊遇[2],欲報之於陛下也。誠宜開張聖聽[3],以光先帝遺德,恢弘志士之氣,不宜妄自菲薄,引喻失義[4],以塞忠諫之路也。宮中府中俱爲一體[5],陟罰臧否[6],不宜異同。若有作姦犯科及爲忠善者,宜付有司論其刑賞[7],以昭陛下平明之理,不宜偏私,使内外異法也。侍中、侍郎郭攸之、費禕、董允等[8],此皆良實,志慮忠純,是以先帝簡拔以遺陛下[9]。愚以爲宮中之事,事無大小,悉以咨之,然後施行,必能裨補闕漏,有所廣益。將軍向寵[10],性行淑均[11],曉暢軍事,試用於昔日,先帝稱之曰能,是以衆議舉寵爲督。愚以爲營中之事,悉以咨之,必能使行陳和睦,優劣得所。親賢臣,遠小人,此先漢所以興隆也[12];親小人,遠賢臣,此後漢所以傾頹也。先帝在時,每與臣論此事,未嘗不嘆息痛恨於桓、靈也[13]。侍中、尚書、長史、參軍[14],此悉貞良死節之臣,願陛下親之信之,則漢室之隆,可計日而待也。

【注】

〔1〕崩殂,古代天子死稱崩,或稱殂。
〔2〕追,懷念。殊遇,特殊的恩遇,即恩寵。
〔3〕開張聖聽,即廣開言路,聽取意見。聖,古代臣下對皇帝的尊稱。

〔4〕引喻失義，援引譬況失宜。劉禪爲人庸碌，故諸葛亮勸他要自己振作，傚法古代賢君，不可引喻失當，甘爲庸君。
〔5〕宮中，內廷，此指宮禁內的官員。府中，即外廷或丞相府，此指政府部門的官員。
〔6〕陟（音志）罰，謂賞罰；臧否（音痞），謂褒貶。
〔7〕有司，指官吏。古代設官分職，各有專司，故稱官吏爲有司。
〔8〕侍中，官名，職在侍從天子，應對顧問。時郭攸之、費褘（音伊）爲侍中。侍郎，即黃門侍郎，官名，出入禁中，省尚書事。時董允爲侍郎。
〔9〕簡拔，選拔。
〔10〕向寵，襄陽宜城人。劉備時任牙門將。公元222年，劉備被吳將陸遜大敗於秭歸，惟寵營完好無損。劉禪即位，提拔向寵掌管宿衛軍。
〔11〕淑均，和善，不偏激。
〔12〕先漢，西漢。
〔13〕桓、靈，東漢桓帝劉志和靈帝劉宏，在位時信用宦官，政治腐敗，造成漢朝的衰敗。
〔14〕侍中，指郭攸之，費褘。尚書，指陳震。長史，指張裔。時諸葛亮北伐，出駐漢中，張裔領留府長史，和參軍蔣琬共掌留府衆事。參軍，將軍府的重要幕僚，此處指蔣琬。

"臣本布衣[1]，躬耕於南陽，苟全性命於亂世，不求聞達於諸侯。先帝不以臣卑鄙[2]，猥自枉屈[3]，三顧臣於草廬之中，諮臣以當世之事，由是感激，遂許先帝以驅馳[4]。後值傾覆，受任於敗軍之際，奉命於危難之間，爾來二十有一年矣。先帝知臣謹慎，故臨崩寄臣以大事也[5]。受命以來,夙夜憂嘆[6],恐託付不效,以傷先帝之明,故五月渡瀘[7],深入不毛[8]。今南方已定,兵甲已足,當獎率三軍[9],北定中原,庶竭駑鈍,攘除姦凶[10],興復漢室,還於舊都。此臣所以報先帝,而忠陛下之職分也。

【注】
〔1〕布衣,庶民百姓。
〔2〕卑鄙,卑賤,這是自謙之辭。
〔3〕猥,曲。枉屈,枉駕屈就。
〔4〕驅馳,奔走效命之意。
〔5〕寄,託付。大事,指託孤之事。
〔6〕夙夜,早晚。
〔7〕五月渡瀘,指建興三年諸葛亮南征時渡過瀘水。瀘水,金沙江的支流,瘴氣彌漫。
〔8〕不毛,草木不生的地方。
〔9〕獎,勉勵。
〔10〕姦凶,姦詐凶惡,此指曹氏政權。

"至於斟酌損益,進盡忠言,則攸之、禕、允之任也。願陛下託臣以討賊興復之效;不效,則治臣之罪,以告先帝之靈。若無興德之言,則責攸之、禕、允等之慢[1],以彰其咎。陛下亦宜自謀[2],以諮諏善道[3],察納雅言[4],深追先帝遺詔。臣不勝受恩感激,今當遠離,臨表涕零,不知所言。"

【注】

〔1〕"若無興德之言,則",此七字原脱,據《文選》李善注引《蜀志·董允傳》補。

〔2〕自謀,自强之意。

〔3〕諮諏(音鄒),詢求和擇取。

〔4〕雅言,忠言。雅,正。

　　遂行,屯於沔陽[1]。

　　六年春[2],揚聲由斜谷道取郿[3],使趙雲、鄧芝爲疑軍[4],據箕谷[5],魏大將軍曹真舉衆拒之。亮身率諸軍攻祁山[6],戎陳整齊,賞罰肅而號令明,南安、天水、安定三郡叛魏應亮[7],關中響震。魏明帝西鎮長安[8],命張郃拒亮[9],亮使馬謖督諸軍在前[10],與郃戰於街亭[11]。謖違亮節度[12],舉動失宜,大爲郃所破。亮拔西縣千餘家[13],還於漢中,戮謖以謝衆。上疏曰:"臣以弱才,叨竊非據[14],親秉旄鉞,以厲三軍[15],不能訓章明法[16],臨事而懼[17],至有街亭違命之闕,箕谷不戒之失[18],咎皆在臣授任無方。臣明不知人,恤事多闇[19],《春秋》責帥[20],臣職是當。請自貶三等,以督厥咎[21]。"於是以亮爲右將軍,行丞相事[22],所總統如前。

【注】

〔1〕沔陽,縣名,在今陝西勉縣東,沔水之陽(北)。

〔2〕六年,建興六年(228)。

〔3〕斜谷道,古道路名,在今陝西眉縣西南,古褒斜道的斜谷一部分。郿,縣名,在今陝西眉縣東北。

〔4〕鄧芝,字伯苗,三國時義陽新野(今河南新野南)人。劉備去世後,鄧芝曾説服孫權聯蜀絶魏,時任蜀漢中監軍、揚武將軍。
〔5〕箕谷,古谷名,在今陝西褒城北,一説在今陝西寶雞東南。
〔6〕祁山,在今甘肅禮縣東。
〔7〕南安,治所在豲道(今甘肅隴西渭水東岸)。天水,治所在冀縣(今甘肅甘谷東南)。安定,治所在臨涇(今甘肅鎮原南)。
〔8〕魏明帝,曹叡,公元227—239年在位。
〔9〕張郃,字俊乂,河間鄚縣(今河北任丘北)人,時任魏左將軍,督諸軍。
〔10〕馬謖,字幼常,襄陽宜城(今湖北宜城南)人,以善論軍計出名,劉備説他"言過其實,不可大用"。
〔11〕街亭,也叫街泉亭,在今甘肅莊浪縣東南。
〔12〕節度,部署。
〔13〕西縣,在今甘肅天水西南。
〔14〕刃,忝或辱。非據,非分之意。語出《易·繫辭》:"非所困而困焉,名必辱;非所據而據焉,身必危。既辱且危,死期將至。"
〔15〕秉,執掌。旄,白旄,用牦牛尾做裝飾的旗子;鉞,大斧。旄、鉞均是古代天子用的儀仗,後常用以賜與統兵的大臣等,表示授與特殊的權力。厲,激勵。
〔16〕訓章明法,訓導法規;嚴明法紀。
〔17〕臨事而懼,意謂用兵時應存戒慎之心,不可輕忽大意。語出《論語·述而》:"子路曰:'子行三軍,則誰與?'子曰:'暴虎馮河,死而無悔者,吾不與也;必也,臨事而懼,好謀而成者也。'"
〔18〕箕谷不戒之失,當時趙雲、鄧芝兵敗於箕谷。
〔19〕恤,顧,即考慮。

〔20〕《春秋》責帥,據《春秋》之義,兵敗應由元帥負責。
〔21〕督,責。厥,其。此指諸葛亮自己。
〔22〕行,代行。

　　冬,亮復出散關[1],圍陳倉[2],曹真拒之,亮糧盡而還。魏將王雙率騎追亮,亮與戰,破之,斬雙。七年[3],亮遣陳式攻武都、陰平[4]。魏雍州刺史郭淮率衆欲擊式[5],亮自出至建威[6],淮退還,遂平二郡。詔策亮曰:"街亭之役,咎由馬謖,而君引愆[7],深自貶抑,重違君意[8],聽順所守。前年耀師[9],馘斬王雙[10];今歲爰征[11],郭淮遁走;降集氐、羌,興復二郡,威鎮凶暴,功勳顯然。方今天下騷擾,元惡未梟[12],君受大任,幹國之重[13],而久自挹損,非所以光揚洪烈矣。今復君丞相,君其勿辭。"

【注】

〔1〕散關,亦名大散關,在今寶雞市西南的大散嶺上。形勢險要,古爲軍事重地。
〔2〕陳倉,縣名,故城址在今陝西寶雞市東。
〔3〕七年,建興七年(229)。
〔4〕武都,郡名,治所在下辨道(今甘肅成縣西北)。陰平,郡名,治所在陰平(今甘肅文縣西北)。
〔5〕雍州,州名。三國魏治所在長安(今西安市西北)。
〔6〕建威,建威城在今甘肅成縣西,東漢末置戍守於此。
〔7〕愆(音千),過失。
〔8〕重違,難以違背。重,難。
〔9〕耀師,揚師示威。

〔10〕馘(音國)斬,斬殺之意。馘,割下敵人的耳朵。
〔11〕爰,語辭。
〔12〕元惡,指魏明帝曹叡。梟(音消),把頭懸掛在木樁上示衆,此處作"誅殺"解。
〔13〕幹,支持;擔任。

  九年,亮復出祁山,以木牛運[1],糧盡退軍,與魏將張郃交戰,射殺郃。十二年春,亮悉大衆由斜谷出,以流馬運,據武功五丈原[2],與司馬宣王對於渭南[3]。亮每患糧不繼,使己志不申,是以分兵屯田,爲久駐之基。耕者雜於渭濱居民之間,而百姓安堵[4],軍無私焉。相持百餘日。其年八月,亮疾病,卒於軍,時年五十四[5]。及軍退,宣王案行其營壘處所,曰:"天下奇才也!"

【注】
〔1〕木牛,人力獨輪車。下文"流馬"是人力四輪車。此據范文瀾說(見《中國通史簡編》修訂本第二編)。《諸葛亮集》載木牛流馬製作法,見《三國志》裴松之注。
〔2〕武功,縣名,故城址在今陝西武功縣西南。五丈原,地名,在陝西眉縣西南;一說在今岐山縣南的斜谷口西側。
〔3〕司馬宣王,即司馬懿。懿字仲達,當時魏軍的統帥。魏元帝曹奐咸熙元年(264),懿子昭進爵爲晉王,追尊懿爲晉宣王。
〔4〕安堵,安居如垣牆。堵,垣牆。
〔5〕時年五十四,諸葛亮卒於蜀漢後主建興十二年(234),上溯五十四年,當東漢靈帝光和四年(181)。按諸葛亮生卒年爲181—234年。

亮遺命葬漢中定軍山[1]，因山爲墳，冢足容棺，斂以時服[2]，不須器物。詔策曰："惟君體資文武[3]，明叡篤誠[4]，受遺託孤，匡輔朕躬，繼絶興微，志存靖亂；爰整六師，無歲不征，神武赫然，威鎮八荒[5]，將建殊功於季漢[6]，參伊、周之巨勳[7]。如何不弔[8]，事臨垂克[9]，遘疾隕喪[10]！朕用傷悼，肝心若裂。夫崇德序功，紀行命謚[11]，所以光昭將來，刊載不朽。今使使持節中郎將杜瓊[12]，贈君丞相武鄉侯印綬，謚君爲忠武侯。魂而有靈，嘉茲寵榮。嗚呼哀哉！嗚呼哀哉！"

【注】

[1] 定軍山，在今陝西勉縣東南。
[2] 時服，謂喪葬之時該時節所服用的衣物。
[3] 體資，天賦，資性。
[4] 叡（音瑞），同"睿"，智慧。
[5] 八荒，指遠離京畿的荒僻地方。漢劉向《說苑·辨物》說："八荒之內有四海，四海之內有九州，天子處中州而制八方。"
[6] 季漢，漢末。
[7] 伊、周，伊尹、周公。伊尹輔佐商湯，周公輔佐武王，皆建立王業，成爲功臣。
[8] 不弔，不祥，不幸。弔，祥善。
[9] 垂克，接近成功。
[10] 遘，遇。
[11] 謚（音逝），古代天子或大臣死後，按其生前事迹所給與的稱號，即文中所謂"紀行命謚"之意。
[12] 使持節，古代使臣出行，持符節以示信。自漢以後，持節使節

凡三等,"使持節"是其中最高一節。左中郎將,官名,漢代光祿勳下設五官、左、右三署,各置中郎將統領一署,掌皇帝侍衛。

初,亮自表後主曰:"成都有桑八百株,薄田十五頃,子弟衣食,自有餘饒。至於臣在外任,無別調度,隨身衣食,悉仰於官,不別治生[1],以長尺寸。若臣死之日,不使內有餘帛,外有贏財,以負陛下。"及卒,如其所言。

【注】
〔1〕治生,經營產業。

亮性長於巧思,損益連弩[1],木牛流馬,皆出其意;推演兵法,作八陣圖[2],咸得其要云。亮言教書奏多可觀,別爲一集。

【注】
〔1〕損益,改革。據《魏氏春秋》,諸葛亮"損益連弩,謂之之戎;以鐵爲矢,矢長八寸,一弩十矢俱發"。
〔2〕八陣圖,重慶市奉節縣西南平沙上,聚石成堆,共八行,行距兩尺,相傳是諸葛亮所作"八陣圖"的遺迹。又定軍山下也有"八陣圖"遺迹。

景耀六年春[1],詔爲亮立廟於沔陽[2]。秋,魏鎮西將軍鍾會征蜀[3],至漢川[4],祭亮之廟,令軍士不得於亮墓所左右芻牧樵采。亮弟均,官至長水校尉[5]。亮子瞻,嗣爵。

【注】

〔1〕景耀，蜀漢後主年號(258—262)。

〔2〕詔爲亮立廟於沔陽，據《襄陽記》載，諸葛亮亡後，所在各求爲立廟，朝議以禮秩不聽，百姓遂因時節私祭之於道陌上。言事者或以爲可聽立廟於成都者，後主不從。步兵校尉習隆、中書郎向充等上表建議立廟於沔陽，"斷其私祀，以崇正禮"。於是始從之。

〔3〕鍾會，字士季，潁川長社(今河南長葛東)人，官至司徒，爲司馬昭重要謀士。魏景元四年(263)，與鄧艾分軍滅蜀，次年謀叛被殺。

〔4〕漢川，指漢中地區。

〔5〕長水校尉，官名，掌長水胡騎。長水，水名，源出陝西藍田縣西北，流經長安東南。

　　諸葛氏集目錄：
　　開府作牧第一　　權制第二　　南征第三　　北出第四　　計算第五　　訓厲第六　　綜覈上第七　　綜覈下第八　　雜言上第九　　雜言下第十　　貴和第十一　　兵要第十二　　傳運第十三　　與孫權書第十四　　與諸葛瑾書第十五　　與孟達書第十六　　廢李平第十七　　法檢上第十八　　法檢下第十九　　科令上第二十　　科令下第二十一　　軍令上第二十二　　軍令中第二十三　　軍令下第二十四
　　右二十四篇，凡十萬四千一百一十二字。

臣壽等言……[1]

【注】
[1]"臣壽等言"以下,爲本傳作者陳壽述編集《諸葛亮集》緣起及諸葛亮兄謹之第二子諸葛喬、諸葛亮之子諸葛瞻、丞相府令史董厥等人附傳,爲節省篇幅故,刪。

評曰:諸葛亮之爲相國也,撫百姓,示儀軌[1];約官職,從權制[2];開誠心,布公道。盡忠益時者雖讎必賞,犯法怠慢者雖親必罰;服罪輸情者雖重必釋,游辭巧飾者雖輕必戮。善無微而不賞,惡無纖而不貶。庶事精練,物理其本[3];循名責實,虛偽不齒。終於邦域之內咸畏而愛之。刑政雖峻而無怨者,以其用心平而勸戒明也。可謂識治之良才,管、蕭之亞匹矣[4]。然連年動衆,未能成功,蓋應變將略,非其所長歟[5]?

【注】
[1] 儀軌,禮儀法度。
[2] 權制,合於時宜的制度。
[3] 物理其本,謂萬事萬物必從其本而治之。
[4] 管、蕭,管仲和蕭何。管仲,名夷吾,字仲,潁上(潁水之濱)人,輔佐齊桓公,以"尊王攘夷"相號召而成就霸業。蕭何,沛縣(今屬江蘇)人,曾爲沛縣吏,秦末佐劉邦起義;楚漢戰爭中,薦韓信爲大將,以丞相身份留守關中;漢初,定律令制度,協助劉邦消滅韓信、陳豨、英布等異姓諸侯王。
[5] "蓋應變將略,非其所長歟"二句,參見陳壽《上諸葛亮集表》:

"然亮才,於治戎爲長,奇謀爲短,理民之幹,優於將略。"(《三國志・諸葛亮傳》附)

選自《三國志》卷三十五《蜀書・諸葛亮傳》

何　　晏（？—249）

　　何晏字平叔，南陽宛人[1]，漢大將軍進孫也[2]。或云何苗孫也。尚主[3]，又好色，故黃初時無所事任[4]。正始中[5]，曹爽用爲中書[6]，主選舉，宿舊者多得濟拔。爲司馬宣王所誅[7]。　　錄自《世說新語注》卷上《言語》引《魏略》

【注】

[1] 南陽，漢時郡名。宛，今河南南陽市。
[2] 進，何進（？—189），字遂高，南陽苑人，靈帝時任大將軍。帝死，專政而立少帝，與袁紹等謀誅宦官，事泄被殺。
[3] 尚主，聚公主爲妻。何晏妻，係曹操女金鄉公主。
[4] 黃初，魏文帝年號（220—226）。曹操爲司徒時，納晏母尹氏並收養晏。晏聰慧，操愛如己出，服飾擬於太子，曹丕特憎之，每不呼其姓氏，常稱爲假子。及丕爲帝，不任以事。
[5] 正始，魏齊王年號（240—249）。
[6] 曹爽（？—249），字昭伯，譙（今安徽亳縣）人，魏明帝時官至大將軍，與司馬懿同受遺詔輔曹芳。後與司馬懿爭奪政權，爲懿所殺。中書，當爲尚書之誤。何晏主選舉，掌選擇舉用賢能是爲尚書所職；裴松之《三國志・何晏傳注》引《魏略》，作"尚書"；裴松之《三國志・鍾會傳注》引何邵《王弼傳》云："於是何晏爲吏部尚書。"可證。
[7] 司馬宣王，即司馬懿（179—251），字仲達，河內溫縣（今河南溫

縣西南)人，初爲曹操主簿。操死，爲曹丕所倚重，每與大謀。魏明帝時，官至大將軍，多次率師與諸葛亮相拒。曹芳即位，與曹爽同受遺詔輔政。正始十年(249)，殺爽專權。其子司馬昭稱晉王，追尊爲宣王。晏黨於爽，爲懿所殺，死時年六十，其生年爲漢獻帝初平元年(190)。

少以才秀知名[1]，好老莊言，著《道德論》及諸文賦著述凡數十篇[2]。　　錄自《三國志》卷九《諸夏侯曹列傳》

【注】

[1] 秀，美。

[2]《道德論》，《世説新語·文學》説："何晏注《老子》未畢，見王弼，自説注《老子》旨，何意多所短，不復得作聲，但應諾諾，遂不復注，因作《道德論》。"劉義慶又認爲《道德論》分爲《道》、《德》二論。《道論》的片段，今存於《列子》張湛注中。其基本思想是以無爲宇宙本體。諸文賦著述數十篇，何晏的文章詩賦曾編爲《何晏集》十卷，已亡。見存的有《景福殿賦》等賦頌詩文。此外，尚著有《老子雜論》、《論語集解》、《周易説》、《樂懸》、《孝經注》、《魏明帝諡議》、《九江志》、《官族傳》等，現存者僅有《論語集解》、《周易解》(輯本)、《老子雜論》(殘文)和《九江志》。有人以爲《何晏別傳》是他的著作，是爲誤斷。

據《世説新語》、《三國志》等編選

王　弼 (226—249)

　　弼字輔嗣[1]。何劭爲其傳曰：

　　弼幼而察惠，年十餘，好老氏，通辯能言。父業，爲尚書郎。時裴徽爲吏部郎[2]，弼未弱冠[3]，往造焉[4]。徽一見而異之，問弼曰："夫無者誠萬物之所資也[5]，然聖人莫肯致言，而老子申之無已者何？"弼曰："聖人體無，無又不可以訓，故不說也；《老子》是有者也，故恒言無所不足[6]。"尋亦爲傅嘏所知[7]。

【注】

[1] 弼，王弼，山陽(今河南焦作市)人。
[2] 裴徽，字文季，河東聞喜(今屬山西)人。魏時，官至冀州刺史。徽精於《老》、《易》，善言玄理。時傅嘏善名理而荀粲尚玄遠，相争不已。徽於其間，釋二家之義，通彼此之理，使兩情皆得。
[3] 弱冠，古時男子二十成人，初加冠，體尚未强壯，故稱弱冠。
[4] 造，訪。
[5] 資，依託。
[6] "聖人體無，……故恒言無所不足"幾句，《世説新語·文學》作："聖人體無，無又不可以訓，故言未及有；老、莊未免於有，恒訓其所不足。"訓，教誨，解説。
[7] 傅嘏，本書有傳。

於時,何晏爲吏部尚書,甚奇弼[1],嘆之曰:"仲尼稱後生可畏[2],若斯人者,可與言天人之際乎[3]!"正始中[4],黃門侍郎累缺。晏既用賈充、裴秀、朱整[5],又議用弼。時丁謐與晏爭衡,致高邑王黎於曹爽[6]。爽用黎,於是以弼補臺郎。初除[7],覲爽[8],請間[9]。爽爲屏左右,而弼與論道移時[10],無所他及,爽以此嗤之。時爽專朝政,黨與共相進用,弼通儻不治名高。尋黎無幾時病亡[11],爽用王沈代黎[12],弼遂不得在門下。晏爲之嘆恨。弼在臺既淺,事功亦雅非所長,益不留意焉。

【注】

[1] 甚奇弼,《世說新語·文學》:"晏聞弼名,因條向者勝理語弼曰:'此理僕以爲極,可得復難不?'弼便作難,一坐人便以爲屈。於是弼自爲客主數番,皆一坐所不及。"何晏,本書有傳。

[2] 後生可畏,見《論語·子罕》:"子曰:後生可畏,焉知來者之不如今也。"

[3] 可與言天人之際乎,《世說新語·文學》:"何平叔注《老子》始成,詣王輔嗣,見王注精奇,乃神伏,曰:'若斯人,可與論天人之際矣!'因以所注爲道德二論。"

[4] 正始,魏齊王曹芳年號(240—249)。

[5] 賈充(217—282),字公閭,平陽襄陵(今山西襄汾東北)人。參與司馬氏代魏密謀,並使人殺高貴鄉公曹髦。主持修訂《晉律》。於晉初政治亦有所建樹,官至司空、尚書令。裴秀(224—271),字秀彦,河東聞喜(今屬山西)人。由魏入晉,官至司空,於官制、朝儀、刑政都有規劃。著《易》、《樂》二論,與門客京相璠合著《春秋地名》,又創制《禹貢地域圖》、《地形方

丈圖》。今存《禹貢地域圖序》敍製圖六體,是古代重要的製作地圖的理論。

〔6〕曹爽,見本書《何晏》傳注。

〔7〕除,任職。

〔8〕覲,拜見。

〔9〕請間,請求單獨談話。

〔10〕移時,越過一個時辰以上。

〔11〕尋,接着。

〔12〕王沈(？—266),字處道,太原晉陽(今山西太原)人。魏晉之際,爲司馬氏監視魏帝高貴鄉公活動,與羊祜、荀勖、裴秀、賈充諸謀建立新朝各項制度。官至驃騎將軍、録尚書事,加散騎常侍。與荀顗、阮籍共撰《魏書》,多爲時諱,未若陳壽之實録也。

　　淮南人劉陶善論縱橫[1],爲當時所推。每與弼語,嘗屈弼。弼天才卓出,當其所得,莫能奪也。

【注】

〔1〕劉陶(？—255),字季治,淮南成真(今安徽壽縣東南)人。善名理,有才辯。曹爽與司馬懿爭權時,他説:"仲尼不聖,何以知其然？智者圖國;天下羣愚,如弄一丸於掌中,而不能得天下。"提醒曹氏注意,但未被采納。爽敗,爲司馬氏論天下事。毌丘儉起兵,司馬師怨其謀不盡心,被殺。

　　性和理[1],樂游宴,解音律,善投壺[2]。其論道,附會文辭不如何晏,自然有所拔得多晏也[3]。頗以所長笑人,故時爲士君子所疾。弼與鍾會善,會論議以校練爲家,然每服弼之高致[4]。

【注】

[1] 和,和合。

[2] 投壺,古代一種游戲性的儀禮,用於宴飲。《禮記》有《投壺》,詳述其事。

[3] 附會文辭不如何晏,自然有所拔得多晏也,《魏氏春秋》:"弼論道約美不如晏,自然出拔過之。"(引自《世說新語‧文學》注)

[4] 校練與玄論,是魏時出現的兩種思潮。劉勰說:"魏之初霸,術兼名法,傅嘏、王粲校練名理。迄至正始,務欲守文,何晏之徒始盛玄論。於是聃、周當路,與尼父爭途矣。"(《文心雕龍‧論說》)

何晏以爲聖人無喜怒哀樂[1],其論甚精,鍾會等述之。弼與不同,以爲聖人茂於人者神明也[2],同於人者五情也[3]。神明茂,故能體沖和以通無[4];五情同,故不能無哀樂以應物。然則,聖人之情,應物而無累於物者也。今以其無累,便謂不復應物,失之多矣。

【注】

[1] 此說已不詳,湯用彤說:"推平叔之意,聖人純乎天道,未嘗有情,賢人以情當理,而未嘗無情。至若衆庶固亦有情,然違理而任情,爲喜怒所役使而不能自拔也。"(《魏晉玄學論稿》第74頁,人民出版社1957年版)

[2] 神明,智慧。

〔3〕五情,喜、怒、哀、樂、欲。

〔4〕體沖和以通天,《老子》:"道生一,一生二,二生三,三生萬物;萬物負陰而抱陽,沖氣以爲和。"

  弼注《易》,潁川人荀融難弼《大衍義》[1],弼答其意,白書以戲之曰:"夫明足以尋極幽微,而不能去自然之性。顏子之量[2],孔父之所預在[3]。然遇之不能無樂,喪之不能無哀。又常狹斯人[4],以爲未能以情從理者也[5]。而今乃知自然之不可革。足下之量,雖已定乎胸懷之内,然而隔踰旬朔[6],何其相思之多乎！故知尼父之於顏子,可以無大過矣！"

【注】

〔1〕《大衍義》即《大衍論》,與《周易窮微》、《易辨》、《周易纂圖》(以上已佚)、《周易略例》(今存),是王弼研究《周易》的五部著作。荀融,字伯雅,潁川潁陰(今河南許昌)人,官爲洛陽令,參大將軍軍事。與王弼、鍾會齊名,並共論《易》、《老子》義理,所難《大衍義》的文章,今已失傳。

〔2〕顏子,顏回(前521—前490),字子淵,春秋魯人。孔子弟子,樂貧安道,以德行著稱。後世儒家尊爲"復聖"。

〔3〕孔父,孔子,本書有傳。預在,事先存在。

〔4〕常狹斯人,輕視孔子。

〔5〕以情從理,湯用彤説:"可有二解,一可解爲情不違理,蓋謂聖人本性其情,應以情從理,惟此解與上下語文氣不合。二解爲以理化情,即是無情,蓋謂王弼原亦主無情(馮芝生先生説)。此解於上下文極可通。但以情從理似仍有情,而以情從理似

不得比之用理化去情欲也。按王弼之文佚失頗多，茲難懸揣，而其與荀書，本爲戲文，亦不必過於重視也。"（湯用彤《魏晉玄學論稿》第79頁，人民出版社1957年版）
〔6〕旬朔，十天或一個月。

弼注《老子》，爲之《指略》，致有理統[1]；著《道略論》[2]，注《易》，往往有高麗言[3]。太原王濟好談[4]，病老莊[5]，嘗云："見弼《易注》[6]，所悟者多。"

【注】
[1] 注《老子》，即《老子注》，二卷，今存。《指略》，即《老子指略》，今存部分。王弼在兩書中，以無爲本體，論述有無、體用、動靜、一多、言意、自然名教諸問題。
[2]《道略論》，已佚。
[3] 高麗言，高明精彩之論。
[4] 王濟，字武子，太原晉陽（今山西太原）人，官至太僕。
[5] 病老莊，對老莊之學不滿。
[6]《易注》，即《周易注》，三卷，今存。《四庫全書總目》說："弼之說《易》，源出費直。""但弼全廢象數，……闡明義理，使《易》不雜於術數。……祖尚虛無，使《易》竟入於老莊。"王弼還著有《老子雜論》一卷、《道德略歸》一卷（以上皆亡）、《論語釋疑》三卷（有輯本）等。

然弼爲人，淺而不識物情。初與王黎、荀融善，黎奪其黃門郎，於是恨黎，與融亦不終。
正始十年[1]，曹爽廢，以公事免。其秋，遇癘疾亡，時年二十四,無子,絕嗣。弼之卒也,晉景王聞之[2],嗟嘆者累日。其爲高識所惜如此。

【注】

[1] 正始十年,公元 249 年。
[2] 晉景王,即司馬師,見本書《阮籍傳》注。

選自《三國志》卷二十八《鍾會傳》注

傅　　嘏（209—255）

　　傅嘏字蘭石，北地泥陽人[1]，傅介子之後也[2]。伯父巽，黃初中爲侍中尚書[3]。嘏弱冠知名[4]，司空陳羣辟爲掾[5]。時散騎常侍劉劭作考課法[6]，事下三府[7]。嘏難劭論曰："蓋聞帝制宏深，聖道奥遠，苟非其才，則道不虛行，神而明之，存乎其人[8]。暨乎王略虧頹而曠載罔綴[9]，微言既没[10]，六籍泯玷[11]。何則？道弘致遠而衆才莫晞也[12]。案劭考課論，雖欲尋前代黜陟之文[13]，然其制度略以闕亡。禮之存者，惟有周典[14]。外建侯伯，藩屏九服[15]；内立列司，筦齊六職[16]。土有恒貢[17]，官有定則；百揆均任[18]，四民殊業[19]：故考績可理而黜陟易通也。大魏繼百王之末，承秦、漢之烈，制度之流，靡所修采。自建安以來，至於青龍[20]，神武撥亂[21]，肇基皇祚[22]，掃除凶逆，芟夷遺寇[23]，旌旗卷舒，日不暇給。及經邦治戎，權法並用，百官羣司，軍國通任，隨時之宜，以應政機。以古施今，事雜義殊，難得而通也。所以然者，制宜經遠，或不切近；法應時務，不足垂後。夫建官均職[24]，清理民物，所以立本也；循名考實，糾勵成規，所以治末也。本綱未舉而造制未呈[25]，國略不崇而考課是先[26]，懼不足以料賢愚之分[27]，精幽明之理也[28]。昔先王之擇才，必本行於州閭[29]，講道於庠序[30]，行具而謂之賢，道修則謂之能。

鄉老獻賢能於王[31]，王拜受之，舉其賢者，出使長之，科其能者，入使治之，此先王收才之義也。方今九州之民，爰及京城，未有六鄉之舉[32]，其選才之職，專任吏部。案品狀則實才未必當，任薄伐則德行未爲敘[33]，如此則殿最之課[34]，未盡人才。述綜王度[35]，敷贊國式[36]，體深義廣，難得而詳也。"

【注】

〔1〕泥陽，縣名，屬北地郡，在今甘肅寧縣東南。
〔2〕傅介子，漢北地人。漢昭帝元鳳中，出使大宛，以計斬樓蘭王，歸封義陽侯。《漢書》有傳。
〔3〕黃初(220—226)，魏文帝曹丕年號。
〔4〕裴松之《三國志注》引《傅子》曰："是時何晏以材辯顯於貴戚之間，鄧颺好變通、合徒黨，鬻聲名於閭閻，而夏侯玄以貴臣子，少有重名，爲之宗主求交於嘏，而不納也。……(嘏答友人荀粲)曰：'泰初(夏侯玄)志大其量，能合虛聲，而無實才。何平叔(晏)言遠而情近，好辯而無誠，所謂利口覆邦國之人也。鄧玄茂(颺)有爲而無終，外要名利，内無關鑰，貴同惡異，多言而妒。……以吾觀此三人者，皆敗德也；遠之猶恐禍及，況昵之乎？'"
〔5〕司空，東漢爲三公之一，主管水土及營建工程。魏爲三公官，參議國事。辟，徵召，徵舉。掾，屬官。
〔6〕散騎常侍，官名，侍從皇帝左右，掌規諫，不典事。自魏至晉，皆以散騎常侍共平尚書奏事。劉劭，本書有傳。考課，考驗官吏成績。
〔7〕三府，漢代的太尉、司徒、司空設立的府署，合稱三府。王符

《潛夫論·班禄》:"三府制法。"

〔8〕"神而明之,存乎其人",語出《易·繫辭上》。孔穎達疏曰:"神而明之,存乎其人者,言人能神此易道而顯明之者,存在於其人。若其人聖,則能神而明之;若其人愚,則不能神而明之。"

〔9〕王略,王制,王法。

〔10〕微言,精微之言。《文選》漢劉歆《移書讓太常博士》:"及夫子没而微言絶,七十子卒而大義乖。"

〔11〕六籍,同"六經",即《詩》、《書》、《禮》、《樂》、《易》、《春秋》。

〔12〕晞,曉,天明。

〔13〕黜陟,進退人材。降官曰黜,開官曰陟。《尚書·舜典》:"三載考績,三考黜陟幽明。"

〔14〕周典,指《周禮》、《尚書·周官》等典籍。

〔15〕九服,相傳古代天子所住京都以外的地方按遠近分爲九等,稱九服。方千里稱王畿,其外每隔五百里分别是侯服、甸服、男服、采服、衛服、蠻服、夷服、鎮服、藩服。見《周禮·夏官·職方氏》。

〔16〕筦,同"管"。六職,指官府的治、教、禮、政、刑、事六種職務。《周禮·天官·小宰》:"以官府之六職,辨邦治。"

〔17〕貢,進獻方物於朝廷。《尚書·禹貢》:"任土作貢。"

〔18〕百揆,猶百官。

〔19〕四民,指士、農、工、商。

〔20〕青龍(233—236),魏明帝曹叡年號。

〔21〕神武,指曹操。曹操被追尊爲魏武帝。

〔22〕祚,皇位。

〔23〕芟夷,削除。

〔24〕均,調和,調節。

〔25〕造制,創建制度。呈,顯露,顯現。

〔26〕國略，國家的法制和大政。

〔27〕料，估量，評判。

〔28〕幽明，善惡，賢愚。《尚書·舜典》："三載考績，三考黜陟幽明。"

〔29〕本，事物根基或主體。《論語·學而》："君子務本。本立而道生。"州閭，州和閭，猶言州里、鄉里。古代的行政區劃，二十五家爲閭，兩千五百家爲州。

〔30〕庠序，古代地方所設的學校，與帝王的辟雍、諸侯的泮宮等大學相對而言，後泛指學校。

〔31〕鄉老，周代官名。《周禮·地官》注云："老，尊稱也。王置六鄉，則公有三人也；三公者，内與王論道，中参六官之事，外與六鄉之教。"

〔32〕六鄉，周制，京城外百里以内分爲六鄉，由司徒掌管政令。

〔33〕薄伐，指先世的功績和官籍，同"簿閥"。漢應劭《漢官儀上》："丞，皆選孝廉郎，年少薄伐者。"敍，以等級次第進職或獎功。《荀子·致士》："德以敍位，能以授官。"

〔34〕殿最，古代考核軍功或政績時，以上等爲最，下等爲殿。

〔35〕述綜王度，傳承、總集王者的政教。

〔36〕敷贊，布行，光大。式，規格，榜樣。

　　正始初[1]，除尚書郎，遷黄門侍郎。時曹爽秉政[2]，何晏爲吏部尚書[3]，嘏謂爽弟羲曰："何平叔外靜而内銛巧[4]，好利，不念務本。吾恐必先惑子兄弟，仁人將遠，而朝政廢矣。"晏等遂與嘏不平[5]，因微事以免嘏官。起家拜滎陽太守[6]，不行。太傅司馬宣王請爲從事中郎[7]。曹爽誅，爲河南尹[8]，遷尚書。嘏常以爲"秦始罷侯置守，設官分職，不與古同。漢、魏因循，以至於今。然儒生學士，咸欲錯綜以三代之禮[9]。禮弘致遠[10]，不應時務，事與制違，名實未附。故歷代而不至於治者，蓋由是也。欲大改定官制，依古正本，今遇帝室多難，未能革易。"

【注】

[1] 正始(240—248)，三國魏齊王曹芳年號。
[2] 曹爽(?—249)，字昭伯，曹操族孫，魏明帝時爲武衛將軍。明帝死，曹芳繼位，以大將軍受遺詔與司馬懿同輔政，用何晏、鄧颺等謀奪懿權。嘉平元年，懿乘爽隨帝謁高平陵之際，勒兵收爽等，誅死，夷三族。
[3] 何晏，本書有傳。
[4] 銛（音先）巧，尖利，刻薄。銛，銳利。
[5] 不平，憤慨不滿。
[6] 滎陽，縣名，在今河南省滎陽市西。時屬河南郡。
[7] 司馬宣王，即司馬懿，見本書《何晏》傳注。從事中郎，官名，佐屬之官。
[8] 河南尹，東漢建都洛陽，將京都附近二十一縣合爲一行政區，稱河南尹，相當於一郡；長官亦名河南尹。曹魏因之。
[9] 三代，夏商周三代。
[10] 禮弘致遠，追隨古代，光大禮制。

時論者議欲自伐吳[1]，三征獻策各不同[2]。詔以訪嘏，嘏對曰："昔夫差陵齊勝晉，威行中國，終禍姑蘇[3]；齊閔兼土拓境[4]，闢地千里，身蹈顛覆。有始不必善終，古之明效也[5]。孫權自破關羽并荆州之後，志盈欲滿，凶充以極,是以宣文侯深建宏圖大舉之策[6]。今權以死,託孤於諸葛恪[7]。若矯權苛暴[8],蠲其虐政[9],民免酷烈,偷安新惠,外内齊慮,有同舟之懼,雖不能終自保完,猶足以延期挺命於深江之外矣。而議者或欲汎舟徑濟[10],橫行江表[11];或欲四道並進,攻其城壘;或欲大佃疆場[12],觀釁而動[13]:誠皆取賊之常計也。然自治兵以來,出入三載,非掩襲之軍也[14]。賊之爲寇,幾六十年矣,君臣僞立,吉凶共患,又喪其元帥,上下憂危,設令列船津要[15],堅城據險,橫行之計,其殆難捷[16]。惟進軍大佃,最差完牢[17]。兵出民表[18],寇鈔不犯[19];坐食積穀,不煩運士[20];乘釁討襲,無遠勞費:此軍之急務也[21]。昔樊噲以十萬之衆[22],橫行匈奴,季布面折其短[23]。今欲越長江,涉虜庭,亦向時之喻也[24]。未若明法練士,錯計於全勝之地[25],振長策以禦敵之餘燼[26],斯必然之數也[27]。"後吳大將諸葛恪新破東關[28],乘勝揚聲,欲向青、徐[29],朝廷將爲之備。嘏議以爲"淮海非賊輕行之路,又昔孫權遣兵入海[30],漂浪沉溺,略無孑遺,恪豈敢傾據竭本,寄命洪流,以繳乾沒乎[31]?恪不過遣偏率小將素習水軍者[32],乘海泝淮,示動青、徐,恪自并兵來向淮南耳"。後恪果圖新城[33],不克而歸。

【注】

[1] 論者議欲自伐吳,《三國志注》引司馬彪《戰略》曰:"嘉平四年四月,孫權死。征南大將軍王昶、征東將軍胡遵、鎮南將軍毌丘儉等表請征吳。"

〔2〕三征,指魏征南、征東、鎮南三位將軍。
〔3〕夫差(?—前473),春秋末年吴國君。繼攻破越國後,向北擴張,在艾陵(今山東萊蕪東北)大敗齊兵。公元前482年,在黄池(今河南封丘西南)和諸侯會盟,與晉争霸。後爲越國乘虛攻入吴都,夫差兵敗自殺。姑蘇,山名,在江蘇吴縣西南。山上有姑蘇臺,相傳爲吴王闔閭或夫差所築。
〔4〕齊閔,即齊閔王(?—前284),一作齊湣王、齊愍王,戰國時齊國君。曾聯合韓魏,先後戰勝楚、秦、燕三國。一度與秦昭王並稱東西帝,繼又攻滅宋國。後因五國聯合攻齊,被燕將樂毅攻破,他出走到莒(今山東莒縣),不久被殺。
〔5〕效,徵驗,效果。
〔6〕宣文侯,即司馬懿。
〔7〕諸葛恪(203—253),字元遜,三國琅邪陽都(今山東沂南南)人,諸葛瑾子。孫權時,輔立孫亮,任吴大將軍,專國政。
〔8〕矯權苛暴,糾正孫權的苛政。
〔9〕蠲(音涓),除去,免除。
〔10〕議者,指王昶等人。徑濟,渡江直下。徑,直接。
〔11〕江表,指長江以南地。從中原人看來,地在長江之外,故稱"江表"。表,外。
〔12〕大佃,大規模耕種,大軍屯墾。
〔13〕釁(音信),縫隙,裂痕。
〔14〕掩襲,乘人不備,突然襲擊。
〔15〕津要,水陸衝要之地。
〔16〕殆,大概。
〔17〕差,比較。
〔18〕隱兵出民表,意即藏兵於民。
〔19〕寇鈔,攻劫掠奪。也作"寇抄"。

〔20〕運士,運送軍糧器械的軍士。

〔21〕《三國志注》引司馬彪《戰略》,所載傅嘏之對較詳,其論此軍之急務云:"唯有進軍大佃,最差完牢,可詔昶、遵等擇地居險,審所錯置,及令三方一時前守,奪其肥壤,使還耕墝土,一也;兵出民表,寇鈔不犯,二也;招懷近路,降附日至,三也;羅落遠設,間構不來,四也;賊退其守,羅落必淺,佃作易之,五也;坐食積穀,士不運輸,六也;釁隙時聞,討襲速決,七也。凡此七者,軍事之急務也。"

〔22〕樊噲(? —前189),沛縣(今屬江蘇)人。隨劉邦起義,以軍功官至左丞相,封舞陽侯。

〔23〕季布,漢初楚人。楚漢戰爭中,爲項羽部將,曾數圍困劉邦。漢朝建立後,爲劉邦赦免,後任河東守。

〔24〕向時,舊時,往昔。

〔25〕錯,通"措"。

〔26〕策,馬鞭。御,迎。

〔27〕《三國志注》在引傅嘏之對後,曰:"時不從嘏言,其年十一月詔昶等征吳,五年王月諸葛恪拒戰,大破衆軍於東關。"

〔28〕東關,關隘名,在諸葛恪所修東興堤之東濡須山側,故址在今安徽含山縣西南。吳建興元年(252),諸葛恪以四萬兵力大敗魏七萬之師於東關。

〔29〕揚聲,故意對外宣揚。青、徐,青州和徐州。

〔30〕昔孫權遣兵入海,吳嘉禾二年(233),孫權使太常張彌、執金吾許晏、將軍賀達等將兵萬人,攜金寶珍貨,九賜備物,乘海以授原魏遼東太守公孫淵。淵斬彌等,送其首於魏,沒其兵資。

〔31〕乾沒,徼幸取利。

〔32〕遣偏率小,遣派偏師。偏、小,皆指偏俾小將。

〔33〕新城,即合肥新城。魏淮南郡治,在今安徽合肥市西北。

嘏常論才性同異，鍾會集而論之[1]，嘉平末[2]，賜爵關內侯[3]。高貴鄉公即尊位[4]，進封武鄉亭侯[5]。正元二年春[6]，毌丘儉、文欽作亂[7]。或以司馬景王不宜自行[8]，可遣太尉孚往，惟嘏及王肅勸之[9]。景王遂行。以嘏守尚書僕射[10]，俱東。儉、欽破敗，嘏有謀焉。及景王薨，嘏與司馬文王徑還洛陽[11]，文王遂從輔政。語在《鍾會傳》[12]。會由是有自矜色[13]，嘏戒之曰：“子志大其量[14]，而勳業難爲也[15]，可不慎哉！”嘏以功進封陽鄉侯，增邑六百户，並前千二百户。是歲薨，時年四十七，追贈太常[16]，謚曰元侯。子祇嗣。咸熙中，開建五等[17]，以嘏著勛前朝，改封祇涇原子[18]。

【注】

[1]《三國志·鍾會傳》：“會嘗論《易》無互體、才性同異。及會死後，於會家得書二十篇，名曰《道論》，而實刑名家也，其文似會。”又《世説新語·文學》載：“鍾會撰《四本論》始畢，甚欲使嵇公一見，置懷中既定，畏其難，懷不敢出，於户外遥擲，急回便走。（劉孝標注引《魏志》曰：會論才性同異傳於世。四本者，言才性同，才性異，才性合，才性離也。尚書傅嘏論同，中書令李豐論異，侍郎鍾會論合，屯騎校尉王廣論離。）”鍾會的《四本論》早已亡佚。

[2] 嘉平(249—254)，魏齊王曹芳年號。

[3] 關内侯，爵位名。秦漢時置，爲二十等爵的第十九級，位在徹(通)侯之次。無國邑，但有按封户之數征收租税之權。

[4] 高貴鄉公，曹髦，東海王曹霖之子。正始元年，封郯縣高貴鄉公。嘉平六年(254)，即皇帝位。因不甘做司馬昭傀儡，率兵

討昭,被殺害。昭以"悖逆不道"的罪名,廢髦爲庶人,以王禮安葬。因此,仍因原封號稱之。

〔5〕亭侯,漢制,列侯大者食縣邑,小者食鄉、亭。東漢後期遂以食鄉、亭者稱爲鄉侯、亭侯。

〔6〕正元(254—255),魏高貴鄉公曹髦年號。

〔7〕毌丘儉、文欽作亂,正元二年(255),鎮東將軍都督揚州毌丘儉及揚州刺史文欽"矯太后詔,罪狀大將軍司馬景王,移諸郡國,舉兵反"(《三國志·毌丘儉傳》)。

〔8〕司馬景王,即司馬師,司馬懿長子。因司馬師新割目瘤,故曰不宜自行。

〔9〕王肅(195—256),三國魏經學家,字子雍,東海(郡治今山東郯城西南)人。司馬昭的妻父,官中領軍,加散騎常侍。曾遍注羣經,綜合今、古文名家經義。

〔10〕尚書僕射,官名,爲尚書省長官副職。

〔11〕司馬文王,即司馬昭。

〔12〕《三國志·鍾會傳》記載了在司馬師死後形勢倉皇之際,傅嘏與鍾會合謀將軍政大權轉移到司馬昭手中的史實:"毌丘儉作亂,大將軍司馬景王東征,(鍾)會從,典知密事。衛將軍司馬文王爲大軍後繼。景王薨於許昌,文王總統六軍,會謀謨帷幄。時中詔敕尚書傅嘏,以東南新定,權留衛將軍屯許昌,爲內外之援,會嘏率諸軍還。會與嘏謀,使嘏表上,輒與衛將軍俱發,還到雒水南屯住。於是朝廷拜文王爲大將軍輔政。"

〔13〕自矜,驕傲自得。

〔14〕志大其量,原爲傅嘏評夏侯玄的話,"志大其量,能合虛聲",指玄思深遠。

〔15〕勳業,功名。

〔16〕太常,官名,九卿之一,掌禮樂郊廟社稷事宜。

〔17〕咸熙(264—265),魏元帝曹奂年號。開建,開創,開設。五等,五等爵位,即公侯伯子男。

〔18〕涇原,縣名,在今甘肅省。

選自《三國志》卷二十一《魏書・王衛二劉傅傳》

劉　　劭 （魏時）

　　劉劭字孔才，廣平邯鄲人也[1]。建安中[2]，爲計吏，詣許[3]。太史上言："正旦當日蝕。"劭時在尚書令荀彧所[4]，坐者數十人，或云當廢朝，或云宜却會。劭曰："梓慎、裨竈[5]，古之良史，猶占水火，錯失天時。《禮記》曰諸侯旅見天子，及門不得終禮者四，日蝕在一。然則聖人垂制，不爲變異豫廢朝禮者[6]，或災消異伏，或推術謬誤也[7]。"或善其言，敕朝會如舊，日亦不蝕。

【注】

〔1〕廣平，魏時郡名。邯鄲，今河北邯鄲市。
〔2〕建安，漢獻帝年號（196—220）。
〔3〕許，許昌。
〔4〕荀彧（163—212），字文若，潁川潁陰（今河南許昌）人。出身士族，初附袁紹，繼歸曹操，參與軍國大事。
〔5〕梓慎、裨竈，春秋時鄭國人，掌星算占卜。《左傳》昭公十八年載，裨竈曾預言鄭國將發生火災，子産不信，説："天道遠，人道邇，非所及也，何以知之？竈焉知天道？"
〔6〕"異"字，原缺，據《宋書·禮志一》補。
〔7〕推術，推算天文曆法的方術。

　　御史大夫郗慮辟劭，會慮免，拜太子舍人，遷秘書郎。黄初中[1]，爲尚書郎、散騎侍郎。受詔集五經羣書[2]，以類相從，作《皇覽》。明帝即位，出爲陳留太守，敦崇教化，百姓稱之。拜騎都尉，與議郎庾嶷、荀洗等定科令[3]，作《新律》十八篇，著《律略論》。遷散騎常侍。時聞公孫淵受孫權燕王之號，議者欲留淵計吏，遣兵討之。劭以爲"昔袁尚兄弟歸淵父康，康斬送其首，是淵先世之效忠也。又所聞虚實，未可審知。古者要荒未服[4]，修德而不征，重勞民也。宜加寬貸，使有以自新。"後淵果斬送權使張彌等首。劭嘗作《趙都賦》，明帝美之，詔劭作《許都》、《洛都賦》。時外興軍旅，内營宫室，劭作二賦，皆諷諫焉。

【注】

[1] 黄初，魏文帝年號（220—226）。
[2] 五經，指《詩》、《書》、《禮》、《易》、《春秋》。
[3] 科令，法令。
[4] 要荒，古稱王畿外極遠的地方。

青龍中[1]，吴圍合肥[2]，時東方吏士皆分休[3]，征東將軍滿寵表請中軍兵，並召休將士，須集擊之。劭議以爲"賊衆新至，心專氣鋭。寵以少人，自戰其地，若便進擊，不必能制。寵求待兵，未有所失也。以爲可先遣步兵五千，精騎三千，軍前發，揚聲進道，震曜形勢。騎到合肥，疏其行隊，多其旌鼓，曜兵城下，引出賊後，擬其歸路，要其糧道[4]。賊聞大軍來，騎斷其後，必震怖遁走，不戰自破賊矣。"帝從之。兵比至合肥,賊果退還。

【注】

〔1〕青龍,魏明帝年號(233—237)。
〔2〕吳,吳國。
〔3〕分,離散。休,休假。
〔4〕要,中途攔截。

時詔書博求眾賢。散騎侍郎夏侯惠薦劭曰:"伏見常侍劉劭,深忠篤思,體周於數[1],凡所錯綜[2],源流弘遠,是以羣才大小,咸取所同而斟酌焉。故性實之士服其平和良正,清静之人慕其玄虛退讓,文學之士嘉其推步詳密[3],法理之士明其分數精比[4],意思之士知其沈深篤固[5],文章之士愛其著論屬辭,制度之士貴其化略較要[6],策謀之士贊其明思通微。凡此諸論,皆取適己所長而舉其支流者也。臣數聽其清淡,覽其篤論,漸漬歷年,服膺彌久,實爲朝廷奇其器量。以爲若此人者,宜輔翼機事,納謀幃幄,當與國道俱隆,非世俗所常有也。惟陛下垂優游之德,使劭承清閒之歡,得自盡於前,則德音上通,輝耀日新矣。"

【注】

〔1〕體周於數,對情況作周密的體察。
〔2〕錯綜,綜合。
〔3〕推步,推算。
〔4〕分數,辨別分析。

〔5〕意思之士,善於思考的人。
〔6〕化略較要,教化扼要簡明。

　　景初中[1],受詔作《都官考課》。劭上疏曰:"百官考課,王政之大較,然而歷代弗務,是以治典闕而未補,能否混而相蒙。陛下以上聖之宏略,愍王綱之馳頹,神慮內鑒,明詔外發。臣奉恩曠然,得以啓矇,輒作《都官考課》七十二條,又作《說略》一篇。臣學寡識淺,誠不足以宣暢聖旨,著定典制。"又以爲宜制禮作樂,以移風俗,著《樂論》十四篇,事成未上。會明帝崩,不施行。正始中[2],執經講學,賜爵關內侯。凡所撰述,《法論》、《人物志》之類百餘篇[3]。卒,追贈光祿勳。子琳嗣。

【注】

〔1〕景初,魏明帝年號(237—239)。
〔2〕正始,魏齊王曹芳年號(240—249)。
〔3〕《法論》,已佚。《人物志》,今存,三卷,凡十二篇。《四庫全書總目》子部雜家類介紹說:"其書主於論辨人才,以外見之符,驗內藏之器,分別流品,研析疑似。故《隋志》以下皆著錄於名家,然所言究悉物情,而精核近理,視尹文之說兼陳黃老申韓,公孫龍之說惟析堅白同異者,迥乎不同。"

選自《三國志》卷二十一《魏書·王衛二劉傅傳》

阮　　籍（210—263）

　　阮籍字嗣宗，陳留尉氏人也[1]。父瑀[2]，魏丞相掾，知名於世。籍容貌瓌傑[3]，志氣宏放[4]，傲然獨得，任性不羈，而喜怒不形於色。或閉户視書，累月不出；或登臨山水，經日忘歸[5]。博覽羣籍，尤好《莊》、《老》。嗜酒能嘯[6]，善彈琴。當其得意，忽忘形骸。時人多謂之癡，惟族兄文業每嘆服之[7]，以爲勝己，由是咸共稱之。

【注】

〔1〕陳留，魏時郡名。尉氏，今河南中部。
〔2〕瑀，阮瑀（約165—212），字元瑜，師事蔡邕，爲建安七子之一。初任曹操司空軍謀祭酒，管記室，撰寫文書。後遷升倉曹掾屬，即下文所説的爲丞相掾。著作有《阮元瑜集》，今存一卷。
〔3〕瓌傑，奇偉不凡。
〔4〕宏放，遠大豪放。
〔5〕經日，整天。
〔6〕嘯，撮口發聲，清越而攸長。自後漢末起，名士和隱士常"以嘯詠自高"，成爲他們特有的音容儀態之一。
〔7〕文業，阮武，字文業，陳留尉氏人，魏清河太守。著有《阮子》十八篇，今佚。一説阮籍爲其族子。

　　籍嘗隨叔父至東郡[1]，兗州刺史王昶請與相見[2]，終日不開一言，自以不能測。太尉蔣濟聞其有雋才而辟之[3]。籍詣都亭奏記曰[4]："伏惟明公以含一之德[5]，據上台之位[6]，英豪翹首，俊賢抗足[7]。開府之日[8]，人人自以爲掾屬；辟書始下[9]，而下走爲首[10]。昔子夏在於西河之上，而文侯擁篲[11]；鄒子處於黍谷之陰，而昭王陪乘[12]。夫布衣韋帶之士[13]，孤居特立，王公大人所以禮下之者，爲道存也[14]。今籍無鄒卜之道，而有其陋，猥見采擇，無以稱當。方將耕於東皋之陽[15]，輸黍稷之餘稅。負薪疲病，足力不強，補吏之召，非所克堪。乞迴謬恩，以光清舉。"初，濟恐籍不至，得記欣然。遣卒迎之，而籍已去，濟大怒。於是鄉親共喻之，乃就吏。後謝病歸。復爲尚書郎，少時，又以病免。及曹爽輔政[16]，召爲參軍。籍因以疾辭，屏於田里。歲餘而爽誅，時人服其遠識。宣帝爲太傅[17]，命籍爲從事中郎[18]。及帝崩，復爲景帝大司馬從事中郎[19]。高貴鄉公即位[20]，封關內侯，徙散騎常侍。

【注】

〔1〕籍嘗隨叔父至東郡，事在公元 226 年，時籍年十七。東郡，隸兗州，治濮陽（今河南濮陽西南），轄境當今豫東北及魯西南。

〔2〕兗州，治昌邑（今山東金鄉西北），轄今魯西南及豫東一帶。州，相當於省級的行政區。刺史，州的長官。王昶（？—259），字文舒，太原晉陽（今山西太原）人，官至司空。魏文帝時，爲洛陽典農，墾田特多。曹芳嘉平初，陳治略五事，論崇道篤學等；二年，征吳有功。所"著《治論》，略依古制而合於時務者二

十餘篇,又著《兵書》十餘篇,言奇正之用"(《三國志》卷二十七《王昶傳》)。兩書皆佚。

〔3〕太尉,秦漢時全國最高軍事長官,魏時無實權,與司徒、司空並稱三公。蔣濟(?—249),字子通,楚國平阿(今河南開封東)人,魏時歷任要職,爲元老重臣。司馬懿發動政變,他致書曹爽,説:懿旨"惟免官而已"。爽信其説,遂夷滅。濟悔恨失信,發病卒。

〔4〕都亭,城郭的亭舍。

〔5〕明公,漢魏南北朝時,文人或文職僚屬對高級官員的尊稱。含一,藴含純一。

〔6〕上台,上司,上級。

〔7〕抗足,踮脚。

〔8〕開府,設置官署。漢魏時,三公、丞相、大將軍等可成立官署,自選官吏和僚屬。僚屬中高級者爲掾屬,他們不是國家的正式官員,與主官的私人關係高於公務關係。

〔9〕辟書,聘請書。

〔10〕下走,古人自謙之詞。

〔11〕子夏,即孔子弟子,春秋戰國時衛人(今河南滑縣一帶)。西河,戰國魏地(今黄河與北洛河之間)。文侯,魏文侯(前445—前396年在位),名斯,魏國的建立者。擁篲,拿着掃帚,以示敬客請道。文侯以子夏爲師,故擁篲相迎。

〔12〕鄒子,即鄒衍,戰國時陰陽家,本書有傳。黍谷,一名寒谷,燕地(今北京密雲西南)。昭王,燕昭王姬職(?—前279)。陪乘,又稱驂乘、車右。《漢書·文帝紀》注:"乘車之法,尊者居左,御者居中。又有一人處車之右,以備傾側。"《史記·孟子荀卿列傳》記鄒衍事,説:鄒衍"如燕,昭王擁篲先驅,請列弟子之座而受業"。故乘車時,使鄒衍居左,而燕昭王爲陪乘。

〔13〕韋帶，牛皮帶。
〔14〕道存，道寄寓於其人，即有道。
〔15〕東皋，六朝時泛指隱士躬耕的田野。《文選·奏記》所收，"耕於東皋之陽"句下，尚有"以避當涂者之路"一句。
〔16〕曹爽，見本書《何晏》傳注。
〔17〕宣帝，司馬炎稱帝，追尊其祖父司馬懿爲宣帝。司馬懿，見《何晏》傳注。
〔18〕從事中郎，三公及州郡長官自辟屬，多以"從事"爲名。從事中郎是長官最親近的僚屬，常在左右，商議機密及參與文書。
〔19〕景帝，即司馬師(208—255)，字子元，河內溫縣(今河南溫縣西南)人。繼父懿爲魏大將軍，專政。嘉平六年(254)，廢魏帝曹芳，立曹髦。其侄司馬炎稱帝，追尊爲景帝。
〔20〕高貴鄉公，魏帝曹髦(254—260年在位)死後的謚號。

籍本有濟世志，屬魏晉之際，天下多故，名士少有全者，籍由是不與世事，遂酣飲爲常。文帝初欲爲武帝求婚於籍[1]，籍醉六十日，不得言而止。鍾會數以時事問之[2]，欲因其可否而致之罪，皆以酣醉獲免。及文帝輔政，籍嘗從容言於帝曰："籍平生曾游東平[3]，樂其風土。"帝大悅，即拜東平相。籍乘驢到郡，壞府舍屏障，使內外相望，法令清簡，旬日而還。帝引爲大將軍從事中郎。有司言有子殺母者，籍曰："嘻！殺父乃可，至殺母乎！"坐者怪其失言。帝曰："殺父，天下之極惡，而以爲可乎？"籍曰："禽獸知母而不知父，殺父，禽獸之類也。殺母，禽獸之不若。"衆乃悅服。

【注】

〔1〕文帝,即司馬昭(211—265),字子上,河内溫縣(今河南溫縣西南)人。繼兄司馬師爲大將軍後,日謀代魏。甘露五年(260)殺曹髦,立曹奂爲帝。景元四年(263)滅蜀漢,自稱晉王。其子炎建晉後,追尊爲文帝。武帝,即司馬炎(236—290),字安世,河内溫縣(今河南溫縣西南)人。繼父爲相國、晉王,代魏稱帝。咸寧六年(280)滅吳,統一全國。他實行占田制、分封制,縱容士族,生活荒淫,釀成八王之亂。

〔2〕鍾會(225—264),字士秀,潁川長社(今河南長葛西)人,官至司徒。與鄧艾分軍合擊,滅蜀。次年,謀叛被殺。博學有才,特好《易》、《老子》,論《易》無主體,注《老子》。精於名理,撰《四本論》,言才性同、異、合、離。所著《道論》,實刑名家説。又有《周易盡神論》、《芻蕘論》、《鍾會集》等著作。今皆不傳。

〔3〕東平,國名。魏太和六年(232),曹操幼子徽爲東平王。徽死,子翕繼平。轄地在今山東東平、壽張一帶,是當時的文化區。

籍聞步兵廚營人善釀,有貯酒三百斛,乃求爲步兵校尉[1]。遺落世事,雖去佐職[2],恒游府内[3],朝宴必與焉。會帝讓九錫[4],公卿將勸進[5],使籍爲其辭。籍沈醉忘作,臨詣府,使取之,見籍方據案醉眠[6],使者以告,籍便書案,使寫之,無所改竄。辭甚清壯,爲時所重。

【注】

〔1〕步兵校尉,漢武帝置,爲京師屯兵八校之一,駐於上林苑門。晉時,所部已非精鋭,但官位仍高,且用文人擔任。阮籍官此,人稱阮步兵。

〔2〕佐職,指從事中郎。
〔3〕府,大將軍府。
〔4〕帝,司馬昭。九錫,帝王賜與有功勳或權勢大臣的九種物品。九錫名目有四説。司馬昭所受的爲：衣服、朱户、納陛、車馬、樂則、虎賁、斧鉞、弓矢、秬鬯(據《禮緯·含文嘉》)。自王莽在建立新朝之前,使漢帝先加九錫,謙讓而受。後來權臣奪取政權,都依此而行。
〔5〕公卿將勸進,鄭沖等人勸司馬昭進晉公位,受九錫。
〔6〕據案,伏在几桌上。

　　籍雖不拘禮教,然發言玄遠,口不臧否人物。性至孝,母終,正與人圍棊〔1〕,對者求止,籍留與決賭。既而飲酒二斗〔2〕,舉聲一號,吐血數升。及將葬,食一蒸肫〔3〕,飲二斗酒,然後臨訣〔4〕,直言窮矣,舉聲一號,因又吐血數升。毀瘠骨立,殆致滅性〔5〕。裴楷往弔之〔6〕,籍散髮箕踞〔7〕,醉而直視,楷弔唁畢便去。或問楷："凡弔者,主哭,客乃爲禮。籍既不哭,君何爲哭?"楷曰："阮籍既方外之士〔8〕,故不崇禮典。我俗中之士,故以軌儀自居。"時人嘆爲兩得。籍又能爲青白眼,見禮俗之士,以白眼對之。及嵇喜來弔〔9〕,籍作白眼,喜不懌而退。喜弟康聞之〔10〕,乃齎酒挾琴造焉,籍大悦,乃見青眼。由是禮法之士疾之若讎,而帝每保護之〔11〕。

【注】
〔1〕圍棊,下圍棋。當時的圍棋與今不同,棋盤縱橫各十七道,今爲十九道。

〔2〕斗,酒器。《詩‧大雅‧行葦》:"酌以大斗,以祈黃耇。"與量糧食的名同實異。下文的升也是盛液體的器皿。
〔3〕胜,用於祭祀的牲類後體部分。
〔4〕臨訣,蓋棺前,與死者的最後一別。
〔5〕滅性,危及生命。
〔6〕裴楷,字叔則,聞喜(今山西聞喜)人。由魏入晉,官至中書令。《晉書》本傳說他"博涉羣書,特精理義"。於《老子》、《周易》有精辟見解。
〔7〕箕踞,古人席地而坐,隨意伸開兩腿,形似簸箕。這是對人無禮的坐法。
〔8〕方外,世俗禮教之外。
〔9〕嵇喜,嵇康之兄,見本書《嵇康》傳注。
〔10〕康,嵇康,本書有傳。
〔11〕禮法之士,指何曾、鍾會等人。帝,指司馬昭。籍"自然高邁,故爲禮法之士何曾等深所讎疾"(《三國志‧王粲傳》注引《魏氏春秋》)。"昭之讓九錫也,籍爲公卿作《勸進箋》,辭甚清壯,故昭愛其才"(《資治通鑑注》),每每保護。"阮籍遭母喪,在晉文王坐,進酒肉。司隸何曾亦在坐,曰:'明公方以孝治天下,而阮籍以重喪顯於公坐飲食酒肉,宜流之海外,以正風教!'文王曰:'嗣宗毀頓如此,君不能共憂之,何謂?且有疾而飲酒食肉,固喪禮也。'"(《世說新語‧任誕》)

　　籍嫂嘗歸寧〔1〕,籍相見與別。或譏之,籍曰:"禮豈爲我設邪!"鄰家少婦有美色,當壚沽酒〔2〕。籍嘗詣飲,醉,便卧其側。籍既不自嫌,其夫察之,亦不疑也。兵家女有才色,未嫁而死。籍不識其父兄,徑往哭之,盡哀而還。其外坦蕩而内淳至,皆此類也。時率意獨駕[3],不由徑路,車迹所窮,輒慟哭而反。嘗登廣武[4],觀楚漢戰處,嘆曰:"時無英雄,使豎子成名[5]!"登武牢山[6],望京邑而嘆,於是賦《豪傑詩》。景元四年冬卒,時年五十四[7]。

【注】

〔1〕歸寧,已婚女子回娘家省親。
〔2〕當壚沽酒,坐在安放酒甕的土臺上賣酒。
〔3〕率意獨駕,隨意駕車獨往。
〔4〕廣武,山名,在河南滎陽東北。上有東西兩城,隔澗相對。楚漢相爭,劉邦據西城,項羽屯東城。
〔5〕時無英雄,使豎子成名,蘇軾認爲阮籍借古説今,以司馬氏集團爲豎子。"昔先友史經臣彥輔謂余:阮籍登廣武而嘆曰:時無英雄,使豎子成名,豈謂沛公'豎子'乎？余曰:非也。傷時無劉、項也。豎子指魏晉間人耳。"(《東坡志林》)
〔6〕武牢山,即虎牢山,在河南滎陽。
〔7〕景元四年冬卒,時年五十四,籍卒於景元四年(263),其生年爲漢獻帝建安十五年(210)。

籍能屬文[1],初不留思[2]。作《詠懷詩》八十餘篇[3],爲世所重。著《達莊論》[4],敘無爲之貴,文多不録。

【注】

〔1〕籍能屬文,阮籍的著述,原有《阮籍集》十卷。今存的《阮嗣宗集》、《阮步兵集》、《阮籍集》等爲輯本,收其見存詩、文。
〔2〕留思,經意。

〔3〕《詠懷詩》,見存八十二首。語言隱晦,内容深邃。鍾嶸《詩品》説它"言在耳目之内,情寄八荒之外"。反映阮籍憂慮時政的心情。黄節等曾爲之作注。
〔4〕《達莊論》,阮籍的哲學論文,認爲"天地生於自然,萬物生於天地。自然者無外,故天地名焉","自然一體,則萬物輕其事"。並以此爲根據,批評禮法。

　　籍嘗於蘇門山遇孫登〔1〕,與商略終古及栖神導氣之術,登皆不應,籍因長嘯而退。至半嶺,聞有聲若鸞鳳之音,響乎巖谷,乃登之嘯也〔2〕,遂歸著《大人先生傳》,其略曰:"世人所謂君子,唯法是修,唯禮是克。手執圭璧〔3〕,足履繩墨〔4〕。行欲爲目前檢〔5〕,言欲爲無窮則。少稱鄉黨,長聞鄰國〔6〕。上欲圖三公〔7〕,下不失九州牧〔8〕,獨不見羣蝨之處褌中〔9〕,逃乎深縫,匿乎壞絮〔10〕,自以爲吉宅也〔11〕。行不敢離縫間,動不敢出褌襠,自以爲得繩墨也。然炎丘火流〔12〕,焦邑滅都,羣蝨處於褌中而不能出也。君子之處域内,何異夫蝨之處褌中乎!"此亦籍之胸懷本趣也。

【注】
〔1〕孫登,字公和,汲郡共(今河南輝縣)人。好讀《易》,鼓一絃琴,嘗以火喻人生:火"生而有光而不用其光,果然在於用光;人生有才而不用其才,果然在於用才。故用光在乎得薪,所以保其耀,用才在乎識物,所以全其年"(《世説新語・栖逸注》引《文士傳》)。登在魏晉間隱居不仕,名氣很大,阮籍、嵇康等均嚮往之,而不能至。《魏氏春秋》以阮籍所遇者爲蘇門生,並説他

回來後,假蘇門先生之論,作歌以寄所懷。蓋孫登隱居蘇門山(又名蘇嶺、西門山,在河南輝縣西北),不知其姓名者,名之爲蘇門生。

〔2〕登之嘯也,宋應星說:"其嘯振山谷,則修士別有義理,非衆人之所知也。"(《論氣·氣聲》)這是合呼吸與吐音爲一的"吐音導引"。早在馬王堆帛書《導引圖》中,就有一種模仿猿猴鳴叫來治病的"木(沐)侯(猴)灌引戻中"的長嘯導引術。

〔3〕圭璧,玉器的一種,朝會祭祀時用作符信。

〔4〕繩墨,木工用正曲直的墨斗。這裏比喻合於禮法。

〔5〕檢,法式。《荀子·儒效》:"禮者,所以爲羣臣尺寸尋丈檢式也。"

〔6〕鄰國,居住地附近的地區。

〔7〕圖,謀取。

〔8〕九州牧,《禹貢》等書說中國古代分爲九州,牧是州的長官。魏置州,其長官爲刺史。

〔9〕褌,褲子。

〔10〕絮,絲棉絮。

〔11〕吉宅,風水吉利的住宅。

〔12〕炎丘火流,南方丘陵地區的炎熱如流動的大火。

子渾,字長成,有父風。少慕通達,不飾小節。籍謂曰:"仲容已豫吾此流〔1〕,汝不得復爾!"太康中〔2〕,爲太子庶人。

【注】

〔1〕仲容,阮咸字仲容,官至始平太守。與叔父籍同列竹林七賢,

時人合稱大小阮。爲人任達不拘,甚至與羣猪同飲。妙解音律,著名的樂律家荀勗自以爲遠不及他。

〔2〕太康,晉武帝年號(280—289)。

選自《晉書》卷四十九

嵇　　康（224—263）

　　嵇康字叔夜，譙國銍人也[1]。其先姓奚，會稽上虞人[2]，以避怨，徙焉。銍有嵇山，家於其側，因而命氏[3]。兄喜，有當世才，歷太僕、宗正[4]。

【注】

[1] 譙國，魏時，相當於郡一級的封國。銍，縣名，在今安徽銍縣西南。
[2] 會稽，漢時郡名。上虞，在今浙江上虞一帶。
[3] 因而命氏，虞預《晉書》說：“改爲嵇氏，取‘稽’字之上，‘山’以爲姓，蓋以志其本也。”
[4] 太僕，掌管皇帝車馬的大臣。宗正，掌管皇室親屬事務的大臣。

　　康早孤，有奇才，遠邁不羣[1]。身長七尺八寸，美詞氣，有風儀，而土木形骸[2]，不自藻飾，人以爲龍章鳳姿，天質自然。恬靜寡欲，含垢匿瑕[3]，寬簡有大量。學不師受，博覽無不該通，長好《老》、《莊》。與魏宗室婚[4]，拜中散大夫[5]。常修養性服食之事[6]，彈琴詠詩，自足於懷。以爲神仙禀之自然，非積學所得，至於導養得理，則安期、彭祖之倫可及[7]，乃著《養生論》[8]。又以爲君子無私，其論曰：“夫稱君子者，心不措乎是非，而行不違乎道者也。

何以言之？夫氣靜神虛者，心不存於矜尚[9]，體亮心達者[10]，情不繫於所欲。矜尚不存乎心，故能越名教而任自然[11]；情不繫於所欲[12]，故能審貴賤而通物情[13]。物情順通，故大道無違；越名任心，故是非無措也。是故言君子則以無措爲主，以通物爲美；言小人則以匿情爲非，以違道爲闕。何者？匿情矜吝[14]，小人之至惡；虛心無措，君子之篤行也。是以大道言及吾無身，吾又何患[15]。無以生爲貴者，是賢於貴生也。由斯而言，夫至人之用心[16]，固不存有措矣。故曰：‘君子行道，忘其爲身’[17]，斯言是矣。君子之行賢也，不察於有度而後行也[18]；任心無邪，不議於善而後正也；顯情無措，不論於是而後爲也。是故傲然忘賢，而賢與度會；忽然任心，而心與善遇；儻然無措，而事與是俱也。”其略如此。蓋其胸懷所寄，以高契難期[19]，每思郢質[20]。所與神交者惟陳留阮籍、河内山濤[21]，豫其流者河内向秀、沛國劉伶、籍兄子咸、琅邪王戎[22]，遂爲竹林之游[23]，世所謂竹林七賢也。戎自言與康居山陽二十年，未嘗見其喜慍之色。

【注】

〔1〕遠邁，曠邁出羣。
〔2〕土木形骸，以形骸爲土木。
〔3〕含垢匿瑕，容忍恥辱。
〔4〕與魏宗室婚，康娶曹操孫女，穆王曹林之女長樂亭主爲妻。
〔5〕中散大夫，備顧問，無具體事務的七品散官。嵇康官此，後人遂名爲嵇中散。

〔6〕服食，服寒食散。嵇喜爲弟康作傳説："性好服食，常采御上藥。"(《三國志·魏書·王衛二劉傅傳》注) 寒石散，又名五石散，以紫石英、白石英、赤石脂、鐘乳石、硫黃五種石配成。服後體熱，須緩步消釋，謂行散。或以爲始於淮南王劉安。何晏服此，首獲神效，由是大行於世。

〔7〕安期，安期生，先秦黃老學派的方士。受學於河上丈人，數傳至蓋公，爲曹參師。彭祖，傳説人物，顓頊玄孫陸終氏第三子，姓籛名鏗，堯封之於彭城。後人因其享年八百，長壽可祖，故名彭祖。

〔8〕《養生論》，内容爲自厚喪生，求益失性，寡欲、服食可以養生。《文選》卷二十一注引孫綽《嵇中散傳》説："嵇康作《養生論》，入洛，京師謂之神人。向子期難之，不得屈。"今本《嵇康集》有此論，又有向秀《難嵇叔夜養生論》和嵇康《答難養生論》。

〔9〕矜尚，露己自負。

〔10〕體亮心達，高尚通達。

〔11〕名教，孔子説："名不正則言不順，言不順則事不成，事不成則禮樂不興，禮樂不興則刑罰不中，刑罰不中則民無所措手足。"(《論語·子路》) 儒家據此主張以正名分來設教化，故曰名教。自然，莊子説："牛馬四足曰自然。"魏晉時人以不受禮教束縛，任情自由爲自然。其極端者有與豬同飲，裸體狂放。

〔12〕情不繫於所欲，此句疑爲"所欲不繫乎情"之誤。是文爲駢體，字句兩兩相對而成篇章。"情不繫於所欲"，本與"心不存於矜尚"相對。"心不存於矜尚"既已變爲"矜尚不存乎心"，則"所欲不繫乎情"，當相應變爲"所欲不繫乎情"，以與對偶。

〔13〕物情，世態人情，即人們的社會心理、思想意識及其對事物的態度。

〔14〕矜吝，以貧鄙無恥之事爲榮，而加宣揚。
〔15〕及吾無身，吾又何患，語出《老子》第十三章。
〔16〕至人，思想、道德達到至高境界的人，見《莊子》。
〔17〕"君子行道，忘其爲身"句出處不明。《嵇康集・釋私論》中以此句出自《管子》，而白化文、許德楠檢今本《管子》，無。
〔18〕度，禮法。《左傳・哀公十一年》："仲尼曰：君子之行也度於禮。"《呂氏春秋・去宥》："不可激者，其唯先有度"。高誘注："度，潔也"。
〔19〕高契，性情契合的良友。
〔20〕郢質，指靈犀相通，善於配合的對象。《莊子・徐無鬼》記莊子過惠子墓，而語隨從説："郢人堊慢其鼻端，若蠅翼。使匠石斫之。匠石運斤成風，聽而斫之，盡堊而鼻不傷。郢人立不失容。宋之君聞之，召匠石曰：'嘗試爲寡人爲之。'匠石曰：'臣則嘗能斫之，雖然，臣之質死久矣！'自夫子之死也，吾無以爲質矣！吾無與言之矣。"
〔21〕阮籍，本書有傳。山濤（205—283），字巨源，河内懷縣（今河内武涉西南）人，好《老》、《莊》，爲竹林七賢之一。司馬師執政，出仕。在魏爲尚書吏部郎，入晉任吏部尚書，歷尚書右僕射同徒等職。善於評論人物，凡所簡拔，各有品題，人稱"山公啟事"。《隋書・經籍志》有《山公啟事》三卷，今佚。《説郛》有《山公啟事》一卷。近人葉德輝輯有《山公啟事》一卷。
〔22〕向秀，本書有傳。劉伶，字伯倫，沛國（今安徽宿縣）人，曾任建威參軍。晉武帝泰始初對策，主張無爲而治，被罷免。性嗜酒，所作《酒德頌》，宣揚老莊思想和放浪生活。咸，阮咸，見本書《阮籍》傳注。王戎（234—305），字濬仲，琅邪臨沂（今山東臨沂）人。善發談端，簡要玄著，爲竹林七賢之一。晉武帝時爲豫州刺史，受詔伐吴，滅之。惠帝時，任司徒、尚書令，在危

難之時，未有懼容。性貪，積錢無數，猶晝夜籌算，爲時人所譏。

〔23〕竹林，在山陽，即今河南輝縣山陽鎮。七人共游，約在正始九年(248)後。

　　康嘗采藥游山澤，會其得意，忽焉忘反。時有樵蘇者遇之[1]，咸謂爲神。至汲郡山中見孫登[2]，康遂從之游。登沈默自守，無所言説。康臨去，登曰："君性烈而才儁，其能免乎！"康又遇王烈[3]，共入山，烈嘗得石髓如飴，即自服半，餘半與康，皆凝而爲石[4]。又於石室中見一卷素書，遽呼康往取，輒不復見。烈乃嘆曰："叔夜志趣非常而輒不遇，命也。"其神心所感，每遇幽逸如此。

【注】

〔1〕樵蘇，砍樹割草爲柴。

〔2〕孫登，見本書《阮籍》傳注。

〔3〕王烈，字長休，邯鄲（今河北邯鄲）人，飽學博覽，於五經百家之言，無不該博。後入山求仙。

〔4〕飴，飴糖，在常温下呈半流質。《太平廣記》九《神仙傳·王烈》載："後烈獨之太行山中，忽聞山東崩圮，殷殷如雷聲。烈不知何等，往視之，乃見山破石裂數百丈，兩畔皆是青石，石中有一穴，口徑闊尺許，中有青泥，流出如髓。烈取泥試丸之，須臾成石，如投熱蠟之狀，隨手堅凝，氣如粳米飯，嚼之亦然。烈合數丸，如桃大，用攜少許歸，乃與叔夜曰：'吾得異物。'叔夜甚喜，取而視之，已成青石，擊之琅琅然如銅聲。"

山濤將去選官[1],舉康自代。康乃與濤書告絕,曰:

"聞足下欲以我自代[2],雖事不行,知足下故不知之也。恐足下羞庖人之獨割,引尸祝以自助[3],故爲足下陳其可否[4]。

【注】

[1] 山濤將去選官,尚書六曹的吏部負責推舉官吏,稱選曹郎,也叫選官,山濤在司馬昭時任尚書吏部郎,"每一官缺,輒啓擬數人,詔旨有所嚮,然後顯奏,隨帝意所欲爲先。"(《晉書》卷四十三《山濤傳》)因衆人反對,景元二年(261)辭職。
[2] 足下,對平輩友人的尊稱。
[3] 羞庖人之獨割,引尸祝以自助,《莊子·逍遙遊》:"庖人雖不治庖,尸祝不越樽俎而代之。"庖人,廚師。尸祝,祭師。樽俎,盛酒食的器具。嵇康反其意而用之。
[4] 陳,敍述。

"老子、莊周,吾之師也,親居賤職;柳下惠、東方朔[1],達人也,安乎卑位。吾豈敢短之哉!又仲尼兼愛,不羞執鞭[2];子文無欲卿相,而三爲令尹[3],是乃君子思濟物之意也。所謂達能兼善而不渝,窮則自得而無悶[4]。以此觀之,故知堯舜之居世,許由之巖棲[5],子房之佐漢[6],接輿之行歌[7],其揆一也[8]。仰瞻數君,可謂能遂其志者也。故君子百行,殊塗同致[9],循性而動,各附所安。故有'處朝廷而不出,入山林而不反'之論。且延陵高子臧之風[10],長卿慕相如之節[11],意氣所託,亦不可奪也。

【注】

〔1〕柳下惠,春秋魯人,原名展禽,又名獲,字季。因封柳下,名柳下惠。曾任士師,又止齊攻魯。他"直道樹人"的品質,對文人深有影響。東方朔(前154—前93),字曼倩,平原厭次(今山東惠民)人。漢武帝時,爲太中大夫。性恢笑,直言切諫。善辭賦,作《答客難》、《非有先生論》,明已之不受重用。後被神化。《神異經》、《海内十洲記》等書,都託名於他。

〔2〕仲尼兼愛,孔子主張愛人以德。這種"兼愛",愛有差等,不同於墨家的兼愛。執鞭,《論語・述而》:"富而可求之,雖執鞭之士,吾亦爲之;如不可求,從吾所好。"這裏是說,孔子爲道義而兼愛,雖去趕車也不羞愧。

〔3〕子文,即鬭穀於菟,在楚成王八年到三十五年間(前664—前637)三爲令尹(楚國的最高官職)。曾率軍滅絃(今河南潢川西南),攻隨(今湖北隨縣)。他"三仕爲令尹,無喜色;三已之,無愠色"(《論語・公冶長》)。

〔4〕無悶,《易傳・文言》:"遯世無悶。"無悶,無憂慮。

〔5〕許由之巖棲,堯要讓位給許由,許由不願接受,遂逃山棲隱。

〔6〕子房,張良(?—前185),字子房,城父(今安徽亳縣東南)人。參加秦末農民起義,佐劉邦滅項羽和解決漢初異姓諸侯王問題,封留侯。

〔7〕接輿,春秋時楚國隱者,曾唱"鳳兮"之歌,諷勸孔子歸隱。歌詞爲"鳳兮!鳳兮!何德之衰?往者不可諫,來者猶可追。已而,已而,今之從政者殆而"。

〔8〕揆,原則。

〔9〕殊塗同歸,《易・繫辭下》:"天下同歸而殊塗,一致而百慮。"司

馬談在《論六家要旨》中，以此來評價儒、墨、名、法、陰陽、道諸家學說。

〔10〕延陵，今江蘇常州，春秋時吳公子季扎的封地，此指季扎。高子臧之風，指公元前559年時，季扎兄諸樊要立他爲國君，季扎説，曹宣公死後，諸侯與曹國貴族立子臧爲君。子臧不受出走，事遂止。以此表示自己不樂爲君。

〔11〕長卿，指司馬相如（前179—前117），蜀郡成都人。漢武帝時作《子虛賦》、《上林賦》，又奉命出使西南地區。慕相如之節，見《史記·司馬相如列傳》，文云："既學，慕藺相如之爲人，更名相如。"藺相如，戰國趙大臣。曾帶和氏璧使秦，完璧而歸；隨趙王赴秦趙澠氏（今屬河南）之會，使趙王免受屈辱。

"吾每讀《尚子平》、《臺孝威傳》〔1〕，慨然慕之，想其爲人。加少孤露〔2〕，母兄驕恣，不涉經學，又讀《老》、《莊》，重增其放，故使榮進之心日頽，任逸之情轉篤。阮嗣宗口不論人過〔3〕，吾每師之，而未能及。至性過人〔4〕，與物無傷，惟飲酒過差耳，至爲禮法之士所繩，疾之如仇讎，幸賴大將軍保持之耳〔5〕。吾以不如嗣宗之資，而有慢弛之闕〔6〕；又不識物情，暗於機宜，無萬石之慎〔7〕，而有好盡之累；久與事接，疵釁日興，雖欲無患，其可得乎！

【注】

〔1〕《尚子平》，一作《向子平》。向長，字子平，河内朝歌（在今河南淇縣）人。通《老》、《易》，曾説："吾已知富不如貧，貴不如賤，但未知死何如生身耳。"王莽時，不應大司空王邑辟；東漢光武

帝時,游五嶽不知所終。《後漢書》和《高士傳》有傳。《臺孝威傳》,所傳記的臺佟,字孝威,魏郡鄴(今河北臨漳北)人。東漢章帝時,拒絕州刺史徵辟。他以"庶事"爲"苦",主張"存神養和"以"保終性命"。後隱居不見。嵇康所作的《高士傳》與范曄《後漢書》均有其傳。

〔2〕孤露,亦稱偏露。魏晉間人以父亡爲孤露。

〔3〕阮嗣宗口不論人過,見本書《阮籍》傳注。

〔4〕至性,淳厚的天性。

〔5〕幸賴大將軍保持之耳,見《阮籍》傳注。

〔6〕闕,過錯。

〔7〕萬石,漢初石奮與其四子,並爲高官,俱俸二千石,合爲萬石,時人稱爲"萬石君"。父子五人都無才幹,以謹慎奉迎漢初諸帝得官。

"又聞道士遺言,餌朮、黃精〔1〕,令人久壽,意甚信之。游山澤,觀魚鳥,心甚樂之。一行作吏,此事便廢,安能舍其所樂,而從其所懼哉!

【注】

〔1〕朮,又名山薊、山薑、山連。草本植物,根莖可入藥,分白朮、蒼朮等幾種。黃精,又名黃芝、菟竹、鹿竹、救窮草、野生薑。多年生草本植物,葉似竹而短,根如嫩薑,入藥,道家以爲其得坤土之精粹,故名黃精。

"夫人之相知,貴識其天性,因而濟之。禹不逼伯成子高〔1〕,全其長也;仲尼不假蓋於子夏〔2〕,護其短也。近諸葛孔明不迫元直以入蜀[3]，華子魚不強幼安以卿相[4]，此可謂能相終始，真相知者也。自卜已審[5]，若道盡塗殫則已耳，足下無事冤之[6]，令轉於溝壑也[7]。

【注】

[1] 伯成子高，傳說堯時的諸侯，禹立，辭諸侯而耕於野。禹往請，他說："今子賞罰，而民且不仁，德自此衰，刑自此立，後世之亂，自此始矣。"（《莊子·天地》）不願再爲諸侯，禹沒有逼迫他。

[2] 仲尼不假蓋於子夏，《孔子家語·政思》："孔子將行，雨而無蓋。門人曰：'商也有之。'孔子曰：'商之爲人，甚吝於財。吾聞與人交，推其長者，違其短者，故能久也。'"不同意前往借取。蓋，似傘而不能自由起落的遮日避雨的用具。

[3] 元直，徐庶字元直，潁川（今河南中部及南部）人。初在新野，投從劉備，與諸葛亮友善，薦亮於備。赤壁之戰前夕，庶母爲曹操所獲，庶指其心辭備說："本與將軍共圖王霸之業者，以此方寸地也。今已失老母，方寸亂矣。無益於事，請從此別。"遂歸曹操，官右中郎將、御史中丞。

[4] 華子魚，華歆（157—231），字子魚，平原高唐（今山東禹城西南）人。東漢末任尚書郎，魏文帝時任司徒，認爲"爲國者以民爲基，民以衣食爲本"（《三國志》卷十三《華歆傳》）。黃初年間，舉管寧爲獨行君子。寧（158—241），字幼安，北海朱虛（今山東臨朐東南）人。東漢末，避居遼東三十餘年。聞華歆舉己，浮海而歸，但固辭。其後一再徵辟，都拒而不就。著有《氏姓論》，今佚。

〔5〕審,審定。
〔6〕宛,委曲。
〔7〕轉於溝壑,《孟子・梁惠王下》:"凶年饑歲,君之民,老弱轉乎溝壑。"意爲流離而死。

"吾新失母兄之歡,意常悽切。女年十三,男女八歲,未及成人,況復多疾,顧此悢悢[1],如何可言。今但欲守陋巷,教養子孫,時時與親舊敘離闊,陳說平生,濁酒一杯,彈琴一曲,志意畢矣,豈可見黃門而稱貞哉[2]!若趣欲共登王塗[3],期於相致[4],時爲歡益,一旦迫之,必發狂疾。自非重讎,不至此也。既以解足下,并以爲別。"

【注】

〔1〕悢悢,悲傷之貌。
〔2〕黃門,東漢給事內廷的黃門令、中黃門諸官,皆以宦者(閹人)充任,後遂稱宦者爲黃門。貞,貞節,貞操。
〔3〕王塗,仕途。
〔4〕致,招致。

此書既行,知其不可羈屈也。

性絶巧而好鍛[1]。宅中有一柳樹甚茂,乃激水圜之[2],每夏月,居其下以鍛。東平吕安服康高致[3],每一相思,輒千里命駕[4],康友而善之。後安爲兄所枉訴,以事繫獄,辭相證引,遂復收康[5]。康性慎言行,一旦縲絏[6],乃作《幽憤詩》[7],曰:

【注】

〔1〕鍛,打鐵。《文士傳》:"家雖貧,有人説鍛者,康不受直,惟親舊以雞酒往與啖,清談而已。"

〔2〕激水圜之,用工具把水從低處提昇至高處,流入圍繞柳樹的環形溝。時馬鈞創制翻車(龍骨水車)以提水,康或用之。

〔3〕吕安,字仲悌,東平(在今山東東平、壽張一帶)人。才氣高奇,有濟世志力。被兄吕巽陷害,爲司馬昭所殺。有《吕安集》二卷,已佚,今存《髑髏賦》及《與嵇茂齊書》等。

〔4〕駕,馬車。

〔5〕收,逮捕。吕安妻,爲吕巽姦污。事情暴露,巽不自安,反誣弟不孝母親。安被判遷邊郡,不服申訴,以嵇康爲證人。康毅然作證,司馬昭借此逮捕他。

〔6〕縲紲,拘繫犯人的繩索,引申爲囚禁。

〔7〕《幽憤詩》,《漢書·司馬遷傳》:"既陷極刑,幽而發憤。"康情同此,故以"幽憤"名詩。

"嗟余薄祜[1],少遭不造[2],哀煢靡識[3],越在襁褓。母兄鞠育,有慈無威,恃愛肆姐[4],不訓不師。爰及冠帶[5],憑寵自放[6],抗心希古[7],任其所尚。託好《莊》、《老》,賤物貴身,志在守樸,養素全真[8]。

【注】

〔1〕祜,福。

〔2〕不造,《詩·閔予小子》:"閔予小子,遭家不造。"鄭玄箋:"造,成也。"

〔3〕煢，孤獨無靠。
〔4〕姐，王符《潛夫論·述教》："孺子可令姐。"姐，嬌氣。
〔5〕冠帶，指二十成年，加冠束帶。
〔6〕憑，依仗。放，放縱。
〔7〕抗，高尚。希，仰慕。
〔8〕素，素質。真，真性。

"曰予不敏，好善闇人，子玉之敗，屢增惟塵[1]。大人含弘[2]，藏垢懷恥。人之多僻，政不由己。惟此褊心，顯明藏否，感悟思愆[3]，怛若創痏[4]。欲寡其過，謗議沸騰，性不傷物，頻致怨憎。昔慚柳惠，今愧孫登，內負宿心，外恧良朋。仰慕嚴、鄭[5]，樂道閑居，與世無營，神氣晏如。

【注】

〔1〕惟塵，《詩·無將大車》："無將大車，惟塵蒙曚。"鄭玄箋："喻大夫將舉小人，適自作憂患也。"春秋時，楚令尹子文，舉子玉自代，傳政於他。譽論認為得其人，唯蔿賈以為不然，對子文說："子玉之敗，子之舉也。"（《左傳·僖公二十七年》）後晉楚戰於城濮，子玉兵敗自殺。

〔2〕含弘，襟懷寬弘。

〔3〕愆，過錯。

〔4〕怛若創痏，痛若創傷。

〔5〕恧，慚愧。

〔6〕嚴、鄭，嚴遵、鄭樸，皆西漢人。遵字君平，蜀（今四川）人，以卜筮為業，研究《老子》，著《道德真經指歸》，為揚雄所敬重，年九

十餘卒。樸字子真,襃中(今陝西)人,隱居谷口,修身自保,號谷口子真。

"咨予不淑[1],嬰累多虞[2],匪降自天,實由頑疏,理弊患結,卒致囹圄。對答鄙訊[3],繫此幽阻[4],實恥訟冤,時不我與。雖曰義直,神辱志沮,澡身滄浪[5],曷云能補。雝雝鳴雁[6],厲翼北游,順時而動,得意忘憂。嗟我憤嘆,曾莫能疇[7]。事與願違,遘茲淹留[8],窮達有命[9],亦又何求?

【注】
[1] 淑,完美。
[2] 嬰累,羈絆受連累。虞,憂慮。
[3] 鄙,鄙夫,指獄吏。
[4] 繫此幽阻,拘禁於獄與親友阻隔。
[5] 澡身滄浪,指加強道德修養。《楚辭・漁父》:"滄浪之水清兮,可以濯吾纓。滄浪之水濁兮,可以濯吾足。"
[6] 雝雝,鳥的和鳴聲。
[7] 疇,比。
[8] 遘,遭。
[9] 命,《孟子・萬章上》:"莫之致而至者,命也。"

"古人有言,善莫近名[1]。奉時恭默[2],咎悔不生[3]。萬石周慎,安親保榮,世務紛紜,祇擾余情。安樂必誡,乃終利貞[4]。煌煌靈芝[5],一年三秀,予獨何爲,有志不就。懲難思復[6],心焉內疚,庶勖將來[7],無馨無臭。采薇山阿[8],散髮巖岫[9],永嘯長吟,頤神養壽。"

【注】

[1] 古人有言,善莫近名,《莊子》:"爲善莫近名,爲惡莫近刑。"
[2] 恭默,恭謹而沉默。
[3] 咎悔,導致悔恨的災禍。
[4] 利貞,吉利安定。
[5] 靈芝,菌類植物。《爾雅注》:"芝,一歲三華,瑞草。"可作藥用,神仙家認爲有保形長生的功效。
[6] 復,回復。
[7] 勛,勉勵。
[8] 山阿,山曲。《史記・伯夷列傳》:"武王平殷,伯夷、叔齊恥之,義不食周粟,隱於首陽山,采薇而食之。"
[9] 岫,山洞。

初,康居貧,嘗與向秀共鍛於大樹之下,以自贍給。潁川鍾會[1],貴公子也,精練有才辯,故往造焉。康不爲之禮,而鍛不輟。良久會去,康謂曰:"何所聞而來?何所見而去?"會曰:"聞所聞而來,見所見而去。"會以此憾之。及是,言於文帝曰:"嵇康,卧龍也,不可起。公無憂天下,顧以康爲慮耳。"因譖"康欲助毌丘儉[2],賴山濤不聽[3],昔齊戮華士[4],魯誅少正卯[5],誠以害時亂教,故聖賢去之。康、安等言論放蕩,非毀典謨,帝王者所不宜容。宜因釁除之,以淳風俗[6]"。帝既昵聽信會,遂并害之。

【注】

〔1〕鍾會,見本書《阮籍》傳注。
〔2〕毌丘儉,復姓毌丘,字仲恭,聞喜(今屬山西)人。隨魏明帝平遼東。正始時,數討高句麗。司馬師廢魏帝曹芳,儉舉兵討司馬師,不克被殺。
〔3〕賴山濤不聽,《三國志·王粲傳》注引《魏晉世語》,敍其事說:"毌丘儉反,康有力,且欲起兵應之;以問山濤,濤曰:'不可。'儉亦已敗。"此說似爲山濤政敵所捏造。
〔4〕華士,周初人,議論"狂譎"。姜尚立國後,殺之於齊。
〔5〕少正卯(?—前498),春秋魯大夫。聚徒講學,使"孔子之門三盈三虛"(《論衡·講瑞》)。孔子任魯司寇,三月而誅卯。此事確否,歷來爭持不下。
〔6〕以淳風俗,鍾會在廷議嵇康時説:"今皇道開明,四海風靡,邊鄙無詭隨之民,街巷無異口之議。而康上不臣天子,下不事王侯;輕時傲世,不爲物用;無益於今,有敗於俗。昔太公誅華士,孔子戮少正卯,以其負才亂羣惑衆也。今不誅康,無以清潔王道。"

　　康將刑東市[1],太學生三千人請以爲師,弗許。康顧視日影,索琴彈之[2],曰:"昔袁孝尼嘗從吾學《廣陵散》[3],吾每靳固之[4],《廣陵散》於今絕矣!"時年四十[5]。海内之士,莫不痛之。帝尋悟而恨焉。初,康嘗游於洛西,暮宿華陽亭,引琴而彈。夜分,忽有客詣之,稱是古人,與康共談音律,辭致清辯,因索琴彈之,而爲《廣陵散》,聲調絕倫,遂以授康,仍誓不傳人,亦不言其姓字。

【注】

〔1〕漢代在長安東市處決死囚。魏晉相襲,在都城的東市行刑。嵇康死於洛陽建春門外的牛馬市。《水經·穀水注》:"穀水又東屈,南經建春門石橋下,水南即馬市。"馬市爲洛陽東市。

〔2〕索琴彈之,《世説新語·雅量》注引《文士傳》:"臨死,而兄弟親戚咸與共別。康顏色不變,問其兄曰:'向以琴來不邪?'兄曰:'以來。'康取調之,爲《太平引》。"

〔3〕袁孝尼,袁准,字孝尼,陳郡陽夏(在今河南太康)人。晉武帝太始年間,官給事中。著《袁子》等十餘萬言,論治世之務,注《喪服經》,爲《易》、《周官》、《詩》傳,及論五經滯義、孔子微言。《廣陵散》,琴曲名,一名《廣陵止散》。隋時,宮中有《廣陵散》。其後流佈民間,初爲《神奇秘譜》所收,傳至今日。

〔4〕靳固,獨得自秘,吝不相與。

〔5〕時年四十,關於嵇康生卒年,有二説:一是公元223—262年,一是公元224—263年。康死後,葬於"臨渙縣西北三十五里,嵇山東一里"(《太平寰宇記》)。

康善談理,又能屬文,其高情遠趣,率然玄遠。撰上古以來高士爲之傳贊〔1〕,欲友其人於千載也。又作《太師箴》〔2〕,亦足以明帝王之道焉。復作《聲無哀樂論》〔3〕,甚有條理。子紹,別有傳〔4〕。

【注】

〔1〕撰上古以來高士爲之傳贊,嵇喜説康"撰録上古以來聖賢、隱逸、遯心、遺名者,集爲傳載,自混沌至於管寧,凡百一十九人,蓋求之於宇宙之内,而發之於千載之外者也"(《三國志·王粲

傳》)注。據《世說新語》和《三國志》注所引,每傳均有贊八句。《聖賢高士傳》原有三卷,劉宋周續之作注,今佚,清馬國翰輯得一卷。

〔2〕《太師箴》,太師,古三公之一,其責教天子以爲君之道。嵇康作是文,譏刺司馬氏。存於今本《嵇康集》中。

〔3〕《聲無哀樂論》,論聲音雖有善惡,而與人之哀樂喜怒無必然聯繫。存於今本《嵇康集》中。嵇康所著尚有《春秋左氏傳音》(有輯本)、《靈源子》(輯本)。

〔4〕紹(253—304),字延祖,官至侍中。八王之亂時,惠帝北伐成都王司馬穎,兵敗,嵇紹以身衛帝被殺。

選自《晉書》卷四十九

西晋

向　　秀（約 227—272）

　　向秀字子期,河内懷人也[1]。清悟有遠識,少爲山濤所知[2],雅好老莊之學。莊周著内外數十篇,歷世才士雖有觀者,莫適論其旨統也[3],秀乃爲之隱解[4],發明奇趣,振起玄風[5],讀之者超然心悟,莫不自足一時也[6]。惠帝之世[7],郭象又述而廣之[8],儒墨之迹見鄙,道家之言遂盛焉。始,秀欲注,嵇康曰:"此書詎復須注,正是妨人作樂耳。"及成,示康曰:"殊復勝不?"又與康論養生,辭難往復,蓋欲發康高致也[9]。

【注】

[1] 河内,魏時郡名。懷,在今河南武陟縣西南。
[2] 山濤,見本書《嵇康》傳注。
[3] 適,恰當。旨統,思想體系。在向秀之前,研究《莊子》者有數十家,其著名者爲西漢嚴君平、班嗣,三國何晏、裴徽、阮籍、嵇康、孟氏、崔譔、司馬彪等。
[4] 秀乃爲之隱解,指向秀注《莊子》(其中《秋水》、《至樂》和雜篇未竟)。向秀認爲宇宙以不生不化的"無"爲本,它先於天地萬物而存在,生化出萬有,萬有獨運而日新。向秀另著有《周易義》,《玉函山房輯佚書》輯有部分。
[5] 玄風,清談之風。
[6] 莫不自足一時,向秀的好友吕安讀《莊子注》後説:"莊周不死

矣!"(《世說新語・文學注》引《向秀別傳》)是時"讀之者無不超然,若已出塵埃而窺絕冥,始了視聽之表,有神德玄哲,能遺天下,外萬物。雖復使動競之人顧觀所徇,皆悵然自有振拔之情矣。"(《世說新語・文學注》引《竹林七賢論》)

〔7〕惠帝之世,公元290—306年。

〔8〕郭象,本書有傳。

〔9〕嵇康作《養生論》。向秀持異議,寫《難養生論》。康再闡己意,爲《答難養生論》。雙方爭論的要點有:人能否長生;人的自然本能和生活要求,是否是自然之理,應如何對待自然與名教的關係。

康善鍛,秀爲之佐,相對欣然,傍若無人。又共吕安灌園於山陽[1]。康既被誅[2],秀應本郡計入洛[3]。文帝問曰[4]:"聞有箕山之志[5],何以在此?"秀曰?"以爲巢許狷介之士,未達堯心,豈足多慕。"帝甚悅。秀乃自此役[6],作《思舊賦》云:

【注】

〔1〕吕安,詳《嵇康傳》注。灌園,從事田園勞動。《史記》卷六十八《商君列傳》:"君之危若朝露,尚將欲延年益壽乎?則何不退十五都,灌園於鄙。"後世遂以灌園爲退隱家居。

〔2〕康既被誅,事在263年。

〔3〕計,載録人事、户口、賦税的簿籍,叫計簿。戰國、秦、漢、魏晉時,年終,地方官本人或遣吏至國都,奉上計簿,將全年人口、錢糧、盗賊、獄訟等事報告朝廷。朝廷以此作爲考核地方政績的根據。洛,洛陽,西晉國都。

〔4〕文帝,司馬炎稱帝後,對其父司馬昭(時爲晉王、大將軍)的諡號。

〔5〕箕山之志，相傳堯時巢父、許由隱居於箕山（在河南登封東南）。後世以箕山之志，喻隱居不與統治者合作的志向行事。
〔6〕役，爲人使役。

　　余與嵇康、呂安居止接近，其人並有不羈之才。嵇意遠而疏，呂心曠而放，其後並以事見法[1]。嵇博綜伎藝，於絲竹特妙，臨當就命[2]，顧視日影，索琴而彈之。逝將西邁，經其舊廬。於時日薄虞泉[3]，寒冰凄然。鄰人有吹笛者，發聲寥亮。追想曩昔游晏之好，感音而嘆，故作賦云：

【注】
〔1〕見法，伏法。
〔2〕就命，就刑。
〔3〕虞泉，即虞淵，唐人避高祖李淵諱改，古代神話中的日入處。《淮南子・天文訓》："日入於虞淵之氾，曙於蒙谷之浦。"

　　將命適於遠京兮[1]，遂旋反以北徂[2]。濟黃河以汎舟兮，經山陽之舊居。瞻曠野之蕭條兮，息余駕乎城隅。踐二子之遺迹兮，歷窮巷之空廬。嘆《黍離》之愍周兮[3]，悲《麥秀》於殷墟[4]。惟追昔以懷今兮，心徘徊以躊躇。棟宇在而弗毀兮，形神逝其焉如。昔李斯之受罪兮，嘆黃犬而長吟[5]。悼嵇生之永辭兮，顧日影而彈琴。託運遇於領會兮[6]，寄餘命於寸陰[7]。聽鳴笛之慷慨兮，妙聲絕而復尋。佇駕言其將邁兮,故援翰以寫心[8]。

【注】

〔1〕將,奉。適,至。
〔2〕徂,行。
〔3〕《黍離》,《詩經·王風》篇名。《詩序》説,西周亡後,周大夫有過故宗廟宮室者,見其地盡爲禾黍,感嘆而作此詩。
〔4〕《麥秀》,商亡後,箕子朝周,過殷墟,感宮室毁壞禾麥滋生,傷心而歌曰:"麥秀漸漸兮,禾黍油油,彼狡童兮,不與我好兮。"
〔5〕李斯,本書有傳。此指秦始皇死後,他與趙高立胡亥爲帝。後爲趙高所誣,處死。臨刑,語其子説:"吾欲與若復牽黃犬出上蔡東門,逐狡兔,豈可得乎!"(《史記·李斯列傳》)
〔6〕運遇,五行運轉,人遇而得吉凶。領會,遭遇。《文選注》:"司馬彪曰:'領會,言人運命如衣領之相交會,或合或開。'"
〔7〕寸陰,短暫的時光。《吳越春秋》七《勾踐入臣外傳》:"夫君子爭寸陰而棄珠玉。"
〔8〕翰,毛筆。古用羽毛爲筆,稱毛筆爲翰。

　　後爲散騎侍郎,轉黃門侍郎。散騎常侍,在朝不任職,容迹而已[1]。卒於位。二子:純、悌[2]。

【注】

〔1〕容迹,安身。
〔2〕純,向純,字長悌,官至侍中。悌,向悌,字叔遜,位至御史中丞。西晉末,二人自洛陽出奔,於途被殺。

選自《晉書》卷四十九

傅　　玄 (217—278)

　　傅玄字休奕,北地泥陽人也[1]。祖燮,漢漢陽太守。父幹,魏扶風太守。玄少孤貧,博學善屬文,解鐘律。性剛勁亮直,不能容人之短。郡上計吏[2],再舉孝廉,太尉辟,皆不就。州舉秀才,除郎中,與東海繆施俱以時譽選入著作[3],撰集魏書。後參安東、衛軍軍事,轉溫令,再遷弘農太守領典農校尉。所居稱職,數上書陳便宜,多所匡正。五等建[4],封鶉觚男[5]。武帝爲晉王[6],以玄爲散騎常侍[7]。及受禪[8],進爵爲子,加駙馬都尉[9]。

【注】

〔1〕北地泥陽,在今陝西銅川市耀州區東南。
〔2〕上計吏,地方派遣,向中央匯報全年人口、錢糧、盜賊、獄訟等情況的官吏。
〔3〕著作,著作郎的省稱。魏明帝始置,掌編纂國史,屬中書省。
〔4〕公元 264 年,司馬昭命尚書僕射裴秀建五等封爵,有公、侯、伯、子、男五等。
〔5〕鶉觚,縣名,屬安定郡,在今甘肅靈臺東北。在五等封爵中,"男地方三十五里,邑四百户;次國男地方二十五里,邑二百户"(《太平御覽》卷一九九引《魏志》)。
〔6〕武帝爲晉王,公元 265 年 8 月,司馬昭死,子炎嗣爲晉王。
〔7〕散騎常侍,魏置散騎常侍,侍從皇帝左右,掌規諫,不典事。

〔8〕受禪,接受皇帝把帝位讓給自己。266年1月,司馬炎逼魏主禪位,廢爲陳留王。
〔9〕加,加官,非實職。駙馬都尉,掌副車之馬,秩二千石。駙,即副。帝王乘坐的車駕爲正車,隨行的爲副車。魏晉時何晏、杜預、王濟尚公主,皆官此,后帝婿例加駙馬都尉。

　　帝初即位,廣納直言,開不諱之路,玄及散騎常侍皇甫陶共掌諫職。玄上疏曰:"臣聞先王之臨天下也,明其大教,長其義節;道化隆於上,清議行於下,上下相奉,人懷義心。亡秦蕩滅先王之制,以法術相御,而義心亡矣。近者魏武好法術[1],而天下貴刑名[2];魏文慕通達[3],而天下賤守節[4],其後綱維不攝[5],而虛無放誕之論盈於朝野[6],使天下無復清議[7],而亡秦之病復發於今。陛下聖德,龍興受禪,弘堯舜之化,開正直之路,體夏禹之至儉[8],綜殷周之典文,臣詠嘆而已,將又奚言!惟未舉清遠有禮之臣[9],以敦風節[10];未退虛鄙[11],以懲不恪[12],臣是以猶敢有言。"詔報曰:"舉清遠有禮之臣者,此尤今之要也。"乃使玄草詔進之。玄復上疏曰:

【注】
〔1〕法術,先秦時,申不害以術馭下,商鞅以法治國,爲前期法家兩派,後世因以法術名法家學派。漢末,曹操統一黃河流域,"攬申、商之法術,該韓、白之奇策,官方授材,各因其器,矯情任算,不念舊惡"(《三國志·魏書·武帝紀》),任用"不仁不孝而有治國用兵之術"者(《曹操集·舉賢勿拘品行》)。然而,並未否定儒學,他説:"夫治定之化,以禮爲首;撥亂之政,以刑爲

先。"主張儒法雜用。
〔2〕刑名,一作形名,循名責實。名家主此說,法家也以此強化上下關係,鞏固統治。漢魏之際,王符、仲長統、荀悅、徐幹、劉劭等人重名實,形成一種思潮。
〔3〕魏文,即曹丕(187—226),字子桓,沛國譙(今安徽亳縣)人。繼父操爲魏王,代漢稱帝。工詩賦,《燕歌行》爲現存較早的七言詩;善文評,《典論・論文》,是較早的文學批評著作。後人輯有《魏文帝集》。性格放達不拘,文學家王粲死後,他在墳前對與喪的人說:"仲宣好驢鳴,可各作一聲以送之。"赴客皆一作驢鳴。(《世說新語・傷逝》)
〔4〕節,氣節、節操,爲人生死的準則。士大夫以忠於帝王爲節操。自漢末至晉初,因政局動蕩、爭奪激烈,忠君守節已爲朝晉慕楚所替代,故稱"賤守節"。
〔5〕綱維,一作維綱,治國的基本準則、法紀。
〔6〕虛無放誕之論盈於朝野,魏帝曹芳正始(240—249)年間,何晏、王弼倡玄言,空談義理,逃避現實。天下風從,延及齊梁。
〔7〕清議,公正的評論。
〔8〕體夏禹之至儉,此是諛語。孔子說禹菲飲食、惡衣服、卑宮室。然而司馬昭生活奢侈,因他提倡,那時"侈汰之害,甚於天災"(《晉書・傅咸傳》)。
〔9〕清遠有禮,純潔高尚且明識禮儀。
〔10〕風節,風骨氣節。
〔11〕虛鄙,玄虛鄙陋。
〔12〕恪,守。

"臣聞舜舉五臣,無爲而化[1],用人得其要也。天下羣司猥多,不可不審得其人也。不得其人,一日則損不貲[2],況積日乎!典謨曰"無曠庶官"[3],言職之不可久廢也。諸有疾病滿百日不差[4],宜令去職,優其禮恤而寵存之,既差而後更用。臣不廢職於朝,國無曠官之累,此王政之急也。

【注】

[1] 舜舉五人,無爲而化,《論語·泰伯》:"舜有臣五人而天下治。"五臣,指禹、稷、契、皋陶、伯益。

[2] 不貲,又作"不訾",貴重無比。《漢書》卷七十七《蓋寬饒傳》:"用不訾之軀,臨不測之深。"

[3] 無曠庶官,《尚書·皋陶謨》:"無曠庶官,天工人其代之。"孔傳曰:"曠,空也。位非其人爲空官。以人代天理官,不可以天官私非其才。"

[4] 差,病愈。

"臣聞先王分士農工商以經國制事,各一其業而殊其務。自士已上子弟,爲之立太學以教之,選明師以訓之,各隨其才優劣而授用之。農以豐其食,工以足其器,商賈以通其貨。故雖天下之大,兆庶之衆[1],無有一人游手。分數之法[2],周備如此。漢魏不定其分,百官子弟不修經藝而務交游,未知蒞事而坐享天祿;農工之業多廢,或逐淫利而離其事[3];徒繫名於太學,然不聞先王之風。今聖明之政資始,而漢魏之失未改,散官衆而學校未設[4],游手多而親農者少,工器不盡其宜。臣以爲亟定其制,通計天下若干人爲士,足以副在官之吏;若干人爲農,三年足有一年之儲;若干人爲工,足其器用;若干人爲商賈,足以通貨而已。尊儒尚學,貴農賤商,此皆事業之要務也。

【注】

〔1〕兆庶,百姓,極言其多。
〔2〕分,職分;數,禮也。《文選》卷二十晉應吉甫《晉武帝華林集》:"貽宴好會,不常厥數。"注:"數,猶禮也。"分數,職分之禮。
〔3〕農工之業多廢,或逐淫利而離其事,此兩句疑在"徒繫名於太學,然不聞先王之風"後。
〔4〕散官,無固定職事的官。

"前皇甫陶上事,欲令賜拜散官皆課使親耕,天下享足食之利。禹稷躬稼,祚流後世〔1〕,是以《明堂》、《月令》著帝藉之制〔2〕。伊尹古之名臣〔3〕,耕於有莘;晏嬰齊之大夫〔4〕,避莊公之難,亦耕於海濱。昔者聖帝明王,賢佐俊士,皆嘗從事於農矣。王人賜官,冗散無事者,不督使學,則當使耕,無緣放之使坐食百姓也。今文武之官既衆,而拜賜不在職者又多,加以服役爲兵,不得耕稼,當農者之半,南面食禄者參倍於前。使冗散之官農,而收其租稅,家得其實,而天下之穀可以無乏矣。夫家足食,爲子則孝,爲父則慈,爲兄則友,爲弟則悌。天下足食,則仁義之教可不令而行也。爲政之要,計人而置官,分人而授事,士農工商之分不可斯須廢也。若未能精其防制,計天下文武之官足爲副貳者使學,其餘皆歸之於農。若百工商賈有長者,亦皆歸之於農。務農若此,何有不贍乎!《虞書》曰[5]:"三載考績[6],三考黜陟幽明[7]。"是爲九年之後乃有遷敍也。故居官久,則念立慎終之化,居不見久,則競爲一切之政。六年之限,日月淺近,不周黜陟[8]。陶之所上,義合古制。

【注】

[1] 祚,福。

[2] 《明堂》,即《明堂位》,《禮記》篇名。其内容主要是敍諸侯朝周公於明堂時,所陳列的位置。《月令》,《禮記》篇名。記述每年農曆十二個月的時令、物候、行政,内容較《夏小正》豐富。藉,皇位。《荀子·儒效》:"履天子之藉"。

[3] 伊尹,名伊,或説名摯。初爲有莘氏奴隸,後陪嫁於商,累官至尹。佐商湯,滅夏桀。湯死,輔卜丙、仲壬、太甲,卒於沃丁時。一説仲壬死後,逐太甲自立後,太甲潛回,被殺。

[4] 晏嬰,本書有傳。

[5] 《虞書》,《尚書》的一部分,有《堯典》、《皋陶謨》兩篇;《古文尚書》又增《舜典》、《大禹謨》、《益稷》三篇,合爲五篇。

[6] 考績,考核官吏的政績,三年一次。

[7] 黜陟,進退官員。降官曰黜,升官曰陟。

[8] 周,周到。

"夫儒學者,王教之首也。尊其道,貴其業,重其選,猶恐化之不崇;忽而不以爲急,臣懼日有陵遲而不覺也。仲尼有言:"人能弘道,非道弘人[1]。"然則尊其道者,非惟尊其書而已,尊其人之謂也。貴其業者,不妄教非其人也。重其選者,不妄用非其人也。若此,而學校之綱舉矣。"

【注】

〔1〕"人能弘道,非道弘人",語見《論語·衛靈公》。

　　書奏,帝下詔曰:"二常侍懇懇於所論,可謂乃心欲佐益時事者也。而主者率以常制裁之,豈得不使發憤耶!二常侍所論,或舉其大較而未備其條目,亦可便令作之,然後主者八坐廣共研精[1]。凡關言於人主、人臣之所至難。而人主若不能虛心聽納,自古忠臣直士之所慷慨,至使杜口結舌。每念於此,未嘗不嘆息也。故前詔敢有直言,勿有所距,庶幾得以發懞補過[2],獲保高位。苟言有偏善,情在忠益,雖文辭有謬誤,言語有失得,皆當曠然恕之。古人猶不拒誹謗,況皆善意在可采錄乎!近者孔毚、綦毋龢皆案以輕慢之罪,所以皆原,欲使四海知區區之朝無諱言之忌也。"俄遷侍中。

【注】

〔1〕主者,主管人。八坐,即八座,王朝的高級官員。魏晉南朝以五曹尚書、二僕射、一令爲八坐。
〔2〕懞,昏昧不明。

　　初,玄進皇甫陶,及入而抵,玄以事與陶争,言誼譁,爲有司所奏⁽¹⁾,二人竟坐免官。

泰始四年⁽²⁾,以爲御史中丞。時頗有水旱之災,玄復上疏曰:

【注】
〔1〕有司,古者設官分職,各有專司,故稱有司。
〔2〕泰始四年,公元 268 年。

"臣聞聖帝明王受命,天時未必無災,是以堯有九年之水,湯有七年之旱,惟能濟之以人事耳。故洪水滔天而免沈溺,野無生草而不困匱。伏惟陛下聖德欽明,時小水旱,人未大飢,下祗畏之詔⁽¹⁾,求極意之言,同禹湯之罪己⁽²⁾,侔周文之夕惕⁽³⁾。臣伏歡喜,上便宜五事:

【注】
〔1〕祗畏,大畏。
〔2〕禹湯之罪己,堯時大水,用鯀治水,不成,舜殺鯀而用其子禹。"伯禹念前之非度,釐改制量,象物天地。……高高下下,疏川導滯。"(《國語·周語下》)湯時大旱,"湯乃以身禱於桑林曰:余一人有罪,無及萬夫。……於是剪其髮,磨其手,以手爲犧牲"(《吕氏春秋》)。"言未已,而天大雨。"(《説苑》)
〔3〕侔,等。夕惕,形容戒慎恐懼,不敢怠慢。

"其一曰,耕夫務多種而耕暵不熟⁽¹⁾,徒喪功力而無收。又舊兵恃官牛者⁽²⁾,官得六分,士得四分;

自恃私牛者,與官中分,施行來久,衆心安之。今一朝減持官牛者,官得八分,士得二分;持私牛及無牛者,官得七分,士得三分,人失其所,必不歡樂。臣愚以爲宜佃兵持官牛者與四分,持私牛與官中分,則天下兵作歡然悦樂,愛惜成穀,無有捐棄之憂。

【注】
〔1〕暵,乾旱。
〔2〕舊,指曹操實行的屯田制。

"其二曰,以二千石雖奉務農之詔[1],猶不勤心以盡地利。昔漢氏以墾田不實[2],徵殺二千石以十數。臣愚以爲宜申漢氏舊典,以驚戒天下郡縣,皆以死刑督之。

【注】
〔1〕二千石,漢代内自九卿、郎將,外至郡守尉的俸禄等級,爲二千石。後遂稱郎將、郡守爲二千石。
〔2〕漢氏,漢代。

"其三曰,以魏初未留意於水事,先帝統百揆[1],分河堤爲四部,并本凡五謁者,以水功至大,與農事並興,非一人所周故也。今謁者一人之力,行天下諸水,無時得遍。伏見河堤謁者車誼不知水勢,轉爲他職,更選知水者代之。可分爲五部,使各精其方宜。

【注】

〔1〕先帝,指司馬昭。揆,掌管。《左傳·文公十八年》:"以揆百事。"

"其四曰,古以步百爲畝,今以二百四十步爲一畝[1],所覺過倍。近魏初課田,不務多其頃畝,但務修其功力,故白田收至十餘斛[2],水田收數十斛。自頃以來,日增田頃畝之課,而田兵益甚,功不能修理,至畝數斛已還,或不足以償種。非與曩時異天地,橫遇災害也,其病正在於務多頃畝而功不修耳。竊見河堤謁者石恢甚練水事及田事,知其利害,乞中書召恢,委曲問其得失,必有所補益。

【注】

〔1〕先秦畝制不一。秦得天下,統一以二百四十方步爲一畝。
〔2〕斛,十斗。

"其五曰,臣以爲胡夷獸心,不與華同,鮮卑最甚。本鄧艾苟欲取一時之利[1],不慮後患,使鮮卑數萬散居人間,此必爲害之勢也。秦州刺史胡烈素有恩信於西方[2],今烈往,諸胡雖已無惡,必且消弭,然獸心難保,不必其可久安也。若後有動釁,烈計能制之。惟恐胡虜適困於討擊,便能東入安定,西赴武威,外名爲降,可動復動。此二郡非烈所制,則惡胡東西有窟穴浮游之地,故復爲患,無以禁之也。宜更置一郡於高平川,因安定西州都尉募樂徒民,重其復除以充之[3],以通北道,漸以實邊。詳議此二郡及新置郡,皆使并屬秦州,令烈得專御邊之宜。"

【注】
[1] 鄧艾(197—264),字士載,義陽棘陽(今河南新野東北)人。魏伐蜀,艾率軍自陰平道入,行無人之地七百里而至成都,蜀主劉禪降。因功,進位太尉。鍾會誣以謀反,爲監軍衛瓘所殺。
[2] 秦州,晉武帝泰始五年(269),分雍、涼、梁州置。據此,則傅玄上便宜五事,在五年,不在四年。胡烈,字武玄,安定臨涇(今甘肅通渭西北)人。隨鍾會伐蜀,後爲秦州刺史。晉武帝泰始六年(270),鮮卑禿髮樹機能在涼州反晉,胡烈擊之,兵敗而死。
[3] 復除,免除徭役。

詔曰:"得所陳便宜,言農事得失及水官興廢、又安邊御胡政事寬猛之宜,申省周備,一二具之,此誠爲國大本,當今急務也。如所論皆善,深知乃心,廣思諸宜,動靜以聞也。"

五年[1],遷太僕。時比年不登[2],羌胡擾邊,詔公卿會議。玄應對所問,陳事切直,雖不盡施行,而常見優容。轉司隸校尉[3]。

【注】
[1] 五年,泰始五年,爲公元269年。
[2] 比年不登,連年受災歉收。268年,青、徐、兗、豫四州大

水。269年,青、徐、兗三州又大水。
〔3〕司隸校尉,領首都附近諸郡,治洛陽。

　　獻皇后崩於弘訓宮,設喪位。舊制,司隸於端門外坐,在諸卿上,絕席[1]。其入殿,按本品秩在諸卿下,以次坐,不絕席。而謁者以弘訓宮爲殿内,制玄位在卿下。玄恚怒,厲聲色而責謁者。謁者妄稱尚書所處,玄對百僚而罵尚書以下。御史中丞庾純奏玄不敬,玄又自表不以實,坐免官。然玄天性峻急,不能有所容,每有奏劾,或值日暮,捧白簡[2],整簪帶,竦踴不寐,坐而待旦。於是貴游懾伏,臺閣生風。尋卒於家,時年六十二[3],諡曰剛。

【注】
〔1〕絶,度過、跨越。《荀子·勸學》:"假舟楫者,非能水也,而絶江河。"絶席,越位。京城爲司隸所治,故越位而在諸卿上;宫中非司隸所轄,故按品秩入坐。
〔2〕白簡,古御史有所奏章,用白簡。簡本爲竹或木書,自紙行用後,書箋亦通稱簡。
〔3〕時年六十二,傅玄卒於武帝咸寧四年(278),其生年爲漢建安二十二年(217)。

　　玄少時避難於河内[1],專心誦學,後雖顯貴,而著述不廢。撰論經國九流及三史故事,評斷得失,各爲區例,名爲《傅子》[2],爲内、外、中篇,凡有四部、六録、合百四十首,數十萬言,并文集百餘卷行於世[3]。玄初作内篇成,子咸以示司空王沈[4]。沈與玄書曰:"省足下所著書,言富理濟，經綸政體，存重儒教，足以塞楊、墨之流遁[5]，齊孫、孟於往代[6]。每開卷，未嘗不嘆息也。'不見賈生，自以過之，乃今不及'[7]，信矣！"

【注】

〔1〕河内，郡名，始置於漢，當今河南黄河南北兩岸地。
〔2〕《傅子》，一百十四卷，南宋後佚。清時有三種輯本。
〔3〕傅玄的著作，除《傅子》外，尚有《華嶽銘序》、《七林》、《周官論評》、《相風賦》、《傅玄集》。今傳《傅鶉觚集》一卷，爲明代張溥所輯。
〔4〕咸，傅咸(239—294)，字長虞，北地泥陽(今陝西銅川市耀州區東南)人。晉武帝時，多次上疏，主張裁併官府，減輕徭役，發展農業，反對奢侈。惠帝時，官至司隸校尉，奏免高官多人。所作詩文，"雖綺麗不足，而言規鑒"(《晉書》卷四十七《傅咸傳》)。今存《傅中丞集》，爲明人張溥所輯。王沈，見本書《王弼》傳注。
〔5〕楊、墨，先秦的楊朱與墨翟，本書有傳。孟子説："聖王不作，諸侯放恣，處士橫議，楊朱、墨翟之言盈天下。天下之言不歸楊，則歸墨。……吾爲此懼，閑先聖之道，距楊墨，放淫辭，邪説者不得作。"(《孟子・滕文公下》)魏晉時，百家之學復興。魯勝爲墨家之學。
〔6〕孫，荀子。孟，孟子。本書有傳。
〔7〕此爲漢文帝召回被貶的長沙王太傅賈誼，與他談話的感嘆。賈誼，本書有傳。

其後追封清泉侯。子咸嗣。

選自《晉書》卷四十七

楊　　泉 （魏晉之際）

　　泉字德淵。吳處士〔1〕。入晉，徵爲侍中〔2〕，不就。有《太玄經》十四卷、《物理論》十六卷、《集》二卷〔3〕。

【注】
〔1〕吳，吳國。一説楊泉是梁國（治今河南商丘南）人。處士，未仕或不仕的文人。《孟子·滕文公下》："聖王不作，諸侯放恣，處士橫議，楊朱墨翟之言盈天下。"
〔2〕徵爲侍中，晉廷徵楊泉，是出於會稽相朱則的推薦。朱則上書説楊泉"清操自然"。
〔3〕《太玄經》十四卷，楊泉倣揚雄《太玄》而作。《明史·藝文志》尚著録，今已佚。清代馬國翰輯有一卷，收在《玉函山房輯佚書》。《物理論》十六卷，《明史·藝文志》尚著録，今佚。清中葉以後，出現了好幾種輯本。《物理論》發明自然之理，反映了他的氣一元論和反對虛無之談的觀點。《集》二卷，《明史·藝文志》尚著録，今佚。所存僅《五湖賦》、《織機賦》等五篇。

　　　　　　　　　　選自嚴可均《全三國文》卷七十五

歐 陽 建（？—300）

　　歐陽建字堅石，世爲冀方右族[1]。雅有理思，才藻美贍，擅名北州[2]。時人爲之語曰："渤海赫赫，歐陽堅石。"辟公府[3]，歷山陽令、尚書郎、馮翊太守，甚得時譽。及遇禍[4]，莫不悼惜之。年三十餘[5]。臨命作詩[6]，文甚哀楚。

【注】

[1] 右族，世家大族。冀方，冀州。歐陽建籍貫渤海南皮（今河北滄縣西南），屬冀州。
[2] 北州，北方諸州。
[3] 公府，三公的官府，中央一級機構。晉時，三公爲太尉、司徒、司空。
[4] 遇禍，晉惠帝永康元年（300），趙王司馬倫與孫秀誅石崇、潘岳，同時殺歐陽建。他被害的原因，據《晉陽秋》所說："初，建爲馮翊（晉郡，地當今陝西中部偏東，治臨晉，即今天荔縣）太守，趙王倫爲征西將軍，孫秀爲腹心，撓亂關中，建每匡正，由是有隙。"（《世說新語·仇隙注》引）
[5] 年三十餘，歐陽建死於公元300年。據此，他的生年在270年前幾年。據《臨終詩》，他有二子一女。
[6] 臨命作詩，《臨終詩》一首，存。詩中說："真僞因事顯，人情難豫觀，窮達有空分，慷慨復何嘆。"歐陽建的作品，有《歐陽建

集》二卷。此集已佚,其文現僅存《言盡意論》,爲清嚴可均所輯,收於《全晉文》卷一〇九。全論如下:

"有雷同君子問於違衆先生曰:'世之論者以爲言不盡意,由來尚矣。至乎通才達識,咸以爲然。若夫蔣公之論眸子,鍾、傅之言才性,莫不引此爲談證。而先生以爲不然,何哉?'

先生曰:'夫天不言而四時行焉,聖人不言而鑒識存焉。形不待名而方圓已著,色不俟稱而黑白以彰。然則名之於物,無施者也;言之於理,無爲者也。而古今務於正名,聖賢不能去言,其故何也?誠以理得於心,非言不暢;物定於彼,非言(名)不辯。言不暢志,則無以相接,名不辯物,則鑒識不顯。鑒識顯而名品殊,言稱接而情志暢。原其所以,本其所由,非物有自然之名,理有必定之稱也。欲辯其實,則殊其名;欲宣其志,則立其稱。各逐物而遷,言因理而變。此猶聲發響應,形存影附,不得相與爲二矣。苟其不二,則言無不盡矣。吾故以爲盡矣。'"

選自《晉書》卷三十三

裴　　頠（267—300）

　　頠字逸民[1]。弘雅有遠識，博學稽古，自少知名。御史中丞周弼見而嘆曰：“頠若武庫，五兵縱橫[2]，一時之傑也。”賈充即頠從母夫也[3]，表“秀有佐命之勳[4]，不幸嫡長喪亡[5]，遺孤稚弱。頠才德英茂，足以興隆國嗣”。詔頠襲爵。頠固讓，不許。太康二年[6]，徵爲太子中庶子，遷散騎常侍。惠帝即位[7]，轉國子祭酒，兼右軍將軍。

【注】
〔1〕頠，裴頠，河東聞喜（今屬山西）人。
〔2〕五兵，五種兵器。自漢以來説法不一，東晉范甯以戈、戟、鉞、楯、弓矢爲五兵。
〔3〕賈充，見本書《王弼》傳注。從母夫，姨父。
〔4〕秀，裴秀，見本書《王弼》傳注。
〔5〕嫡長，指裴秀嫡長子裴濬。秀死，“濬嗣位，至散騎常侍，早卒”（《晉書》卷三十五《裴秀傳》）。
〔6〕太康二年，公元281年。
〔7〕惠帝即位，事在290年。

　　初，頠兄子憬爲白衣[1]，頠論述世勳，賜爵高陽亭侯。楊駿將誅也[2]，駿黨左將軍劉豫陳兵在門，遇頠，問太傅所在。頠紿之曰：“向於西掖門遇公乘素車[3]，從二人西出矣。"豫曰："吾何之？"頠曰："宜至廷尉。"豫從頠言，遂委而去。尋而詔頠代豫領左軍將軍，屯萬春門。及駿誅。以功當封武昌侯[4]。頠請以封憬，帝竟封頠次子詼。頠苦陳憬本承嫡[5]，宜襲鉅鹿[6]，先帝恩旨[7]，辭不獲命[8]。武昌之封，己之所蒙，特請以封憬。詼時尚主，故帝不聽。累遷侍中。

【注】

〔1〕白衣，未有官職封爵者。
〔2〕楊駿（？—291），字文長，弘農華陰（今屬陝西）人。惠帝立，爲太傅、大都督，攬政專權，旋爲賈后所殺。
〔3〕向，剛才。素車，古代用於喪凶的白車。
〔4〕武昌，在今湖北鄂城縣。
〔5〕承嫡，嫡系繼承人。
〔6〕鉅鹿，侯國名，轄廮陶、鉅鹿二縣（地當今河北寧晉、平鄉及鉅鹿一部分），戶二萬一千。晉武帝代魏，封裴秀爲鉅鹿郡公。
〔7〕先帝，指晉武帝司馬炎（236—290），字安世，河內溫縣（今河南溫縣西南）人。代魏稱帝，定晉制，滅吳國，實行門選和分封制，釀成士族制度和王八之亂。
〔8〕命，教令。

　　時天下暫寧，頠奏修國學[1]，刻石寫經[2]。皇太子既講[3]，釋典祀孔子，飲饗射侯[4]，甚有儀序。又令荀藩終父勖之志[5]。鑄鐘鑿磬，以備郊廟朝享禮樂。頠通博多聞，兼明醫術。荀勖之修律度也[6]，檢得古尺，短世所用四分有餘。頠上言："宜改諸量度。若未能悉革，可先改太醫權衡[7]。此若差違,遂失神農、岐伯之正[8]。藥物輕重,分兩乖互,所可傷夭,爲害尤深。古壽考而今短折者,未必不由此也。"卒不能用[9]。樂廣嘗與頠清言[10],欲以理服之,而頠辭論豐博,廣笑而不言。時人謂頠爲言談之林藪。

【注】

[1] 奏修國學,南齊曹思文説,時以太學生"多猥雜","欲辨其涇渭。故元康三年,始立國子學官品。第五以上,得入國學。……太學之與國學,斯是晉世殊其士庶,異其貴賤耳。然貴賤士庶,皆須教成。故國學太學,兩存之也"(《南齊書·禮志》)。

[2] 刻石寫經,把儒家經典刻寫在石板上,稱爲石經。刻石,在先秦已有,刻儒經始於東漢熹平四年(175)。

[3] 皇太子,愍懷太子司馬遹(278—300),字熙祖,惠帝長子。晉武帝時封爲廣陵王,惠帝即位立爲皇太子。後被廢,爲賈后毒死。他在元康三年(293)"講《論語》通"(《晉書·禮志》)。

[4] 饗,宴客。侯,箭靶。

[5] 荀藩(?—313),字大堅,潁川潁陰(今河南許昌)人。元康中爲黃門侍郎,受詔制成鐘磬。從惠帝,討齊王冏有功,封西華縣公,累官至尚書令,進太尉。荀勖(?—289),字公曾,潁川潁陰(今河南許昌)人,仕魏,官至侍中。入晉封濟北郡公,拜中書監,掌管機密,進光祿大夫,掌樂事,修律吕。領秘書監,與張華整理典籍,及汲郡竹簡,撰寫《中經簿》(今佚)。爲政主省吏、省官、省事、清心。遷守尚書令,卒於官。

[6] 度,指長度。古代計度,皆出於黃鐘之律,故名律度。《晉書·樂志》説,荀勖以魏杜夔所定律吕,檢校太樂,知後漢及魏,度

漸長於古四分有餘。

〔7〕權,稱錘。衡,稱杆。權衡,稱量物體輕重的衡器。

〔8〕岐伯,一作歧伯。傳説中黄帝之臣,於醫藥有貢獻。

〔9〕卒,終。

〔10〕樂廣,字彥輔,南陽淯陽(故城在今河南南陽)人。善玄談析理,王衍自愧不如。認爲"名教内自有樂地",反對生活放蕩,不信鬼怪,以想説夢。官至尚書令,遭八王之亂,憂慮而卒。

頠以賈后不悦太子[1],抗表請增崇太子所生謝淑妃之位號,仍啓增置後衛率吏,給三千兵,於是東宫宿衛萬人。遷尚書,侍中如故,加光禄大夫。每授一職,未嘗不殷勤固讓,表疏十餘上,博引古今成敗以爲言,覽之者莫不寒心。

【注】

〔1〕賈后,晉惠帝皇后賈南風(256—300),平陽襄陵(今山西襄汾)人。惠帝即位,楊駿專政。她使楚王瑋殺駿,稍後又使瑋殺輔政的汝南王亮,亮死,再殺瑋。擅政十年,釀成八王之亂,爲趙王倫所殺。

頠深慮賈后亂政,與司空張華、侍中賈模議廢之而立謝淑妃[1]。華、模皆曰:"帝自無廢黜之意,若吾等專行之,上心不以爲是。且諸王方剛,朋黨異議,恐禍如發機[2],身死國危,無益社稷。"頠曰:"誠如公慮。但昏虐之人,無所忌憚,亂可立待,將如之何?"華曰:"卿二人猶且見信,然勤爲左右陳禍福之戒,冀無大悖[3]。幸天人尚安,庶可優游卒歲。"此謀遂寢[4]。頠旦夕勸説從母廣城君[5],令戒喻賈后親待太子而已。或説頠曰:"幸與中宫内外可得盡言[6]。言若不行,則可辭病屏退,若二者不立,雖有十表[7],難乎免矣。"頠慨然久之,而竟不能行[8]。

【注】
[1] 張華(232—300),字茂先,范陽方城(今河北固安)人。晉初力排衆議,勸武帝滅吴。惠帝時執政,爲趙王倫和孫秀所殺。其著作見存者,有《張司空集》(輯本)、《博物志》。賈模,字思范,平陽襄陵(今山西襄汾東北)人。賈后秉政時,盡心匡弼。後因開陳禍福見疏,憂憤而卒。
[2] 機,機栝,弩機司動部分。發機,勾動機栝,箭矢即飛射而出。形容事變迅速。
[3] 冀無大悖,望無大亂。
[4] 寢,止。
[5] 廣城君,賈后之母郭槐。是魏城陽太守郭配女,賈充後妻。
[6] 中宫,皇后所住之宫,用指賈后。内外,即中外,指表兄弟姊妹關係。裴頠與賈后是表姊弟。
[7] 十表,世代爲表親。
[8] 竟不能行,與裴頠同時的韋忠説:"裴頠欲而無厭,棄典禮而附賊后,若此,豈大丈夫之所宜行邪!裴常有心託我,常恐洪濤蕩岳,餘波見漂,況可臨尾閭而闚沃焦哉!"(《晉書》卷八十九《韋忠傳》)

　　遷尚書左僕射,侍中如故。頠雖后之親屬,然雅望素隆,四海不謂之以親戚進也,惟恐其不居位。俄復使頠專任門下事[1],固讓,不聽。頠上言:"賈模適亡,復以臣代,崇外戚之望,彰偏私之舉[2]。后族何常有能自保,皆知重親無脫者也。然漢二十四帝,惟孝文、光武、明帝不重外戚,皆保其宗,豈將獨賢[3],實以安理故也。昔穆叔不拜越禮之饗[4],臣亦不敢聞殊常之詔。"又表云:"咎繇謨虞[5],伊尹相商[6],呂望翊周[7],蕭張佐漢,咸播功化,光格四極。暨於繼體,咎單、傅說、祖己、樊仲,亦隆中興。或明揚側陋[8],或起自庶族,豈非尚德之舉,以臻斯美哉!歷觀近世,不能慕遠,溺於近情,多任后親,以致不靜。昔疏廣戒太子以舅氏爲官屬[9],前世以爲知禮。況朝廷何取於外戚,正復才均[10],尚當先其疏者,以明至公。漢世不用馮野王[11],即其事也。"表上,皆優詔敦譬[12]。

【注】

[1] 俄,不久。
[2] 偏私,偏心。
[3] 將,因爲。
[4] 穆叔,即叔孫豹或叔孫穆子,春秋魯卿。豹嘗使晉,悼公以天子餼諸侯及兩君相見之樂餼之,辭不接受。
[5] 咎繇,即皋陶(音高搖)。《尚書》有《皋陶謨》,其第一部分記皋陶陳政於虞舜。
[6] 伊尹爲湯相,佐湯滅夏桀,湯卒後,又輔佐卜丙、仲壬、太甲、沃丁。
[7] 呂望,一名尚,字子牙。呂望佐周文王、武王滅商,以功封齊。兵書《六韜》,相傳爲其所作。
[8] 側陋,有才德而位卑者。

〔9〕疏廣,字仲翁,蘭陵(今屬山東蒼山)人。明《春秋》,宣帝時爲太子太傅。太子即漢元帝,其外祖父許伯曾向宣帝建議,以弟許舜監護太子家。疎廣以爲於事不當,宣帝然之。
〔10〕正復,即使。《三國志·魏書·王粲傳》:"善屬文,舉筆便成,無所改定,時人常以爲宿構;然正復精意覃思,亦不能加也。"
〔11〕馮野王,字君卿,上黨潞(今山西潞城)人。任郡守時,以抑制豪强,打擊貪贓著稱於時。宣帝因其外戚而不擢升。後受王氏排擠。
〔12〕敦譬,敦促開導。

時以陳準子匡、韓蔚子嵩並侍東宮,頠諫曰:"東宮之建,以儲皇極。其所與游接,必簡英俊[1],宜用成德[2]。匡、嵩幼弱,未識人理立身之節。東宮實體夙成之表[3],而今有童子侍從之聲,未是光闡遐風之弘理也。"愍懷太子之廢也,頠與張華苦争不從,語在《華傳》[4]。

【注】
〔1〕簡,選擇。
〔2〕成德,盛德。
〔3〕夙成,早熟。
〔4〕《張華傳》説,惠帝會羣臣,出示賈后所僞造的"太子手書,遍示羣臣,莫敢有言者。惟華諫曰:'此國之大禍。自漢武以來,每廢黜正嫡,恒至喪亂。且國家有天下日淺,願陛下詳之。'尚書左僕射裴頠以爲宜先檢校傳書者,又請比校太子手書,不然,恐有詐妄。賈后乃内出太子素啓事十餘紙,衆人比視,亦無敢言非者。議至日西不決,后知華等意堅,因表乞免爲庶人,帝

乃可其奏"。

頠深患時俗放蕩,不尊儒術,何晏、阮籍素有高名於世[1],口談浮虛,不遵禮法,尸禄耽寵[2],仕不事事[3];至王衍之徒[4],聲譽太盛,位高勢重,不以物務自嬰[5],遂相放效,風教陵遲[6],乃著崇有之論以釋其蔽曰[7]:

【注】

[1] 何晏、阮籍,本書均有傳。
[2] 尸禄耽寵,溺於寵任,空受俸禄。
[3] 仕不事事,爲官不務職事。
[4] 王衍,見本書《郭象》傳注。
[5] 物務自嬰,係於事務。
[6] 風教陵遲,教化衰微,風俗敗壞。
[7] 崇有之論,《三國志·裴潛傳注》:"著《崇有》、《貴無》二論,以矯虛誕之弊,文辭精富,爲世名論。"又《世説新語·文學注》引《晉諸公贊》説:"頠疾世俗尚虛無之理,故著《崇有》二論以析之,才博喻廣,學者不能究。"又引《惠帝起居注》説:"頠著二論,以規虛誕之弊,文詞精富,爲世名論。"徐震堮《世説新語校箋》以爲《晉書》本傳"崇有下當脱'貴無'二字。"蓋"夫總混羣本"至"略示所存而已者",爲《崇有論》。自"夫至無者無以能生"直至文終,爲"貴無"之論。貴無之論疑爲《難貴無論》簡稱。

"夫總混羣本[1],宗極之道也[2]。方以族異,庶類之品也[3]。形象著分[4],有生之體也。化感錯綜,理迹之原也[5]。夫品而爲族，則所稟者偏，偏無自足[6]，故憑乎外資[7]。是以生而可尋[8]，所謂理也。理之所體[9]，所謂有也。有之所須，所謂資也。資有攸合，所謂宜也[10]，擇乎厥宜，所謂情也。識智既授，雖出處異業[11]，默語殊塗，所以寶生存宜，其情一也。衆理並而無害，故貴賤形焉。失得由乎所接，故吉凶兆焉。是以賢人君子，知欲不可絕，而交物有會[12]。觀乎往復，稽中定務[13]。惟夫用天之道，分地之利，躬其力任，勞而後饗。居以仁順，守以恭儉，率以忠信，信以敬讓，志無盈求[14]，事無過用[15]，乃可濟乎！故大建厥極，綏理羣生，訓物垂範[16]，於是乎在，斯則聖人爲政之由也。

【注】

〔1〕總混羣本，總合萬物。

〔2〕宗極，本源。

〔3〕方以族異，庶類之品，指本源的道的個別部分因族類相異而區分，成爲各種事物的品別。

〔4〕著分，區別顯明。

〔5〕化感錯綜，理迹之原，即事物錯綜複雜的發展變化，及其相互作用，是規律和現象的本源。

〔6〕所稟者偏，偏無自足，謂萬物所稟受的各是道之一個方面，因此它不能離開羣體而自足。

〔7〕外資，外部條件。

〔8〕生而可尋，萬有的生化有形迹可以探求。

〔9〕理之所體，理的體現。

〔10〕資有攸合,所謂宜也,外部條件與事物本身的需要相符合,便是適宜。
〔11〕出,做官。處,退隱。
〔12〕交物有會,與外界接觸有一定的時機。
〔13〕稽中定務,考求適當的原則,來確定努力的方向。
〔14〕志無盈求,志向不過度。
〔15〕事無過用,做事不過分。
〔16〕大建厥極,綏理羣生,訓物垂範,意謂盡力確立最高原則,以它來安撫治理人民,以事物的法則來教訓人民,垂示規範。

"若乃淫抗陵肆[1],則危害萌矣。故欲衍則速患,情佚則怨博,擅恣則興攻,專利則延寇,可謂以厚生而失生者也。悠悠之徒[2],駭乎若茲之釁,而尋艱爭所緣,察夫偏質有弊[3],而睹簡損之善遂闡貴無之議[4],而建賤有之論。賤有則必外形[5],外形則必遺制[6],遺制則必忽防,忽防則必忘禮。禮制弗存,則無以爲政矣。衆之從上,猶水之居器也。故兆庶之情[7],信於所習;習則心服其業,業服則謂之理然。是以君人必慎所教,班其政刑一切之務[8],分宅百姓[9],各授四職[10],能令禀命之者不肅而安,忽然忘異,莫有遷志[11]。況於據在三之尊[12],懷所隆之情,敦以爲訓者哉!斯乃昏明所階[13],不可不審[14]。

【注】
[1]淫抗陵肆,即下文説的欲衍(欲望過度)、情佚(情欲放縱)、擅

恣(專擅恣縱)、專利(獨佔利益)。
〔2〕悠悠之徒,閒適的人。
〔3〕察夫偏質有弊,觀察物體皆有流弊。
〔4〕睹簡損之善,看到摒除物欲的好處。
〔5〕外形,置形體於度外。
〔6〕遺制,蔑視法規。
〔7〕兆庶,百姓。
〔8〕君人,國君。班,頒佈。
〔9〕宅,處置。
〔10〕四職,四業,指士農工商。
〔11〕遷志,改變職分的想法。
〔12〕三,三公,指司空、司徒、司馬。
〔13〕階,途徑。
〔14〕審,審察。

"夫盈欲可損而未可絕有也,過用可節而未可謂無貴也。蓋有講言之具者[1],深列有形之故[2],盛稱空無之美。形器之故有徵,空無之義難檢,辯巧之文可悅,似象之言足惑[3],衆聽眩焉,溺其成說。雖頗有異此心者,辭不獲濟,屈於所狎[4],因謂虛無之理,誠不可蓋[5]。唱而有和,多往弗反,遂薄綜世之務[6],賤功烈之用,高浮游之業,卑經實之賢[7],人情所殉,篤夫名利。於是文者衍其辭[8],訥者讚其旨[9],染其衆也。是以立言藉於所無,謂之玄妙;處官不親所司,謂之雅遠;奉身散其廉操[10],謂之曠達。故砥勵之風,彌以陵遲。放者因斯[11],或悖吉凶之禮,而忽容止之表[12],瀆棄長幼之序[13],混漫貴賤之級[14]。其甚者至於裸裎[15],言笑忘宜,以不惜爲弘,士行又專矣。

【注】

〔1〕講言之具,口才。
〔2〕深列,詳細論列。
〔3〕似象之言,似是而非的言論。
〔4〕屈於所狎,被熟悉的議論所折服。
〔5〕誠不可蓋,確實不能超越。
〔6〕薄綜世之務,輕薄治世的事務。
〔7〕卑經實之賢,看不起務實的賢人。
〔8〕文者衍其辭,寫文章的人推衍這種觀點(指"虛無之理")。
〔9〕訥者讚其旨,不善於說話的人讚同這種觀點。
〔10〕奉身散其廉操,做人喪失清白高潔的品德。
〔11〕放者,放任的人。
〔12〕容止,容態行止。
〔13〕瀆棄,拋棄。
〔14〕混漫,雜亂。
〔15〕裸裎,裸體。

"老子既著五千之文,表擿穢雜之弊[1],甄舉靜一之義[2],有以令人釋然自夷[3],合於《易》之損、謙、艮、節之旨。而靜一守本,無虛無之謂也;損艮之屬,蓋君子之一道,非《易》之所以爲體守本無也[4]。觀老子之書雖博有所經[5],而云'有生於無'[6],以虛爲主,偏立一家之辭,豈有以而然哉[7]!人之既生,以保生爲全,全之所階,以順感爲務[8]。若味近以虧業[9],則沈溺之釁興;懷末以忘本,則天理之真滅[10]。故動之所交,存亡之會也。夫有非有[11],於無非無[12];於無非無,於有非有。是以申縱播之累[13],而著貴無之文。將以絶所非之盈謬[14],存大善之中節[15],收流遁於既過[16],反澄正於胸懷。宜其以無爲辭,而旨在全有,故其辭曰:'以爲文不足。'[17]若斯,則是所寄之塗[18],一方之言也。若謂至理信以無爲宗,則偏而害當矣[19]。

【注】

〔1〕表擿,明示。
〔2〕甄舉,揭出。静一,守静抱一。
〔3〕釋然自夷,疑慮消除而生喜悦。
〔4〕守本無,中華書局本校勘記引李慈銘校説,"守本無"三字衍。
〔5〕博有所經,淵博而有條理。
〔6〕有生於無,見《老子》四十章。
〔7〕豈有以而然哉,難道是有所爲而這樣的嗎?
〔8〕順感,順從環境。
〔9〕味近,只樂意接觸適合自己情趣的外物。
〔10〕天理,自然之理。
〔11〕夫有非有,中華書局本校勘記説,夫下疑脱"於"字。於有非有,謂物體是存在的,同時又發生變化,與原狀不一。
〔12〕於無於無,謂物體因變化而消逝,但並非歸於虚無。
〔13〕縱播之累,放縱恣肆的危害。

〔14〕盈謬,荒謬。
〔15〕中節,合於法度。
〔16〕收流遁,收治流弊。
〔17〕以爲文不足,見《老子》第十九章。
〔18〕塗,途徑。
〔19〕當,正道。

"先賢達識,以非所滯,示之深論[1]。惟班固著難[2],未足折其情。孫卿、揚雄大體抑之[3],猶偏有所許。而虛無之言,日以廣衍[4],衆家扇起[5],各列其說。上及造化[6],下被萬事,莫不貴無,所存僉同[7]。情以衆固,乃號凡有之理皆義之卑者,薄而鄙矣。辯論人倫及經明之業[8],遂易門肆[9]。頠用嘳然[10],申其所懷,而攻者盈集。或以爲一時口言。有客幸過,咸見命著文,摘列虛無不允之徵。若未能每事釋正,則無家之義弗可奪也。頠退而思之,雖君子宅情[11],無居於顯,及其立言,在乎達旨而已。然去聖久遠,異同紛糾,苟少有仿佛,可以崇濟先典[12],扶明大業,有益於時,則惟患言之不能,焉得靜默,及未舉一隅[13],略示所存而已哉[14]!

【注】

〔1〕示,依文義當爲"未"。嚴可均《全晉文》作"不"。
〔2〕班固(32—92),字孟堅,扶風安陵(今陝西咸陽東)人。其父班彪著《史記後傳》,班固續撰,歷二十餘年而成《漢書》。初官蘭臺令史,後從大將軍竇憲征匈奴,爲中護軍。憲被殺,他受株

連,死於獄中。長於文辭,作《兩都賦》;深通經義,作《白虎通》。後人集其詩文,輯有《班蘭臺集》。
〔3〕荀子對老莊的批判,見《荀子》的《天論》、《解蔽》。揚雄的批判,見《法言》的《問道》、《君子》。
〔4〕廣衍,傳播。
〔5〕扇起,風起。
〔6〕造化,六化,即萬物的本體。
〔7〕僉同,全同。
〔8〕經明,經世明道。
〔9〕易門肆,改換門庭。
〔10〕頠用矍然,裴頠因而驚恐。
〔11〕宅情,處世態度。
〔12〕崇濟先典,尊揚古代經典。
〔13〕一隅,一端。
〔14〕略示所存,約略地表示自己的看法。

"夫至無者無以能生,故始生者自生也。自生而必體有,則有遺而生虧矣。生以有爲己分[1],則虛無是有之所謂遺者也。故養既化之有,非無用之所能全也;理既有之衆,非無爲之所能循也[2]。心非事也,而制事必由於心[3],然不可以制事以非事,謂心爲無也。匠非器也,而制器必須於匠,然不可以制器以非器,謂匠非有也。是以欲收重泉之鱗,非偃息之所能獲也;隕高墉之禽[4],非靜拱之所能捷也[5];審投絃餌之用[6],非無知之所能覽也[7],由此而觀,濟有者皆有也,虛無奚益於已有之羣生哉!"

【注】
〔1〕生以有爲己分,生存的東西以有爲自己的本分。
〔2〕循,安撫。
〔3〕制,籌辦。
〔4〕隕高墉之禽,射落高牆上的鳥。
〔5〕非靜拱之所能捷,不是靜心拱手所能辦到的。
〔6〕審投絃餌之用,熟嫻弓箭和釣餌的使用方法。
〔7〕覽,明察。

　　王衍之徒攻難交至,並莫能屈[1]。又著《辯才論》,古今精義皆辨釋焉,未成而遇禍。

【注】
〔1〕《世說新語‧文學》説:"裴成公作《崇有論》,時人攻難之,莫能折,惟王夷甫來,如小屈。時人即以王理難裴,理還復勝。"

　　初,趙王倫諂事賈后[1],頠甚惡之。倫數求官,頠與張華復固執不許,由是深爲倫所怨。倫又潛懷篡逆,欲先除朝望[2],因廢賈后之際遂誅之,時年三十四[3]。二子嵩、該,倫亦欲害之。梁王肜、東海王越稱頠父秀有勳王室[4],配食太廟,不宜滅其後嗣,故得不死,徙帶方[5]。惠帝反正[6],追復頠本官,改葬以卿禮,謚曰成[7]。以嵩嗣爵,爲中書黃門侍郎。該出後從伯黎,爲散騎常侍,並爲乞活賊陳午所害[9]。

【注】
〔1〕趙王倫,即司馬倫(?—301),字子彝,初封琅邪,後改封趙。

晉惠帝時鎮關中，氐羌起而反抗。其後殺賈后，廢惠帝，自立爲帝。旋因王族和大臣反對，失敗而死。
〔2〕朝望，朝廷中有威望的。
〔3〕時年三十四，頠卒於永康元年（300），則其生年爲晉武帝泰始三年（267）。
〔4〕梁王肜，即司馬肜（？—301），字子徽，晉惠帝時歷任要職。守關中時，曾鎮壓氐族齊萬年的反晉鬥爭。後參與趙王倫廢賈后的活動。東海王越，即司馬越（？—311），字元超。反對趙王倫自立爲帝，迎晉惠帝返洛。懷帝時秉政，出討石勒。
〔5〕帶方，郡名。東漢建安時，遼東公孫康分樂浪郡南部置，魏晉因之。地當今朝鮮黃海南北道。
〔6〕反正，復位。永康二年（301），司馬倫兵敗自殺，晉惠帝由太上皇復爲皇帝。
〔7〕謚，王朝統治者根據死者生前事功，所給予的稱號。成，謚法："安民立政曰成。"
〔8〕兩晉間，并州流民組成軍隊，參與八王之亂，又與少數民族所建政權鬥爭。司馬騰鎮鄴，攜并州將田甄、李惲等部萬餘人至任所，時乏糧，遣就食冀州，號爲乞胡。騰死，李惲等歸司馬越，田甄等奔上黨。陳午，懷帝時歸荀晞，與石勒交戰。西晉亡後，所部一度潰散，仍歸東晉。

選自《晉書》卷三十五

郭　　象 (252—312)

　　郭象字子玄[1],少有才理,好《老》、《莊》[2],能清言。太尉王衍每云[3]:"聽象語,如懸河瀉水,注而不竭。"州郡辟召,不就。常閑居,以文論自娛。後辟司徒掾,稍至黄門侍郎。東海王越引爲太傅主簿[4],甚見親委,遂任職當權,熏灼内外,由是素論去之[5]。永嘉末病卒[6],著碑論十二篇[7]。

【注】

[1] 臧榮緒《晉書》與《文士傳》説,郭象是河南(郡名,治雒陽)人,《經典釋文·敍録》説是河內(郡名,治野王,今河南沁陽)人。
[2] 《老》、《莊》,《老子》、《莊子》。
[3] 王衍(256—311),字夷甫,琅邪臨沂(今屬山東)人,官至太尉。崇尚浮虚,喜談老莊,時人高之,促成玄風。八王之亂,衍周旋諸王間,唯求自保。與石勒交戰,兵敗被俘。勸勒稱帝,仍被殺。下文所引"縣河瀉水,注而不竭"之論,《語林》以爲孫興公答王衍語。
[4] 東海王越,即司馬越,字元超,河內温人(今河南温縣西南)人。晉惠帝時,滅楊駿有功,封東海王。永嘉(307—313)初爲相,殺清河王司馬覃,擅威專權。時國事多秋,上下崩離,憂懼而卒。主簿,負責文書簿籍,掌管印鑒的屬官,在掾史中地位最高。

〔5〕素論，往昔之論。
〔6〕永嘉末病卒，郭象卒於公元 312 年，生於 252 年，享年 61 歲。
〔7〕郭象的著作，據史志著錄有《莊子注》、《莊子音》、《論語隱》、《論語體略》、《郭象集》。今存《莊子注》和《論語體略》（清馬國翰輯）。

　　先是注《莊子》者數十家〔1〕，莫能究其旨統〔2〕。向秀於舊注外而爲解義，妙演奇致，大暢玄風〔3〕，惟《秋水》、《至樂》二篇未竟而秀卒。秀子幼〔4〕，其義零落，然頗有別本遷流。象爲人行薄，以秀義不傳於世，遂竊以爲己注〔5〕，乃自注《秋水》、《至樂》二篇，又易《馬蹄》一篇，其餘衆篇或點定文句而已。其後秀義別本出，故今有向、郭二《莊》，其義一也〔6〕。

【注】

〔1〕在向秀之前，好莊子之學的，於兩漢有嚴君平、班嗣，至三國爲何晏、裴徽、阮籍、嵇康。注《莊子》的，今所知有崔譔、孟氏、司馬彪。
〔2〕旨統，宗旨統歸，即思想體系。
〔3〕玄風，玄談風氣。
〔4〕秀子，向純、向悌。見本書《向秀》傳注。
〔5〕郭象有否竊取向秀的《莊子注》，學術界一直有爭論。侯外廬認爲郭竊向注，而馮友蘭、湯一介不同意此說，主張《莊子注》確爲郭象所著。他們的説法，分別見於《中國思想通史》第三卷第 208—215 頁，《中國哲學史史料學初稿》第 106—109 頁，《郭象與魏晉玄學》第 144—172 頁。

〔6〕湯一介説,自晉至唐,長達三百餘年,向、郭二本《莊子注》"長期得以同時並行",是因爲"内容不盡相同"(見《郭象與魏晉玄學》第150頁,湖北人民出版社1983年版)。

選自《晉書》卷五十

魯　　勝（西晉）

　　魯勝字叔時，代郡人也[1]。少有才操，爲佐著作郎。元康初[2]，遷建康令[3]。到官，著《正天論》云："以冬至之後立晷測影[4]，準度日月星。臣案日月裁徑百里，無千里；星十里，不百里[5]。"遂表上求下羣公卿士考論。"若臣言合理，當得改先代之失，而正天地之紀。如無據驗，甘即刑戮，以彰虛妄之罪。"事遂不報。嘗歲日望氣[6]，知將來多故，便稱疾去官。中書令張華遣子勸其更仕[7]，再徵博士，舉中書郎，皆不就。

【注】

〔1〕代郡，郡名，治代縣（今山西陽高西南），屬幽州。
〔2〕元康，晉惠帝年號（291—299）。
〔3〕遷建康令，遷建康令爲遷建鄴令之誤。晉武帝太康三年（282）置建鄴縣。晉愍帝司馬鄴即位（313）後，以避諱改建鄴爲建康。元康年間（291—299），有建鄴無建康。又下文説，魯"稱疾去官"，"中書令張華遣子勸其更仕"。按張華卒於永康元年（300），魯之官不能在愍帝永興時，只能在惠帝元康年間，故魯所遷爲建鄴令。建鄴，在今江蘇南京市。
〔4〕晷，日規，測日影以定時刻的儀器。
〔5〕此説不確。太陽直徑 139 萬公里，月亮直徑接近 3 500 公里。人們肉眼所見星球的直徑，無不大於月亮。

〔6〕望氣，根據雲氣，預測吉凶。

〔7〕張華，見本書《裴頠》傳注。

　　其著述爲世所稱，遭亂遺失，惟注《墨辯》[1]，存其敍曰：

　　"名者所以别同異，明是非，道義之門，政化之準繩也。孔子曰：'必也正名，名不正則事不成[2]。'墨子著書，作《辯經》以立名本，惠施、公孫龍祖述其學[3]，以正别名顯於世。孟子非墨子，其辯言正辭則與墨同[4]。荀卿、莊周等皆非毁名家，而不能易其論也[5]。"

【注】

〔1〕《墨辯》，今以《墨子》中的《經》上、《經》下、《經説》上、《經説》下、《大取》、《小取》六篇，合稱《墨辯》，又稱《辯經》。魯勝以《經》上、下，《經説》上、下，爲《墨辯》，不包括《大取》、《小取》。

〔2〕語見《論語·子路》。

〔3〕惠施、公孫龍，本書有傳。惠施、公孫龍的辯學（邏輯學）有自己獨具的風格，並非繼承墨家。

〔4〕辯言，論證與駁斥。正辭，正確的判斷。孟子在邏輯上與墨子並不相同。"墨子善於運用類比推理和證明、反駁等邏輯方法進行辯論。"而孟子則"好用比喻和反問"（任繼愈《中國哲學發展史（先秦）》第476頁，人民出版社1983年版）。

〔5〕荀卿批判名家有三惑：一、"惑於用名以亂名"，二、"惑於用實以亂名"，三、"惑於用名以亂實"（《荀子·正名》）。莊子説：惠施"以反人爲實而欲以勝人爲名，是以與衆不適也"，"桓團、

公孫龍,辯者之徒,飾人之心,易人之意,能勝人之口,不能服人之心"(《莊子·天下》)。

"名必有形,察形莫如別色,故有堅白之辯。名必有分明,分明莫如有無,故有無序之辯[1]。是有不是,可有不可,是名兩可。同而有異,異而有同,是之謂辯同異。至同無不同,至異無不異,是謂辯同辯異。同異生是非,是非生吉凶,取辯於一物而原極天下之汙隆[2],名之至也。

【注】
[1] 序,敘。
[2] 原極,推其根源。汙隆,時世風俗的盛衰。劉峻《廣絕交論》:"龍驤蠖曲,從道汙隆。"

"自鄧析至秦時名家者[1],世有篇籍,率頗難知,後學莫復傳習,於今五百餘歲,遂亡絕。《墨辯》有上下《經》,《經》各有《説》,凡四篇,與其書衆篇連第,故獨存。今引説就經,各附其章,疑者闕之。又採諸衆雜集爲《刑名》二篇[2],略解指歸[3],以俟君子[4]。其或興微繼絕者,亦有樂乎此也!"

【注】
[1] 鄧析,本書有傳。秦時名家,指黃公、成公生等。黃公,秦博士,作《黃公》論名實,又作歌詩。成公生,年輩稍晚於黃公,游談不仕,作《成公生》。《黃公》、《成公生》兩書已亡。

〔2〕《刑名》,孫詒讓《墨子閒詁》:"刑"當作"形"。《刑名》二篇,已佚。

〔3〕指歸,意旨,意向。

〔4〕俟,待。

選自《晉書》卷九十四《隱逸》

東晉

葛　　洪 (284—364)

　　葛洪字稚川,丹楊句容人也[1]。祖系,吳大鴻臚[2]。父悌,吳平後入晉,爲邵陵太守[3]。洪少好學,家貧,躬自伐薪,以貿紙筆。夜輒寫書誦習[4],遂以儒學知名。性寡欲,無所愛玩,不知棋局幾道,摴蒲齒名[5]。爲人木訥[6],不好榮利,閉門却掃[7],未嘗交游。於餘杭山見何幼道、郭文舉[8],目擊而已,各無所言。時或尋書問義,不遠數千里,崎嶇冒涉,期於必得。遂究覽典籍,尤好神仙導養之法[9]。從祖玄[10],吳時學道得仙,號曰葛仙公,以其煉丹秘術授弟子鄭隱[11]。洪就隱學,悉得其法焉。後師事南海太守上黨鮑玄[12]。玄亦内學[13],逆占將來,見洪深重之,以女妻洪。洪傳玄業,兼綜練醫術,凡所著撰,皆精覈是非,而才章富贍。

【注】

[1] 丹楊句容,今屬江蘇丹陽市。
[2] 大鴻臚,官名,九卿之一,掌贊襄禮義。
[3] 邵陵,郡名,轄境相當今湖南新化以南的資水流域。
[4]《抱朴子外篇・自敍》:"年十有三,而慈父見背,夙失庭訓,飢寒困瘁,躬執耕穡,承星履草,密勿疇襲,又累遭兵火,先人典籍蕩盡,農隙之暇無所讀。乃負笈徒步行借,又卒於一家,少得全部之書。益破功日伐薪賣之,以給紙筆,就營田園處,以

柴火寫書。"

〔5〕摴(音初)蒲,同"樗蒲",古博戲。齒,骰子。

〔6〕木訥,質樸而不善言辭。

〔7〕却掃,謂不打掃房舍迎客,即謝客。

〔8〕何幼道,西晉學道者。郭文舉,嚴可均輯《抱朴子內篇佚文》："郭文舉,河內軹縣人。入陸渾山學道,獨能無情,意不生也。"(見《太平御覽》卷六百六十六)

〔9〕導養,即導引養生,道教修煉方法之一。《雲笈七籤》卷三十二至卷三十四謂"導引之法,深能益人延年,與調氣相須,令血脈通,除百病"。道教有《太清導引養生經》。

〔10〕從祖玄,葛洪堂祖父葛玄,三國方士,字孝先。《抱朴子內篇·金丹》載,曾從左慈學道,受《太清丹經》、《九鼎丹經》、《金液丹經》。於江西閣皂山修道,常服餌術,能用符,行諸奇術。

〔11〕鄭隱,西晉方士,字思遠,葛洪之師。《抱朴子內篇·遐覽》載,原為大儒,晚而好道,師事葛玄,有異術,收藏道書甚富,後將入室弟子入山修煉,不知所往。

〔12〕鮑玄,晉代道教徒,名靚,字太玄。《晉書》本傳:"學兼內外,明天文河洛書。"

〔13〕內學,佛教,道教均稱自己的教義和學說為"內學",以別於世間其他學問。

　　太安中[1],石冰作亂[2],吳興太守顧祕為義軍都督[3],與周玘等起兵討之[4],祕檄洪為將兵都尉[5],攻冰別率[6],破之,遷伏波將軍。冰平,洪不論功賞,徑至洛陽,欲搜求異書以廣其學。

【注】

〔1〕太安,西晉惠帝年號(302—303)。
〔2〕石冰(?—304),西晉後期張昌農民起義軍將領。
〔3〕義軍,西晉後期,各地地主、官僚糾集的鎮壓農民起義的地主武裝的自稱。
〔4〕周玘,周處之子,石冰攻破江、揚二州後,他以議郎身份糾集地主、官僚,組織名爲義軍的地主武裝進行鎮壓。
〔5〕檄,古代官府用以徵召、曉喻或聲討的文書。
〔6〕率,通"帥"。別率,別將。

　　洪見天下已亂,欲避地南土,乃參廣州刺史嵇含軍事〔1〕。及含遇害,遂停南土多年,征鎮檄命一無所就〔2〕。後還鄉里,禮辟皆不赴〔3〕。元帝爲丞相,辟爲掾〔4〕。以平賊功,賜爵關内侯〔5〕。咸和初〔6〕,司徒導召補州主簿〔7〕,轉司徒掾,遷諮議參軍〔8〕。干寶深相親友〔9〕,薦洪才堪國史,選爲散騎常侍〔10〕,領大著作〔11〕,洪固辭不就。以年老,欲煉丹以祈遐壽〔12〕,聞交阯出丹〔13〕,求爲句漏令。帝以洪資高,不許。洪曰:"非欲爲榮,以有丹耳。"帝從之。洪遂將子姪俱行。至廣州,刺史鄧嶽留不聽去〔14〕,洪乃止羅浮山煉丹〔15〕。嶽表補東官太守,又辭不就。嶽乃以洪兄子望爲記室參軍〔16〕。在山積年,優游閒養,著述不輟。

【注】

〔1〕參,參預。《抱朴子外篇·自敘》:"會有故人譙國嵇君道(按即嵇含),見用爲廣州刺史,乃表請洪爲參軍,雖非所樂,然利可避地於南,故黽勉就焉。"

〔2〕指拒絕接受南土節將邀用的檄命。《抱朴子外篇・自敍》："君道於後遇害,遂停廣州,頻爲節將見邀用,皆不就。"

〔3〕辟,辟除。秦漢迄魏晉南北朝中央和地方長官自行聘任僚屬稱爲辟(除)。

〔4〕掾,掾史。漢迄南北朝,職權較重的長官都有掾屬,分曹治事,通稱掾史。多由長官自行辟除。

〔5〕《抱朴子外篇・自敍》："庚寅詔書,賜爵關中侯,食句容之邑二百户。"關中侯即關内侯,爲秦漢以來二十等爵的第十九級,位在徹(通)侯之下,僅有封號或少量食户,而無所封國邑。

〔6〕咸和,東晉成帝年號(326—334)。

〔7〕司徒導,司徒王導。東晉明帝、成帝時,王導以八公之一的司徒官秉朝政。州主簿,州刺史下典領文書的屬官。

〔8〕諮議參軍,官名。漢末曹操以丞相總攬軍政,其僚屬往往用參丞相軍事的名義爲銜。西晉沿其制,凡諸王及將軍開府者,皆置參軍,爲重要幕僚。諮議參軍以諮詢議論爲職。

〔9〕干寶,東晉史學家、文學家,字令昇,新蔡(今屬河南)人。元帝時曾以佐著作郎領修國史,後官至散騎常侍。著有《晉紀》,今已佚。又編集神祇靈異人物變化,名爲《搜神記》,原書已佚,今存本係後人輯録。

〔10〕散騎常侍,官名,三國魏始置,隨侍皇帝左右,以備顧問。晉以後,增加員額,稱員外散騎常侍,或通直散騎常侍,往往預聞要政。

〔11〕大著作,官名。三國魏始置,稱著作郎,屬中書省,掌編纂國史。晉代改屬秘書省,號稱大著作。

〔12〕煉丹,道教法術之一。這裏指煉"外丹",即在爐鼎中燒煉礦石藥物以制成"長生不死"丹藥(即"金丹")。遐壽,長壽。

〔13〕交阯,郡名,西漢南越趙陀所置。晉代郡治在龍編(縣治在今越南東天德江北岸),轄龍編、句扇等十四縣。丹,丹砂,即"辰

砂"。俗稱"朱砂",礦物名,道士煉藥主要原料之一。
〔14〕據《晉書》本傳及《晉書·成帝紀》載,鄧嶽始任廣州刺史在成帝咸和五年(330)平郭默時。本此,則葛洪赴句屚任所止於廣州當在咸和五年以後。
〔15〕羅浮山,在今廣東博羅縣境内東江之濱。《抱朴子内篇·金丹》載,根據仙經,爲"可以精思合作仙藥"名山之一。故葛洪入此山修道煉丹,並留下遺迹多處。後遂爲道教十大洞天之一,稱"第七洞天"。
〔16〕記室參軍,參軍的一種,掌文墨之事。

其自序曰[1]:

"洪體乏進趣之才,偶好無爲之業[2]。假令奮翅則能陵厲玄霄,騁足則能追風躡景,猶欲戢勁翮於鷦鷯之羣[3],藏逸迹於跛驢之伍[4],豈況大塊稟成以尋常之短羽[5],造化假我以至駑之蹇足[6]?自卜者審[7],不能者止,又豈敢力蒼蠅而慕沖天之舉,策跛鱉而追飛兔之軌;飾嫫母之篤陋,求媒陽之美談[8];推沙礫之賤質,索千金於和肆哉[9]!夫僬僥之步而企及夸父之蹤[10],近才所以躓礙也[11];要離之羸而強赴扛鼎之勢[12],秦人所以斷筋也。是以望絶於榮華之途,而志安乎窮圮之域;藜藿有八珍之甘[13],蓬蓽有藻梲之樂也[14]。故權貵之家,雖咫尺弗從也;知道之士,雖艱遠必造也。

【注】
〔1〕按:以下自序兩段文字係全録《抱朴子内篇序》,只於個別文句

有所删改。參看今存本《抱朴子内篇》。
〔2〕無爲之業,指道術和修道。道教信仰的核心是"道","道"是天地萬物之源,"道常無爲而無不爲"。故葛洪以"無爲之業"代指道術和修道。
〔3〕猶,尚且。戢(音集),收斂。翮(音核),羽管,引申爲羽翼的代稱。鷦,鳥名,即鷦鷯,亦稱"巧婦鳥"。鶡,鳥名,即鶡,也叫老鶡。
〔4〕逸迹,捷足。
〔5〕大塊,大地,一説大自然。
〔6〕至駑(音奴),最低劣。蹇(音簡)足,跛足。
〔7〕審,明悉。
〔8〕嫫母,古之醜婦,傳爲黄帝次妃。媒陽,古時撮合婚姻的媒人。
〔9〕和肆,店鋪。
〔10〕僬僥,亦作"焦僥",古代傳説中的矮人。見《列子・湯問》。
〔11〕近,淺陋,平常。躓礙,亦作"躓閡",顛僕障礙,不能前進。
〔12〕要離,春秋末吴國人,用斷手計爲吴王刺死吴公子慶忌。羸(音雷),瘦弱。
〔13〕藜,一年生草本植物,嫩葉可食。藿,豆葉。藜藿,指粗劣的飯食。
〔14〕蓬蓽,"蓬門蓽户"的略語,比喻簡陋的房子。藻梲,梁上有彩畫的短柱。

"考覽奇書,既不少矣,率多隱語,難可卒解。自非至精,不能尋究;自非篤勤,不能悉見也。道士弘博洽聞者寡,而意斷妄説者衆。至於時有好事者,欲有所修爲,倉卒不知所從,而意之所疑,又無足諮。今爲此書,粗舉長生之理[1]。其至妙者,不得宣之於翰墨。蓋粗言較略，以示一隅，冀悱憤之徒省之[2]，可以思過半矣。豈謂闇塞必能窮微暢遠乎！聊論其所先覺者耳。世儒徒知服膺周孔，莫信神仙之書，不但大而笑之[3]，又將謗毀真正[4]。故予所著子[5]，言黃白之事[6]，名曰《內篇》，其餘駁難通釋，名曰《外篇》，大凡內外一百一十六篇。雖不足藏諸名山，且欲緘之金匱，以示識者。"

【注】
[1]《抱朴子外篇·自敘》："其《內篇》言神仙方藥鬼怪變化養生延年禳邪却禍之事，屬道家。"
[2] 悱憤，同"憤悱"，鬱結不舒。
[3] 大而笑之，以爲迂闊而譏笑。
[4] 真正，指神仙、道術。
[5] "子"下脱"書"字。《抱朴子外篇·自敘》："先所作子書內外篇，幸已用功夫。"又"洪年二十餘，乃計作細碎小文，妨棄功日，未若立一家之言，乃草創子書"。
[6] 黃白之事，指道士燒煉丹藥點化金銀的法術。

自號抱朴子，因以名書[1]。其餘所著碑誄詩賦百卷，移檄章表三十卷，神仙、良吏、隱逸、集異等傳各十卷，又抄《五經》、《史》、《漢》、百家之言、方技雜事三百一十卷，《金匱藥方》一百卷，《肘後要急方》四卷。

【注】
[1]《抱朴子外篇·自敘》："洪期於守常，不隨時變，言則率實，杜

絕嘲戲,不得其人,終日默然。故邦人咸稱之爲抱朴之士,是以洪著書,因以自號焉。"

洪博聞深洽,江左絕倫[1]。著述篇章富於班、馬[2],又精辯玄賾[3],析理入微。後忽與嶽疏云:"當遠行尋師,剋期便發[4]。"嶽得疏,狼狽往別。而洪坐至日中,兀然若睡而卒[5],嶽至,遂不及見。時年八十一[6]。視其顏色如生,體亦柔軟,舉屍入棺,甚輕,如空衣,世以爲屍解得仙云。

【注】

[1] 江左絕倫,在東晉統治下的全部地區(即江東)無人可比。
[2] 班、馬,班固與司馬遷。
[3] 玄賾,微妙幽深。
[4] 剋期,約定或限定日期。
[5] 兀然,無知覺的樣子。
[6] 按葛洪年壽說法不一。計有八十一、六十一與不出六十歲三說。王明《抱朴子內篇校釋》附錄一《晉書·葛洪傳》注認爲當以八十一說爲可信。但據《晉書》有關紀傳推算鄧嶽任廣州刺史的年月,似乎葛洪年壽約在六十四五至七十之間。

選自《晉書》卷七十二

鮑　敬　言（東晉中期）

　　鮑生敬言好老莊之書〔1〕，治劇辯之言〔2〕，以爲古者無君，勝於今世〔3〕。

【注】

〔1〕老莊之書，《老子》、《莊子》。
〔2〕劇辯，雄辯。
〔3〕古者無君，勝於今世，這是鮑敬言所著《無君論》的基本觀點。《無君論》，見於《抱朴子外篇·詰鮑》。其論云："曩古之世，無君無臣，穿井而飲，耕田而食；日出而作，日入而息。泛然不係，恢爾自得；不競不營，無榮無辱。……夫天地之位，二氣範物，樂陽則雲飛，好陰則川處，承柔剛以率性，隨四八而化生，各附所安，本無尊卑也。君臣既立，而變化遂滋。夫獺多則魚擾，鷹衆則鳥亂，有司設則百姓困，奉上厚則下民貧。甕崇寶貨，飾玩臺榭，食則方丈，衣則龍章，內聚曠女，外多鰥男，採難得之寶，貴奇怪之物，造無益之器，恣不已之欲，非鬼非神，財力安出哉？夫穀帛積，則民有飢寒之儉；百官備，則坐糜供奉之費；宿衛有徒食之衆，百姓養游手之人，民乏衣食，自給已劇；況加賦斂，重以苦役，下不堪命，且凍且飢。"

選自葛洪《抱朴子外篇·詰鮑》

支　　遁（314—366）

　　支遁字道林，本姓關氏，陳留人[1]，或云河東林慮人。幼有神理，聰明秀徹。初至京師[2]，太原王濛甚重之[3]，曰："造微之功，不減輔嗣[4]。"陳郡殷融嘗與衛玠交[5]，謂其神情俊徹，後進莫有繼之者。及見遁，嘆息以及重見若人。家世事佛，早悟非常之理，隱居餘杭山，深思《道行》之品[6]，委曲《慧印》之經[7]，卓焉獨拔，得自天心。年二十五出家，每至講肆，善標宗會，而章句或有所遺，時爲守文者所陋。謝安聞而善之曰："此乃九方堙之相馬也[8]，略其玄黃而取其駿逸。"王洽、劉恢、殷浩、許詢、郗超、孫綽、桓彥表、王敬仁、何次道、王文度、謝長遐、袁彥伯等[9]，並一代名流，皆著塵外之狎。

【注】

[1] 陳留，今河南開封市南。
[2] 京師，東晉京城建康（今南京）。
[3] 王濛，字仲祖，東晉太原晉陽人，世爲大族。弱冠檢尚，風流雅正。辟司徒掾、中書郎。
[4] 輔嗣，王弼字。
[5] 殷融，字洪遠，東晉陳郡人。累遷司徒左西屬、吏部尚書、太常卿。著《象不盡意》、《大賢須易論》。衛玠，字叔寶，河東安邑人，傳稱"穎識通達，天韻標令"。

〔6〕《道行》,《道行般若經》,十卷。東漢光和二年(179),月支國沙門支讖譯。
〔7〕《慧印》,《慧印經》,亦稱《慧印三昧經》。三國時支謙譯。
〔8〕九方堙,又作九方皋,春秋時人,善相馬。由伯樂推薦而爲秦穆公求千里馬。事見《淮南子·道應訓》和《列子·説符》。
〔9〕王洽,字敬和,東晉丞相王導第三子,累遷吴郡内史、中領軍。劉恢,字道生,沛國人,任車騎司馬;殷浩,字淵源,陳郡長平人,仕至揚州刺史、中軍將軍。許詢,字玄度,高陽人,魏中領軍玄孫,司徒掾辟,不就。郗超,字景興,高平人,司空愔之子,累遷中書郎、司徒左長史。孫綽,字興公,太原中都人,歷太學博士、大著作、散騎常侍。桓彦表,事迹不詳,不知是桓彝否(桓彝,字茂倫,譙國龍亢人,累遷散騎常侍)。王敬仁,敬仁字,名脩,太原晉陽人,王濛之子,起家著作佐郎、琅邪王文學,轉中軍司馬,未拜而卒。何次道,次道字,名充,廬江人,累遷會稽内史、侍中、驃騎將軍、揚州刺史。王文度,文度字,名坦之,太原晉陽人,累遷侍中、中書令,領北中郎將、徐兖二州刺史。謝長遐,或爲謝長度之訛(謝長度,長度字,名朗,謝安次兄據之長子,仕至東陽太守)。袁彦伯,彦伯字,名宏,陳郡人,任建威參軍、安南司馬、記室等。

遁嘗在白馬寺,與劉系之等談《莊子·逍遥篇》[1],云:"各適性以爲逍遥。"遁曰:"不然。夫桀跖以殘害爲性,若適性爲得者,從亦逍遥矣。"於是退而注《逍遥篇》,羣儒舊學莫不嘆服。後還吴,立支山寺。晚欲入剡,謝安爲吴興守,與遁書曰:"思君日積,計辰傾遲。知欲還剡自治,甚以悵然。人生如寄耳,頃風流得意之事,殆爲都盡。終日戚戚,觸事惆悵,唯遲君來,以晤言消之,一日當千載耳。此多山縣,閑靜差可養疾,事不異剡,而醫藥不同,必思此緣,副其積想也。"王羲之時在會稽[2],素聞遁名,未之信,謂人曰:"一往之氣何足言。"後遁既還剡,經由於郡,王故詣遁,觀其風力[3]。既至,王謂遁曰:"《逍遥篇》可得聞乎?"遁乃作數千言,標揭新理,才藻驚絕,王遂披衿解帶,流連不能已[4]。仍請住靈嘉山,意存相近。

【注】

〔1〕劉系之,事迹不詳。

〔2〕王羲之(321—379),字逸少,東晉琅邪臨沂(今屬山東)人。善草隸。累遷江州刺史、右軍將軍、會稽内史。

〔3〕風力,文辭的風骨筆力。

〔4〕關於王羲之見支遁一事,《世説新語·文學篇》的記載,與此稍異。其云:"王逸少作會稽,初至,支道林在焉。孫興公(孫綽)謂王曰:'支道林拔新領異,胸懷所及乃自佳,卿欲見不?'王本自有一往雋氣,殊自輕之。後孫與支共載往王許。王都領域,不與交言。須臾支退。後正值王當行,車已在門,支語王曰:'君未可去,貧道與君小語'。因論《莊子·逍遥遊》。支作數千言。才藻新奇,花爛映發。王遂披襟解帶,留連不能已。"

　　俄又投迹剡山,於沃州小嶺立寺行道,僧衆百餘,常隨稟學。時或有墮者,遁乃著座右銘以勖之曰:"勤之勤之,至道非彌。奚爲淹滯,弱喪神奇。茫茫三界[1],眇眇長羈。煩勞外湊,冥心内馳。殉赴欽渴,緬邈忘疲。人生一世,涓若露垂。我身非我[2],云云誰施?達人懷德,知安必危。寂寥清舉,濯累禪池。謹守明禁,雅玩玄規[3]。綏心神道,抗志無爲。寥朗三蔽[4],融治六疵[5]。空同五陰[6],豁虛四支[7]。非指喻指[8],絶而莫離。妙覺既陳,又玄其知。婉轉平任,與物推移。過此以往,勿思勿議。敦之覺父,志在嬰兒。"時論以遁才堪經濟,而潔己拔俗,有違兼濟之道,遁乃作《釋矇論》[9]。

【注】

[1] 三界,指欲界、色界、無色界。佛教認爲有情衆生居住的三種境界。
[2] 非我,亦稱"非身",即"天我"。"我身非我",是説人由五蘊(色、受、想、行、識)和合而成,没有恒常自在的主體。
[3] 明禁,戒條。玄規,禪規。
[4] 三蔽,或指貪、嗔、痴。
[5] 六疵,或指慳貪、破戒、嗔恚、憐念、散亂、愚痴。
[6] 五陰,即"五蘊",見前。
[7] 四支,指不苦不樂支、舍支、念支、一心支,爲四禪的内容。
[8] 非指喻指,用不是手指的東西比喻手指,語出《莊子·齊物論》。原文是:"以指喻指之非指,不若以非指喻指之非指也;以馬喻馬之非馬,不若以非馬喻馬之非馬也。"這是針對公孫龍子的《指物論》和《白馬論》而發的議論。
[9] 《釋矇論》,唐代尚存,見《大唐内典録》卷三,今佚。

晚移石城山,又立棲光寺,宴坐山門[1],遊心禪苑,木食澗飲,浪志無生[2],乃注《安般》、《四禪》諸經[3],及《即色遊玄論》、《聖不辯知論》、《道行旨歸》、《學道誡》等[4],

追蹤馬鳴[5],躡影龍樹[6],義應法本,不違實相。

【注】

[1] 山門,佛教寺院的外門,泛指寺院。
[2] 無生,沒有生滅的遷變,與涅槃、實相、法性等同義。
[3]《安般》,《安般守意經》。《四禪》,《本起四禪經》。
[4] 支遁的佛學著作,見存的有《大小品對比要鈔序》(《出三藏記集》卷八)、《與桓太尉論州符求沙門名籍書》(《弘明集》卷十一)、《八關齋會詩序》、《釋迦文佛像贊》、《阿彌陀佛像贊並序》、《善思菩薩贊》、《閒首菩薩贊》、《不眴菩薩贊》、《善宿菩薩贊》、《善多菩薩贊》、《首立菩薩贊》、《月光童子贊》、《維摩詰贊》(以上均載《廣弘明集》)。已佚的除本傳所列這些書以外,還有:《辯著論》、《釋即色本無義》、《辯三乘論》、《切悟章》、《支道林答謝長遐書》、《般若臺眾僧集議節度序》、《本業略例》、《本業經注序》(見《出三藏記集》卷十二所載陸澄《法論》目錄)。
[5] 馬鳴,公元1—2世紀之際的中天竺人,原為婆羅門外道,後受脅尊者教化,改信佛教。主要著作有《佛所行贊》、《大乘莊嚴論經》(亦作《大乘莊嚴經論》)。姚秦鳩摩羅什譯有《馬鳴菩薩傳》一卷,可參看。
[6] 龍樹,3世紀時的南天竺人,婆羅門種姓,自幼誦"四吠陀",悉練世學藝能、天文地理、圖緯秘藏及諸道術,後皈依佛教,精通三藏,成為大乘中觀宗的創始人。著有《大智度論》、《十住毗婆沙論》、《中論》、《十二門論》等多種,有"千部論主"之稱。

晚出山陰,講《維摩經》[1],遁為法師[2],許詢為都講[3]。遁通一義,衆人咸謂詢無以厝難。詢設一難,亦謂遁不復能通。如此至竟,兩家不竭。凡在聽者咸謂審得遁旨,迴令自說,得兩三反便亂。

【注】

〔1〕《維摩經》,亦稱《不可思議解脫經》、《維摩詰所說經》、《說無垢稱經》。前後共有七譯,其中四譯闕本,見存的三譯是:吳支謙的第二譯《維摩詰經》二卷(或三卷)、姚秦鳩摩羅什的第六譯《維摩詰所說經》三卷、唐玄奘的第七譯《說無垢稱經》六卷。
〔2〕法師,通曉佛典並講經傳法的僧人。
〔3〕都講,講經時負責發問的僧人。魏晉南北朝時的講經,常采用都講發問,法師解難,一問一答,敷演經義的方式。

　　至晉哀帝即位,頻遣兩使,徵請出都。止東安寺,講《道行般若》[1],白黑欽崇,朝野悅服。太原王濛,宿構精理,撰其才詞,往詣遁,作數百語,自謂遁莫能抗。遁乃徐曰:"貧道與君別來多年,君語了不長進。"濛慚而退焉,乃嘆曰:"實緇鉢之王、何也[2]。"郄超問謝安:"林公談何如嵇中散[3]?"安曰:"嵇努力裁得去耳。"又問:"何如殷浩?"安曰:"亹亹論辯,恐殷制支。超拔直上淵源,浩實有慚德。"郄超後與親友書云:"林法師神理所通,玄拔獨悟。實數百年來,紹明大法,令真理不絕,一人而已。"

【注】

〔1〕《道行般若》,《道行般若波羅蜜經》,十卷,東漢支讖譯。
〔2〕王、何,王弼、何晏。

〔3〕嵇中散,嵇康。

遁淹留京師,涉將三載,乃還東山。上書告辭曰:"遁頓首言,敢以不才,希風世表,未能鞭後,用愆靈化[1]。蓋沙門之義,法出佛聖,彫純反樸,絶欲歸宗[2]。遊虛玄之肆,守內聖之則[3]。佩五戒之貞[4],毗外王之化[5]。諧無聲之樂[6],以自得爲和。篤慈愛之孝,蠕動無傷;銜撫恤之哀,永悼不仁[7];秉未兆之順[8],遠防宿命[9];挹無位之節[10],履亢不悔[11]。是以哲王御南面之重,莫不欽其風尚,安其逸軌,探其順心,略其形敬,故令歷代彌新矣。陛下天鍾聖德,雅尚不倦,道遊靈模[12],日昃忘御[13],可謂鍾鼓晨極,聲振天下。清風既邵,莫不幸甚。上願陛下,齊齡二儀[14],弘敷至化,去陳信之妖誣,尋丘禱之弘議,絶小塗之致泥,奮宏轡於夷路。若然者,泰山不淫季氏之旅[15],得一以成靈;王者非圓丘而不禋,得一永貞。若使貞靈各一,人神相忘,君君而下無親舉,神神而咒不加靈,玄德交被,民荷冥祐。恢恢六合,成吉祥之宅;洋洋大晉,爲元亨之宇[16]。常無爲而萬物歸宗[17],執大象而天下自往[18]。國典刑殺,則有司存焉。若生而非惠,則賞者自得;戮而非怒,則罰者自刑。弘公器以厭神意,提銓衡以極冥重,所謂天何言哉,四時行焉[19]。貧道野逸東山,與世異榮。菜蔬長阜,漱流清壑,繿縷畢世,絶窺皇階,不悟乾光曲曜[20],猥被蓬蓽。頻奉明詔,使詣上京,進退惟谷,不知所厝。自到天庭,屢蒙引見,優以賓禮,策以微言。每愧才不拔滯,理無拘新,不足對揚玄模[21],允塞視聽[22],跋踏侍人[23]，流汗位席。曩四翁赴漢，干木蕃魏[24]，皆出處有時，默語適會。今德非昔人，動靜乖衷，遊魂禁省，鼓言帝側，將困非據，何能有爲？且歲月僶俛[25]，感若斯之嘆，況復同志索居，綜習遼落，延首東顧，孰能無懷？上願陛下特蒙放遣，歸之林薄，以鳥養鳥，所荷爲優。謹露板以聞，申其愚管，裹糧望路，伏待慈詔。"詔即許焉，資給發遣，事事豐厚，一時名流並餞離於征虜[26]。蔡子叔前至[27]，近遁而坐，謝萬石後至[28]，值蔡暫起，謝便移就其處，蔡還，合褥舉謝擲地，謝不以介意，其爲時賢所慕如此。

【注】

[1] 愆，過，失誤，罪咎。用愆靈化，喪失教化。
[2] 絕欲歸宗，消除物欲，歸復本真。
[3] 內聖，個人的修身養性。
[4] 五戒，在家佛徒應遵守的五條戒律，即不殺生、不偷盜、不邪淫、不妄語、不飲酒。貞，節操。
[5] 外王，忠君事上。
[6] 無聲之樂，沒有聲響的音樂，語出嵇康《聲無哀樂論》。原文是："樂之爲體，以心爲主，故無聲之樂，民之父母。"
[7] 悼，恐懼。永悼不仁，永遠不做不仁的事情。
[8] 秉未兆之順，遵循尚未成形的事物的發展方向。
[9] 宿命，佛教謂世人於過去世皆有生命，或爲天，或爲人，或爲餓鬼畜生，輾轉輪回，便是宿命。
[10] 無位，指沙門拋棄世俗的榮華富貴，無官職爵祿。
[11] 履亢不悔，不亢不卑。
[12] 道游靈模，巡視示範。

〔13〕日昃忘御,夕陽西照時仍忘記駕歸。
〔14〕二儀,指天地。
〔15〕泰山不淫季氏之旅,見《論語・八佾》。原文是:"季氏旅於泰山。子謂冉有曰:'女弗能救與?'對曰:'不能。'子曰:'嗚呼!曾謂泰山不如林放乎?'"旅,祭名。根據周禮,只有天子才能祭泰山,季氏只是魯國大夫,也去祭泰山,故被孔子視爲僭越非禮。
〔16〕元亨,語出《周易・乾卦》卦辭。元,大。亨,通。
〔17〕常無爲,見《老子》三十七章,原文是:"道常無爲而無不爲。"萬物歸宗,見《老子》第四章,原文是:"道沖,而用之或不盈。淵兮,似萬物之宗。"
〔18〕執大象而天下往,語出《老子》第三十五章。意爲掌握了大"道",天下就歸向他。
〔19〕天何言哉,四時行焉,見《論語・陽貨》。原文是:"子曰:'天何言哉?四時行焉,百物生焉。天何言哉?'"
〔20〕乾光,陽光。
〔21〕對揚玄模,流暢地對答皇帝的諮詢。
〔22〕允塞視聽,很好地充實自己的知識。
〔23〕跋踖,恭敬而局促不安的樣子。
〔24〕四翁赴漢,指漢初商山四皓(也稱四翁)輔佐太子劉盈。干木蕃魏,指戰國時段干木輔佐魏文侯。
〔25〕僶俛,勤勉、努力。
〔26〕征虜,亭名。東晉太元中,征虜將軍謝安,在建康石頭塢立此亭,因以爲名。
〔27〕蔡子叔,子叔字,名系,東晉濟陽人,司徒蔡謨第二子。有文理,仕至撫軍長史。
〔28〕謝萬石,萬石字,名萬,謝安之弟。有才氣,早知名,歷吏部

郎、西中郎將、豫州刺史、散騎常侍。

既而收迹剡山，畢命林澤。人嘗有遺遁馬者，遁愛而養之。時或有譏之者，遁曰："愛其神駿，聊復畜耳。"後有餉鶴者，遁謂鶴曰："爾沖天之物，寧爲耳目之玩乎？"遂放之。遁幼時嘗與師共論物類，謂雞卵生用，未足爲殺，師不能屈。師尋亡，忽見形，投卵於地，殼破雛行，頃之俱滅，遁乃感悟，由是蔬食終身。遁先經餘姚塢山中住，至於明辰，猶還塢中。或問其意，答云："謝安在昔數來見，輒移旬日，今觸情舉目，莫不興想。"後病甚，移還塢中，以晉太和元年閏四月四日終於所住[1]，春秋五十有三。即窆於塢中[2]，厥冢存焉。或云終剡，未詳[3]。郗超爲之序傳，袁宏爲之銘贊，周曇寶爲之作誄。孫綽《道賢論》以遁方向子期[4]，論云："支遁、向秀雅尚莊老，二子異時，風好玄同矣。"又《喻道論》云："支道林者，識清體順，而不對於物。玄道沖濟，與神情同任。此遠流之所歸宗，悠悠者所以未悟也。"後高士戴逵行經遁墓[5]，乃嘆曰："德音未遠，而拱木已繁，冀神理綿綿，不與氣運俱盡耳。"

【注】
[1] 晉太和元年，公元 366 年。
[2] 窆，落葬。
[3] 有關支遁的言談事迹，亦見載於《世說新語》言語、政事、文學、雅量、賞譽、品藻、容止、傷逝、巧藝、排調、輕詆等篇，凡四十九條，可資參閱。宋、元、明藏本在"未詳"後尚有"遁善草隸"一

句,《大正藏》所據高麗藏本無。
〔4〕向子期,向秀,本書有傳。
〔5〕戴逵,字安道,譙國人。好鼓琴,善屬文,尤樂游燕,多與高門風流者遊。屢辭徵命,遂著高士之稱。

　　遁有同學法虔[1],精理入神,先遁亡。遁嘆曰:"昔匠石廢斤於郢人,牙生輟絃於鍾子,推己求人,良不虛矣。寶契既潛,發言莫賞,中心蘊結,余其亡矣。"乃著《切悟章》[2],臨亡成之,落筆而卒。凡遁所著文翰,集有十卷[3],盛行於世。

【注】
〔1〕法虔,支法虔,事迹不詳。
〔2〕《切悟章》,已佚。
〔3〕《四庫全書總目》附錄有《支遁集》二卷提要。說:"《隋書·經籍志》云:《支遁集》八卷,注云:梁十三卷。《唐書·藝文志》則作十卷。《宋志》不著錄。《讀書敏求記》及《述古閣書目》作二卷,知缺佚多矣。是編依毛扆汲古閣舊鈔本過錄。上卷詩凡十八首,下卷書銘及贊凡十五首。錢遵王跋稱支公養馬,愛其神駿,胸中未必無事在。皎然云:山陰詩友喧四座,佳句縱橫不廢禪,云云。晉代沙門多墨名而儒行。若支遁,尤矯然不羣,宜其以詞翰著也。"

　　　　　　　　　選自《高僧傳》卷四《義解一》

張　　湛（東晉中期）

　　湛字處度,高平人[1]。（以上選自《世説新語・任誕》注引《晉東宫官名》）

　　湛祖嶷,正員郎。父曠,鎮軍司馬。湛仕至中書郎[2]。（以上選自《世説新語・任誕》注引《張氏譜》）

【注】

[1] 高平,縣名,屬山西。
[2] 中書郎,即中書侍郎,晉代的中書監、令的副職,參與朝政。

　　張湛好於齋前種松柏。時袁山松出游,每好令左右作挽歌。時人謂張"屋下陳屍",袁"道上行殯"。（以上録自《晉書》卷八十三《袁山松傳》、《世説新語・任誕》）

　　初,甯嘗患目痛[1],就中書侍郎張湛求方[2]。湛因嘲之曰:"古方,宋陽里子少得其術,以授魯東門伯,魯東門伯以授左丘明,遂世世相傳。及漢,杜子夏、鄭康成[3],魏高堂隆[4],晉左太沖[5],凡此諸賢並有目疾。得此方云:用損讀書一,減思慮二,專内視三,簡外觀四,旦晚起五,夜早眠六。凡六物,熬以神火,下以氣簁[6],蘊於胸中七日,然後納諸方寸[7]。修之一時,近能數其目睫,遠視尺捶之餘。長服不已,洞見墙壁之外。非但明白,乃亦延年。（以上録自《晉書》卷七十五《范甯傳》）

【注】

〔1〕甯,范甯(339—401),字武之,南陽順陽(今河南淅川)人,曾任中書侍郎,屢次向東晉孝武帝指陳時政。任地方官時,所至興學校,崇儒學,反對何晏、王弼崇尚玄學。著《王弼、何晏罪深於桀紂論》,又著《春秋穀梁傳集解》十二卷,流傳至今。

〔2〕張湛通醫藥,著作《養生要集》十卷,《延年秘錄》十二卷。

〔3〕鄭康成,即鄭玄(127—200),字康成,高密(今屬山東)人,少好天文、占侯、風角、隱術。師第五元,通《京氏易》、《公羊春秋》、《三統歷》、《九章算術》。從張恭祖,受《周官》、《禮記》、《左傳》、《韓詩》、《古文尚書》。事馬融,得其學。游學十餘年,歸鄉,綜合今古文經,成一家之說,聚徒講學,偏注羣經,並撰《天文七政論》等書。著述見存的有《毛詩箋》、"三禮"注、《易注》、《箴膏肓》、《發墨守》、《起廢疾》有輯本。

〔4〕高堂隆,字昇平,平陽(今屬山西)人。魏明帝時,官至散騎常侍,光祿勳。帝大治宮殿,及崇華殿災、星孛淫雨之變,隆皆據引經典,上疏切諫。又與馬鈞辯指南車有無,誤以古書所記爲虛言。所著有《魏臺雜訪議》三卷、《雜忌歷》二卷、《張掖郡玄石圖》一卷、《高堂隆集》十卷。嚴可鈞《全三國文》輯有《魏臺訪議》一卷,"對詔、表疏、上言、奏議,對問,凡二十九篇、多考訂禮儀之文,爲本傳所無者"(盧弼《三國志集解》卷二十五《高堂隆》)。

〔5〕左太沖,左思字太沖,齊國臨淄(今山東淄博)人。晉惠帝時,官秘書郎。貌陋口訥,不好交游,而博學能文。鍾嶸《詩品》説他"文典以怨,頗爲精切,得諷論之致"。作《三都賦》,時人競相傳寫,洛陽紙貴。《詠史》詩八首,託古諷今,不滿門閥制度,抒其抱負。後人輯有《左太沖集》。

〔6〕筵,篩選。

〔7〕方寸,心。

　　湛注《列子》明簡[1],昔人方之王弼、郭象之注《老》、《莊》。(以上録自汪繼培《列子序》)

【注】

[1] 湛注,指《列子》的張湛注。他認爲,《列子》之旨,"往往與佛經相參","羣有以至虚爲宗,萬品以終滅爲驗"。今本《列子》八篇,内容多爲民間故事、寓言和神話傳説。其中《力命》篇談力命之争,《楊朱》篇論"唯貴放逸"。

　　　　　　　　據《世説新語》、《晉書》等編選

孫　　盛（302—371）

　　孫盛字安國，太原中都人[1]，祖楚[2]，馮翊太守。父恂，潁川太守。恂在郡遇賊，被害。盛年十歲，避難渡江。及長，博學，善言名理。於時殷浩擅名一時[3]，與抗論者，惟盛而已。盛嘗詣浩談論，對食，奮擲麈尾，毛悉落飯中，食冷而復暖者數四，至暮忘餐，理竟不定。盛又著醫卜及《易象妙於見形論》[4]，浩等竟無以難之[5]，由是遂知名。

【注】

〔1〕太原中都，在今山西平遙西北。
〔2〕祖楚，即孫楚（？—293），字之荊，太原中都人。才藻卓絕，爽邁不羣。參石苞軍事，作《遣孫皓書》。因輕侮石苞，被誣訕毁時政，遂湮廢積年。晉惠帝時，官至馮翊太守。
〔3〕殷浩（？—356），字淵源，陳郡長平（今河南西華東北）人。長於談論，然無才幹。永和中參與朝政，率師北伐，爲前秦所敗。次年又爲姚襄所伏擊，大敗。桓溫上疏攻擊，被廢爲庶人，數年後病死。
〔4〕《易象妙於見形論》，文佚。《世説新語・文學注》所引，爲該文的摘要。其論爲"六爻周流，唯化所適"，"故設八卦者，蓋緣化之影迹也。天下者，寄見之一形也"。孫盛的哲學論文，還有《老子疑問反訊》、《老聃非大賢論》，收於《廣弘明集》卷五。
〔5〕浩等竟無以難之，《世説新語・文學》記其事説："殷中軍、孫安

國、王、謝能言諸賢,悉在會稽王許,殷與孫共論《易》象。妙於見形,孫語道合,意氣干雲,一坐咸不安孫理,而辭不能曲。會稽王慨然嘆曰:'使真長來,故應有以制彼。'即迎真長。孫意已不如;真長既至,先令孫自敘本理,孫粗說己語,亦覺殊不及向,劉便作二百許語,辭難簡切,孫理遂屈。一坐同時拊掌而笑,稱美良久。"真長,劉惔。

起家佐著作郎,以家貧親老,求為小邑,出補瀏陽令。太守陶侃請為參軍[1]。庾亮代侃[2],引為征西主簿,轉參軍。時丞相王導執政[3],亮以元舅居外,南蠻校尉陶稱讒構其間,導、亮頗懷疑貳。盛密諫亮曰:"王公神情朗達,常有世外之懷,豈肯為凡人事邪!此必佞邪之徒欲間內外耳。"亮納之。庾翼代亮[4],以盛為安西諮議參軍,尋遷廷尉正[5]。會桓溫代翼[6],留盛為參軍,與俱伐蜀。軍次彭模,溫自以輕兵入蜀。盛領羸老輜重在後,賊數千忽至,衆皆遑遽。盛部分諸將,并力距之,應時敗走。蜀平,賜爵安懷縣侯,累遷溫從事中郎。從入關平洛,以功進封吳昌縣侯,出補長沙太守。以家貧,頗營資貨,部從事至郡察知之[7],服其高名而不劾之,盛與溫牋,而辭旨放蕩,稱州遣從事觀采風聲,進無威鳳來儀之美,退無鷹鸇搏擊之用,徘徊湘川,將為怪鳥。溫得盛牋,復遣從事重案之,贓私狼籍,檻車收盛到州,舍而不罪。累遷秘書監[8],加給事中[9],年七十二卒[10]。

【注】

[1] 陶侃(259—334),字士行(或作士衡),廬江潯陽(今江西九江)

人。出身微賤,歷任荊州、廣州、江州刺史。咸和三年(328),蘇峻與祖約叛晉,攻入建康(今江蘇南京)。庾亮、溫嶠推他爲盟主,收復首都,平定叛亂。

〔2〕庾亮(289—340),字元規,潁川鄢陵(今河南鄢陵西北)人。歷仕東晉元帝、明帝、成帝三朝,太寧三年(325)執政。蘇峻、祖約叛,出奔,與溫嶠、陶侃共平叛亂。陶侃死,任征西將軍,出鎮武昌。死後,弟翼繼任。

〔3〕王導(276—339),字茂弘,琅邪臨沂(今屬山東)人。爲司馬睿謀劃,建立東晉王朝。他任丞相,堂兄王敦握重兵,時稱"王與馬,共天下"。歷仕元、明、成三帝,他團結渡江的北方士族,聯合南方士族,對東晉初年時局的穩定起了作用。

〔4〕庾翼(305—345),字稚恭,潁川鄢陵(今河南鄢陵西南)人。亮死後,代鎮武昌,任都督江、荊、司、雍、梁、益六州諸軍事,荊州刺史。他以收復失地爲己任,準備進攻後趙,遭豪強反對,不久病死。

〔5〕廷尉,中央政權掌管刑獄的長官。

〔6〕桓溫(312—373),字元子,譙國龍亢(今安徽懷遠西)人。繼庾氏任荊州刺史,握上游兵權。永和三年(347)滅割據四川的成漢,繼又攻入前秦佔據的關中,永和十二年(356)收復關中。太和四年(369)攻前燕於枋頭(今河南浚縣西南)。桓溫借北伐立威,士族時時牽制,失敗後名聲大改。太和六年(371),廢海西公,改立簡文帝,以大同馬專擅朝政。

〔7〕部,州下分部,管理所屬諸郡。

〔8〕秘書監,中央政權典司圖籍的長官。

〔9〕加,加官,兼職。給事中,侍從皇帝,備顧問應對的官員。

〔10〕年七十二卒,盛生於晉惠帝司馬衷太安元年(302),卒於晉廢帝司馬奕太和六年(371)。

盛篤學不倦,自少至老,手不釋卷。著《魏氏春秋》、《晉陽秋》[1],並造詩賦論難復數十篇[2]。《晉陽秋》詞直而理正,咸稱良史焉。既而桓溫見之,怒謂盛子曰:"枋頭誠爲失利,何至乃如尊君所説! 若此史遂行,自是關君門户事。"其子遽拜謝,謂請删改之。時盛年老還家,性方嚴有軌憲[3],雖子孫班白,而庭訓愈峻[4]。至此,諸子乃共號泣稽顙[5],請爲百口切計。盛大怒,諸子遂爾改之,盛寫兩定本,寄予慕容儁[6]。太元中[7],孝武帝博求異聞[8],始於遼東得之,以相考校,多有不同,書遂兩存。子潛、放[9]。

【注】

[1]《魏氏春秋》,二十卷,記曹魏事,編年體史書,已佚。有輯本。《晉陽秋》,記東晉事,編年體史書,已佚。有清黄奭、湯球、王仁俊三種輯本。

[2] 嚴可鈞《全晉文》輯有賦、奏、教、書、論、評十一篇。

[3] 方嚴,方正嚴肅。軌憲,規則。

[4] 庭訓,父教。《論語·季氏》:"(子)嘗獨立,鯉趨而過庭。(子)曰:'學詩乎?'"鯉,孔子之子伯魚,後因謂父親教誨爲庭訓。

[5] 稽顙,以額觸地,用於請罪。

[6] 慕容儁(319—360),字宣英,昌黎棘城(今遼寧義縣西北)人,鮮卑族。繼父位爲燕王。乘後趙亡,攻入黄河流域,滅冉閔,遷都至薊(今北京西南)。公元352年稱帝,遷都鄴。爲政之暇,常與羣臣討論義理。所著四十餘篇。

[7] 太元,東晉孝武帝司馬曜年號(376—396)。

[8] 孝武帝,即司馬曜(363—396),字昌明。以謝安輔政,任用謝

石、謝玄,破苻堅於淝水。溺於酒色,爲張貴人所殺。

〔9〕潛,即孫潛,字齊由,官至豫章太守。放,即孫放,字齊壯,官至長沙相。

選自《晉書》卷八十二

道　　安（314—385）

　　釋道安，姓衛氏，常山扶柳人也[1]。家世英儒，早失覆蔭，爲外兄孔氏所養。年七歲讀書，再覽能誦，鄉鄰嗟異。至年十二出家，神性聰敏，而形貌甚陋，不爲師之所重，驅役田舍，至於三年，執勤就勞，曾無怨色。篤性精進，齋戒無闕。數歲之後，方啓師求經。師與《辯意經》一卷[2]，可五千言。安齎經入田，因息就覽，暮歸，以經還師，更求餘者。師曰：“昨經未讀，今復求耶？”答曰：“即已闇誦。”師雖異之，而未信也。復與《成具光明經》一卷[3]，減一萬言[4]。齎之如初，暮復還師。師執經覆之，不差一字，師大驚嗟而敬異之。後爲受具戒，恣其遊學。

【注】
[1] 常山扶柳，今河北省衡水市冀州區。
[2] 《辯意經》，即《長者辯意經》，也稱《辯意長者經》。《出三藏記集》卷三《新集安公失譯經録》見載，屬失譯經（不知譯人）。
[3] 《成具光明經》，亦稱《成具光明三昧經》、《成具光明定意經》，東漢靈帝時，西域沙門支曜在洛陽譯出。
[4] 減，不足。

　　至鄴[1]，入中寺，遇佛圖澄[2]。澄見而嗟嘆，與語終日。衆見其形貌不稱，咸共輕怪。澄曰：“此人遠識，非爾儔也。"因事澄爲師。澄講,安每覆述,衆未之愜,咸言:"須待後次,當難殺崑崙子[3]。"即安後更覆講,疑難鋒起,安挫銳解紛,行有餘力。時人語曰:"漆道人,驚四鄰。"於時學者多守聞見。安乃嘆曰:"宗匠雖邈,玄旨可尋。應窮究幽遠,探微奧,令無生之理宣揚季末[4],使流遁之徒歸向有本。"於是遊方問道,備訪經律。

【注】

〔1〕鄴,爲十六國時後趙、前燕和北朝時東魏、北齊的都城,在今河北省臨漳縣。

〔2〕佛圖澄(232—348),又稱竺佛圖澄,西域人,本姓帛氏。少出家,清真務學,誦經數百萬言,善解文義。以晉懷帝永嘉四年來適洛陽,後以神咒方術見重於石勒、石虎,號爲"大和上"。其弟子中知名者除道安以外,還有法首、法祚、法常、法佐、僧慧、道進、法雅、法汰、法和、僧朗等。《高僧傳》卷九有傳。

〔3〕崑崙,古代對黑膚人的一種稱謂,見《晉書·后妃列傳》。道安膚黑,故此中稱爲"崑崙子"。

〔4〕無生,没有生滅的遷變。與涅槃、實相、法性等同義。

後避難潛於濩澤。太陽竺法濟、并州支曇講《陰持入經》[1],安後從之受業。頃之,與同學竺法汰俱憩飛龍山[2]。沙門僧先、道護已在彼山[3],相見欣然。乃共披文屬思,妙出神情。安後於太行、恒山創立寺塔,改服從化者中分河北。時武邑太守盧歆聞安清秀,使沙門敏見苦要之[4]。安辭不獲免,乃受請開講。名實既符,道俗欣慕。

【注】

〔1〕太陽,當作大陽,晉屬河東郡,今山西平陸縣境。竺法濟,竺道潛弟子,曾作《高逸沙門傳》,《高僧傳》卷四《竺道潛傳》附見。支曇,事迹不詳。《陰持入經》,一卷,東漢桓帝時安息國沙門安世高譯。説五陰、六入等法相和三十七器等道科,屬小乘經。道安曾與竺法濟、支曇共注此經,又制經序,見《出三藏記集》卷六道安《陰持入經序》。

〔2〕竺法汰,見本書《竺道生》傳注。

〔3〕僧先,或作僧光,東晉冀州人。道安先前曾用"格義"的方法,用儒道俗書比擬佛教義理,在飛龍山時披文屬思,已有新悟,認爲"先舊格義,於理多違"。而僧先則認爲"格義"乃先達創立,不可非議。事見《高僧傳》卷五《僧先傳》。道護,東晉冀州人,有慧解,《僧先傳》附見。

〔4〕敏見,事迹不詳。

　　至年四十五,復還冀部,住受都寺,徒衆數百,常宣法化。時石虎死,彭城王石遵墓襲嗣立,遣中使竺昌蒲請安入華林園,廣修房舍。安以石氏之末,國運將危,乃西適牽口山。迄冉閔之亂[1],人情蕭素,安乃謂其衆曰:"今天災旱蝗,寇賊縱横。聚則不立,散則不可。"復率衆入王屋、女休山。頃之,復渡河依陸渾,山棲木食修學。

【注】

〔1〕冉閔(?—352),字永曾,魏郡内黄(今河南内黄縣西北)人,後趙大將。石虎死後,諸子争立,大臣相殺,冉閔利用漢人對羯族統治者的讐恨,殘殺羯人,乘勢奪得政權,建立魏國,史稱冉

魏,後爲前燕所滅。

俄而慕容儁逼陸渾,遂南投襄陽。行至新野,謂徒衆曰:"今遭凶年,不依國主,則法事難立[1]。又教化之體,宜令廣布。"咸曰:"隨法師教。"乃令法汰詣楊州,曰:"彼多君子,好尚風流。"法和入蜀[2],山水可以修閑。安與弟子慧遠等四百餘人渡河夜行[3]。值雷雨,乘電光而進。前行得人家,見門裏有二馬,棭棭間懸,一馬篼,可容一斛。安便呼:"林百升",主人驚出,果姓林名百升。謂是神人,厚相接待。既而弟子問:"何以知其姓學?"安曰:"兩木爲林,篼容百升也。"

【注】

[1] 法事,佛教活動的泛稱。
[2] 法和,東晉滎陽人,少與道安同學,以恭讓知名。善能標明論綱,解悟疑滯。後與道安一起詳定新經,參正文義。《高僧傳》卷五有傳。
[3] 慧遠,本書有傳。

既達襄陽,復宣佛法。初,經出已久,而舊譯時謬,致使深義隱沒未通。每至講説,唯敍大意,轉讀而已[1]。安窮覽經典,鈎深致遠。其所注《般若》、《道行》、《密迹》、《安般》諸經[2],並尋文比句[3],爲起盡之義,乃析疑甄解,凡二十二卷。序致淵富,妙盡深旨,條貫既敍,文理會通,經義克明,自安始也。自漢魏迄晉,經來稍多,而傳經之人,名字弗説，後人追尋，莫測年代。安乃總集名目，表其時人，詮品新舊，撰爲經録[4]。衆經有據，實由其功[5]。四方學士，競往師之。

【注】

[1] 轉讀，讀誦佛教經典。《高僧傳》卷十三《經師篇》論説："天竺方俗凡是歌詠法言，皆稱爲唄。至於此土，詠經則稱爲轉讀。""轉讀之爲懿，貴在聲文兩得。若唯聲而不文，則道心無以得生；若唯文而不聲，則俗情無以得入。故經言，以微妙音歌嘆佛德，斯之謂也。"由此可知，轉讀需講究音韻聲調，非一般的念讀而已。

[2] 這些經注已佚，《出三藏記集》載有道安所撰《安般注序》、《道行經序》，尚可窺見此中二部經注的大旨。

[3] 尋文比句，比較譯本中的前後文句，以求瞭解名詞術語的含義和全書大意。

[4] 道安所撰經録，名《綜理衆經目録》，一卷。已佚。其主要內容見存於《出三藏記集》卷二《新集經論録》，卷三《新集安公古異經録》、《新集安公失譯經録》、《新集安公凉土異經録》、《新集安公關中異經録》，卷五《新集安公疑經録》、《新集安公注經及雜經志録》。

[5] 在道安之前，有西晉竺法護《衆經録目》一卷，聶道真《衆經録目》一卷，東晉支敏度《經論都録》、《別録》各一卷，但體例不全，影響較小。

時征西將軍桓朗子鎮江陵[1]，要安暫住。朱序西鎮[2]，復請還襄陽，深相結納。序每嘆曰："安法師道學之津梁,澄治之罏肆矣。"安以白馬寺狹,乃更立寺,名曰檀溪,即清河張殷宅也。大富長者,並加贊助,建塔五層,起房四百。涼州刺史楊弘忠送銅萬斤,擬爲承露盤。安曰:"露盤已託汰公營造[3],欲迴此銅鑄像,事可然乎?"忠欣而敬諾。於是衆共抽舍,助成佛像。光相丈六,神好明著,每夕放光,徹照堂殿。像後又自行至萬山,舉邑皆往瞻禮,遷以還寺。安既大願果成,謂言:"夕死可矣。"苻堅遣使送外國金箔倚像,高七尺,又金坐像、結珠彌勒像、金縷繡像、織成像各一尊。每講會法聚,輒羅列尊像,布置幢幡,珠珮迭暉,煙華亂發,使夫昇階履閾者[4],莫不肅焉盡敬矣。有一外國銅像,形製古異,時衆不甚恭重。安曰:"像形相致佳,但髻形未稱。"令弟子爐治其髻。既而光焰焕炳,耀滿一堂。詳視髻中,見一舍利[5],衆咸愧服。安曰:"像既靈異,不煩復治。"乃止。識者咸謂安知有舍利,故出以示衆。

【注】

〔1〕桓朗子,名豁。桓,姓;朗子,字。東晉興寧三年(365)領荆州刺史。

〔2〕朱序(?—393),字次倫,東晉義陽平氏(今河南桐柏西)人。太元二年(377),桓豁表朱序爲梁州刺史,鎮襄陽。前秦軍攻襄陽,他率衆固守,以部將叛變,城破被俘。太元八年(383),他隨苻堅南下,淝水之戰時,助晉反秦。回晉後防守洛陽、襄陽等地多年。

〔3〕汰公,竺法汰。

〔4〕昇階履闥者，按佛教修行的階次進行修習的人。
〔5〕舍利，意爲身骨，相傳是釋迦牟尼遺體火化之後結成的珠狀物，以後泛稱高僧的遺骨。

　　時襄陽習鑿齒鋒辯天逸〔1〕，籠罩當時。其先聞安高名，早已致書通好，曰："承應真履正，明白內融，慈訓兼照，道俗齊蔭。自大教東流四百餘年，雖蕃王居士時有奉者，而真丹宿訓先行上世，道運時遷，俗未僉悟。自頃道業之隆，咸無以匹。所謂月光將出〔2〕，靈鉢應降〔3〕。法師任當洪範〔4〕，化洽幽深。此方諸僧，咸有思慕，若慶雲東徂，摩尼迴曜〔5〕，一躡七寶之座〔6〕，暫現明哲之燈，雨甘露於豐草，植栴檀於江湄〔7〕，則如來之教，復崇於今日，玄波溢漾，重蕩於一代矣。"文多不悉載。及聞安至止，即往修造。既坐，稱言："四海習鑿齒。"安曰："彌天釋道安。"時人以爲名答。齒後餉梨十枚，正值衆食，便手自剖分，梨盡人遍，無參差者。高平郗超遣使遺米千斛〔8〕，修書累紙，深致殷勤。安答書云："捐米彌覺有待之爲煩〔9〕。"習鑿齒與謝安書云〔10〕："來此見釋道安，故是遠勝，非常道士，師徒數百，齋講不倦，無變化伎術，可以惑常人之耳目，無重威大勢，可以整羣小之參差，而師徒肅肅，自相尊敬，洋洋濟濟，乃是吾由來所未見。其人理懷簡衷，多所博涉，內外羣書，略皆遍睹，陰陽算術，亦皆能通，佛經妙義，故所游刃。作義乃似法蘭、法道〔11〕，恨足下不同日而見。其亦每言思得一敘。"其爲時賢所重，類皆然也。

【注】

〔1〕習鑿齒,字彥威,東晉襄陽人,少以文稱,善尺牘。桓溫在荆州,辟爲從事,歷治中、別駕,遷滎陽太守。《世說新語》言語、文學、排調、忿狷等篇載有習鑿齒軼事。

〔2〕月光,菩薩名。藥師如來二脅士之一。

〔3〕靈鉢,意爲靈鷲山釋迦如來的衣鉢。

〔4〕洪範,大法。

〔5〕摩尼,又作末尼,意爲如意寶珠。

〔6〕七寶,諸經論解釋不一。《般若經》以金、銀、瑠璃、硨磲、瑪瑙、虎珀、珊瑚爲七寶。

〔7〕栴檀,香木名,譯作"與樂",出自南印度摩羅耶山。

〔8〕郗超,字景興,一字嘉賓,東晉高平金鄉(今山東金鄉西)人,司空郗愔之子。累遷中書郎、司徒左長史等。著《奉法要》(載《弘明集》卷十三),闡釋佛教事數名相,是漢地較早的對佛教基本理論作概括性敍述的論文。並有《本無難問》、《與法叡書》、《與開法師書》、《與支法師書》、《通神咒》、《明感論》、《論三行》、《敍通三行》、《與謝慶緒書往反五首》、《與傅叔玉書往反五首》、《答英郎書一首》、《與王季琰書往反四首》、《與仰法師書並答二首》、《道地經注序》、《全生論》、《五陰三達釋》等,見載於陸澄《法論》目錄,文已佚。

〔9〕有待,語出《莊子‧逍遥遊》,指一切事物的生存活動都要憑藉一定的條件。此處引用,意爲有求於人。

〔10〕謝安(320—385),字安石,陳郡陽夏(今河南太康)人。出身士族,東晉孝武帝時位至宰相。

〔11〕法蘭,于法蘭,東晉高陽人。十五出家,便以精勤爲業,迄在冠年,道振三河,名流四遠。孫綽作《道賢論》,將他比作阮籍。《高僧傳》卷四有傳。法道,事迹不詳。

安在樊沔十五載，每歲常再講《放光波若》[1]，未嘗廢闕。晉孝武皇帝，承風欽德，遣使通問，並有詔曰："安法師器識倫通，風韻標朗，居道訓俗，徽績兼著。豈直規濟當今，方乃陶津來世。俸給一同王公，物出所在。"時苻堅素聞安名，每云："襄陽有釋道安，是神器，方欲致之，以輔朕躬。"後遣苻丕南攻襄陽，安與朱序俱獲於堅。堅謂僕射權翼曰："朕以十萬之師取襄陽，唯得一人半。"翼曰："誰耶？"堅曰："安公一人，習鑿齒半人也。"既至，住長安五重寺，僧衆數千，大弘法化。

【注】

[1]《放光波若》，二十卷，《大品般若》譯本之一。曹魏時穎川沙門朱士行，因當時流行的《道行般若經》（屬《小品般若》）譯理未盡，時有扞格，遂誓志尋取。西行萬里，在于闐寫得梵書胡本。後遣弟子送至洛陽。西晉元康元年（291），無羅叉、竺叔蘭于陳留界倉垣水南寺譯出。與西晉竺法護所譯《光贊般若經》、後秦鳩摩羅什譯《摩訶般若經》、唐玄奘譯《大般若經》第二會，大體屬同本異譯。

初，魏晉沙門依師爲姓，故姓名不同。安以爲大師之本，莫尊釋迦，乃以釋命氏。後獲《增一阿含》[1]，果稱四河入海[2]，無復河名。四姓爲沙門[3]，皆稱釋種。既懸與經符，遂爲永式。

【注】

[1]《增一阿含》，五十一卷，東晉隆安元年（397），罽賓沙門瞿曇僧

伽提婆於建康譯出。共收四百七十四部經。與《長阿含經》、《中阿含經》、《雜阿含經》統稱《四阿含》，爲小乘經的總集，反映了早期佛教的基本思想。

〔2〕四河，佛教稱從贍部州的中地，由阿那婆答多池流出的四大河，是殑伽河（恒河）、信度河（辛頭河）、縛芻河（縛叉河）、徒多河（私陀河）。

〔3〕四姓，指古印度的四大種姓，即婆羅門、刹帝利、吠舍、首陀羅。

安外涉羣書，善爲文章。長安中衣冠子弟爲詩賦者，皆依附致譽。時藍田縣得一大鼎，容二十七斛，邊有篆銘，人莫能識，乃以示安。安云："此古篆書，云魯襄公所鑄。"乃寫爲隸文。又有人持一銅斛，於市賣之。其形正圓，下向爲斗，橫梁昂者爲斗，低者爲合。梁一頭爲籥，籥同鐘，容半合，邊有篆銘。堅以問安。安云："此王莽自言出自舜，皇龍戊辰，改正即真〔1〕，以同律量，布之四方，欲小大器鈞，令天下取平焉。"其多聞廣識如此。堅敕學士，內外有疑，皆師於安。故京兆爲之語曰："學不師安，義不中難。"

【注】

〔1〕這裏指王莽於戊辰初始元年即公元8年代漢稱帝，建立新朝。

初，堅承石氏之亂，至是民户殷富，四方略定。東極滄海，西并龜茲〔1〕，南苞襄陽，北盡沙漠，唯建業一隅未能抗伏。堅每與侍臣談話，未嘗不欲平一江左，以晉帝爲僕射[2]，謝安爲侍中。堅弟平陽公融及朝臣石越、原紹等[3]，並切諫，終不能迴。衆以安爲堅所信敬，乃共請曰："主上將有事東南，公何不能爲蒼生致一言耶？"會堅出東苑，命安升輦同載[4]。僕射權翼諫曰："臣聞天子法駕，侍中陪乘。道安毀形，寧可參廁？"堅勃然作色曰："安公道德可尊，朕以天下不易，輿輦之榮，未稱其德。"即敕僕射扶安公登輦。俄而顧謂安曰："朕將與公南遊吳越，整六師而巡狩[5]，涉會稽以觀滄海，不亦樂乎？"安對曰："陛下應天御世，有八州之貢富，居中土而制四海，宜棲神無爲，與堯舜比隆。今欲以百萬之師，求厥田下下之士，且東南區地，地卑氣厲，昔舜禹遊而不反，秦皇適而不歸。以貧道觀之[6]，非愚心所同也。平陽公懿戚、石越重臣，並謂不可，猶尚見拒，貧道輕淺，言必不允。既荷厚遇，故盡丹誠耳。"堅曰："非爲地不廣，民不足治也。將簡天心，明大運所在耳。順時巡狩，亦著前典，若如來言，則帝王無省方之文乎[7]？"安曰："若鑾駕必動，可先幸洛陽，枕威蓄鋭，傳檄江南。如其不服，伐之未晚。"堅不從，遣平陽公融等精鋭二十五萬爲前鋒，堅躬率步騎六十萬。到項，晉遣征虜將軍謝石、徐州刺史謝玄拒之[8]。堅前軍大潰於八公山西[9]，晉軍逐北三十餘里，死者相枕。融馬倒殞首，堅單騎而遁[10]，如所諫焉。

【注】

〔1〕龜兹，西域諸國之一，在今新疆庫車市一帶。
〔2〕晉帝，其時爲東晉孝武帝司馬曜。

〔3〕苻融,字博休。氐族。
〔4〕輦,皇帝所乘的車。
〔5〕六師,亦作"六軍",泛指朝廷的軍隊。
〔6〕貧道,沙門自謙之稱。
〔7〕省方,巡視各地。
〔8〕謝石,字石奴,謝安弟。謝玄,字幼度,謝安侄。
〔9〕八公山,今安徽淮南市西。
〔10〕此事即東晉太元八年(383)發生的,歷史上有名的淝水之戰。

　　安常注諸經,恐不合理,乃誓曰:"若所說不堪遠理,願見瑞相。"乃夢見胡道人,頭白眉目長,語安云:"君所注經,殊合道理,我不得入泥洹[1],住在西域,當相助弘通,可時時設食。"後《十誦律》至[2],遠公乃知和上所夢賓頭盧也[3]。於是立座飯之,處處成則。

【注】

〔1〕泥洹,涅槃的舊譯,意譯"滅"、"滅度"、"圓寂"等。佛教所指的熄滅"生死"輪回後獲得的一種境界,也是佛教全部修習所要達到的最高理想。
〔2〕《十誦律》,六十一卷,小乘一切有部的根本戒律。前五十八卷,姚秦弗若多羅等共鳩摩羅什譯。後毗尼序三卷,東晉卑摩羅叉續譯。
〔3〕賓頭盧,羅漢名。原爲印度拘舍彌城優陀延王大臣,由於妄弄神通,爲佛所呵,不許入涅槃。

　　安既德爲物宗,學兼三藏。所制《僧尼軌範》、《佛法憲章》,條爲三例:一曰行香定座上經上講之法,二曰常日六時行道飲食唱時法[1],三曰布薩差使悔過等法[2]。天下寺舍遂則而從之。安每與弟子法遇等[3],於彌勒前立誓[4],願生兜率[5]。後至秦建元二十一年正月二十七日,忽有異僧,形甚庸陋,來寺宿舍。寺房既迮,處之講堂。時維那直殿[6],夜見此僧從窗隙出入,遽以白安。安驚起禮訊,問其來意。答云:"相爲而來。"安曰:"自惟罪深,詎可度脱。"彼答云:"甚可度耳。然須臾浴聖僧,情願必果。"具示浴法。安請問來生所往處,彼乃以手虛撥天之西北,即見雲開,備睹兜率妙勝之報。爾夕,大衆數十人悉皆同見。安後營浴具,見有非常小兒,伴侶數十,來入寺戲。須臾就浴,果是聖應也。至其年二月八日,忽告衆曰:"吾當去矣。"是日齋畢,無疾而卒。葬城内五級寺中,是歲晉太元十年也[7],年七十二。

【注】

[1] 六時,晝三時:晨朝、日中、日没;夜三時:初夜、中夜、後夜。六時行道,每日晝夜六時勤行佛事。

[2] 布薩,意譯"净住"、"善宿"。出家之法,每半月集衆僧説戒經。在家之法,於六齋日持八戒。

[3] 法遇,籍地不詳,東晉人。襄陽爲苻堅所破之後,避地東下,止江陵長沙寺講説衆經。《高僧傳》卷五有傳。

[4] 彌勒,意譯慈氏,佛教中繼承釋迦佛位爲未來佛的菩薩。

[5] 兜率,意譯"妙足""知足",佛教所説六欲天之一。據説此天有内、外兩院,内院是彌勒寄居於欲界的"净土"。

〔6〕維那,意譯"授事",寺院三綱之一,管僧衆事務,位於上座、寺主之下。

〔7〕晉太元十年,公元385年。

未終之前,隱士王嘉往候安。安曰:"世事如此,行將及人,相與去乎?"嘉曰:"誠如所言,師且前行,僕有小債未了,不得俱去。"及姚萇之得長安也[1],嘉時故在城内,萇與苻登相持甚久[2],萇乃問嘉:"朕當得登不?"答曰:"略得。"萇怒曰:"得當言得,何略之有。"遂斬之。此嘉所謂負債者也。萇死後其子興方殺登[3]。興字子略,即嘉所謂略得者也。嘉字子年,洛陽人也,形貌鄙陋,似若不足,本滑稽好語笑。然不食五穀,清虛服氣,人咸宗而事之。往問善惡,嘉隨而應答,語則可笑,狀如調戲,辭似讖記,不可領解,事過多驗。初養徒於加眉谷中,苻堅遣大鴻臚徵,不就。及堅將欲南征,遣問休否[4],嘉無所言,乃乘使者馬,佯向東行數百步,因落靴帽,解棄衣服,奔馬而還,以示堅壽春之敗。其先見如此。及姚萇害嘉之日,有人於隴上見之,乃遺書於萇。安之潛契神人,皆此類也。

【注】

〔1〕淝水之戰以後,前秦苻堅所代表的氐族統治勢力急驟衰落,原爲苻堅大將的姚萇率羌人獨立,自稱萬年秦王,建年白雀。不久,在五將山擒殺苻堅。白雀三年(386),姚萇在長安稱帝,國號大秦,史稱後秦。這句所説即是此事。

〔2〕苻登,苻堅族孫。苻堅、苻丕等相繼被殺以後,關隴氐族貴族,

擁立苻登爲皇帝,與姚萇連年作戰,互有勝負。句中"相持甚久",即指此事。
〔3〕姚興(366—416),後秦第二代皇帝,篤好佛法。《廣弘明集》法義篇見載的《與安成侯姚嵩述佛義書》、《通三世論》、《通不住法住般若》、《通聖人放大光明普照十方》、《通三世》、《通一切諸法空》、《答安成侯姚嵩》等,爲姚興的佛教論述。
〔4〕休否,吉凶。

　　安先聞羅什在西國,思共講析,每勸堅取之。什亦遠聞安風,謂是東方聖人,恒遥而禮之。初安生而便左臂有一皮,廣寸許,著臂捋可得上下之,唯不得出手。又肘外有方肉,上有通文,時人謂之爲印手菩薩〔1〕。安終後十六年,什公方至,什恨不相見,悲恨無極。

【注】
〔1〕印手菩薩,道安的名號,佛經中無此菩薩名。

　　安既篤好經典,志在宣法,所請外國沙門僧伽提婆、曇摩難提及僧伽跋澄等〔1〕,譯出衆經百餘萬言。常與沙門法和詮定音字,詳覈文旨,新出衆經於是獲正。孫綽爲《名德沙門論》〔2〕,自云:"釋道安博物多才,通經名理。"又爲之贊曰:"物有廣贍,人固多宰,淵淵釋安,專能兼倍。飛聲汧隴,馳名淮海,形雖草化,猶若常在。"有別記云,河北別有竺道安,與釋道安齊名,謂習鑿齒致書於竺道安。道安本隨師姓,竺後改爲釋,世見二姓,因謂爲兩人,謬矣。

【注】

〔1〕僧伽提婆，亦譯"僧伽提和"，意譯"眾天"。本姓瞿曇，罽賓國人。苻秦建元十九年(383)來長安，與竺佛念共譯《阿毗曇八犍度論》三十卷。後遊廬山，應慧遠之請，譯《阿毗曇心論》四卷、《三法度論》二卷。《高僧傳》卷一有傳，《出三藏記集》卷二有錄。曇摩難提，意譯"法喜"，兜佉勒國人。苻秦建元二十年(384)至長安，譯《增一阿含經》三十三卷、《中阿含經》五十九卷。《高僧傳》卷一有傳，《出三藏記集》卷二有錄。僧伽跋澄，意譯"眾現"，罽賓國人。苻秦建元十七年(381)入長安，譯《雜阿毗曇毗婆沙論》十四卷、《婆須蜜經》十卷、《僧伽羅剎集經》三卷。《高僧傳》卷一有傳，《出三藏記集》卷二有錄。

〔2〕孫綽，字興公，東晉太原中都(今太原市西南)人，少以文稱，歷太學博士、大著作、散騎常侍。他的佛教著作有《道賢論》、《名德沙門論》(散見《高僧傳》)、《喻道論》(載《弘明集》卷三)等。

選自《高僧傳》卷五《義解二》

戴 逵（？—395）

戴逵字安道，譙國人也[1]。少博學，好談論，善屬文，能鼓瑟，工書畫，其餘巧藝靡不畢綜。總角時[2]，以雞卵汁溲白瓦屑作《鄭玄碑》[3]，又爲文而自鐫之，詞麗絕妙，時人莫不驚嘆。性不樂當世，常以琴書自娛。師事術士范宣於豫章[4]，宣異之，以兄女妻焉。太宰、武陵王晞聞其善鼓琴，使人召之，逵對使者破琴曰："戴安道不爲王門伶人！"晞怒，乃更引其兄述。述聞命欣然，擁琴而往。

逵後徙居會稽之剡縣[5]。性高潔，常以禮度自處，深以放達爲非道，乃著論曰[6]：

【注】
[1] 譙國，治譙縣（今安徽亳縣），屬豫州。
[2] 總角，成年以前。古代男女未成年時，束髮爲兩結，形狀如角，故稱總角。
[3] 溲，調和，《辭源》釋濾洗，誤。清末太監李蓮英墓頂，以雞蛋清、糯米湯爲漿，攪拌黃土、沙石，乾結後，堅如漢白玉。1966年，用鋼釺、鐵鎚，費時一周才砸碎。鄭玄，見《張湛傳》注。
[4] 范宣，字宣子，陳留（今河南開封）人，家於豫章。博覽羣書，尤善三禮，著有《禮論難》、《易論難》，以講誦爲業。年五十四而卒。
[5] 剡縣，今浙江嵊州西南。

〔6〕戴逵著作,傳於今者有《五經大義》和賦、書、贊、論二十一篇。

"夫親没而采藥不反者,不仁之子也;君危而屢出近關者,苟兔之臣也。而古之人未始以彼害名教之體者何？達其旨故也。達其旨,故不惑其迹。若元康之人[1],可謂好遁迹而不求其本,故有捐本徇末之弊,舍實逐聲之行,是猶美西施而學其矉眉[2],慕有道而折其巾角[3],所以爲慕者,非其所以爲美,徒貴貌似而已矣。夫紫之亂朱,以其似朱也。故鄉原似中和[4],所以亂德;放者似達[5],所以亂道。然竹林之爲放[6],有疾而爲顰者也,元康之爲放,無德而折巾者也,可無察乎!

【注】

〔1〕元康之人,指晉惠帝元康(291—299)年間,"王澄、胡毋輔之等皆以放任爲達,或至裸體者"(《晉書》卷四十三《樂廣傳》)。

〔2〕矉,一作矉,皺眉。西施患病,捧心皺眉,人仍覺其美。鄰女東施貌醜,見而效之,人覺其醜益增。

〔3〕巾,冠的一種。以葛或縑制,形如帙,横著額上。後漢郭太嘗於陳梁間行遇雨,巾一角墊,時人慕其品德學問,乃故折巾一角,以爲"林宗巾",競相依效。

〔4〕鄉原,外貌謹厚,實與流俗合污的僞善者。《論語·陽貨》:"鄉原,德之賊也。"中和,中庸之道。儒家認爲能"致中和",則無事不達於和諧的境界。

〔5〕放,恣縱,放任。達,通達。

〔6〕竹林,竹林七賢,即阮籍、嵇康、山濤、向秀、阮咸、王戎、劉伶。

"且儒家尚譽者,本以興賢也,既失其本,則有色取之行。懷情喪真,以容貌相欺,其弊必至於末僞。道家去名者,欲以篤實也,苟失其本,又有越檢之行[1]。情禮俱虧,則仰詠兼惡[2],其弊必至於本薄。夫僞薄者,非二本之失[3],而爲弊者,必託二本以自通。夫道有常經,而弊無常情,是以六經有失,王政有弊,苟乖其本,固聖賢所無奈何也。

【注】
[1] 檢,約束。
[2] 仰詠,仰望諷誦。
[3] 二本,忠、孝。

"嗟夫!行道之人自非性足體備,闇蹈而當者[1],亦曷能不棲情古烈[2],擬規前修[3]。苟迷擬之然後動,議之然後言,固當先辯其趣舍之極[4],求其用心之本,識其枉尺直尋之旨[5],采其被褐懷玉之由[6]。若斯,塗雖殊,而其歸可觀也[7];迹雖亂,而其契不乖也[8]。不然,則流遁忘反,爲風波之行,自驅以物,自詿以僞,外眩囂華[9],內喪道實[10],以矜尚奪其真主[11],以塵垢翳其天正[12],貽笑千載,可不慎歟!"

【注】
[1] 闇蹈,善於實踐。

〔2〕不棲情，棲情，寄意。中華書局本《晉書》校勘記："'不'字疑衍。"
〔3〕擬規，仿傚典範。
〔4〕趣舍，趨向或舍棄。
〔5〕枉尺直尋，《孟子・滕文公下》："且志曰：'枉尺而直尋'，宜若可爲。"八尺爲尋，屈一直而直八尺，指小有所屈而大有所獲。
〔6〕被褐懷玉，《老子》第七十章："知者希，則我貴矣，是以聖人被褐而懷玉。"比喻人有美德，深藏不露。
〔7〕塗雖殊，而其歸可觀也，《易・繫辭下》曰："天下同歸而殊塗，一致而百慮。"
〔8〕契，古代在甲骨上所灼刻的文字和灼刻文字用的刀具。
〔9〕外眩嚣華，爲外界喧鬧浮華的事物所迷惑。
〔10〕道實，天地陰陽之氣。張衡《靈憲》："元氣剖判，剛柔始分，清濁異位，天成於外，地定於內。天體於陽，故圓以動；地體於陰，故平以靜。動以行施，靜以合化，堙鬱構精，時育庶類。斯謂太元，蓋乃道之實也。"
〔11〕主，根本。真主，即真實的。本原，本性。《莊子・秋水》："謹守而勿失，是謂反其真。"
〔12〕天正，天賦準則。

孝武帝時，以散騎常侍、國子博士累徵，辭父疾不就。郡縣敦逼不已，乃逃於吳。吳國內史王珣有別館在武丘山〔1〕，逵潛詣之，與珣游處積旬。會稽內史謝玄慮逵遠遁不反〔2〕，乃上疏曰："伏見譙國戴逵希心俗表〔3〕。不嬰世務，棲遲衡門〔4〕，與琴書爲友。雖策命屢加，幽操不回，超然絕迹，自求其志。且年垂耳順，常抱羸疾，時或失適，轉至委篤[5]。今王命未回,將離風霜之患[6]。陛下既已愛而器之,亦宜使其身名並存,請絕其召命。"疏奏,帝許之,逵復還剡。

【注】

〔1〕王珣(350—451),字元琳,琅邪臨沂(今屬山東)人。爲桓温主簿,從討袁真,累官至衛將軍,加散騎常侍。他學涉通敏,明徹經史,文高當世,與殷仲堪、徐邈、王恭、郗恢,並以才學文章見昵於孝文帝。

〔2〕謝玄(343—388),字幼度,陳郡陽夏(今河南太康)人。晉孝武帝時,任廣陵(今江蘇揚州)相,組織北府兵,防禦前秦苻堅南下。太元八年(383),與苻堅戰於淝水,大捷。乘勝收復徐、兗、青、豫、司、梁六州,進至黎陽。東晉朝廷懼謝氏勢力發展,使還鎮淮陰。後以病,改任會稽内史,卒於官。

〔3〕希心俗表,超越俗流。

〔4〕衡門,《詩·陳風·衡門》:"衡門之下,可以棲遲。"衡門,橫木爲門,以喻簡陋的房屋,後世借指隱者所居。

〔5〕委篤,頽憊已極,指病危。

〔6〕離,遭。

後王珣爲尚書僕射,上疏復請徵爲國子祭酒,加散騎常侍,徵之,復不至。太元二十年[1],皇太子始出東宫,太子太傅會稽王道子、少傅王雅、詹事王珣又上疏曰[2]:"逵執操貞厲,含味獨游,年在耆老,清風彌劭[3]。東宫虛德,式延事外,宜加旌命,以參僚侍。逵既重幽居之操,必以難進爲美,宜下所在備禮發遣。"會病卒。

【注】

〔1〕太元,東晉孝武帝司馬曜年號(376—396)。

〔2〕會稽王道子,即司馬道子(364—402)。東晉簡文帝子,初封琅邪王,後改會稽王。淝水戰後,奪謝氏兵權。太元十年(385),進位丞相,掌握朝政,"官以賄遷,政刑謬亂。又崇信浮屠之學,用度奢侈,下不堪命"(《晉書》本傳),激起孫恩、盧循起義。元興元年(402),桓玄破建康(今江蘇南京),被殺。

〔3〕劭,美好。

　　長子勃,有父風。義熙初[1],以散騎侍郎徵,不起,尋卒。

【注】

〔1〕義熙,東晉安帝司馬德宗年號(405—418)。

　　　　　　　　選自《晉書》卷九十四《隱逸》

僧　　肇 (384—414)

　　釋僧肇,京兆人[1]。家貧以傭書爲業[2]。遂因繕寫,乃歷觀經史,備盡墳籍[3]。志好玄微,每以《莊》、《老》爲心要。嘗讀老子《道德章》,乃嘆曰:"美則美矣。然期棲神冥累之方[4],猶未盡善。"後見舊《維摩經》[5],歡喜頂受,披尋玩味,乃言始知所歸矣。因此出家,學善方等,兼通三藏[6]。及在冠年,而名振關輔[7]。時競譽之徒,莫不猜其早達,或千里負糧,入關抗辯。肇既才思幽玄,又善談説。承機挫鋭,曾不流滯。時京兆宿儒,及關外英彥,莫不挹其鋒辯,負氣摧衂[8]。

【注】
[1] 京兆,長安及京畿,相當今陝西西安市。
[2] 傭書,代人抄書。
[3] 備盡,讀遍;博覽。墳籍,猶"墳典",三墳五典之簡稱。據孔穎達《左傳疏》,三墳指伏羲、神農、黄帝之書,五典指少昊、顓頊、高辛、唐、虞之書。
[4] 棲神冥累,解除思想繫縛,達到精神解脱。冥,遠離。
[5] 舊《維摩經》,指三國時吴支謙翻譯的二卷本《維摩詰經》,以區別於鳩摩羅什所譯的三卷本《維摩詰所説經》。
[6] 方等,大乘經典之通名。智旭《閲藏知津》卷二:"方等亦名方廣。……是則始從《華嚴》,終《大涅槃》,一切菩薩法藏,皆稱

方等經典。"三藏,佛教"經"、"律"、"論"三類典籍的總稱,有大小乘之別。

〔7〕關輔,潼關以西長安一帶地區。

〔8〕挹,通"抑"。指爲僧肇鋒辯所抑制。摧衂,挫敗。

　　後羅什至姑臧[1],肇自遠從之。什嗟賞無極。及什適長安,肇亦隨入。及姚興命肇與僧叡等[2],入逍遥園,助詳定經論。肇以去聖久遠,文義舛雜。先舊所解,時有乖謬。及見什諮禀,所悟更多。因出《大品》之後[3],肇便著《般若無知論》,凡二千餘言,竟以呈什。什讀之稱善。乃謂肇曰:"吾解不謝子,辭當相挹[4]。"

【注】

〔1〕羅什,即鳩摩羅什(344—413),後秦僧人,中國佛教四大譯經家之一。生於西域龜兹國(今新疆庫車一帶),七歲隨母出家,初學小乘,後改學大乘。博讀大小乘經論,名聞西域諸國。後秦弘始三年(401),被姚興迎至長安,待以國師之禮。譯有《大品般若經》、《法華經》、《維摩詰經》、《阿彌陀經》、《金剛經》和《中論》、《百論》、《十二門論》、《大智度論》、《成實論》等經論。弟子據傳有三五千,著名者數十人,其中以道生、僧肇、道融、僧叡稱"什門四聖"。姑臧,今甘肅武威市。

〔2〕姚興(366—416),十六國時期後秦國君。在位期間(394—413),提倡佛教和儒學,曾邀鳩摩羅什翻譯佛經。僧叡,東晉僧人,魏郡長樂(今河南安陽市東)人,爲鳩摩羅什主要弟子之一。撰有《二乘衆經録》等,年六十七卒。

〔3〕《大品》,即鳩摩羅什所譯《大品般若經》(四十卷)。相對《小品

般若》言,因篇幅較多,故名。同稱大品的,尚有西晉無羅叉和竺叔蘭譯的《放光般若經》(三十卷),竺法護譯的《光贊般若經》(十五卷),唐玄奘譯的《大般若經》第二會。

〔4〕謝,遜,不如。挹,謙退。

　　時廬山隱士劉遺民見肇此論,乃嘆曰:"不意方袍,復有平叔[1]。"因以呈遠公[2]。遠乃撫机嘆曰:"未嘗有也。"因共披尋玩味,更存往復。遺民乃致書肇曰:"頃滄徽聞[3],有懷遥仰。歲末寒嚴,體中何如?音寄壅隔,增用挹蘊[4]。弟子沈痾草澤,常有弊瘵。願彼大衆康和,外國法師休悆不[5]?去年夏末,見上人《般若無知論》,才運清俊,旨中沈允[6],推步聖文,婉然有歸。披味殷勤,不能釋手。真可謂浴心方等之淵[7],悟懷絶冥之肆,窮盡精巧,無所間然。但闇者難曉,猶有餘疑一兩,今輒條之如左。願從容之暇,粗爲釋之。"肇答書曰:"不面在昔,佇想用勞[8]。得前疏并問[9],披尋反覆,欣若暫對。涼風戒節[10],頃常何如?貧道勞疾每不佳,即此大衆尋常,什師休勝[11]。秦主道性自然,天機邁俗。城塹三寶[12],弘通是務。由使異典勝僧,自遠而至。靈鷲之風[13],萃乎兹土。領公遠舉[14],乃是千載之津梁。於西域還,得方等新經二百餘部。什師於大寺出新至諸經[15],法藏淵曠,日有異聞。禪師於瓦官寺教習禪道[16]。門徒數百,日夜匪懈。邕邕肅肅,致自欣樂。三藏法師於中寺出律部[17],本末精悉,若覩初制。毗婆沙法師於石羊寺出《舍利弗毗曇》梵本[18],雖未及譯,時問中事,發言新奇。貧道一生猥參嘉運,遇兹盛化。自恨不覩釋迦祇桓之集[19],餘復何恨。但恨不得與道勝君子同斯法集耳。稱詠既深[20],聊復委及。然來問婉切,難爲郢人[21]。貧道思不關微,兼拙於華語。且至趣無言,言則乖旨。云云不已,竟何所辯。聊以狂言,示誚來旨也。"

【注】

[1] 劉遺民,名程之,字仲思。隱遁林泉,朝廷屢薦不起,因以遺民爲號。隨慧遠在廬山結蓮社修行。方袍,指僧人。平叔,何晏的字,本書有傳。

[2] 遠公,即慧遠,本書有傳。

[3] 徽聞,宏論。徽,美好。

[4] "音寄壅隔,增用悒蘊",當時東晉後秦割據,書信難通,無以傳寄懷抱,以此增加蘊積。

[5] 外國法師,即鳩摩羅什。休慼,喜樂與憂慮。休,美善,喜慶。慼(音徒),憂苦悲傷。

[6] 清俊,才思清雅俊逸。沈允,旨趣深沉允當。

[7] 方等,大乘經典。此喻般若思想。

[8] 佇想,久念。佇,久立。

[9] 得前疏並問,此指劉遺民於去年十二月託慧明道人帶給致僧肇之信。

[10] 涼風屆節,適值秋天時節。涼風,秋風。

[11] 貧道,僧人自謙之辭。什師,即鳩摩羅什。

[12] 城塹三寶,指秦王姚興如城塹一樣外護三寶。三寶,指佛寶、僧寶、法寶。

[13] 靈鷲之風,佛陀之遺風。靈鷲,即靈鷲山(耆闍崛山),在古印

度摩揭陀國王舍城東北部，相傳釋迦牟尼曾在此居住和説法多年。

〔14〕領公遠舉，支法領（慧遠弟子）遠遊西域，回國後攜來《華嚴》等大乘經典。

〔15〕出新至諸經，翻出新到中土的各種佛教經典。

〔16〕禪師，即佛陀跋多羅（359—429），意譯"覺賢"、"佛賢"。古印度迦毗羅衛人，在罽賓逢智嚴游學西域，被邀來華，約東晉義熙四年（408）到長安，弘傳禪數之學。瓦官寺，據高麗版《出三藏記集》，應爲宫寺。

〔17〕三藏法師，即後秦僧人佛陀耶舍，譯出《四分律》。律部，即《四分律》，原爲印度上座部系統法藏部所傳戒律，因全書内容分四部分，故名。

〔18〕毗婆沙法師，即曇摩耶舍及曇摩崛多二人。《舍利弗毗曇》，佛陀十大弟子之一舍利弗所立之對法藏，可斷爲分别説系，近於化地部的本典。據道標《舍利弗毗曇序》，二人於弘始九年（408）寫梵文，十六年（415）始譯之。僧肇此書疑作於弘始十二年（411）。

〔19〕祇桓，即祇園（亦作洹）精舍，在今印度塞特馬赫特地方。相傳爲釋迦牟尼居住説法的場所，與王舍城的竹林精舍，並稱爲佛教最早的兩大精舍。

〔20〕稱詠，指僧肇本人曾與竺道生同在譯場共事，互相稱詠。

〔21〕郢人，《莊子·徐無鬼》："郢人堊漫其鼻端，若蠅翼，使匠石斲之。匠石運斤成風，聽而斲之，盡堊而鼻不傷，郢人立不失容。"後以郢人指文章老手。

肇後又著《不真空論》、《物不遷論》等，并注《維摩》及製諸經論序[1]，並傳於世。及什亡之後，追悼永往，翹思彌厲。乃著《涅槃無名論》,其辭曰:"經稱有餘、無餘涅槃[2]。涅槃者,秦言無爲,亦名滅度。無爲者,取乎虛無寂漠,妙絶於有爲。滅度者,言乎大患永滅,超度四流[3]。斯蓋鏡像之所歸,絶稱之幽宅也[4]。而曰有餘、無餘者,蓋是出處之異號,應物之假名[5]。余嘗試言之,夫涅槃之爲道也,寂寥虛曠,不可以形名得;微妙無相,不可以有心知。超羣有以幽昇[6],量太虛而永久。隨之弗得其蹤,迎之罔眺其首[7]。六趣不能攝其生,力負無以化其體[8]。眇漭惚怳,若存若往。五目莫覩其容,二聽不聞其響[9]。冥冥窈窈,誰見誰曉。彌綸靡所不在,而獨曳於有無之表。然則言之者失其真,知之者返其愚;有之者乖其性,無之者傷其軀。所以釋迦掩室於摩竭,淨名杜口於毘耶[10]。須菩提唱無說以顯道,釋梵乃絶聽而雨花[11]。斯皆理爲神御,故口爲緘默。豈曰無辯,辯所不能言也。《經》曰[12]:'真解脱者,離於言數。寂滅永安,無終無始。不晦不明,不寒不暑。湛若虛空,無名無證。'《論》曰[13]:'涅槃非有,亦復非無。言語路絶,心行處滅。'尋夫經論之作也,豈虛構哉!果有其所以不有,故不可得而有;有其所以不無,故不可得而無耳。何者?本之有境,則五陰永滅[14];推之無鄉,則幽靈不竭。幽靈不竭,則抱一湛然;五陰永滅,則萬累都捐。萬累都捐,故與道通同;抱一湛然,故神而無功。神而無功,故至功常在;與道通同,故沖而不改。沖而不改,不可爲有;至功常在,不可爲無。然則有無絶於内,稱謂淪於外[15]。視聽之所不暨,四空之所昏昧[16]。恬兮而夷,泊焉而泰。九流於是乎交歸,衆聖於此乎冥會[17]。斯乃希夷之境,太玄之鄉[18]。而欲以有無題榜,標其方域,而語神道者,不亦邈哉!"其後十演九折[19],凡數千言,文多不載。

【注】

[1] 諸經論序,據《出三藏記集》卷九和《全晉文》卷一六五,僧肇著有《長阿含經序》、《梵網經序》、《百論序》、《注維摩詰經序》等序文。

[2] 有餘涅槃,亦作"有餘依涅槃",認爲生死原因之煩惱已經斷絶,但作爲前世惑業造成的果報身還留在世間。無餘涅槃,與"有餘涅槃"相對,用以指生死之因果都盡,不再受生於世間三界(欲界、色界、無色界)者。

[3] 大患永滅,即斷絶生死之流。四流,指見流、欲流、有流、無明流。有情爲此四法漂流而不息,故名爲流。

[4] 鏡像,此以體用關係設譬,鏡喻涅槃,像喻生死,皆歸於畢竟清淨。絶稱,生死本空,涅槃離相,沖深包博,無法以語言稱之。

[5] 出處,出,出現,此指有餘涅槃;處,處寂,此指無餘涅槃。二者皆是應機施設的假名。假名,權且施設的語言概念。《大乘義章》卷一:"諸法無名,假與施名,故曰假名。"

[6] 羣有,即九有,又名九有情居。即:(1) 欲界之人與六天;(2) 初禪天;(3) 二禪天;(4) 三禪天;(5) 四禪天中之無想天;(6) 空處;(7) 識處;(8) 無所有處;(9) 非想非非想處。

[7] 語出《老子》十四章:"迎之不見其首,隨之不見其後。"

[8] 六趣,亦稱六道。佛教所説衆生根據先前善惡行爲有六種輪回轉生的趨向,即地獄、餓鬼、畜生、阿修羅、人、天。力負,此

指無常變化。這二句意謂：涅槃相無生無滅,非六趣所攝;體絶變易,非無常所化。

〔9〕五目,即五眼:(1)肉眼,肉身所有之眼;(2)天眼,色界天人所有之眼,不問遠近内外晝夜皆能見物。人若修禪定,亦可得之;(3)慧眼,謂二乘之人,照見真空無相之理的智慧;(4)法眼,謂菩薩爲度衆生照見一切法門之智慧;(5)佛眼,佛陀身中具備前述四眼者。二聽,指天耳與人耳。

〔10〕釋迦掩室於摩竭,據《大智度論》卷七云,釋迦牟尼得道後,五十七日寂不説法,如掩室不開門。摩竭,即摩揭陀國,在今印度比哈爾邦南部。净名杜口於毘耶,據《維摩經·入不二法門品》,維摩詰會諸菩薩,各説法門。當文殊師利問何爲菩薩入不二法門時,維摩詰默然無言,文殊師利贊曰:是真入不二法門也。净名,即維摩詰。毘耶,今印度比哈爾邦穆查發消爾。

〔11〕須菩提,釋迦牟尼十大弟子之一,以論證"諸法性空"著稱,故稱"解空第一"。釋梵,帝釋梵王之合稱。帝釋,佛教護法神之一,爲忉利天(即三十三天)之王。梵王,色界初禪天之大梵王,又總稱爲色界之諸天。雨花,散花若雨而下。

〔12〕《經》,即《涅槃經》。

〔13〕《論》,即《中論》。

〔14〕五陰,亦譯"五蘊"、"五衆"。指色、受、想、行、識五類有爲法,狹義爲人的代稱,廣義指物質世界(色陰)和精神世界(餘四陰)的總和。

〔15〕有無絶於内,稱謂淪於外,此指涅槃内離性相,外離名言。稱謂,名言。

〔16〕視聽之所不曁,涅槃體超名相,非聲非色,故視聽不及。曁,及也。四空之所昏昧,修四空定之外道執以爲究竟,而迷失涅槃妙道。四空定,即四無色定,指修習相應於無色界的四種禪

定：(1)空無邊處定；(2)識無邊處定；(3)無所有處定；(4)非想非非想處定。

〔17〕九流，即"九有"。衆聖，指聲聞、緣覺、菩薩、佛四聖。

〔18〕希夷，語出《老子》十四章，指無聲無色。太玄，語出揚雄《太玄》。玄，黑也。在黑中消泯一切差異，何況玄之又玄。太玄，玄之又玄。

〔19〕十演九折，《涅槃無名論》共十九章。第一章《開宗》概論全文大意，次十八章（《覈體》、《位體》、《徵出》、《超境》、《搜玄》、《妙存》、《難差》、《辨差》、《責異》、《會異》、《詰漸》、《明漸》、《譏動》、《動寂》、《窮源》、《通古》、《考得》、《玄得》）分爲九重問答，故曰九折。合第一章《開宗》，統稱十演。

《論》成之後，上表於姚興曰："肇聞天得一以清，地得一以寧，君王得一以治天下[1]。伏惟陛下叡哲欽明[2]，道與神會，妙契環中，理無不統[3]。故能游刃萬機，弘道終日。衣被蒼生，垂文作範。所以域中有四大，王居一焉[4]。涅槃之道也，蓋是三乘之所歸[5]，方等之淵府。渺茫希夷，絕視聽之域；幽致虛玄，非羣情之所測。肇以微軀，猥蒙國恩，得閑居學肆[6]。在什公門下十有餘年，雖衆經殊趣，勝致非一；然涅槃一義，常以聽習爲先。但肇才識闇短，雖屢蒙誨喻，猶懷漠漠[7]，爲竭愚不已。亦如似有解，然未經高勝先唱，不敢自決。不幸什公去世，諮參無所，以爲永恨。而陛下聖德不孤[8]，獨與什公神契。目擊道存[9]，決其方寸。故能振彼玄風，以啓末俗[10]。一日遇蒙答安成侯嵩問無爲宗極[11]，頗涉涅槃無名之義[12]。今輒作《涅槃無名論》,有十演九折[13]。博采衆經,託證成喻,以仰述陛下無名之致。豈曰關詣神心,窮究遠當。聊以擬議玄門,班諭學徒耳。若少參聖旨,願敕存記。如其有差,伏承旨授。"興答旨殷勤,備加贊述。即敕令繕寫,班諸子姪。其爲時所重如此。晉義熙十年卒於長安[14],春秋三十有一矣。

【注】

[1] 語出《老子》三十九章。
[2] 叡哲,典出《尚書·舜典》,贊譽舜深沉而明智。欽明,典出《尚書·堯典》,贊譽堯恭敬而明用。
[3] 環中,語出《莊子·齊物論》:"樞始得其環中,以應無窮。"郭象注云:"環中,空也,既契環中,則應理天下,無不通也。"統,通。
[4] 語出《老子》二十五章。
[5] 三乘,謂引導教化衆生達到解脫的三種方法、途徑或教説。一般稱聲聞、緣覺、菩薩(或佛)爲三乘。
[6] 學肆,即譯場,學館。陳列經書,猶市肆然。
[7] 漠漠,不分明貌。
[8] 聖德不孤,語出《論語·里仁》:"德不孤,必有鄰"。
[9] 目擊道存,語出《莊子·田子方》:"若夫人者,目擊而道存,亦不可以容聲也。"
[10] 振彼玄風,以啓末俗,振發西方教風,啓悟此土末俗。
[11] 答安成侯嵩問無爲宗極,姚興於鳩摩羅什逝世後,通《四科義》,其第四通一切空義曰:"夫道者,以無爲爲宗,若其無爲,復何所有耶?"安成侯姚嵩(姚興之庶叔,職預譯館)問難曰:"不審明道之無爲,爲當以何爲體?"姚興答曰:"吾意以無爲爲

道,道止無爲。未詳所以宗也。"
〔12〕頗涉涅槃無名之義,僧肇在《奏秦王表》中引述姚興答姚嵩之文曰:"何者?(即何謂無爲之義)夫衆生所以久流轉生死者,皆由著欲故也。若欲止於心,即無復於生死。既無生死,潛神玄默,與虛空合其德,是名涅槃矣。既曰涅槃,復何容有名於其間哉!"
〔13〕僧肇認爲姚興上述話"窮微言之美,極象外之談",頗涉涅槃無名之義,傚法孔子作十翼以贊易道,遂以演擬十翼,作《涅槃無名論》,進一步闡發姚興之"幽旨"。
〔14〕義熙十年,公元414年。義熙,晉安帝司馬德宗年號。

選自《高僧傳》卷六《義解三》

慧　遠（334—416）

　　釋慧遠，本姓賈氏，雁門樓煩人也[1]。弱而好書，珪璋秀發。年十三，隨舅令孤氏遊學許、洛[2]。故少爲諸生，博綜六經，尤善《莊》、《老》。性度弘博，風覽朗拔，雖宿儒英達，莫不服其深致。年二十一，欲渡江東，就范宣子共契嘉遁[3]。值石虎已死，中原寇亂，南路阻塞[4]，志不獲從。

【注】

[1] 雁門，郡名，在今山西北部。樓煩，古縣名，在今山西神池、五寨二縣境。
[2] 許，許昌。洛，洛陽。皆在今河南省。
[3] 范宣子，名宣，隱居豫章（今江西南昌），躬耕自給，博覽羣書，雅好經術，屢謝官方的薦舉，當時名重大江南北。嘉遁，指合於正道的隱遁。《周易·遯卦》："嘉遯（遁）貞吉"。
[4] 石虎（295—349），後趙國主。南路阻塞，石虎死後，其子自相殘害，加之東晉殷浩、桓温相繼北伐，中原大亂，南路阻塞不通。

　　時沙門釋道安[1]，立寺於太行恒山，弘贊像法[2]，聲甚著聞，遠遂往歸之。一面盡敬，以爲真吾師也。後聞安講《波若經》，豁然而悟。乃嘆曰："儒道九流，皆糠粃耳。"

便與弟慧持[3]，投簪落彩，委命受業。既入乎道，厲然不羣，常欲總攝綱維，以大法爲己任。精思諷持，以夜續晝。貧旅無資，縕纊常闕[4]，而昆弟恪恭，終始不懈。有沙門曇翼[5]，每給以燈燭之費。安公聞而喜曰："道士誠知人矣。"遠藉解於前因，發勝心於曠劫，故能神明英越，機鑒遐深[6]。安公常嘆曰："使道流東國，其在遠乎！"年二十四，便就講說。嘗有客聽講，難實相義，往復移時，彌增疑昧，遠乃引《莊子》義爲連類，於是惑者曉然。是後安公特聽慧遠不廢俗書[7]。安有弟子法遇、曇徽[8]，皆風才照灼，志業清敏，並推伏焉。後隨安公南游樊、沔[9]。

【注】

[1] 道安，本書有傳。

[2] 像法，佛法。

[3] 慧持(337—412)，慧遠俗弟。傳見《高僧傳》卷六。

[4] 縕纊，亂麻，舊絮。喻敝惡粗衣。《禮記·玉藻》："纊爲繭，縕爲袍。"注："纊謂今之新綿也，縕謂今纊及舊絮也。"

[5] 曇翼，東晉義熙中卒，年八十二。傳見《高僧傳》卷五。

[6] 前因，佛教指曠劫修得的宿因。慧遠對般若的深刻理解實得力於早年深受儒學和玄學的熏陶。可參看其《與隱士劉遺民等書》中所云："每尋疇昔，游心世典，以爲當年之華苑也。及見《老》《莊》，便悟名教是應變之虛談耳。以今而觀，則知沉冥之趣，豈得不以佛理爲先？"(《廣弘明集》卷二十七)

[7] 道安反對"格義"，唯獨允許慧遠可以引佛典以外的書籍來比附説明佛理。故有"特聽慧遠不廢俗書"之説。

[8] 法遇、曇徽，傳均見《高僧傳》卷五。

〔9〕樊,樊城;沔,沔縣。皆在今湖北省。

僞秦建元九年,秦將苻丕寇斥襄陽,道安爲朱序所拘[1],不能得去,乃分張徒衆,各隨所之。臨路,諸長德皆被誨約,遠不蒙一言,遠乃跪曰:"獨無訓勖,懼非人例?"安曰:"如汝者,豈復相憂?"遠於是與弟子數十人,南適荆州,住上明寺。後欲往羅浮山,乃屆潯陽,見廬峰清静,足以息心,始住龍泉精舍[2]。此處去水本遠,遠乃以杖扣地曰:"若此中可得棲止,當使朽壤抽泉[3]。"言畢,清流湧出,後卒成溪。其後少時,潯陽亢旱,遠詣池側,讀《海龍王經》,忽有巨蛇從池上空,須臾大雨,歲以有年,因號精舍爲龍泉寺焉。時有沙門慧永,居在西林,與遠同門舊好,遂要遠同止[4]。永謂刺史桓伊曰:"遠公方當弘道,今徒屬已廣,而來者方多,貧道所棲褊狹,不足相處,如何?"桓乃爲遠復於山東更立房殿,即東林是也[5]。

【注】

〔1〕僞秦,即前秦(351—394)。僧傳作者生活在梁朝,站在南朝正朔立場上,故稱其僞。建元,秦世祖苻堅年號(365—385)。朱序(?—393),東晉梁州刺史,鎮襄陽,城破被俘入秦。

〔2〕羅浮山,在廣東省境。潯陽,今江西九江。

〔3〕朽壤,腐土。

〔4〕慧永(332—414),傳見《高僧傳》卷六。要,邀。

〔5〕東林,即廬山東林寺。與慧永所居之西林寺相對。

遠創造精舍，洞盡山美，却負香爐之峰，傍帶瀑布之壑，仍石壘基，即松栽構，清泉環階，白雲滿室。復於室內別置禪林，森樹烟凝，石逕苔合，凡在瞻履，皆神清而氣肅焉。遠聞天竺有佛影，是佛昔化毒龍所留之影，在北天竺月氏國那竭呵城南古仙人石室中住，經道取流沙西一萬五千八百五十里[1]，每欣感交懷，志欲瞻覿。會有西域道士敍其光相[2]。遠乃背山臨流，營築龕室，妙算畫工，淡彩圖寫，色疑積空，望似烟霧，暉相炳曖，若隱而顯。遠乃著《銘》曰：

【注】

〔1〕天竺，印度。月氏，在今新疆西部伊犁河流域及其迤西一帶。流沙，古代指我國西北的沙漠地區。古代亦稱今新疆境内白龍堆沙漠一帶爲流沙，爲當時中西交通主要路綫所經。

〔2〕西域道士，即罽賓（今克什米爾一帶）禪師佛陀跋多羅（359—429）。詳見慧遠《萬佛影銘序》（載《廣弘明集》卷一六）。

"廓矣大像，理玄無名。體神入化，落影離形。迴暉層巖，凝映虛亭。在陰不昧，處暗逾明。婉步蟬蛻，朝宗百靈。應不同方，迹絶杳冥（其一）。

"茫茫荒宇，靡勸靡獎。淡虛寫容，拂空傳像。相具體微，沖姿自朗。白毫吐曜，昏夜中爽。感徹乃應，扣誠發響。留音停岫，津悟冥賞。撫之有會，功弗由曩（其二）。

"施踵忘敬，罔慮罔識。三光掩暉，萬像一色。庭宇幽藹,歸途莫測。悟之以靖,開之以力。慧風雖遐,維塵攸息。匪聖玄覽,孰扇其極(其三)。

"希音遠流,乃眷東顧。欣風慕道,仰規玄度。妙盡毫端,遠微輕素。託彩虛凝,殆映霄霧。迹以像真,理深其趣。奇興開衿,祥風引路。清氣迴軒,昏交未曙。仿佛神容,依稀欽遇(其四)。

"銘之圖之,曷營曷求。神之聽之,鑒爾所修。庶茲塵軌,映彼玄流。潄情靈沼,飲和至柔。照虛應簡,智落乃周。深懷冥託,宵想神遊。畢命一對,長謝百憂(其五)。"

又昔潯陽陶侃經鎮廣州[1],有漁人於海中見神光,每夕艷發,經旬彌盛,怪以白侃。侃往詳視,乃是阿育王像[2]。即接歸,以送武昌寒溪寺。寺主僧珍嘗往夏口,夜夢寺遭火,而此像屋獨有龍神圍繞,珍覺馳還寺,寺即焚盡,唯像屋存焉。侃後移鎮,以像有威靈,遣使迎接,數十人舉之至水,及上船,船又覆沒,使者懼而返之,竟不能獲。侃幼出雄武,素薄信情,故荊楚之間為之謠曰:"陶惟劍雄,像以神標。雲翔泥宿,邈何遙遙。可以誠致,難以力招。"及遠創寺既成,祈心奉請,乃飄然自輕,往還無梗。方知遠之神感,證在風謠矣。於是率衆行道,昏曉不絕;釋迦餘化,於斯復興。既而謹律息心之士,絶塵清信之賓,並不期而至,望風遙集。彭城劉遺民、豫章雷次宗、雁門周續之、新蔡畢穎之、南陽宗炳、張萊民、張季碩等,並棄世遺榮,依遠遊止。遠乃於精舍無量壽像前,建齋立誓,共期西方[3]。乃令劉遺民著其文曰："維歲在攝提格[4]，七月戊辰朔，二十八日乙未，法師釋慧遠，貞感幽奧，霜懷特發[5]，乃延命同志息心貞信之士百有二十三人，集於廬山之陰般若臺精舍阿彌陀像前，率以香華，敬薦而誓焉。惟斯一會之衆，夫緣化之理既明，則三世之傳顯矣；遷感之數既符，則善惡之報必矣。推交臂之潛淪，悟無常之期切；審三報之相催，知險趣之難拔[6]。此其同志諸賢，所以夕惕宵勤，仰思攸濟者也[7]。蓋神者可以感涉，而不可以迹求；必感之有物，則幽路咫尺，苟求之無主，則渺茫河津。今幸以不謀而僉心西境[8]，叩篇開信，亮情天發。乃機象通於寢夢，欣歡百於子來[9]。於是雲圖表暉，影伴神造，功由理諧，事非人運，茲實天啓其誠，冥運來萃者矣；可不尅心重精疊思以凝其慮哉？然其景績參差，功德不一，雖晨祈雲同，夕歸攸隔，即我師友之眷，良可悲矣！是以慨焉！胥命整衿法堂，等施一心，亭懷幽極，誓兹同人，俱遊絕域。其有驚出絕倫，首登神界，則無獨善於雲嶠，忘兼全於幽谷，先進之與後昇，勉思彙征之道[10]。然復妙觀大儀，啓心貞照，識以悟新，形由化革。藉芙蓉於中流，蔭瓊柯以詠言；飄雲衣於八極[11]，汎香風以窮年。體忘安而彌穆，心超樂以自怡。臨三塗而緬謝[12]，傲天宮而長辭。紹衆靈以繼軌，指太息以爲期。究兹道也，豈不弘哉？"

【注】

〔1〕陶侃(259—334)，晉潯陽人，字士行。時任廣州刺史。
〔2〕阿育王(前273？—232？)，古印度摩揭陀國孔雀王朝國王。初

信奉婆羅門教,即王位後,改奉佛教,爲大護法,曾於華氏城舉行第三次結集,整理經律論三藏,佛教傳播於國外,多賴其力。

〔3〕無量壽像,即阿彌陀佛像。共期西方,共期往生西方阿彌陀佛净土。

〔4〕攝提格,寅年之别稱。《爾雅·釋天》:"太歲在寅曰攝提格。"《史記·天官書·索隱》:"李巡云:'言萬物承陽起,故曰攝提格。格,起也。'"

〔5〕霜懷,高潔的胸懷。

〔6〕三報,慧遠《三報論》云:"經説業有三報:一曰現報,二曰生報,三曰後報。現報者,善惡始於此身,即此身受。生報者,來生便受。後報者,或經二生三生,百生千生,然後乃受。"(《弘明集》卷五)險趣,即地獄、餓鬼、畜生等惡趣。

〔7〕夕惕,戒慎恐懼,不敢怠慢。攸濟,超拔。攸,是。

〔8〕僉,皆,衆。

〔9〕子來,《詩·大雅·靈臺》:"經始勿亟,庶民子來。"謂百姓急於公事,如子女急於父母之事,不召自來。

〔10〕雲嶠,高山。嶠,高峭的山峰。彙征,連類同進。

〔11〕八極,八方極遠之處。

〔12〕三塗,即地獄、餓鬼、畜生三惡趣。

遠神韻嚴肅,容止方棱[1],凡預瞻覿,莫不心形戰慄。曾有一沙門,持竹如意,欲以奉獻,入山信宿[2],竟不敢陳,竊留席隅,默然而去。有慧義法師[3],强正不憚,將欲造山,謂遠弟子慧寶曰:"諸君庸才,望風推服,今試觀我如何?"至山,值遠講《法華》,每欲難問,輒心悸汗流,竟不敢語。出謂慧寶曰:"此公定可訝。"其伏物蓋衆如此。殷仲堪之荆州〔4〕,過山展敬,與遠共臨北澗,論《易》體要,移景不倦。既而嘆曰:"識信深明,實難庶幾。"司徒王謐、護軍王默等〔5〕,並欽慕風德,遥致師敬。謐修書曰:"年始四十,而衰同耳順〔6〕。"遠答曰:"古人不愛尺璧,而重寸陰,觀其所存,似不在長年耳。檀越既履順而遊性,乘佛理以御心,因此而推,復何羨於遐齡〔7〕?聊想斯理,久已得之;爲復酬來信耳!"

【注】

〔1〕方棱,方正嚴厲。
〔2〕信宿,連宿兩夜。《左傳·莊公三年》:"凡師一宿爲舍,再宿爲信,過信爲次。"
〔3〕慧義(372—444),傳見《高僧傳》卷七。
〔4〕殷仲堪,時任荆州刺史。
〔5〕司徒,官名,主管教化,爲三公之一。護軍,官名,主武官選用,與領軍將軍同掌中央軍隊,爲重要軍事長官之一。
〔6〕耳順,六十歲的代稱。《論語·爲政》:"六十而耳順。"
〔7〕遐齡,高齡,長壽。

　　盧循初下據江州城〔1〕,入山詣遠。遠少與循父嘏同爲書生。及見循歡然道舊,因朝夕音問〔2〕。僧有諫遠者曰:"循爲國寇,與之交厚,得不疑乎?"遠曰:"我佛法中情無取捨,豈不爲識者所察,此不足懼。"及宋武追討盧循,設帳桑尾〔3〕。左右曰:"遠公素主廬山,與循交厚。"宋武曰:"遠公世表之人〔4〕,必無彼此。"乃遣使齎書致敬,並遺錢米。於是遠近方服其明見。

【注】
〔1〕盧循(？—411)，東晉范陽涿縣(今屬河北)人，字於先。士族出身，孫恩妹夫。曾參加孫恩起義。兵敗降晉。後爲劉裕戰敗，投水死。江州，今江西九江。
〔2〕音問，音訊，書信。
〔3〕宋武，即宋武帝劉裕(363—422)。原爲東晉北府兵將領，鎮壓孫恩起義後，掌握東晉大權。公元420年代晉稱帝，國號宋。
〔4〕世表，方外。

　　初，經流江東，多有未備，禪法無聞，律藏殘闕。遠慨其道缺，乃令弟子法淨、法領等，遠尋衆經。逾越沙雪，曠歲方反。皆獲梵本，得以傳譯[1]。昔安法師在關，請曇摩難提出《阿毘曇心》[2]。其人未善晉言，頗多疑滯。後有罽賓沙門僧伽提婆，博識衆典，以晉太元十六年來至潯陽，遠請重譯《阿毘曇心》及《三法度論》，於是二學乃興[3]，并製序標宗，貽於學者。孜孜爲道，務在弘法。每逢西域一賓，輒懇惻諮訪。聞羅什入關，即遣書通好，曰：

【注】
〔1〕梵本，當時從西域取得《方等》新經二百餘部。鳩摩羅什和佛陀跋多羅皆用過這些本子。
〔2〕曇摩難提，西域僧人，前秦建元中至長安，與道安、佛念等共譯出《中阿含》、《增一阿含》及《毘曇心》等一百零六卷。
〔3〕僧伽提婆，罽賓小乘毘曇學大師，前秦建元年中入長安，後渡

江，晉大元十六年(391)譯出《阿毘曇論》、《阿含經》百餘萬言。傳見《高僧傳》卷一。《阿毘曇心》，法勝著，係《大毗婆沙論》略要。《三法度論》，世賢著，係《四阿含》輯要。

"釋慧遠頓首：去歲得姚左軍書[1]，具承德問，仁者曩絕殊域，越自外境，於時音驛未交，聞風而悅。但江湖難置，以形乖爲嘆耳！須知承否通之會，懷寶來遊，至止有問，則一日九馳，徒情欣雅味，而無由造盡，寓目望途，固以增其勞佇！每欣大法宣流，三方同遇，雖運鐘其末，而趣均在昔。誠未能扣律妙門，感徹遺靈。至於虛衿遺契，亦無日不懷。夫旃檀移植，則異物同熏；摩尼吐曜，則衆珍自積[2]。是惟教合之道，猶虛往實歸，況宗一無象，而應不以情者乎？是故負荷大法者，必以無執爲心；會友以仁者，使功不自已。若令法輪不停軫於八正之路，三寶不輟音於將盡之期，則滿願不專美於絕代，龍樹豈獨善於前蹤[3]？今往比量衣裁，願登高坐爲著之！并天漉之器[4]，此既法物，聊以示懷。"

【注】

[1] 姚左軍，即後秦安成侯左將軍姚嵩。
[2] 旃檀，香木。摩尼，珠的總稱。
[3] 法輪，佛法的別稱。佛法傳播不停滯於一人一處，輾轉傳人，猶如車輪，故稱法輪。八正之路，即八正道：正見、正思維、正語、正業、正命、正精進、正念、正定。三寶，佛寶、法寶、僧寶。

滿願,即釋迦牟尼十大弟子之一富樓那,稱爲説法第一。龍樹,大乘空宗創始人,稱爲"千部論主"。

〔4〕天漉之器,即漉水囊,用以濾去水中微蟲。

什答書曰:

"鳩摩羅什和南〔1〕:既未言面,又文辭殊隔,導心之路不通,得意之緣圮絶。傳驛來貺〔2〕,粗承風德,比知何如？備聞一途,可以蔽百。經言,末後東方當有護法菩薩〔3〕,勖哉仁者,善弘其事。夫財有五備:福、戒、博聞、辯才、深智,兼之者道隆,未具者疑滯,仁者備之矣！所以寄心通好,因譯傳意,豈其能盡,粗酬來意耳。損所致比量衣裁〔4〕,欲令登法座時著,當如來意;但人不稱物,以爲愧耳！今往常所用鍮石雙口澡罐〔5〕,可備法物之數也。并遺偈一章曰:既已捨染樂,心得善攝不〔6〕？若得不馳散,心入實相不？畢竟空相中,其心無所樂〔7〕。若悦禪智慧,是法性無照〔8〕。虛誑等無實,亦非停心處〔9〕。仁者所得法,幸願示其要。"

【注】

〔1〕和南,僧人合掌致禮。

〔2〕貺,賜與,加惠。

〔3〕護法菩薩,護持佛法的菩薩。上自梵天帝釋八部鬼神,下至人世保護佛法之人,皆稱護法。菩薩,此指信仰、護持佛法者。

〔4〕損,謙詞,謙抑、貶降。

〔5〕鍮石，黃銅。澡罐，僧人洗滌用的水罐，游方時隨身攜帶以貯水。
〔6〕染樂，謂貪欲等。攝，心不外馳。不，讀若"否"。
〔7〕畢竟空相，泯性絕相，連空相亦空。心無所樂，證得畢竟空時，心亦無所樂，若有所樂，即未泯相。
〔8〕法性，諸法本體。無照，般若智慧雖朗然遍照，而無照相可得。
〔9〕虛誑等無實，有照便有虛妄分別，證不得實相。停心處，止心於諸法實相。

遠重與什書曰：

"日有涼氣，比復何如？去月法識道人至，聞君欲還本國，情以悵然！先聞君方當大出諸經，故未欲便相諮求。若此傳不虛，衆恨何言？今輒略問數十條事，冀有餘暇，一一爲釋。此雖非經中之大難，要欲取決於君耳！并報偈一章曰：本端竟何從，起滅有無際。一微涉動境，成頹山勢。惑想更相乘，觸理自生滯。因緣雖無主，開途非一世。時無悟宗匠，誰將握玄契？末問尚悠悠，相與期暮歲。"

後有弗若多羅，來適關中，誦出《十誦》梵本，羅什譯爲晉文，三分始二，而多羅棄世，遠常慨其未備[1]。及聞曇摩流支入秦，復善誦此部，乃遣弟子曇邕致書祈請[2]，令於關中更出餘分。故《十誦》一部具足無闕，晉地獲本，相傳至今。葱外妙典，關中勝説[3]，所以來集兹土者，遠之力也。外國衆僧，咸稱漢地有大乘道士，每至燒香禮拜，輒東向稽首，獻心廬岳。其神理之迹，故未可測也。

【注】

〔1〕弗若多羅(？—404)，罽賓僧人，傳見《高僧傳》卷二。《十誦》，小乘説一切有部的律本。

〔2〕曇摩流支，西域僧人，傳見《高僧傳》卷二。曇邕，原姓楊，名邕，曾爲前秦衛將軍。出家後十餘年間爲慧遠致書鳩摩羅什，使長安、廬山聲氣相通。傳見《高僧傳》六卷。

〔3〕葱外，指葱嶺(今帕米爾高原和崑崙山、天山西段的統名)以外地區。關中，今陝西函谷關以西地區。

　　先是中土未有泥洹常住之説，但言壽命長遠而已[1]。遠乃嘆曰："佛是至極，至極則無變。無變之理，豈有窮耶？"因著《法性論》曰："至極以不變爲性，得性以體極爲宗[2]。"羅什見論而嘆曰："邊國人未有經，便闇與理合，豈不妙哉！"秦主姚興欽德風名，嘆其才思，致書殷勤，信餉連接，贈以龜兹國細縷雜變像，以伸款心[3]。又令姚嵩獻其珠像。《釋論》新出[4]，興送《論》并遺書曰："《大智論》新譯訖。此既龍樹所作，又是方等指歸[5]，宜爲一序，以伸作者之意。然此諸道士，咸相推謝，無敢動手，法師可爲作序，以貽後之學者。"遠答云："欲令作《大智論》序，以伸作者之意，貧道聞懷大非小褚所容，汲深非短綆所測[6]，披省之日，有愧高命！又體羸多疾，觸事有廢，不復屬意已來，其日亦久。緣來告之重，輒粗綴所懷。至於研究之美，當復寄諸明德！"其名高遠固如此。

【注】

〔1〕泥洹,後譯爲涅槃。指擺脱生死輪回的境界,爲佛教徒修行的目標。當時《大般涅槃經》尚未譯出,所以"涅槃常住"的教義還没有傳入我國。

〔2〕至極,指涅槃。體極,體認、證悟法性而進入涅槃。

〔3〕姚興(366—416),十六國時期後秦國君。在位期間(394—416),提倡佛教和儒學,邀鳩摩羅什翻譯佛經。龜兹,古西域國名,在今新疆庫車市一帶。款心,誠心。款,誠,懇切。

〔4〕《釋論》,即解釋《大般若經》的《大智度論》,龍樹作。

〔5〕方等,指大乘經典。

〔6〕褚,囊袋。綆,汲水桶上的繩索。此二句典出《莊子·至樂》:"褚小者不可以懷大,綆短者不可以汲深。"

　　遠常謂:"《大智論》,文句繁廣,初學難尋。"乃抄其要文,撰爲二十卷。序致淵雅,使夫學者息過半之功矣。

　　後桓玄征殷仲堪[1],軍經廬山,要遠出虎溪。遠稱疾不堪。玄自入山,左右謂玄曰:"昔殷仲堪入山禮遠,願公勿敬之。"玄答:"何有此理? 仲堪本死人耳。"及至見遠,不覺致敬。玄問:"不敢毁傷,何以剪削[2]?"遠答云:"立身行道[3]。"玄稱善。所懷問難,不敢復言。乃説征討之意。遠不答。玄又問:"何以見願?"遠云:"願檀越安隱,使彼亦無他。"玄出山,謂左右曰:"實乃生所未見!"玄後以震主之威[4],苦相延致,乃貽書騁説,勸令登仕。遠答辭堅正,確乎不拔,志踰丹石,終莫能迴。俄而玄欲沙汰衆僧,教僚屬曰:"沙門有能伸述經誥,暢説義理,或禁行循整,足以宣寄大化。其有違於此者,悉皆罷遣。唯廬山道德所居,不在搜簡之例。"

【注】

〔1〕桓玄(369—404),東晉譙國龍亢(今安徽懷遠西)人。隆安二年(398)與荆州刺史殷仲堪等起兵,朝廷任爲江州刺史,以求妥協。次年擊走殷仲堪,兼併荆州。元興元年(403),代晉自立,國號楚,後爲劉裕所敗。
〔2〕語出《孝經》:"身體髮膚,受之父母,不敢毁傷,孝之始也。"
〔3〕語出《孝經》:"立身行道,揚名於後世,孝之終也。"
〔4〕震主之威,謂威勢甚盛,使君主畏忌。

遠與玄書曰:"佛教陵遲,穢雜日久,每一尋思[1],慨憤盈懷。常恐運出非意,淪湑將及[2]。竊見清澄諸道人教,實應其本心。夫涇以渭分[3],則清濁殊勢;枉以直正,則不仁自遠。此命既行,必一理斯得。然後令飾偽者絶假通之路,懷真者無負俗之嫌。道世交興,三寶復隆矣。"因廣立條制,玄從之。

【注】

〔1〕陵遲,衰落。《詩·王風·大車序》:"禮義陵遲,男女淫奔。"尋思,原爲"尋至",據《弘明集》卷一二改。
〔2〕淪湑,猶淪胥。言相互牽連而受苦難。
〔3〕涇以渭分,以兩水清濁有别,比喻人品的清濁。涇水清,渭水濁。

昔成帝幼沖[1]，庾冰輔政，以爲沙門應敬王者。尚書令何充、僕射褚翜、諸葛恢等，奏不應敬禮，官議悉同充等。門下承冰旨爲駁[2]。同異紛然，竟莫能定。及玄在姑熟[3]，欲令盡敬，乃與遠書曰："沙門不敬王者，既是情所未了，於理又是所未喻。一代大事，不可令其體不允。近與八座書[4]，今以呈君。君可述所以不敬意也。此便當行之事一二，令詳盡想，必有以釋其所疑耳！"

【注】

〔1〕成帝，司馬衍，公元 326—342 年在位。幼沖，幼小。沖，幼齡。
〔2〕門下，即門下省。冰，庾冰。
〔3〕姑熟，一作姑孰，因城南臨姑孰溪得名。在今安徽當塗縣。
〔4〕八座書，八座來往書信。八座，東漢至唐代一般以尚書令、僕射、五曹或六曹（部）尚書爲八座。

遠答書曰："夫稱沙門者何耶？謂能發矇俗之幽昏，啓化表之玄路[1]。方將以兼忘之道，與天下同往。使希高者抱其遺風，漱流者味其餘津[2]。若然，雖大業未就，觀其超步之迹，所悟固已弘矣。又袈裟非朝宗之服，鉢盂非廊廟之器，沙門塵外之人，不應致敬王者。"

【注】

〔1〕矇俗，愚俗。矇，愚昧無知。化表，化外，指教化達不到的地方。表，外。
〔2〕漱流，漱石枕流，指士大夫的隱居生活。《世說新語·排調》："孫子荊年少時，欲隱；詰王武子'當枕石漱流'，誤曰'漱石枕

流'。王曰:'流可枕,石可漱乎?'孫曰:'所以枕流,欲洗其耳;所以漱石,欲礪其齒。'"

玄雖苟執先志,恥即外從,而覿遠辭旨,趑趄未決。有頃,玄篡位,即下書曰:"佛法宏大,所不能測。推奉主之情,故興其敬。今事既在己,宜盡謙光,諸道人勿復致禮也。"

遠乃著《沙門不敬王者論》,凡有五篇。一曰《在家》,謂在家奉法,則是順化之民。情未變俗,迹同方內,故有天屬之愛[1],奉主之禮。禮敬有本,遂因之以成教。二曰《出家》,謂出家者,能遁世以求其志,變俗以達其道。變俗則服章不得與世典同禮,遁世則宜高尚其迹。大德故能拯溺俗於沈流[2],拔玄根於重劫[3]。遠通三乘之津,近開人天之路。如今一夫全德,則道洽六親,澤流天下,雖不處王侯之位,固已協契皇極,在宥生民矣[4]。是故內乖天屬之重,而不違其孝;外闕奉主之恭,而不失其敬也。三曰《求宗不順化》,謂反本求宗者,不以生累其神;超落塵封者,不以情累其生。不以情累其生,則生可滅;不以生累其神,則神可冥。冥神絕境,故謂之泥洹。故沙門雖抗禮萬乘,高尚其事,不爵王侯,而沾其惠者也。四曰《體極不兼應》,謂如來之與周孔,發致雖殊,潛相影響;出處咸異,終期必同。故雖曰道殊,所歸一也。不兼應者,物不能兼受也。五曰《形盡神不滅》,謂識神馳騖,隨行東西也。此是論之大意。自是沙門得全方外之迹矣。

【注】

〔1〕天屬,指有血緣關係的直系親屬,如父子、兄弟、姊妹等。《莊子·山木》:"或曰'……棄千金之璧,負赤子而趨,何也?'林回曰:'彼以利合,此以天屬也。'"
〔2〕大德,《弘明集》卷五作"夫然者……"。
〔3〕玄根,玄妙之根性。
〔4〕皇極,帝王統治的準則。在宥生民,對天之百姓施行無爲而治,使其自然發展。

及桓玄西奔,晉安帝自江陵旋於京師[1]。輔國何無忌勸遠候覲,遠稱疾不行。帝遣使勞問,遠修書曰:"釋慧遠頓首:陽月和暖,願御膳順宜!貧道先嬰重疾,年衰益甚,猥蒙慈詔,曲垂光慰,感懼之深,實百於懷!幸遇慶會,而形不自運,此情此慨,良無以喻!"詔答:"陽中感懷,知所患未佳,甚情耿耿!去月發江陵,在道多諸惡情,遲兼常,本冀經過相見,法師既養素山林,又所患未痊,邈無復因,增其歎恨!"

【注】

〔1〕晉安帝,司馬德宗,公元397—418年在位。

陳郡謝靈運負才傲俗[1],少所推崇,及一相見,肅然心服。遠內通佛理,外善羣書,夫預學徒,莫不依擬。時遠講《喪服經》[2],雷次宗、宗炳等[3],並執卷承旨。次宗後別著義疏,首稱雷氏。宗炳因寄書嘲之曰:"昔與足下共於遠和尚間面受此義,今便題卷首稱雷氏乎?"其化兼道俗,斯類非一。

【注】

〔1〕陳郡，郡名，治所在陳縣（今河南淮陽）。謝靈運（385—433），謝玄之孫，晉時襲封康樂公。入宋，曾任永嘉太守、侍中、臨川内史等職，後被殺。其詩描狀山水名勝，開文學史上山水詩一派，有詩文集傳世。

〔2〕《喪服經》，即儒家經典《儀禮》中的《喪服篇》。

〔3〕雷次宗（386—448），南朝宋南昌人，字仲倫，少入廬山，師事慧遠。篤志好學，尤明三《禮》、《毛詩》，著有文集三十卷。宗炳（375—443），南朝宋南陽人，字少文。"精於言理"，隱逸不仕，著有《明佛論》等，盛贊佛教，鼓吹神不滅論。

　　自遠卜居廬阜，三十餘年，影不出山，迹不入俗，每送客遊履，常以虎溪爲界焉。

　　以晉義熙十二年八月初動散，至六日困篤[1]。大德耆年，皆稽顙請飲豉酒[2]，不許。又請飲米汁，不許。又請以蜜和水爲漿，乃命律師，令披卷尋文，得飲與不？卷未半而終，春秋八十三矣。門徒號慟，若喪考妣，道俗奔赴，踵繼肩隨。遠以凡夫之情難割，乃制七日展哀。遺命使露骸松下。既而弟子收葬。潯陽太守阮侃於山西嶺鑿壙開冢。謝靈運爲造碑文，銘其遺德。南陽宗炳又立碑寺門。

【注】

〔1〕義熙（405—418），晉安帝司馬德宗年號。動散，風散。指生命之風衰散。動，風大之自性。《俱舍論》卷一："風界動性，由此

能引大種造色令其相續生至餘方。如吹燈光,故名爲動。"困篤,病重垂危。

〔2〕稽顙,以額觸地,爲跪拜禮之極。豉酒,用豆豉浸成的藥酒。

　　初,遠善屬文章,辭氣清雅,席上談吐,精義簡要。加以容儀端莊,風彩灑落,故圖像於寺,遐邇式瞻。所著論序銘贊詩書,集爲十卷,五十餘篇,見重於世。

選自《高僧傳》卷六《義解三》

南北朝

陶　　潛（約 365—427）

　　陶潛字淵明,或云淵明字元亮[1],尋陽柴桑人也[2]。曾祖侃[3],晉大司馬。

　　潛少有高趣,嘗著《五柳先生傳》以自況,曰:

【注】
[1]《南史》本傳:"或云字深明,名元亮。"
[2] 尋陽柴桑,今江西九江市西南。
[3] 陶侃,見本書《孫盛》傳注。

　　"先生不知何許人,不詳姓字,宅邊有五柳樹,因以爲號焉。閑靜少言,不慕榮利。好讀書,不求甚解,每有會意,欣然忘食。性嗜酒,而家貧不能恒得。親舊知其如此,或置酒招之,造飲輒盡,期在必醉,既醉而退,曾不吝情去留。環堵蕭然[1],不蔽風日,短褐穿結[2],簞瓢屢空[3],晏如也。嘗著文章自娛,頗示己志,忘懷得失,以此自終。"

其自序如此[4],時人謂之實錄。

【注】
[1] 環堵,成玄英《莊子·讓王疏》:"周環各一堵,謂之環堵",即四圍土墻。

〔2〕短褐穿結,粗服着身。《漢書·貢禹傳》注:"短者,謂僮豎所著布長襦也。褐,毛布之衣也。"
〔3〕簞,食器。瓢,飲器。簞瓢,比喻生活簡陋、貧苦。《論語·雍也》:"一簞食,一瓢飲,在陋巷之中,人不堪其憂,回也不改其樂。"
〔4〕序,敘。

　　親老家貧,起爲州祭酒,不堪吏職,少日[1],自解歸[2]。州召主簿,不就。躬耕自資,遂抱羸疾[3],復爲鎮軍、建威參軍,謂親朋曰:"聊欲絃歌[4],以爲三徑之資[5],可乎?"執事者聞之[6],以爲彭澤令[7]。公田悉令吏種秫稻[8],妻子固請種秔[9],乃使二頃五十畝種秫,五十畝種秔。郡遣督郵至[10],縣吏白應束帶見之,潛嘆曰:"我不能爲五斗米折腰向鄉里小人[11]。"即日解印綬去職[12]。賦《歸去來》,其詞曰:

【注】
〔1〕少日,不久。
〔2〕自解,辭職。
〔3〕羸疾,類似風痹的病。
〔4〕絃歌,出任縣令。《論語·陽貨》說,子游爲武城宰,以絃歌爲教民之具。後世遂以絃歌爲出任邑令。
〔5〕三徑,西漢末,兗州刺史蔣詡告病辭官,隱居鄉里,於院中辟三徑,唯與求仲、羊仲來往。後常用三徑指家園。
〔6〕執事,指各部門的專職人員,即百官。這裏是指詮選官吏的官員。

〔7〕彭澤,在今江西湖口縣東。
〔8〕公田,此爲職田,按官品等級給官吏的禄米田。《南史》所載,與下文二頃五十畝同;《晉書》不同,爲一頃五十畝。秫,黏性高粱,可以釀酒。稻字,疑爲衍文。下文的秔,即粳,爲不黏的稻。
〔9〕妻子,《南史》:"其妻翟氏,志趣亦同,能安苦節,夫耕於前,妻鋤於後云。"
〔10〕督郵,郡守佐吏,掌督察糾舉所領縣違法之事。彭澤,屬江州尋陽郡。
〔11〕五斗米,是舉整數,指當時士大夫每月的食糧,與縣令俸禄絶無關涉;縣令年俸米爲二百六十斛至四百斛。不能爲五斗米折腰,意即不能爲吃一碗飽飯而折腰。見繆鉞《讀史存稿》。
〔12〕即日解印綬去職,《晉書》本傳說此事在義熙二年(406)。綬,用來繫印環的絲帶。

"歸去來兮,園田荒蕪,胡不歸。既自以心爲形役[1],奚惆悵而獨悲。悟已往之不諫,知來者之可追[2]。實迷塗其未遠,覺今是而昨非。舟超遥以輕颺[3],風飄飄而吹衣。問征夫以前路,恨晨光之希微。

【注】
〔1〕心,指思維器官、思想。役,驅使。謂思想爲形體所驅使。
〔2〕語出《論語・微子》:"往者不可諫,來者猶可追。"
〔3〕超遥以輕颺,輕輕地飄蕩緩行。

"乃瞻衡宇[1],載欣載奔。僮僕歡迎[2],稚子候門。三徑就荒,松菊猶存。攜幼入室,有酒停尊[3]。引壺觴而自酌[4],盼庭柯以怡顏[5]。倚南窗而寄傲,審容膝之易安[6]。園日涉而成趣,門雖設而常關。策扶老以流憩[7],時矯首而遐觀。雲無心以出岫[8],鳥倦飛而知還。景翳翳其將入[9],撫孤松以盤桓[10]。

【注】

[1] 衡宇,以衡木爲門的陋舍。
[2] 僮僕,淵明爲彭澤令,"送一力給其子,書曰:'汝旦夕之費,自給爲難。今遣此力,助汝薪水之勞。此亦人子也,可善遇之。'"(《南史》本傳)僮僕當爲其人。
[3] 尊,一作樽,盛酒器。
[4] 觴,酒杯。
[5] 盼庭柯,閒觀庭園中的樹木。
[6] 審,明曉。容膝,形容居室狹小,僅足容膝。
[7] 策扶老,持手杖。《玉燭寶典》引《風俗通》,説漢代"作鳩杖以扶老"。後世遂以扶老爲手杖別稱。憩,休息。
[8] 岫,山洞。
[9] 景翳翳,日光暗淡將没。
[10] 盤桓,徘徊。

"歸去來兮,請息交而絶遊。世與我以相遺[1],復駕言兮焉求[2]。説親戚之情話,樂琴書以消憂。農人告余以上春[3],將有事於西疇[4]。或命巾車[5],或棹扁舟[6]。既窈窕以窮壑[7],亦崎嶇而經丘。木欣欣以向榮,泉涓涓而始流。善萬物之得時,感吾生之行休[8]。

【注】
[1] 相遺,相忘。
[2] 駕言,《詩·邶風·泉水》:"駕言出游。"駕,駕車;言,語助詞。後以駕言指出游。
[3] 上春,農曆正月。《周禮·天官·內宰》疏:"上春者,亦謂正歲,以其春事將興,故云上春也。"春事,農事,春季耕種。
[4] 疇,田畝。
[5] 巾車,布篷車。
[6] 棹,划船工具。這裏用作動詞。
[7] 窈窕,幽深。
[8] 行休,行將命終。

"已矣乎,寓形宇內復幾時[1]。曷不委心任去留[2],胡爲遑遑欲何之。富貴非吾願,帝鄉不可期[3]。懷良辰以孤往,或植杖而耘耔[4]。登東皋以舒嘯[5],臨清流而賦詩。聊乘化以歸盡[6],樂夫天命復奚疑。"

【注】
[1] 寓形宇內,寄寓形體於宇宙內。
[2] 委心,隨心。
[3] 帝鄉,神仙世界。
[4] 植杖而耘耔,《論語·微子》:"植其杖而耘。"植,置。耘耔,除

草培土。

〔5〕皋，水畔高地。嘯，撮口發出長而清越的聲音。舒嘯，放聲歌嘯。

〔6〕聊乘化，姑且順自然而變遷。

　　義熙末[1]，徵著作佐郎，不就。江州刺史王弘欲識之，不能致也。潛嘗往廬山，弘令潛故人龐通之齎酒具於半道栗里要之[2]。潛有腳疾，使一門生二兒舁籃輿，既至，欣然便共飲酌，俄頃弘至，亦無忤也。先是，顏延之為劉柳後軍功曹[3]，在尋陽，與潛情款。後為始安郡，經過，日日造潛，每往必酣飲至醉。臨去，留二萬錢與潛，潛悉送酒家，稍就取酒。嘗九月九日無酒，出宅邊菊叢中坐久，值弘送酒至，即便就酌，醉而後歸。潛不解音聲，而畜素琴一張，無絃，每有酒適，輒撫弄以寄其意。貴賤造之者，有酒輒設，潛若先醉，便語客："我醉欲眠，卿可去。"其真率如此。郡將候潛，值其酒熟，取頭上葛巾漉酒，畢，還復著之。

【注】

〔1〕義熙，晉安帝司馬德宗年號（405—418）。

〔2〕齎，攜帶行裝。

〔3〕顏延之（384—456），字延年，琅邪臨沂（今屬山東）人。劉宋時，官至國子祭酒、金紫光祿大夫。每犯權要，不能取容當世。善文章，冠絕一時，學問淵博，著作繁多。明人拾掇遺文，輯有《顏延之集》、《顏光祿集》，清嚴可均輯得《逆降義》、《論語顏氏注》、《庭誥》、《纂要》等。

潛弱年薄宦[1]，不潔去就之迹[2]，自以曾祖晉世宰輔，恥復屈身後代，自高祖王業漸隆[3]，不復肯仕。所著文章，皆題其年月，義熙以前，皆書晉氏年號，自永初以來[4]，唯云甲子而已。與子書以言其志，並爲訓戒曰：

【注】

〔1〕弱年薄宦，年少官微。
〔2〕不潔，不重。
〔3〕高祖，宋武帝劉裕。
〔4〕永初，宋武帝劉裕年號(420—422)。

　　"天地賦命[1]，有往必終[2]，自古賢聖，誰能獨免。子夏言曰：'死生有命，富貴在天[3]。'四友之人[4]，親受音旨，發斯談者，豈非窮達不可妄求，壽夭永無外請故邪[5]。吾年過五十，而窮苦荼毒，以家貧弊，東西遊走。性剛才拙，與物多忤，自量爲己，必貽俗患，俛俛辭世[6]，使汝幼而飢寒耳。常感孺仲賢妻之言[7]，敗絮自擁，何慚兒子。此既一事矣。但恨鄰靡二仲[8]，室無萊婦[9]，抱茲苦心，良獨罔罔[10]。

【注】

〔1〕賦命，與人以生命。
〔2〕往，死。
〔3〕語見《論語・顔淵》。
〔4〕四友，孔子所喜愛的四個學生，據《孔叢子》所説，爲顔回、子貢、子張、子路，與陶淵明以子夏爲四友之一不同。

〔5〕外請,額外請求。

〔6〕俚俛,時間短暫。

〔7〕孺仲,即王霸,後漢人。《列女傳》説:"霸,少立高節,光武連徵不仕。與同郡令狐子伯爲友。後子伯爲楚相,而其子爲功曹。子伯遣子奉書於霸,客去而久卧不起。妻怪問其故,曰:'向見令狐子容服甚光,舉措有適,而我兒蓬髮歷齒,未知禮則,見客而有慚色。父子恩深,不覺自失耳。'妻曰:'君少修清節,不顧榮辱,今子伯之貴,孰與子之高?君躬勤苦,子女安得不耕以養?既耕,安得不黃頭歷齒?奈何忘宿志而慚兒女子乎?'霸屈起而笑曰:'有是哉!'遂共終身隱遁。"

〔8〕鄰靡二仲,鄰居中没有像二仲一類的人。二仲,《高士傳》:"求仲、羊仲,皆治車爲業,挫廉逃名。"

〔9〕萊婦,《列女傳》:"楚老萊子,逃世耕於蒙山之陽。王使人聘以璧帛。妻曰:'妾聞之,可食以酒肉者,可隨以鞭捶,可授以官禄者,可隨以斧鉞。今先生食人之酒肉,受人之官禄,此皆人之所制也。居亂世而爲人所制,能免於患乎?'老萊子遂隨其妻至於江南而止。"

〔10〕罔罔,惆悵貌。

"少年來好書,偶愛閑静,開卷有得,便欣然忘食。見樹木交蔭,時鳥變聲,亦復歡爾有喜。嘗言五六月北窗下卧,遇涼風暫至,自謂是羲皇上人[1]。意淺識陋,日月遂往,緬求在昔[2],眇然如何。

【注】

〔1〕羲皇,伏犧,傳説的部落領袖,發明八卦。羲皇上人,伏犧時代

以前的人。
〔2〕緬求,遠求。

　　"疾患以來,漸就衰損,親舊不遺,每以藥石見救,自恐大分將有限也。恨汝輩稚小,家貧無役,柴水之勞,何時可免,念之在心,若何可言。然雖不同生[1],當思四海皆弟兄之義。鮑叔、敬仲,分財無猜[2],歸生、伍舉,班荊道舊[3],遂能以敗爲成[4],因喪立功[5],他人尚爾,況共父之人哉。潁川韓元長,漢末名士,身處卿佐,八十而終,兄弟同居,至於没齒。濟北氾稚春,晉時操行人也,七世同財,家人無怨色。《詩》云:'高山仰止,景行行止[6]。'汝其慎哉!吾復何言。"

【注】
〔1〕雖不同生,淵明子儼、俟、份、佚、佟,非一母所生。
〔2〕鮑叔、敬仲,分財無猜,見《史記·管晏列傳》:"管仲曰:吾始困時嘗與鮑叔賈,分財利,多自與,鮑叔不以我爲貪,知我貧也。"
〔3〕此句謂楚國的伍舉、歸生友好,伍舉因故奔鄭,又赴晉,歸生出使晉國,與伍舉遇於鄭郊,重敍舊好。
〔4〕以敗爲成,事指管仲輔公子糾與公子小白(齊桓公)相争,失敗被俘。桓公因鮑叔推薦,不念舊惡,任管仲爲相,管仲助齊桓公稱霸天下。
〔5〕因喪立功,事指歸生返國後,嚮令尹子木説:楚材晉用,不利國家。子木召回伍舉,伍舉協助公子圍繼位,立下功業。
〔6〕高山仰止,景行行止,見《詩·小雅·車舝》。意爲景仰高德。

又爲《命子詩》以貽之曰：

"悠悠我祖，爰自陶唐[1]。邈爲虞賓[2]，歷世垂光。御龍勤夏[3]，豕韋翼商[4]。穆穆司徒[5]，厥族以昌。紛紜戰國，漠漠衰周[6]。鳳隱於林，幽人在丘。逸虬撓雲，奔鯨駭流。天集有漢[7]，眷予愍侯[8]。於赫愍侯，運當攀龍[9]。撫劍夙邁[10]，顯茲武功。參誓山河[11]，啓土開封。亹亹丞相[12]，允迪前蹤[13]。渾渾長源[14]，蔚蔚洪柯[15]。羣川載導[16]，衆條載羅[17]。時有默語，運固隆汙[18]。在我中晉[19]，業融長沙[20]。桓桓長沙[21]，伊勳伊德[22]。天子疇我[23]，專征南國[24]。功遂辭歸，臨寵不惑。孰謂斯心，而可近得[25]。肅矣我祖[26]，慎終如始。直方二臺[27]，惠和千里。於皇仁考[28]，淡焉虛止。寄迹夙運[29]，冥茲愠喜[30]。嗟余寡陋，瞻望靡及。顧慚華鬢，負景隻立。三千之罪，無後其急[31]。我誠念哉，呱聞爾泣[32]。卜云嘉日，占爾良時。名爾曰儼，字爾求思[33]，温恭朝夕，念茲在茲。尚想孔伋[34]，庶其企而[35]。厲夜生子，遽而求火[36]。凡百有心[37]，奚待於我。既見其生，實欲其可。人亦有言，斯情無假。日居月諸[38]，漸免於孩[39]。福不虛至，禍亦易來。夙興夜寐，願爾斯才。爾之不才，亦已焉哉。"

潛元嘉四年卒，時年六十三[40]。

【注】

[1] 陶唐，傳說中的堯。

〔2〕虞賓,傳說堯禪位於舜,其子丹朱爲虞賓。
〔3〕勤,勤力。
〔4〕翼,輔佐。
〔5〕司徒,指陶叔,西周時官居司徒。
〔6〕漠漠,寂寞無聞。
〔7〕集,成全。
〔8〕眷,眷顧。愍侯,指陶舍。陶舍從劉邦破代有功,封開封侯,死後謚愍侯。
〔9〕攀龍,比喻依附帝王以建功業。
〔10〕風邁,乘風邁進,形容英勇無畏。
〔11〕參誓山河,《史記》卷十八《高祖功臣侯者年表》:"封爵之誓曰:'使河如帶、泰山若厲,國以永寧,爰及苗裔。'"
〔12〕亹亹,勤勉貌。丞相,指陶青。陶青,陶舍之子,襲封,景帝時爲相。
〔13〕允迪前蹤,誠與前人業績相繼。
〔14〕渾渾,大水流動貌。
〔15〕蔚蔚洪柯,枝葉茂盛的大樹。
〔16〕導,源。
〔17〕羅,分佈。
〔18〕隆汙,高下,引申爲窮達貴賤。
〔19〕中晉,東晉。
〔20〕長沙,陶侃封長沙公。
〔21〕桓桓,英武貌。
〔22〕伊,此。
〔23〕疇,按原等級世襲爵邑。
〔24〕南國,南方。陶侃都督荊、江、交、廣等州軍事,故稱南國。
〔25〕近,近世。

〔26〕我祖,指陶茂,官武昌太守。
〔27〕直方,正直任職。二臺,御史所屬内臺、外臺的合稱。《漢官儀》說,御史臺内掌蘭臺秘書,外督諸州刺史,故以蘭臺爲内臺,刺史治所爲外臺,合稱二臺。陶茂官武昌太守,爲江州刺史屬下,故稱二臺。
〔28〕皇,對先代的尊稱。考,《禮記·曲禮》:"生曰父,死曰考。"皇仁考,慈父。
〔29〕夙運,命運,遭遇。
〔30〕冥兹愠喜,泯没怨恨和喜樂。
〔31〕三千之罪,無後其急:《孝經》:"五刑之屬三千,而罪莫大於不孝。"《晉書·謝尚傳》:"夫無後之罪,三千所不過。"
〔32〕呱,小兒哭聲。
〔33〕儼,恭敬。古人用字來表名,儼與思的關係爲"儼若思"(《禮記·曲禮上》)。
〔34〕孔伋,見本書《孔子》傳注。
〔35〕庶,希冀。企,及。
〔36〕厲,病名,有惡瘡、大風等說。《莊子·天地》:"厲之人,夜半生其子,遽取火而視之,汲汲然惟恐其似己也。"
〔37〕凡百,《詩·小雅·雨無正》:"凡百君子,各敬爾身。"後世遂以凡百指代君子。
〔38〕日居月諸,喻歲月流逝。語見《詩·邶風·日月》。
〔39〕孩,未滿八歲的兒童。漸免於孩,謂渡過幼年,逐漸長大。
〔40〕元嘉四年,爲公元427年。則其生年爲晉哀帝興寧三年(365)。有《陶淵明集》傳世。

選自《宋書》卷九十三《隱逸》

竺 道 生（355—434）

竺道生，本姓魏，鉅鹿人[1]，寓居彭城[2]，家世仕族，父爲廣戚令，鄉里稱爲善人。生幼而穎悟，聰哲若神。其父知非凡器，愛而異之。後值沙門竺法汰[3]，遂改俗歸依，伏膺受業。既踐法門[4]，俊思奇拔，研味句義，即自開解。故年在志學，便登講座，吐納問辯，辭清珠玉，雖宿望學僧，當世名士，皆慮挫詞窮，莫敢酬抗。年至具戒，器鑒日深，性度機警，神氣清穆。

【注】

[1] 鉅鹿，今河北省鉅鹿縣。
[2] 彭城，今江蘇省徐州市。
[3] 竺法汰（320—387），東莞人，少與道安同學。道安在新野分張徒衆後，沿江東下。留荊州時，曾大集名僧據經引理，破沙門道恒"心無"義。著有義疏，並與郗超書論"本無"義，爲東晉般若學"六家七宗"之一，弟子有曇一、曇二。《高僧傳》卷五有傳。
[4] 法門，通過修習佛法而獲得佛果的門户。僧肇《注維摩經》卷八説："言爲世則謂之法，衆聖所由謂之門。"

初入廬山，幽棲七年，以求其志。常以入道之要，慧解爲本，故鑽仰羣經，斟酌雜論，萬里隨法，不憚疲苦。後與慧叡、慧嚴同遊長安[1]，從什公受業[2]。關中僧衆咸謂神悟。後還都止青園寺。寺是晉恭思皇后褚氏所立，本種青處，因以爲名。生既當時法匠，請以居焉。宋太祖文皇深加嘆重。後太祖設會，帝親同衆御於地筵，下食良久，衆咸疑日晚，帝曰："始可中耳。"生曰："白日麗天，天言始中，何得非中。"遂取鉢便食。於是一衆從之，莫不嘆其樞機得衷。王弘、范泰、顏延之並挹敬風猷[3]，從之問道。

【注】

〔1〕慧叡（355—439），冀州人，少出家。曾遊歷西域諸國，至南天竺界，通曉音譯詁訓和殊方異義。後從學於鳩摩羅什。陳郡謝靈運曾向他諮詢經中諸字並衆音異旨，著成《十四音訓敍》。慧叡著有《喻疑論》，存於《出三藏記集》卷五。《高僧傳》卷七有傳。慧嚴（？—443），姓范，豫州人，年十六出家。曾從鳩摩羅什受學，後還止建康。顏延之著《離識觀》及《論檢》，宋文帝命慧嚴辯其同異。《大般涅槃經》四十卷本（世稱北本）初至宋土，品數疏簡，慧嚴仍與慧觀、謝靈運等依據《大般泥洹經》六卷本，加之品目，文有過質，頗亦治改，成三十六卷（世稱南本）。慧嚴著有《無生滅論》及《老子略注》等。弟子法智。《高僧傳》卷七有傳。

〔2〕什公，即鳩摩羅什。

〔3〕王弘，南朝世族王導之曾孫，劉宋時任司徒、衛將軍等職。范泰，著有《與王司徒諸公論沙門踞食書》、《與生觀二法師書》、《論沙門踞食書》等，載《弘明集》卷十二。顏延之，著有《通佛影迹》、《通佛頂齒爪》、《通佛衣鉢》、《通佛二疊不燃》、《妄書禪慧宣諸弘信》、《與何彥德論感果生滅》、《與何承天辯達性論》、

《廣何彥德斷家養論》(見陸澄《法論目錄》)等。見存的有《釋達性論》、《重釋何衡陽》等。

生既潛思日久,徹悟言外,迺喟然嘆曰:"夫象以盡意,得意則象忘。言以詮理,入理則言息。自經典東流,譯人重阻,多守滯文,鮮見圓義。若忘筌取魚,始可與言道矣。"於是校閱真俗〔1〕,研思因果,迺立善不受報、頓悟成佛。又著《二諦論》、《佛性當有論》、《法身無色論》、《佛無淨土論》、《應有緣論》等〔2〕,籠罩舊說,妙有淵旨。而守文之徒多生嫌嫉,與奪之聲紛然競起。

【注】

〔1〕真俗,真諦和俗諦,指有高下之分的兩種真實不虛的理論。
〔2〕竺道生的上述著作均佚,據《出三藏記集》卷十二所載陸澄《法論目錄》和卷十五《道生法師傳》,另著有《涅槃三十六問》、《釋八住初心欲取泥洹義》、《辯佛性論》和《維摩》、《法華》、《泥洹》、《小品》等經的義疏。見存的有《法華經疏》二卷、《答王衛軍書》等。此外,姚秦僧肇等《注維摩詰經》,梁寶亮等《大般涅槃經集解》保留了若干片段。

又,六卷《泥洹》先至京師,生剖析經理,洞入幽微,迺說:一闡提人皆得成佛〔1〕。於時大本未傳〔2〕,孤明先發,獨見忤衆。於是舊學以爲邪說,譏憤滋甚,遂顯大衆〔3〕,擯而遣之。生於大衆中正容誓曰:"若我所說反於經義者,請於現身即表厲疾。若與實相不相違背者〔4〕,願舍壽之時,據師子座。"言竟,拂衣而遊。初投吳之虎丘山,旬日之中學徒數百。其年夏,雷震青園佛殿,龍昇於天,光影西壁,因改寺名,號曰龍光。時人嘆曰:"龍既已去,生必行矣。"俄而投迹廬山,銷影巖岫。山中僧衆咸共敬服。

【注】

〔1〕一闡提,略稱闡提,意爲"不具信",或"斷善根",指斷滅一切善根的人。

〔2〕大本,指曇無讖所譯的《大般涅槃經》四十卷本。在大本之前的六卷本《大般泥洹經》(東晉法顯和佛陀跋陀羅共譯)尚無闡提成佛之説。

〔3〕顯大衆,指犯戒者在衆僧面前公開懺悔和處罰。

〔4〕實相,與"真如"、"法界"、"法性"、"佛性"等同義,佛教所説的事物和現象的真實相狀。

後《涅槃》大本至於南京,果稱闡提悉有佛性,與前説合若符契。生既獲斯經,尋即講説。以宋元嘉十一年冬十一月庚子[1],於廬山精舍昇於法座[2],神色開朗,德音俊發,論議數番,窮理盡妙。觀聽之衆莫不悟悦。法席將畢[3],忽見麈尾紛然而墜[4],端坐正容,隱几而卒。顏色不異,似若入定[5]。道俗嗟駭,遠近悲泣。於是京邑諸僧内慚自疚,追而信服。其神鑒之至,徵瑞如此。仍葬於廬山之阜。

【注】

〔1〕宋元嘉十一年,公元 434 年。

〔2〕精舍,寺院的異名,意謂精行者所居之處。法座,敷演佛法的

講座。

〔3〕法席，敷演佛法的集會。

〔4〕麈，似鹿而大的一種動物。麈尾，用麈的尾毛制成的一種拂塵的用具，原爲魏晉人清談時所常執，後成爲佛教經師講經時專用的拂子。

〔5〕定，修禪得到的專注一境而不散亂的精神狀態。

　　初，生於叡公及嚴、觀同學齊名[1]，故時人評曰："生、叡發天真，嚴、觀窪流得，慧義彭亨進[2]，寇淵於默塞[3]。"生及叡公獨標天真之目，故以秀出羣士矣。初關中僧肇始注《維摩》，世咸玩味。生乃更發深旨，顯暢新異，及諸經義疏，世皆寶焉。王微以生比郭林宗，乃爲之立傳，旌其遺德。時人以生推闡提得佛，此語有據。頓悟、不受報等，時亦憲章。宋太祖嘗述生頓悟義，沙門僧弼等皆設巨難[4]。帝曰："若使逝者可興，豈爲諸君所屈？"

【注】

〔1〕叡公，慧叡。嚴，慧嚴。觀，慧觀(？—453)，姓崔，清河人，弱年出家，遊方受業，後爲鳩摩羅什門人。曾參加大本《涅槃》的改訂。又立"二教五時"的判教，爲漢地佛教判教之始。著有《辯宗論》、《論頓悟漸悟義》、《十喻序贊》(已上佚)、《法華宗要序》、《修行地不净觀序》(以上載《弘明集》)等。《高僧傳》卷七有傳。

〔2〕慧義(372—444)，姓梁，北地人，少出家，備通經義。范泰立祇洹寺，慧義爲經始者。後西域名僧多投止此寺，或傳譯經典，或訓授禪法。《高僧傳》卷七有傳。

〔3〕寇淵,即道淵,出家住建康東安寺,少持律檢,長習義宗。弟子慧琳著《白黑論》等,見重於宋文帝。《高僧傳》卷七有傳。此句評語中的"發天真",指聰悟發於天性;"窘流得",指深思流連,始可繼足;"彭亨進",又作"憉悙進",指努力方得前進;"默塞",指潛光隱德,世莫之知。

〔4〕僧弼(365—442),本吴人,遊長安,從鳩摩羅什受業。南居楚郢十有餘年,弘法江表。《高僧傳》卷七有傳。

後龍光又有沙門寶林,初經長安受學,後祖述生公諸義,時人號曰遊玄生,著《涅槃記》及注《異宗論》、《檄魔文》等[1],林弟子法寶亦學兼内外,著《金剛後心論》等,亦祖述生義焉。近代又有釋慧生者[2],亦止龍光寺,蔬食,善衆經,兼工草隸,時人以同寺相繼,號曰大小二生。

【注】
〔1〕《檄魔文》,當是《破魔露佈文》,載《弘明集》卷十四。
〔2〕近代,指慧皎撰《高僧傳》時所處的梁代。

選自《高僧傳》卷七《義解四》

何 承 天（370—447）

　　何承天，東海郯人也[1]。從祖倫，晉右衛將軍。承天五歲失父，母徐氏，廣之姊也[2]，聰明博學，故承天幼漸訓義，儒史百家，莫不該覽。叔父肸爲益陽令，隨肸之官。

【注】
[1] 東海郯，東海郡郯縣，今山東郯城。
[2] 廣，徐廣，字野民，東莞姑幕（今江蘇常州東南）人。家世好學，至廣尤精，百家數術無不研覽。東晉末，官至秘書監。劉裕建宋，以衰老乞歸。著作有《晉紀》、《車服儀注》、《答禮問》等。

　　隆安四年[1]，南蠻校尉桓偉命爲參軍。時殷仲堪、桓玄等互舉兵以向朝廷[2]，承天懼禍難未已，解職還益陽。義旗初[3]，長沙公陶延壽以爲其輔國府參軍，遣通敬於高祖[4]，因除瀏陽令，尋去職還都。撫軍將軍劉毅鎮姑孰，版爲行參軍[5]。毅嘗出行，而鄢陵縣史陳滿射鳥，箭誤中直帥，雖不傷人，處法棄市[6]。承天議曰："獄貴情斷，疑則從輕。昔驚漢文帝乘輿馬者，張釋之劾以犯蹕，罪止罰金[7]。何者？明其無心於驚馬也。故不以乘輿之重，加以異制，今滿意在射鳥，非有心於中人。按律過誤傷人，三歲刑，況不傷乎？微罰可也。"出補宛陵令。趙恢爲寧蠻校尉、尋陽太守,請爲司馬。尋去職。

【注】

〔1〕隆安四年,公元400年。

〔2〕東晉安帝隆安二年(398),荆州刺史殷仲堪與廣州刺史桓玄等,起兵反對會稽王司馬道之,爲劉牢之所拒,兵退。

〔3〕義旗,義軍義兵的旗幟,用指義兵。東晉安帝元興二年(403),桓玄廢晉安帝,稱帝,國號楚。義興三年,劉裕、劉毅、何無忌在京口起兵討桓玄,玄兵敗被殺。義熙元年(405),劉毅等破江陵,迎安帝還建康(今南京)。《晉書》以此事爲"舉義兵"。

〔4〕高祖,即宋武帝劉裕(356—422),字德輿,小字寄奴,京口(今江蘇鎮江)人。幼年貧窮,後爲北府兵將領,從劉牢之鎮壓孫恩起義。義熙元年(405),擊敗桓氏勢力,掌握東晉大權。滅南燕,敗盧循,亡後秦。元熙二年(420),滅晉建宋,在位時,抑制豪強,裁減僑州郡縣,增强中央集權。

〔5〕版,版授,授與官職。《後漢書》卷六十七《范滂傳》:"滂執公儀詣(陳)蕃,蕃止之,滂懷恨,投版棄官而去。"引申稱授官爲版。

〔6〕棄市,古代在鬧市執行死刑,陳屍街頭示衆,稱棄市。

〔7〕《史記》卷一百二《張釋之列傳》:"上行出中渭橋,有一人從橋下走出,乘輿馬驚。……廷尉奏當,一人犯蹕,當罰金。文帝怒曰:'此人親驚吾馬,吾馬賴柔和,令他馬,固不敗傷我乎?而廷尉乃當之罰金。'釋之曰:'法者,天子所與天下公共也。今法如此而更重之,是法不信於民也。且方其時,上使立誅之則已。今既下廷尉,廷尉,天下之平也。一頃而天下用法皆爲輕重,民安所措其手足?唯陛下察之。'良久,上曰:'廷尉當是也。'"

高祖以爲太尉行參軍。高祖討劉毅,由諸葛長民爲監軍。長民密懷異志,劉穆之屏人問承天曰:"公今行濟否云何?"承天曰:"不憂西不時判,別有一慮耳。公昔年自左里還入石頭,甚脫爾[1],今還,宜加重複。"穆之曰:"非君不聞此言。項日願丹徒劉郎,恐不復可得也。"除太學博士。義熙十一年,爲世子征虜參軍[2],轉西中郎中軍參軍,錢唐令。高祖在壽陽,宋臺建[3],召爲尚書祠部郎,與傅亮共撰朝儀。永初末[4],補南臺治書侍御史。

【注】

[1] 脫爾,簡慢、輕率。
[2] 世子,劉裕長子劉義符。裕死,繼位,旋被廢,處死。
[3] 高祖在壽陽,宋臺建,指義熙十四年(418),晉廷被迫任劉裕爲相國,進封宋公。元熙元年(419)八月,劉裕移鎮壽陽。二年六月,自壽陽至建康。
[4] 永初末,宋武帝劉裕永初三年(422)。

　　謝晦鎮江陵,請爲南蠻長史。時有尹嘉者,家貧,母熊自以身貼錢[1],爲嘉償責。坐不孝當死。承天議曰:"被府宣令,普議尹嘉大辟事,稱法吏葛滕籤,母告子不孝,欲殺者許之。法云,謂違犯教令,敬恭有虧,父母欲殺,皆許之。其所告惟取信於所求而許之。謹尋事原心,嘉母辭自求質錢,爲子還責。嘉雖虧犯教義,而熊無請殺之辭。熊求所以生之而今殺之,非隨所求之謂。始以不孝爲劾,終於和賣結刑[2],倚旁兩端,母子俱罪,滕籤法文,爲非其條。嘉所存者大,理在難申,但明教爰發,矜其愚蔽[3]。夫明德慎罰,文王所以恤下;議獄緩死,《中孚》所以垂化[4]。言情則母爲子隱,語敬則禮所不及。今舍乞宥之評,依請殺之條,責敬恭之節,於飢寒之隸,誠非罰疑從輕,寧失有罪之謂也。愚以謂降嘉之死,以普春澤之恩;赦熊之愆[5],以明子隱之宜。則蒲亭雖陋,可比德於盛明;豚魚微物,不獨遺於今化[6]。"事未判,值赦並免。

【注】

[1] 以身貼錢,以身典質,換取錢財。古江浙方言,女子爲人媵妾曰貼身。

[2] 和賣,《晉律》律目。漢時已有此目,爲"和賣買人",相沿至南北朝。《北魏律》和賣五服內親屬在尊者死。

[3] 矜,憐憫。

[4] 《中孚》,卦名,兌下巽上。《易·中孚》:"象曰:澤上有風,中孚。"疏:"風行澤上,無所不周,其猶信之被物,無所不至。"後稱恩澤下流爲中孚。

[5] 愆,罪過。

[6] 豚魚,猶言豚犢,謂不孝之民。《後漢書》卷七十六《仇覽傳》:覽"少爲書生沉默,鄉里無知者,年四十,縣召補吏,迭爲蒲亭長。……期年稱大化。覽初到亭,人有陳元者,獨與母居,而母詣覽告元不孝。……覽乃親到元家,與其母子飲,因爲陳人倫孝行,譬以禍福之言。元卒成孝子。鄉邑爲之諺曰:'父母何在在我亭,化我鴟梟哺所生。'"

晦進號衛將軍,轉諮議參軍,領記室。元嘉三年[1],

晦將見討，其弟黃門郎曖密信報之。晦問承天曰："若果爾，卿令我云何？"承天曰："以王者之重，舉天下以攻一州，大小既殊，逆順又異，境外求全，上計也。其次以腹心領兵戍於義陽，將軍率衆於夏口一戰，若敗，即趨義陽以出北境，其次也。"晦良久曰："荆楚用武之國，兵力有餘，且當決戰，走不晚也。"使承天造立表檄。晦以湘州刺史張邵必不同己，欲遣千人襲之。承天以爲邵意趨未可知，不宜便討。時邵兄茂度爲益州，與晦素善，故晦止不遣兵。前益州刺史肖摹之、前巴西太守劉道產去職還江陵，晦將殺之，承天盡力營救，皆得全免。晦既下，承天留府不從。及到彦之至馬頭，承天自詣歸罪，彦之以其有誠，宥之，使行南蠻府事。

【注】

〔1〕元嘉三年，公元 426 年。

七年[1]，彦之北伐，請爲右軍錄事。及彦之敗退，承天以才非軍旅，得免刑責。以補尚書殿中郎，兼左丞。吳興餘杭民薄道舉爲劫[2]。制同籍朞親補兵[3]。道舉從弟代公、道生等並爲大功親[4]，非應在補謫之例[5]，法以代公等母存爲朞親，則子宜隨母補兵。承天議曰："尋劫制，同籍朞親補兵，大功不在此例。婦人三從，既嫁從夫，夫死從子。今道舉爲劫，若其叔尚存，制應補謫，妻子營居，固其宜也。但爲劫之時，叔父已没，代公、道生並是從弟，大功之親，不合補謫。今若以叔母爲朞親，令代公隨母補兵，既違大功不謫之制,又失婦人三從之道。由於主者守朞親之文[6],不辨男女之異,遠嫌畏負,以生此疑。懼非聖朝恤刑之旨。謂代公等母子並宜其原。"故司徒椽孔遜奏事未御,遜已喪殯,議者謂不宜仍用遜名,更以見官奏之[7]。承天又議曰:"既没之名不合奏者,非有它義,正嫌於近不祥耳。奏事一邸,動經歲時,盛明之世,事從簡易,曲嫌細忌,皆應蕩除。"

【注】

〔1〕七年,元嘉七年,即公元430年。
〔2〕劫,劫奪,以武力搶奪。
〔3〕籍,祖先户籍。朞親,服喪一年的親屬。喪制:孫輩爲祖父母服一年喪。同籍朞親,同祖服一年喪的親屬。
〔4〕大功親,服喪九個月的親屬。喪制:從(堂)兄弟爲大功親。
〔5〕謫,罪過。
〔6〕主者,主管官員。
〔7〕見官,現任官吏。

　　承天爲性剛愎,不能屈意朝右[1],頗以所長侮同列,不爲僕射殷景仁所平,出爲衡陽内史。昔在西與士人多不協,在郡又不公清[2],爲州司所糾[3],被收繫獄,值赦免。十六年[4],徐著作佐郎,撰國史。承天年已老,而諸佐郎并名家年少,潁川荀伯子嘲之[5],常呼爲嬭母[6]。承天曰:"卿當云鳳凰將九子,嬭母何言邪!"尋轉太子率更令,著作如故。

【注】
〔1〕朝右,位列朝班之右,指大官。
〔2〕公清,公正清廉。
〔3〕司,行政機構。
〔4〕十六年,元嘉十六年,即 439 年。
〔5〕荀伯子,潁川(今河南中部及南部)人。博覽羣書,仕晉爲著作佐郎,修國史,有文集。入宋,官終東陽太守。
〔6〕嬭母,乳母。

　　時丹陽丁況等久喪不葬,承天議曰:"禮所云還葬,當謂荒儉一時,故許其稱財而不求備。丁況三家,數十年中,葬輒無棺槨,實由淺情薄恩,同於禽獸者耳。竊以爲丁寶等同伍積年,未嘗勸之以義,繩之以法。十六年冬,既無新科,又未申明舊制,有何嚴切[1],欻然相糾[2]。或由鄰曲分爭[3],以興此言。如聞在東諸處,比例既多,江西淮北尤爲不少。若但謫此三人,殆無整肅。開其一端,則互相恐動,里伍縣司[4],競爲姦利。财賂既逞,獄訟必繁,懼虧聖明烹鮮之美[5]。臣愚謂況等三家,且可勿問,因此附定制旨,若民人葬不如法,同伍當即糾言,三年除服之後,不得追相告列,於事爲宜。"

【注】
〔1〕切,責備。
〔2〕欻然,忽然。
〔3〕鄰曲,鄰居。
〔4〕里伍,五家爲伍,二十五家爲里。

〔5〕烹鮮,《老子》第六十章:"治大國若烹小鮮。"小鮮,小魚。

十九年[1],立國子學[2],以本官領國子博士。皇太子講《孝經》[3],承天與中庶子顏延之同爲執經[4]。頃之,遷御史中丞。時索虜侵邊[5],太祖訪羣臣威戎御遠之略[6],承天上表曰:

【注】

〔1〕十九年,元嘉十九年,即公元442年。

〔2〕國子學,最高學府。

〔3〕皇太子,指劉劭,字休遠。弑父自立,旋被擒殺。《孝經》,宣揚宗法、孝道和孝治思想的儒家經典,相傳爲孔子所作。有今文、古文兩種。講《孝經》事,據《宋書・禮志》在元嘉二十二年,而裴子野《宋略》以爲二十年。

〔4〕顏延之,見本書《陶潛》傳注。

〔5〕索虜,指北魏。鮮卑人編髮爲辮,漢族皇朝蔑視之,稱爲索虜或索頭虜。元嘉十九年,宋裴方明破氐軍,平仇池(今甘肅成縣西)。明年,魏軍奪取仇池。宋軍聯合氐族楊文德進攻又敗。元嘉二十三年(446)魏兵攻擊兗、青、冀三州,殺掠甚多。

〔6〕太祖,宋文帝廟號。

"伏見北藩上事,虜犯青、兗,天慈降鑒,矜此黎元,博逮羣策,經綸戎政,臣以愚陋,預聞訪及。竊尋獫狁告難[1],爰自上古,有周之盛,南仲出車,漢氏方隆,衛霍宣力。雖飲馬瀚海[2],揚旌祁連[3],事難役繁,天下騷動,委輸負海,貲及舟車[4]。凶狡倔强,未肯受弱,報失報復,裁不相補。宣帝末年,值其乖亂,推亡固存,始獲稽服[5]。自晉喪中原,戎狄侵騷,百餘年間,未暇以北虜爲念。大宋啓祚[6],兩燿靈武[7],而懷德畏威,用自款納。陛下臨御以來,羈縻遵養,十餘年中,貢譯不絕[8]。去歲三王出鎮[9],思振遠圖,獸心易駭,遂生猜懼,背違信約,深構攜隙。貪禍恣毒,無因自反,恐燧燧之警,必自此始。臣素庸懦,才不經武,率其管窺,謹撰《安邊論》。意及淺末,懼無可采。若得詢之朝列,辨覈同異,庶或開引羣慮,研盡衆謀,短長畢陳,當否可見。其論曰:

【注】
[1] 獫狁,也作"玁允"、"葷粥"、"獯鬻"、"薰育",周代居住在華夏族之北的少數民族。
[2] 瀚海,一作翰海,即北海,在蒙古高原北部。一說指今內蒙古的呼倫湖、貝爾湖。
[3] 旍,同"旌"。用旄牛尾和彩色鳥羽作竿飾的旗。
[4] 貲,課稅。
[5] 指甘露三年(前51),呼韓邪單于朝漢。
[6] 祚,皇位。
[7] 兩燿靈武,晉義熙十三年(417)劉裕率晉軍攻入關中,元嘉七年(430)到彥之率宋軍進至潼關。
[8] 貢譯不絕,《宋書》卷九十五《索虜傳》說:魏太武帝"遣使通好,並求婚姻,太祖每依違之"。
[9] 三王出鎮,元嘉二十二年(445),衡陽王義季遷徐州刺史,南平王鑠遷南豫州刺史,武陵王駿遷爲雍州刺史。

"漢世言備匈奴之策,不過二科,武夫盡征伐之謀,儒生講和親之約[1],課其所言,互有遠志。加塞漠之外,胡敵制肘[2],必未能摧鋒引日,規自開張。當由往年冀土之民,附化者衆,二州臨境[3],三王出藩,經略既張,宏圖將舉,士女延望,華夷慕義。故昧於小利,且自矜侈,外示餘力,內堅僞衆。今若務存遵養,許其自新,雖未可羈致北闕[4],猶足鎮靜邊境。然和親事重,當盡廟筭[5],誠非愚短,所能究言。若追縱衛、霍瀚海之志,時事不等,致功亦殊。寇雖習戰來久,又全據燕、趙,跨帶秦、魏,山河之險,終古如一。自非大田淮、泗[6],內實青、徐,使民有贏儲,野有積穀,然後分命方、召[7],總率虎旅,精卒十萬,使一舉蕩夷,則不足稍勤王師,以勞天下。何以言之?今遺黎習亂[8],志在偷安,非皆恥爲左衽,遠慕冠冕,徒以殘害剝辱,視息無寄,故緦負歸國,先後相尋。虜既不能校勝循理,攻城略地,而輕兵掩襲,急在驅殘,是其所以速怨召禍,滅亡之日。今若遺軍追討,極其侵暴,大翦幽、冀,屠城破邑,則聖朝愛育黎元[9],方濟之以道。若但欲撫其歸附,伐罪弔民,則駿馬奔走,不肯來征,徒興巨費,無損於彼。復奇兵深入,殺敵破軍,苟陵患未盡,則困獸思鬭,報復之役,將遂無已。斯秦、漢之末策,輪臺之所悔也[10]。

【注】

[1] 見《漢書・匈奴傳》。

〔2〕制肘,制止,遏阻,控制。
〔3〕二州,青州、兗州。
〔4〕北闕,古代宮殿北面的門樓,是大臣等候朝見或上書奏事的地方。
〔5〕廟筭,同"廟算",由朝廷制定的克敵謀略。
〔6〕大田,《詩·小雅·大田》:"大田多稼。"鄭箋:"大田,謂田肥美可墾耕,多爲稼,可以授民者也。"
〔7〕方、召,指方叔、召伯虎,周宣王時分別率軍,戰勝楚國、淮夷。
〔8〕遺黎習亂,遺民因爲戰亂。
〔9〕黎元,百姓。
〔10〕輪臺之所悔,征和四年(前89)漢武帝在詔書中説:"今又請遠田輪臺,欲起亭隧,是擾勞天下,非所以優民也,朕不忍聞!……當令務在禁苛暴,止擅賦,力本農,修馬復令,以補缺,毋乏武備而已。"

"安邊固守,於計爲長。臣以安邊之計,備在史策,李牧言其端,嚴尤申其要,大略舉矣。曹、孫之霸,才均智敵,江、淮之間,不居各數百里。魏舍合肥,退保新城,吳城江陵,移民南涘,濡須之戍,家停羨溪。及襄陽之屯,民夷散雜,晉宣王以爲宜徙沔南,以實水北,曹爽不許,果亡相中[1],此皆前代之殷鑒也。何者?斥侯之郊,非畜牧之所;轉戰之地,非耕桑之邑。故堅壁清野,以俟其來,整甲繕兵,以乘其敝。雖時有古今,勢有強弱,保民全境,不出此塗。要而歸之有四:一曰移遠就近;二曰浚復城隍[2];三曰纂偶車牛[3];四曰計丁課仗。良守疆其土田,驍帥振其風略。蒐獵宜其號令[4],俎豆訓其廉恥[5]。縣爵以縻之,設禁以威之。徭稅有程[6],寬猛相濟。比及十載,民知義方[7]。然後簡將授奇[8],揚旌雲朔,風卷河冀,電掃嵩恒,燕弧折却,代馬摧足,秦首斬其右臂[9],吳蹄絕其左肩,銘功於燕然之阿[10],饗徒於金微之曲[11]。

【注】

[1] 正始七年,"吳將朱然入柤中,斬獲數千;柤中民吏萬餘家渡沔。司馬宣王謂曹爽曰:'若便令還,必復致寇,宜權留之。'爽曰:'今不脩守沔南,留民沔北,非長策也。'宣王曰:'不然。……'爽不聽,卒令還。然後襲破之。"(《三國志·魏書·三少帝紀》注引習鑿齒《漢晉春秋》)
[2] 隍,無水的城壕。
[3] 纂偶車牛,使車牛成雙。偶,通"耦"。
[4] 蒐獵,狩獵。蒐,搜求,獵取。
[5] 俎,置肉的几。豆,盛肉干的器皿。俎豆,指古代宴客、朝聘、祭祀用的禮器。
[6] 程,規章制度。
[7] 義方,做人的正道。
[8] 簡,選。
[9] 秦首,與下文的吳蹄,是以宋疆域象人,以秦為首,以吳為足。
[10] 燕然,山名,即今蒙古境内的杭愛山。山阿,山曲。
[11] 金微,山名,即今阿爾泰山。曲,山之彎曲處。

"寇雖亂亡有徵,昧弱易取,若天時人事,或未盡符,抑銳俟機,宜審其算。若邊戍未增,星居布野,勤惰異教,貧富殊資,疆埸之民,多懷彼此,虜在去就,不根本業,難可驅率,易在振蕩。又狡虜之性,食肉衣皮,以馳騁爲儀容,以游獵爲南畝[1],非有車輿之安,宮室之衛,櫛風沐雨,不以爲勞,露宿草寢,維其常性,勝則競利,敗不羞走,彼來或驟,而此已奔疲。且今春踰濟,既獲其利,乘勝忸忕[2],未虞天誅,比及秋末,容更送死。猋騎蟻聚,輕兵鳥集,並踐禾稼,焚爇閭井[3],雖邊將多略,未審何以禦之。若盛師連屯,廢農必衆,馳車奔馹[4],起役必遲,散金行賞,損費必大,換土客戍,怨曠必繁[5]。孰若因民所居,並修農戰,無動衆之勞,有扞衛之實,其爲利害,優劣相縣也。

【注】

[1] 南畝,向陽的田畝。引申爲農耕。
[2] 忸忕,慣習前事而復爲之。
[3] 閭井,村落。
[4] 馹,即驛,驛傳。以車曰侍,以馬曰馹。
[5] 怨曠,《詩·邶風·雄雉序》:"軍旅數起,大夫久役,男女怨曠。"怨恨別離之久。

"一曰移遠就近,以實內地。今青、兗舊民,冀州新附,在界首者二萬家,此寇之資也。今悉可內徙,青州民移東萊、平昌、北海諸郡,兗州、冀州移泰山以南,南至下邳,左沐右沂,田良野沃,西阻蘭陵,北厄大峴,四塞之内,其號險固。民性重徙,闇於圖始[1],無虞之時,喜生咨怨。今新被鈔掠,餘懼未息,若曉示安危,居以樂土,宜其歌拚就路[2],視遷如歸。

【注】
[1] 闇,昏昧。
[2] 拚,同"抃",鼓掌歡慶。

"二曰浚復城隍,以增阻防。舊秋冬收斂,民人入保[1],所以警備暴客,使防衛有素也。古之城池,處處皆有,今雖頹毀,猶可修治。粗計戶數,量其所容,新徙之家,悉著城内,假其經用,爲之閭伍[2],納稼築場,還在一處。婦子守家,長吏爲師,丁夫匹婦,春夏佃牧,秋冬入保。寇至之時,一城千室,堪戰之士,不下二千,其餘羸弱,猶能登陴鼓譟[3]。十則圍之,兵家舊説,戰士二千,足抗羣虜三萬矣。

【注】
[1] 保,通"堡",小城。《禮記·月令》孟夏之月注:"小城曰保。"
[2] 閭伍,閭與伍皆爲户籍基層組織,此指鄉里、民間。
[3] 陴,城上女牆,上有孔穴,可以窺外。

"三曰纂偶車牛,以飾戎械。計千家之資,不下五百耦牛,爲車伍伯兩。參合鈎連[1],以衛其衆。設使城不可固,平行趨險,賊所不能干[2]。既已族居,易可檢括。號令先明,民知夙戒。有急徵發,信宿可聚。

【注】
〔1〕參合鈎連,參錯連結。
〔2〕干,冒犯。

"四曰計丁課仗,勿使有闕。千家之邑,戰士二千,隨其便能,各自有杖,素所服習,銘刻由己,還保輸之於庫,出行請以自衛。弓簳利鐵[1],民不辦得者,官以漸充之,數年之內,軍用粗備矣。

【注】
〔1〕簳,箭杆。

"臣聞軍國異容,施於封畿之內[1],兵農並修,在於疆埸之表。攻守之宜,皆因其習,任其怯勇。山陵川陸之形,寒暑溫涼之氣,各由本性,易則害生。是故成申作刺,怨起及瓜[2],今若以荊、吳銳師遠屯清濟,功費既重,嗟怨亦深。以臣料之,未若即用彼衆之易也。管子治齊,寄令在民[3];商君爲秦,設以耕戰[4]。終申威定霸,行其志業,非苟任强,實由有數[5]。梁用走卒,其邦自滅;齊用技擊,厥衆亦離[6]。漢、魏以來,茲制漸絕,蒐田非復先王之禮,治兵徒逞耳目之欲,有急之日,民不知戰,至乃廣延賞募,奉以厚秩,發遽奔救,天下騷然。方伯刺史[7],拱手坐聽,自無經略,唯望朝廷遣軍,此皆忘戰之害,不教之失也。今移民實内,浚治城隍,族居聚處,課其騎射,長吏簡試,差品能不[8],甲科上第[9],漸就優別,明其勳才,表言州郡。如此則屯部有常[10],不遷其業,内護老弱,外通宦塗,朋曹素定[11],同憂等樂,情由習親,藝因事著,晝戰見兒足相識,夜戰聞聲足相救,斯教戰之一隅,先哲之遺術。論者必以古城荒毁,難可修復。今不謂頓便加功,整麗如舊,但欲先定民居,營其閭術[12],堛墼存者[13],因而即之,其有毁缺,權時柵斷[14]。足以禦彼輕兵,防遏游騎,假以方將,漸就完立。車牛之賦,課仗之宜,攻守所資,軍國之要,今因民所利,導而率之。耕農之器,爲府庫之寶,田疆之氓,兼捍城之用,千家總倍旅之兵,萬户具全軍之衆,兵强而敵不戒,國富而民不勞,比於優復隊伍,坐食廩糧者,不可同年而校矣。

【注】

〔1〕封畿,首都一帶地域。畿,周時指天子所領之地,後指京城地區。封,疆界上植樹爲志曰封。

〔2〕戍申作刺,怨起及瓜,典故是楚數侵申,周平王遣民往戍。戍者怨思,作《揚之水》。齊侯使連稱、管至父戍葵丘,說今年瓜熟時往,至明年瓜熟歸。期滿,未有代者,不得歸而怨起。

〔3〕管子治齊,寄令在民,《史記》卷六十二《管晏列傳》引《管子》説:"下令如流水之原,以順民心。"

〔4〕商君爲秦,設以耕戰,事出商鞅變法:"有軍功者,各以率受上

爵;爲私鬥者,各以輕重被刑大小。修力本業,耕織致帛粟多者復其身。事末利及怠而貧者,舉以爲收孥。"(《史記》卷六十八《商君列傳》)

〔5〕數,理。
〔6〕梁即魏國。戰國時,魏都大梁,遂一名梁。《荀子·議兵》:"齊人隆技擊,其技也,得一首者,則賜贖錙金,無本賞矣。是事小敵毳則偷可用也,事大敵堅則渙焉離耳,若飛鳥然,傾側反復無日,是亡國之兵也。……魏氏之武卒,以度取之,衣三屬之甲,操十二石之弩,負服矢五十個,置戈其上,冠軸帶劍,贏三日之糧,日中而趨百里。中試則復其戶,利其田宅,是數年而衰,而未可奪也,改造則不易周也。是故地雖大其稅必寡,是危國之兵也。"
〔7〕方伯,一方諸侯之長。刺史,掌一州軍政大權的長官。
〔8〕差品能不,鑒別有否才能。
〔9〕甲科上第,選拔優等。
〔10〕屯部,即上文所說的民所徙居的古城區。
〔11〕朋曹,朋輩。
〔12〕營其閭術,謀劃建閭之方。閭,二十五家聚居的居住區。
〔13〕墉壑,城牆溝池。《詩·大雅·韓奕》:"實墉實壑"。
〔14〕柵斷,以柵欄隔絕。

"今承平來久,邊令弛縱,弓韣利鐵,既不都斷[1],往歲棄甲,垂二十年,課其所住,理應消壞。謂宜申明舊科,嚴加禁塞,諸商賈往來,幢隊挾藏者[2],皆以軍法治之。又界上嚴立關候,杜廢間蹊。城保之境,諸所課杖,並加雕鐫,別造程式。若有遺鏃亡刃,及私爲竊盜者,皆可立驗,於事爲長。又鉅野湖澤廣大,南通洙、泗,北連青、齊,有舊縣城,正在澤内。宜立式修復舊堵[3],利其埭遏[4],給輕艦百艘。寇若入境,引艦出戰,左右隨宜應接,據其師津[5],毁其航漕。此以利制車,運我所長,亦禦亂之要也。"

【注】
〔1〕斷,禁止。
〔2〕幢,軍隊編制名。《資治通鑑》宋元嘉七年注:"百人爲幢,幢有師,柔然之法也。"這裏是沿軍制編組商旅。
〔3〕堵,版築土墙,高約一丈。
〔4〕埭遏,壅堵阻止。
〔5〕師津,軍事要地。

承天素好弈棊,頗用廢事。太祖賜以局子,承天奉表陳謝,上答:"局子之賜,何必非張武之金邪[1]。"承天又能彈筝,上又賜銀裝筝一面。承天與尚書左丞謝元素不相善,二人競伺二臺之違[2],累相糾奏。太尉江夏王義恭歲給資費錢三千萬,布五萬匹,米七萬斛。義恭素奢侈,用常不充,二十一年[3],逆就尚書换明年資費。而舊制出錢二十萬,布五百匹以上,並應奏聞,元輒命議以錢二百萬給太尉。事發覺,元乃使令史取僕射孟顗命。元時新除太尉諮議參軍,未拜,爲承天所糾。上大怒,遣元長歸田里,禁錮終身。元時又舉承天賣苓四百七十束與官屬,求貴價,承天坐白衣領職。元字有宗,陳郡夏陽人,臨川内史靈運從祖弟也[4]。以才學見知,卒於禁錮。

【注】

[1] 張武之金,漢文帝時,張武受賂,文帝發覺後,賞賜以愧其心。
[2] 二臺,指御史和尚書。何承天所官的御史爲憲臺。謝元所官的尚書爲中臺。
[3] 二十一年,元嘉二十一年,即公元444年。
[4] 靈運,謝靈運(385—433),陳郡陽夏(今河南太康)人,襲封康樂公,世稱謝康樂。宋少帝時,出任永嘉太守、侍中、臨川内史,後起兵叛宋被殺。博覽羣書,學識淵博,工書畫,善詩文,著有《謝康樂集》。

二十四年[1],承天遷廷尉,未拜,上欲以爲吏部,已受密旨,承天宣漏之,坐免官。卒於家,年七十八[2]。先是,《禮論》有八百卷[3],承天删減并合,以類相從,凡爲三百卷,并《前傳》、《雜語》、《纂文》[4]、論并傳於世[5]。又改定《元嘉曆》,語在《律曆志》。

【注】

[1] 二十四年,元嘉二十四年,即公元447年。
[2] 其生年爲晉廢帝太和五年(370)。
[3] 《禮論》,關於禮儀的論集。馬國翰輯有一卷,收在《玉函山房輯佚書》。
[4] 《前傳》,即《春秋前傳》十卷,今佚。《雜語》,何承天著有《春秋前雜傳》九卷、《春秋前傳雜語》十卷,皆佚。《纂文》三卷,《宋史·藝文志》尚著録,茆泮林、顧震福、黄奭、王仁俊、任大椿、

龍璋都有輯本。

〔5〕何承天的著作尚有《并合皇覽》、《分明士制》、《孝經注》、《漏刻經》、《歷術》、《驗日蝕漏》、《連珠注》、《姓苑》、《何承天集》、《靈棊本章正經注》等。後人輯有《宋何衡陽集》，嚴可均的《全宋文》也收輯了何承天的遺文。又《全漢三國晉南北朝詩》輯有他的《鼓吹饒歌》十五首。

選自《宋書》卷六十四

寇　謙　之（365—448）

　　寇謙之，字輔真，南雍州刺史讚之弟[1]，自云寇恂之十三世孫[2]。早好仙道，有絕俗之心。少修張魯之術[3]，服食餌藥，歷年無效。幽誠上達，有仙人成公興，不知何許人，至謙之從母家傭賃。謙之嘗覲其姨，見興形貌甚强，力作不倦，請回賃興代己使役[4]。乃將還，令其開舍南辣田。謙之樹下坐算，興墾發致勤，時來看算。謙之謂曰："汝但力作，何爲看此？"二三日後，復來看之，如此不已，後謙之算七曜[5]，有所不了，惘然自失。興謂謙之曰："先生何爲不懌？"謙曰："我學算累年，而近算《周髀》不合[6]，以此自愧。且非汝所知，何勞問也。"興曰："先生試隨興語布之。"俄然便決。謙之嘆伏，不測興之深淺，請師事之。興固辭不肯，但求爲謙之弟子。未幾，謂謙之曰："先生有意學道，豈能與興隱遁？"謙之欣然從之。興乃令謙之潔齋三日[7]，共入華山。令謙之居一石室，自出采藥，還與謙之食藥，不復飢。乃將謙之入嵩山。有三重石室，令謙之住第二重。歷年，興謂謙之曰："興出後，常有人將藥來。得但食之，莫爲疑怪。"尋有人將藥而至，皆是毒蟲臭惡之物，謙之大懼出走。興還問狀，謙之具對，興嘆息曰："先生未便得仙，政可爲帝王師耳[8]。"興事謙之七年，而謂之曰："興不得久留，明日中應去。興亡後，先生幸爲沐浴，自當有人見迎。"興乃入第三重石室而卒。謙之躬自沐浴。明日中,有叩石室者,謙之出視,見兩童子,一持法服,一持鉢及錫杖。謙之引入,至興屍所,興欻然而起[9],著衣持鉢,執杖而去。先是,有京兆灞城人王胡兒,其叔父亡,頗有靈異。曾將胡兒至嵩高別嶺,同行觀望,見金室玉堂,有一館尤珍麗,空而無人,題曰"成公興之館"。胡兒怪而問之,其叔父曰:"此是仙人成公興館,坐失火燒七間屋,被謫爲寇謙之作弟子七年。"始知謙之精誠遠通,興乃仙者謫滿而去。

【注】

〔1〕寇讚,字奉國,昌平(今屬北京市)人,姚秦時爲襄邑令。入魏,累官至南雍州刺史,爲官清正,有治績,流民襁負而至。

〔2〕寇恂(?—36),字子翼,上谷昌平人,世爲地方豪強,勸說太守耿況歸附劉秀。劉秀佔有河內,寇恂爲太守,率勵士馬,轉輸軍資,又擊破綠林軍蘇茂、賈強等部,後歷任潁川、汝南太守。恂好學明經,重視教育,在郡修學校、聘教師、聚學生。明帝時圖形雲臺閣。

〔3〕張魯,字公祺,沛國豐縣(今屬江蘇)人。其祖張道陵創天師道,世爲教主。東漢末,聚徒攻取漢中,稱師君,政教合一,居漢中三十年。"教以誠信不欺詐,有病自首其過,大都與黃巾相似。"又作義舍,置義米肉,讓行路者量腹取食。"犯法者,三原,然後乃行刑。"後爲曹操所破,遂降。

〔4〕賃,雇傭。

〔5〕七曜,日、月與火、木、金、水、土五星。

〔6〕《周髀》,我國現存最早的天文數學著作。書中運用了分數乘

除、等差級數、開平方和勾股定理,闡明了當時的蓋天説和四分曆法。
〔7〕潔齋,清心潔身。
〔8〕政,正。
〔9〕欻然,忽然。

　　謙之守志嵩岳,精專不懈,以神瑞二年十月乙卯[1],忽遇大神,乘雲駕龍,導從百靈,仙人玉女,左右侍衛,集止山頂,稱太上老君[2]。謂謙之曰:"往辛亥年,嵩岳鎮靈集仙宫主,表天曹,稱自天師張陵去世已來[3],地上曠誠[4],修善之人,無所師授。嵩岳道士上谷寇謙之,立身直理,行合自然,才任軌範,首處師位[5],吾故來觀汝,授汝天師之位,賜汝《雲中音誦新科之誡》二十卷,號曰'並進'[6]。"言:"吾此經誡,自天地開闢已來,不傳於世,今運數應出[7]。汝宣吾《新科》,清整道教,除去三張僞法[8],租米錢税,及男女合氣之術。大道清虚,豈有斯事。專以禮度爲首,而加之以服食閉練。"使王九疑人長客之等十二人[9],授謙之服氣導引口訣之法[10]。遂得辟穀[11],氣盛體輕,顔色殊麗。弟子十餘人,皆得其術。

【注】
〔1〕神瑞二年,公元415年,是年爲乙卯年。下文辛亥年,指永興三年(411)。
〔2〕太上老君,道教尊奉老子爲太上老君,並對之進行神化附會。
〔3〕張陵,即張道陵,又名修,沛國豐(今屬江蘇)人。東漢明帝時爲江州令,棄官隱居於洛陽北芒山。章帝時遊龍虎山煉丹,順

帝時居蜀雞鳴山,作道書二十四篇,並以符水咒法治病。從學者納米五斗,時稱五斗米道。門徒尊其爲天師,故又名天師道。後世子孫相繼爲天師。

〔4〕曠誠,《廣弘明集》卷二作"曠職",疑是。

〔5〕"才任軌範,首處師位"一句,中華書局本《魏書·釋老志》校勘記説:"前有張陵,不得云'首處師位',且這是捏造所謂太上老君的命令",認爲《册府元龜》卷五十三作"才任範首,可處師位",疑是。

〔6〕並進,中華書局本《魏書·釋老志》校勘記:"'並進',不可解,下文'並進録主',疑'並進'下有脱文。"

〔7〕運數,命數,氣數。

〔8〕三張,張陵及其子張衡、孫張魯。

〔9〕使王九疑人長客之,"使"字下人名有訛脱。

〔10〕服氣導引,氣功。先秦已有氣功,其後爲方士、隱者、醫生所繼承。

〔11〕辟穀,不食五穀。

泰常八年十月戊戌[1],有牧土上師李譜文來臨嵩岳,云:老君之玄孫[2],昔居代郡桑乾,以漢武之世得道,爲牧土宫主,領治三十六土人鬼之政。地方十八萬里有奇,蓋歷術一章之數也。其中爲方萬里者有三百六十方。遣弟子宣教,云嵩岳所統廣漢平土方萬里,以授謙之。作誥曰:"吾處天宫,敷演真法,處汝道年二十二歲,除十年爲竟蒙,其餘十二年,教化雖無大功,且有百授之勞[3]。今賜汝遷入内宫,太真太寶九州真師、治鬼師、治民師、繼天師四録。修勤不懈,依勞復遷。賜汝《天中三真太文録》,劾召百神,以授弟子。《文錄》有五等,一曰陰陽太官,二曰正府真官,三曰正房真官,四曰宿宮散官,五曰並進錄主。壇位、禮拜、衣冠儀式各有差品。凡六十餘卷,號曰《錄圖真經》。付汝奉持,輔佐北方泰平真君[4],出天宮静輪之法。能興造克就,則起真仙矣。又地上生民,末劫垂及,其中行教甚難。但令男女立壇宇,朝夕禮拜,若家有嚴君,功及上世。其中能修身練藥,學長生之術,即爲真君種民。"藥別授方,銷練金丹、雲英、八石、玉漿之法[5],皆有決要。上師李君手筆有數篇,其餘,皆正真書曹趙道覆所書。古文鳥迹,篆隸雜體,辭義約辯,婉而成章。大自與世禮相準,擇賢推德,信者爲先,勤者次之。又言二儀之間有三十六天,中有三十六宮,宮有一主。最高者無極至尊,次曰大至真尊,次天覆地載陰陽真尊。次洪正真尊,姓趙名道隱,以殷時得道,牧土之師也。牧土之來,赤松、王喬之倫,及韓終、張安世、劉根、張陵,近世仙者,並爲翼從。牧土命謙之爲子,與羣仙結爲徒友。幽冥之事,世所不了,謙之具問,一一告焉。《經》云:佛者,昔於西胡得道,在三十二天,爲延真宮主。勇猛苦教,故其弟子皆髡形染衣[6],斷絶人道[7],諸天衣服悉然。

【注】
〔1〕泰常八年,公元 423 年。
〔2〕玄孫,孫子的孫子。
〔3〕百授,《册府元龜》卷五十三作"指授"。指授,指點傳授。
〔4〕泰平真君,北魏太武帝從寇謙之之説,以此自名,其年號有太

平真君。

〔5〕金丹,煉金石爲藥,謂服之可以長生。雲英,即雲母,析爲薄片後透光,可入藥。八石,丹砂、雄黃、雌黃、空青、硫黃、雲母、戎鹽、硝石。玉漿,仙人飲料。

〔6〕髡,剃去頭髮。染衣,佛教僧徒所穿的緇衣,由黑色染成故稱染衣。

〔7〕人道,人倫。佛教徒棄親不孝、捐妻無後,故云斷絕人道。

　　始光初[1],奉其書而獻之,世祖乃令謙之止於張曜之所,供其食物。時朝野聞之,若存若亡,未全信也。崔浩獨異其言[2],因師事之,受其法術。於是上疏,讚明其事曰:"臣聞聖王受命,則有大應。而《河圖》、《洛書》[3],皆寄言於蟲獸之文。未若今日人神接對,手筆粲然,辭旨深妙,自古無比。昔漢高雖復英聖,四皓猶或恥之,不爲屈節[4]。今清德隱仙,不召自至。斯誠陛下侔蹤軒黃[5],應天之符也,豈可以世俗常談,而忽上靈之命。臣竊懼之。"世祖欣然,乃使謁者奉玉帛牲牢,祭嵩岳,迎致其餘弟子在山中者。於是崇奉天師,顯揚新法,宣布天下,道業大行。浩事天師,拜禮甚謹。人或譏之,浩聞之曰:"昔張釋之爲王生結襪[6]。吾雖才非賢哲,今奉天師,足以不愧於古人矣。"及嵩高道士四十餘人至,遂起天師道場於京城之東南,重壇五層,遵其新經之制。給道士百二十人衣食,齊肅祈請,六時禮拜[7],月設廚會數千人。

【注】

[1] 始光,魏太武帝年號(424—428)。

〔2〕崔浩(？—450)，字伯淵，清河東武城(今河北清武)人。北魏明元帝時，參與軍國大謀，爲朝廷重臣。仕魏三世，官至司徒，爲鮮卑大臣所忌，後以矯誣罪誅死滅族。其親戚范陽盧氏、太原郭氏、河東柳氏，也遭滅門之禍。浩工書博學。注《五經》，制《五寅元曆》，並作北魏史。

〔3〕《河圖》、《洛書》，傳說，伏犧氏得天下，黃河龍馬獻圖，據以畫八卦；禹治洪水，洛水神龜出書，因之成九疇。"河出圖，洛出書，聖人則之。"(《易·繫辭傳上》)河洛圖式反映了中國先民對數理關係的初始認識和時空觀念，是上古社會生產實踐的產物，對後世占卜、數學、哲學、音樂等都有影響。

〔4〕漢初，東園公、綺里季、夏黃公、角里先生，隱於商山。四人鬚眉皆白，稱四皓。漢高祖劉邦徵召，不應。

〔5〕侔蹤軒黃，與軒轅氏黃帝齊等。

〔6〕張釋之爲王生結襪，事見《漢書》卷五十《張釋之傳》："王生者，善爲黃老言，處士。嘗召居廷中，公卿盡會立，王生老人，曰'吾襪解'，顧謂釋之：'爲我結襪！'釋之跪而結之。"

〔7〕六時，指一晝夜，即晨朝、日中、日沒、初夜、中夜、後夜。

　　世祖將討赫連昌[1]，太尉長孫嵩難之。世祖乃問幽徵於謙之。謙之對曰："必克。陛下神武應期，天經下治，當以兵定九州，後文先武，以成太平真君。"真君三年[2]，謙之奏曰："今陛下以真君御世，建静輪天宫之法，開古以來，未之有也。應登受符書，以彰聖德。"世祖從之。於是親至道壇，受符録。備法駕，旗幟盡青，以從道家之色也。自後諸帝，每即位皆如之。恭宗見謙之奏造静輪宮，必令其高不聞雞鳴狗吠之聲，欲上與天神交接，功役萬計，經年不成。乃言於世祖曰："人天道殊，卑高定分。今謙之欲要以無成之期，説以不然之事，財力費損，百姓疲勞，無乃不可乎？必如其言，未若因東山萬仞之上，爲功差易。"世祖深然恭宗之言，但以崔浩贊成，難違其意，沉吟者久之，乃曰："吾亦知其無成，事既爾，何惜五三百功。"

【注】
〔1〕北魏始光二年(425)，夏主赫連勃勃死，子昌即帝位。明年，魏攻夏。
〔2〕真君三年，公元442年。

　　九年，謙之卒[1]，葬以道士之禮。先於未亡，謂諸弟子曰："及謙之在，汝曹可求遷録。吾去之後，天宫真難就。"復遇設會之日，更布二席於上師坐前。弟子問其故，謙之曰："仙官來。"是夜卒。前一日，忽言"吾氣息不接，腹中大痛"，而行止如常，至明旦便終。須臾，口中氣狀若烟雲，上出窗中，至天半乃消。屍體引長，弟子量之，八尺三寸[2]。三日已後，稍縮，至斂量之，長六寸。於是諸弟子以爲屍解變化而去，不死也。

【注】
〔1〕九年，太平真君九年(448)。寇謙之生於前秦苻堅建元元年(365)，享壽八十四年。
〔2〕北魏中尺一尺，合今0.27974尺。八尺三寸，當今2.32米。

選自《魏書》卷一百十四《釋老志》

顧　　歡（宋齊之際）

　　顧歡字景怡，一字玄平，吳郡鹽官人也[1]。家世寒賤，父祖並爲農夫，歡獨好學。年六七歲，知推六甲[2]。家貧，父使田中驅雀，歡作《黃雀賦》而歸，雀食稻過半。父怒欲撻之，見賦乃止。鄉中有學舍，歡貧無以受業，於舍壁後倚聽，無遺忘者。夕則然松節讀書，或然糠自照。及長，篤志不倦。聞吳興東遷邵玄之能傳《五經》文句，假爲書師，從之受業。同郡顧顗之臨縣，見而異之，遣諸子與游，及孫憲之並受經焉。年二十餘，更從豫章雷次宗諮玄儒諸義[3]。

【注】

〔1〕鹽官，在今浙江海寧境内。
〔2〕推六甲，以天干地支相配，來推算年月時日，其中有甲子、甲戌、甲申、甲午、甲辰、甲寅，因名六甲。
〔3〕雷次宗，字仲倫，豫章南昌人。少在廬山，師事慧遠學佛。後業儒，尤明《三禮》、《毛詩》。隱居不仕。

　　母亡，水漿不入口六七日，廬於墓次，遂隱不仕。於剡天台山開館聚徒，受業者常近百人。歡早孤，讀《詩》至"哀哀父母"，輒執書慟泣，由是受學者廢《蓼莪》篇[1]，不復講焉。

【注】
〔1〕《蓼莪》,《詩・小雅》篇名。《詩序》謂係孝子追悼父母而作。

　　晚節服食,不與人通。每旦出户,山鳥集其掌取食。好黃、老,通解陰陽書[1],爲數術多效驗[2]。初以元嘉中出都[3],寄住東府。忽題柱云"三十年二月二十一日",因東歸。後元凶弑逆[4],是其年月日也。

【注】
〔1〕陰陽書,陰陽學派的著作。内容可分爲數度之學、五行之説和遁甲,六壬、擇日、占星之屬等類。
〔2〕數術,即術數。古代關於天文、曆法、占卜等的學問。
〔3〕元嘉,宋文帝年號(424—453)。
〔4〕元凶,指宋文帝太子劉劭。劭於元嘉三十年二月弑帝自立,至五月被反對派殺於臺城(在今南京)。

　　弟子鮑靈綏門前有一株樹,大十餘圍,上有精魅,數見影。歡印樹,樹即枯死。山陰白石村多邪病,村人告訴求哀,歡往村中爲講《老子》,規地作獄[1]。有頃,見狐狸黿鼉自入獄中者甚多,即命殺之,病者皆愈。又有病邪者問歡,歡曰:"家有何書?"答曰:"唯有《孝經》而已[2]。"歡曰:"可取《仲尼居》置病人枕邊恭敬之,自差也[3]。"而後病者果愈。後人問其故,答曰:"善禳惡,正勝邪,此病人所以差也。"

【注】
〔1〕規地,在地畫圈。

〔2〕《孝經》,作者各説不一,一般認爲孔門後學所作。有今古文二種,今文分十八章,古文有二十二章,論述儒家孝道、宗法思想和孝治。
〔3〕差,愈。

　　齊高帝輔政[1],徵爲揚州主簿。及踐阼乃至,稱"山谷臣顧歡上表",進《政綱》一卷[2]。時員外郎劉思效表陳讜言,優詔並稱美之。歡東歸,上賜麈尾、素琴。

【注】
〔1〕齊高帝,指蕭道成。輔政,指宋後廢帝元徽二年(474),與袁粲、褚淵、劉秉一起執政,至宋順帝昇明元年(477)蕭道成專政。
〔2〕《政綱》,已佚。

　　永明元年[1],詔徵爲太學博士,同郡顧黯爲散騎侍郎。黯字長孺,有隱操,與歡不就徵。會稽孔珪嘗登嶺尋歡,共談《四本》[2]。歡曰:"蘭石危而密[3],宣國安而疏[4],士季似而非[5],公深謬而是[6]。總而言之,其失則同;曲而辯之,其塗則異。何者？同昧其本而競談其末,猶未識辰緯而意斷南北[7]。羣迷暗争,失得無準,情長則申,意短則屈。所以《四本》並通,莫能相塞。夫中理唯一[8],豈容有二?《四本》無正,失中故也。"於是著《三名論》以正之[9]。尚書劉澄、臨川王常侍朱廣之,並立論難,與之往覆,而廣之才理尤精詣也。廣之字處深,吳郡錢塘人也,善清言。

【注】

〔1〕永明,齊武帝蕭賾年號(483—493)。

〔2〕《四本》,魏鍾會撰,言才性之同、異、合、離。時傅嘏論同、李豐說異、王廣語離,而會主合。書今不傳。《世説新語·文學》説:"鍾會撰《四本論》始畢,甚欲使嵇公(康)一見。置懷中,既定畏其難,懷不敢出,於户外遥擲,便回急走。"

〔3〕蘭石,指傅嘏,本書有傳。

〔4〕安國,李豐字安國,後改字宣國,魏明帝時爲黄門郎,任至中書令,爲司馬師所誅。李豐才學淵博,名傳東吴。

〔5〕士季,即鍾會,見本書《阮籍》傳注。

〔6〕公深,公深爲公淵之誤,王廣字公淵,太原祁(今山西祁縣)人。志尚學行,名重當世。其父王凌,反對司馬懿篡魏,事敗飲藥自殺,王廣並死。

〔7〕辰,北極星。緯,五星,指水、火、金、木、土。

〔8〕中理,中庸之道。

〔9〕《三名論》,已佚。

初,歡以佛道二家教異,學者互相非毁,乃著《夏夷論》曰:

"夫辯是與非,宜據聖典。《道經》云:'老子入關至天竺維衛國,國王夫人名曰浄妙,老子因其晝寢,乘日精入浄妙口中,後年四月八日夜半時,剖右腋而生,墜地即行七步,於是佛道興焉。'此出《玄妙》内篇[1]。佛經云:'釋迦成佛,有塵劫之數',出《法華》《無量壽》[2]。'或爲國師道士,儒林之宗',出《瑞應本起》[3]。

【注】

〔1〕《玄妙》内篇,即《老子化胡經》。

〔2〕《法華》,即《妙法蓮華經》,後秦鳩摩羅什譯。原二十七品,後增加爲二十八品。着重弘揚"三乘"(聲聞、緣覺、菩薩)歸於佛乘的思想,後爲天台宗的主要典據。《無量壽》,即《無量壽經》曹魏康僧鎧譯,二卷。敍説過去有個國王出家爲僧,最後成爲無量壽佛的事,後爲净土宗的主要典據。

〔3〕《瑞應本起》,即《太子瑞應本起經》,三國吳支謙譯,二卷。敍説釋迦牟尼的生世、經歷,帶有神話色彩。

"歡論之曰:五帝三皇,不聞有佛;國師道士,無過老、莊;儒林之宗,孰出周、孔。若孔、老非聖,誰則當之?然二經所説,如合符契。道則佛也,佛則道也,其聖則符,其迹則反。或和光以明近[1],或曜靈以示遠[2]。道濟天下,故無方而不入,智周萬物,故無物而不爲。其入不同,其爲必異,各成其性,不易其事。是以端委搢紳[3],諸華之容;剪髮曠衣,羣夷之服。擎跽磬折[4],侯甸之恭[5];狐蹲狗踞,荒流之肅[6]。棺殯槨葬,中夏之風;火焚水沉,西戎之俗。全形守禮,繼善之教;毀貌易性,絶惡之學。豈伊同人,爰及異物,鳥王獸長,往往是佛。無窮世界,聖人代興,或昭五典,或布三乘[7]。在鳥而鳥鳴,在獸而獸吼,教華而華言,化夷而夷語耳。雖舟車均於致遠,而有川陸之節,佛道濟乎達化,而有夷夏之別。若謂其致既均[8],其法可換者,而車可涉川,舟可行陸乎?今以中夏之性,效西戎之法,既不全同,又不全異。下棄妻孥,上絕宗祀。嗜欲之物,皆以禮伸,孝敬之典,獨以法屈。悖禮犯順,曾莫之覺,弱喪忘歸,孰識其舊。且理之可貴者道也,事之可賤者俗也,舍華效夷,義將安取?若以道邪?道固符合矣。若以俗邪?俗則大乖矣。屢見刻舷沙門[9],守株道士[10],交諍小大[11],互相彈射。或域道以爲兩[12],或混俗以爲一,是牽異以爲同,破同以爲異,則乖爭之由,淆亂之本也。

【注】

[1] 和光,《老子》:"和其光,同其生。"王弼注:"和光而不污其體,同生而不渝其貞。"意爲與世俗混和,不顯露。

[2] 曜靈,像太陽一樣顯耀。

[3] 端委搢紳,衣帽端正,笏板插於腰帶。

[4] 擎跽磬折,執笏跪拜。

[5] 侯甸,近畿之地。

[6] 荒流,邊遠地區。

[7] 三乘,佛教術語,引導教化衆生達到解脫的三種途徑或教說,即聲聞乘、緣覺乘和菩薩乘。聲聞者,悟四諦而得道;緣覺者,悟十二因緣而得道;菩薩者,因六度而得道。

[8] 均,相同。

[9] 刻舷,刻舟求劍。

[10] 守株,守株待兔。

[11] 交諍,互相爭論。

[12] 域,區分。

"尋聖道雖同,而法有左右,始乎無端,終乎無末,泥洹仙化[1],各是一術。佛號正真[2],道稱正一[3],一歸無死,真會無生。在名則反,在實則合。但無生之教賒[4],無死之化切[5],切法可以進謙弱,賒法可以退夸強。佛教文而博,道教質而精,精非粗人所信,博非精人所能。佛言華而引,道言實而抑,抑則明者獨進,引則昧者竟前。佛經繁而顯,道經簡而幽,幽則妙門難見,顯則正路易遵。此二法之辨也。

【注】

〔1〕泥洹,即"涅槃"、"寂滅"、"滅度",佛教所謂經修行悟解而達到的最高境界。
〔2〕佛號正真,佛教認爲世界上有兩種理論,世俗的理論稱"俗諦",佛教的理論稱"真諦",故以"真諦"爲正,稱"正真"。
〔3〕道號正一,道教認爲"一"爲萬物本源,永恒不變,故以"一"爲正,稱"正一"。
〔4〕賒,溫緩,渺茫。
〔5〕切,迫切,切身。

"聖匠無心,方圓有體,器既殊用,教亦易施。佛是破惡之方,道是興善之術,興善則自然爲高,破惡則勇猛爲貴。佛迹光大,宜以化物。道迹密微,利用爲己。優劣之分,大略在兹。

"夫蹲夷之儀[1],婁羅之辯[2],各出彼俗,自相聆解[3]。猶蟲躍鳥聒[4],何足述效。"

【注】

〔1〕蹲夷，踞坐。《後漢書》卷二十五《魯恭傳》："蹲夷踞肆，與鳥獸無別。"

〔2〕嘍羅，形容語音含混不清，含有輕視的意思。

〔3〕自相聆解，只有具有相同思想的人聽了才能理解。

〔4〕聒，音聲嘈雜，令人厭煩。

歡雖同二法，而意黨道教。宋司徒袁粲託爲道人通公駁之[1]。其略曰：

"白日停光，恒星隱照，誕降之應，事在老先，似非入關，方昭斯瑞。又西域之記，佛經之説，俗以膝行爲禮，不慕蹲坐爲恭。道以三繞爲虔，不尚踞傲爲肅[2]。豈專戎土，爰亦兹方。襄童謁帝[3]，膝行而進；趙王見周，三環而止。今佛法垂化，或因或革。清信之士，容衣不改，息心之人，服貌必變。變本從道，不遵彼俗，俗風自殊，無患其亂。

【注】

〔1〕袁粲（420—477），初名愍孫，字景倩，陳郡陽夏（今河南太康）人。好學有才，宋明帝時官至尚書令，受命與褚淵等同輔順帝。順帝初，任中書監，出鎮石頭（今江蘇南京西）。時蕭道成謀代宋，粲圖殺之，事泄被害。

〔2〕踞傲，即倨傲，傲慢自大。

〔3〕襄童謁帝，《莊子·徐無鬼》："黃帝將見大隗乎具茨之山，方明爲御，昌寓驂乘，張若、謵朋前焉，昆閽、滑稽後車。至於襄城之野，七聖皆迷，無所問塗。適遇牧馬童子，問塗焉，曰：'若知

具茨之山乎?'曰:'然。'曰:'若知大隗之所存乎?'曰:'然。'黄帝曰:'異哉小童,非徒知具茨之山,又知大隗之所存。請問爲天下。'"

"孔、老、釋迦[1],其人或同,觀方設教,其道必異。孔、老教俗爲本,釋氏出世爲宗,發軫既殊[2],其歸亦異。又仙化以變形爲上,泥洹以陶神爲先[3]。變形者白首還緇,而未能無死;陶神者使塵惑日損,湛然常存。泥洹之道,無死之地,乖詭若此,何謂其同。

【注】

[1] 釋迦,釋迦牟尼(約前563—483),姓喬答摩,名悉達多。中印度迦毘羅衛國太子,後出家修行,成爲佛教的創始人。
[2] 軫,原爲車箱底部後面的横木,這裏借指車輛。
[3] 陶神,陶冶性情。

歡答曰:

"案道經之作,著自西周,佛經之來,始乎東漢。年逾八百,代逾數十。若謂黄老雖久而濫在釋前[1],是吕尚盜陳恒之齊,劉季竊王莽之漢也。又夷俗長跽,法與華異,翹左趽右,全是蹲踞。故周公禁之於前,仲尼誡之於後。又佛起於戎,豈非戎俗素惡邪?道出於華,豈非華風本善邪?今華風既變,惡同戎狄,佛來破之,良有以矣。佛道實貴,故戒業可遵;戎俗實賤,故言貌可棄。今諸華士女,氏族弗革,而露首偏踞,濫用夷禮。

【注】
〔1〕濫在釋前,出於佛教的引導。

"又若觀風流教,其道必異。佛非東華之道,道非西夷之法,魚鳥異川,永不相關。安得老釋二教,交行八表[1]。今佛既東流,道亦西邁,故知俗有精粗,教有文質。然則道教執本以領末,佛教救末以存本。請問所歸,異在何許?若以翦落爲異,則胥靡翦落矣[2];若以立像爲異,則俗巫立像矣。此非所歸,歸在常住[3],常住之象,常道孰異。

【注】
〔1〕八表,八方之外,極遠之處。
〔2〕胥靡,服役刑徒。
〔3〕常住,恒久不變。

"神仙有死,權便之説。神仙是大化之總稱[1],非窮妙之至名[2]。至名無名,其有名者二十七品。仙變成真,真變成神,或謂之聖,各有九品。品極則入空寂,無爲無名。若服食茹芝[3],延壽萬億,壽盡則死,藥極則枯,此修考之士,非神仙之流也。"

【注】
〔1〕大化,人體生理機能的變化。

〔2〕窮妙,極妙。
〔3〕茹,蔬菜總稱。芝,菌類植物一種,古人以爲瑞草,道家以爲仙藥。

　　明僧紹《正二教論》[1],以爲"佛明其宗,老全其生。守生者蔽,明宗者通。今道家稱長生不死,名補天曹,大乖老、莊立言本理"。文惠太子、竟陵王子良並好釋法[2],吴興孟景翼爲道士,太子召入玄圃,衆僧大會。子良使景翼禮佛,景翼不肯。子良送《十地經》與之[3],景翼造《正一論》,大略曰:"《寶積》云[4],'佛以一音廣説法'[5]。《老子》云,'聖人抱一以爲天下式'。一之爲妙,空玄絶於有境,神化贍於無窮。爲萬物而無爲,處一數而無數。莫之能名,强號爲一。在佛曰'實相'[6],在道曰'玄牝'[7]。道之大象[8],即佛之法身[9]。以不守之守守法身,以不執之執執大象。但物有八萬四千行,説有八萬四千法。法乃至於無數,行亦達於無央,等級隨緣[10],須導歸一。歸一曰回向[11],向正既無邪。邪觀既遣[12],億善日新。三五四六,隨用而施,獨立不改,絶學無憂。曠劫諸聖,共遵斯一。老、釋未始於嘗分,迷者分之而未合。億善徧修,修徧成聖,雖十號千稱,終不能盡。終不能盡,豈可思議。"司徒從事中郎張融作《門律》云[13]:"道之與佛,逗極無二。吾見道士與道人戰儒墨,道人與道士辨是非。昔有鴻飛天首,積遠難亮,越人以爲鳧,楚人以爲乙。人自楚、越,鴻常一耳。"以示太子僕周顒[14]。顒難之曰:"虚無法性,其寂雖同,位寂之方,其旨則別。論所謂'逗極無二'者,爲逗極於虛無,當無二於法性邪。足下所宗之本一物爲鴻乙耳,驅馳佛道,無免二末,未知高鑒,緣何識本？輕而宗之,其有旨乎。"往復文多不載。

【注】

〔1〕明僧紹,字承烈,平原(故城在今山東平原縣南)人。宋元嘉中舉秀才明經,宋、齊統治者屢徵不就。通儒明佛,聚徒講學。

〔2〕子良,蕭子良(460—494),字雲英,齊武帝次子,封竟陵王。爲政主寬刑息役,輕賦省徭,官至太傅。禮才好士,集學士鈔五經百家,依《皇覽》例,爲《四部要略》千卷。並崇信佛教,曾舍身、放生,又手書佛經,供養佛牙,禮敬僧尼,平生所著宣佛教的文字,達一百十六卷。有《蕭竟陵集》傳於世。

〔3〕《十地經》,即東晉佛陀跋陀羅譯的《華嚴經》六十卷本中的《十地品》的單行本,論述菩薩修行的十個階次。

〔4〕《寶積》,指《大寶積經》中"普明菩薩會"的單行本,譯者不詳,一卷,《開元釋教錄》附於姚秦錄之後。一百二十卷本的《大寶積經》是唐代才譯的。

〔5〕一音,佛教稱佛説法的聲音爲一音。

〔6〕實相,佛教所稱的宇宙事物的真相或本然狀態,以與世俗認識的一切現象相區別。

〔7〕玄牝,道家所説的衍生萬物的本原,亦即"道"。《老子》:"玄牝之門,是謂天地根。"玄,深遠。牝,雌性。

〔8〕大象,《老子》:"大象無形。"道家以"無形"爲最大的形象。

〔9〕法身,亦即"佛身"。指以佛法成身,或一身具一切佛法。

〔10〕緣,因緣、條件。

〔11〕回向,將自己所修的功德普施衆生,使之同歸佛道。

〔12〕邪觀，偏離正道的思想、觀點。
〔13〕張融（？—497），字思光，吳郡吳（今江蘇蘇州市）人。南齊時，累官至太子中庶子，司徒左長史。善於文辭，爲世所驚。其《自序》說："師耳以心，不可使耳爲心師也。夫文豈有常體，但以有體爲常，政當使常有其體。丈夫當刪《詩》、《書》，制禮樂，何至因循寄人籬下。"有集二十七卷，又有《玉海》十卷、《大澤集》十卷、《金波集》十卷。明張薄輯有《張長史集》。
〔14〕周顒，字彥倫，汝南安成（今河南平興南）人。宋明帝時，以善玄理，爲帝所重。入齊，官至國子博士。顒曉音韻，工隸書。通《老》、《易》，明佛理，著《三宗論》、《四聲切韻》。

　　歡口不辯，善於著論。又注王弼《易》二《繫》[1]，學者傳之。知將終，賦詩言志曰："五塗無恒宅[2]，三清有常舍[3]。精氣因天行，游魂隨物化[4]。鵬鶡適大海，蜩鳩之桑柘[5]。達生任去留，善死均日夜。委命安所乘，何方不可駕。翹心企前覺[6]，融然從此謝。"自剋死日[7]，自擇葬時，卒於剡山，時年六十四。身體香軟，道家謂之屍解仙化焉。還葬舊墓，木連理生墓側[8]。縣令江山圖表狀，武帝詔歡諸子撰歡文議三十卷[9]。

【注】
〔1〕注王弼《易》二《繫》，文佚。
〔2〕五塗，即"五道"，佛教以天、人、畜生、地獄、餓鬼爲五道。道教襲用其說。
〔3〕三清，道家認爲人天兩界之外，別有三清即玉清、太清、上清，是神仙居住的仙境。

〔4〕精氣因天行,游魂隨物化,《易傳·繫辭》:"精氣爲物,游魂爲變,是故知鬼神之情狀。"
〔5〕鵬鷗適大海,蜩鳩之桑柘,《莊子·逍遥遊》:"北冥有魚,其名爲鯤。鯤之大,不知其幾千里也。化而爲鳥,其名爲鵬。鵬之背,不知其幾千里也;怒而飛,其翼若垂天之雲。是鳥也,海運將徙於南冥。……蜩與學鳩笑之曰:'我決起而飛,槍榆枋,時則不至,而控於地而已矣,奚以之九萬里而南爲。'"
〔6〕翹心企,翹首企足之意,形容盼望殷切。
〔7〕剋,算定。
〔8〕連理,異根草木,枝幹連生。古人認爲是吉祥徵兆。
〔9〕顧歡著作,今存的有《論語顏氏注》、《道德真經注疏》輯本及表、論文、詩五篇。

選自《南史》卷七十五《隱逸上》

范　　縝 (約450—約510)

　　范縝字子真,南鄉舞陰人[1]。晉安北將軍汪六世孫。祖璩之,中書郎[2]。父蒙,早卒。

　　縝少孤貧,事母孝謹。年未弱冠,聞沛國劉瓛聚衆講説[3],始往從之。卓越不羣而勤學,瓛甚奇之,親爲之冠[4]。在瓛門下積年,去來歸家,恒芒屩布衣[5],徒行於路。瓛門多車馬貴游,縝在其門,聊無恥愧。既長,博通經術,尤精《三禮》[6]。性質直,好危言高論,不爲士友所安;唯與外弟蕭琛相善[7],琛名曰口辯,每服縝簡詣。

【注】
[1] 舞陰,今河南泌陽縣西北。
[2] 中書郎,中書侍郎,中書省官屬。
[3] 沛國,郡名,治所在相縣(今安徽濉溪縣西北)。
[4] 冠,古時男子二十成人,行冠禮。因體還未壯,故稱弱冠。
[5] 芒屩,即草鞋。
[6] 《三禮》,儒家經典《周禮》、《儀禮》、《禮記》的合稱。
[7] 外弟,表弟。蕭琛,字彦瑜,著有《難神滅論》(載《弘明集》卷九)。

　　起家齊寧蠻主簿[1],累遷尚書殿中郎[2]。永明年中[3],與魏氏和親[4],歲通聘好,特簡才學之士,以爲行人[5],縝及從弟雲、蕭琛、琅邪顏幼明、河東裴昭明相繼將命[6],皆著名鄰國。於時竟陵王子良盛招賓客[7],縝亦預焉。建武中[8],遷領軍長史[9]。出爲宜都太守[10],母憂去職[11]。歸居於南州[12]。義軍至[13],縝墨絰來迎[14]。高祖與縝有西邸之舊[15],見之甚悦。及建康平,以縝爲晉安太守[16],在郡清約,資公禄而已[17]。視事四年,徵爲尚書左丞[18]。縝去還,雖親戚無所遺,唯餉前尚書令王亮。縝仕齊時,與亮同臺爲郎[19],舊相友,至是亮被擯棄在家。縝自迎王師,志在權軸[20],既而所懷未滿,亦常怏怏,故私相親結,以矯時云。後竟坐亮徙廣州,語在亮傳[21]。

【注】

〔1〕齊,南朝齊,時在齊太祖蕭道成建元年間(479—482)。主簿,官名,魏晉後爲統兵開府之大臣幕府中重要僚屬。

〔2〕尚書殿中郎,官名,掌宮中事宜。

〔3〕永明(483—493),齊武帝蕭賾年號。

〔4〕魏氏,北魏,時在魏孝文帝元宏太和(477—499)年間。

〔5〕行人,使者的通稱。

〔6〕將命,傳命,傳達賓主的話。《禮記·少儀》:"某固願聞名於將命者。"疏:"將命,謂傳辭出入,通客主之言語者也。"

〔7〕竟陵王子良,蕭子良(460—494),字雲英,南蘭陵(今江蘇常州西北)人。齊武帝次子,封竟陵王,官至太傅。提倡佛教,廣招僧徒,曾非難范縝"神滅"之説。

〔8〕建武(494—498),齊明帝蕭鸞年號。

〔9〕領軍長史,官名,領軍將軍的屬官。

〔10〕宜都,縣名,在湖北省。據《南史·范縝傳》:"爲宜都太守,性

不信神鬼,時夷陵有伍相廟、唐漢三神廟、胡里神廟,縝乃下教斷不祠。後以母憂去職。"
〔11〕母憂,遭父母之喪,稱"丁憂"。舊時,父母死後,子女要在家守喪三年,不做官,不婚娶,不赴宴,不應考。
〔12〕南州,泛指南方地區。
〔13〕義軍,指梁武帝蕭衍的軍隊。時蕭衍任齊雍州刺史,鎮守襄陽,乘齊內亂,起兵奪取帝位。
〔14〕墨経,黑色喪服,也作"墨縗"。経,麻布帶子。古代禮制:在家守制,喪服用白色。如果有戰爭或其他重大事件不能守制,服黑以代喪服。
〔15〕西邸之舊,梁武帝未稱帝前,曾與范縝一起在南齊宰相蕭子良雞籠山西邸官舍出入,充當賓客。
〔16〕晉安,郡名,治所在侯官(今福州市)。
〔17〕資,憑藉,依託。
〔18〕尚書左丞,官名,與右丞一起主持尚書臺,監察百官。
〔19〕同臺爲郎,同在尚書臺爲郎。魏晉後尚書各曹有侍郎、郎中等官,綜理職務,通稱爲尚書郎。
〔20〕權軸,中樞,指卿相職位。
〔21〕蕭衍即位後,起用謝朏爲司徒,而黜廢王亮爲庶人。范縝上言曰:"司徒謝朏本有虛名,陛下擢之如此,前尚書令王亮,頗有治實,陛下棄之如彼,是愚臣所不知。"因觸犯梁武帝,並遭任昉讒言,遂被謫徙到廣州。見《梁書·王亮傳》。

　　初,縝在齊也,嘗侍竟陵王子良[1]。子良精信釋教,而縝盛稱無佛。子良問曰:"君不信因果,世間何得有富貴,何得有賤貧?"縝答曰:"人之生譬如一樹花,同發一枝,俱開一蒂,隨風而墮,自有拂簾幌墜於茵席之上[2],自有關籬墻落於糞溷之側[3]。墜茵席者,殿下是也;落糞溷者,下官是也。貴賤雖復殊途,因果竟在何處?"子良不能屈,深怪之。縝退論其理,著《神滅論》曰[4]:

【注】

[1] 時在齊武帝永明七年(489)。

[2] 茵席,褥席。

[3] 糞溷,廁所。

[4] 著《神滅論》,據《弘明集》卷十載,天監六年(507),梁武帝親撰《敕答臣下神滅論》,說"神滅之論,朕所未詳",要范縝寫出"自設賓主"(當時吸取佛教論著方式的一種答辯體的論文體裁),"就佛理以屈佛理"。下面所引《神滅論》,或許係作於當時。《弘明集》卷九所載蕭琛《難神滅論》中,轉錄了范縝《神滅論》全文。

"或問:'子云神滅,何以知其滅也?'答曰:'神即形也[1],形即神也,是以形存則神存,形謝則神滅也[2]。'

"問曰:'形者無知之稱,神者有知之名,知與無知,即事有異[3],神之與形,理不容一,形神相即,非所聞也。'答曰:'形者神之質[4],神者形之用[5],是則形稱其質,神言其用,形之與神,不得相異也。'

【注】

[1] 即,作"不離於"解。下同。

[2] 形謝,形體衰亡。

〔3〕即事，在事。
〔4〕質，指"形質"、"本質"，引申有主體或實體的意思。
〔5〕用，指"功用"、"作用"，包含有派生或從生的意思。

"問曰：'神故非質[1]，形故非用，不得爲異，其義安在？'答曰：'名殊而體一也。'

"問曰：'名即已殊，體何得一？'答曰：'神之於質，猶利之於刀[2]，形之於用，猶刀之於利，利之名非刀也，刀之名非利也。然而舍利無刀，舍刀無利，未聞刀沒而利存，豈容形亡而神在。'

【注】
〔1〕故，本來。下同。
〔2〕刀，一作"刃"，下同。

"問曰：'刀之與利，或如來説，形之與神，其義不然。何以言之？木之質無知也[1]，人之質有知也，人既有如木之質，而有異木之知，豈非木有其一，人有其二邪[2]？'答曰：'異哉言乎！人若有如木之質以爲形，又有異木之知以爲神，則可如來論也。今人之質，質有知也，木之質，質無知也，人之質非木質也，木之質非人質也，安在有如木之質而復有異木之知哉！'

【注】
〔1〕知，知覺。
〔2〕"豈非木有其一，人有其二邪？"，豈不是樹木只有一種特性而

人有兩種特性嗎?

"問曰:'死者之形骸,豈非無知之質邪?'答曰:'是無人質。'

"問曰:'若然者,人果有如木之質,而有異木之知矣。'答曰:'死者有如木之質,而無異木之知;生者有異木之知,而無如木之質也。'

"問曰:'死者之骨骸,非生者之形骸邪?'答曰:'生形之非死形,死形之非生形,區已革矣[1],安有生人之形骸,而有死人之骨骸哉?'

【注】

[1] 區已革,有區別。革,改易,引申爲不同之義。

"問曰:'若生者之形骸非死者之骨骸,非死者之骨骸,則應不由生者之形骸[1];不由生者之形骸,則此骨骸從何而至此邪?'答曰:'是生者之形骸,變爲死者之骨骸也。'

"問曰:'生者之形骸雖變爲死者之骨骸,豈不因生而有死,則知死體猶生體也。'答曰:'如因榮木變爲枯木,枯木之質,寧是榮木之體!'

"問曰:'榮體變爲枯體,枯體即是榮體,絲體變爲縷體[2],縷體即是絲體,有何別焉?'答曰:'若枯即是榮,榮即是枯,應榮時凋零,枯時結實也。又榮木不應變爲枯木,以榮即枯,無所復變也。榮枯是

一,何不先枯後榮? 要先榮後枯,何也? 絲縷之義,亦同此破[3]。'

【注】

[1] 由,從……而來。
[2] 縷,綫。
[3] "絲縷之義,亦同此破",對"榮枯是一"的破斥,亦適用於"絲縷之義"。按,此二句《弘明集》作"絲縷同時,不得爲喻",意謂絲縷是同時存在的,不應作爲比喻。

"問曰:'生形之謝,便應豁然都盡,何故方受死形,綿歷未已邪[1]?'答曰:'生滅之體,要有其次故也[2]。夫欻而生者必欻而滅[3],漸而生者必漸而滅。欻而生者,飄驟是也[4];漸而生者,動植是也。有欻有漸,物之理也。'

【注】

[1] 綿歷,綿延,即漸漸之意。
[2] 次,順序,次第。
[3] 欻,忽然。
[4] 飄驟,飄風驟雨。

"問曰:'形即是神者,手等亦是神邪?'答曰:'皆是神之分也[1]。'
"問曰:'若皆是神之分,神既能慮,手等亦應能慮也?'答曰:'手等亦應能有痛癢之知[2],而無是非

之慮〔3〕。'

【注】
〔1〕神之分,精神的不同組成部分。
〔2〕痛癢之知,指感覺、知覺。
〔3〕是非之慮,指判斷是非的思維。

"問曰:'知之與慮,爲一爲異?'答曰:'知即是慮,淺則爲知,深則爲慮。'

"問曰:'若爾,應有二慮,慮既有二,神有二乎?'答曰:'人體惟一,神何得二。'

"問曰:'若不得二,安有痛癢之知,復有是非之慮?'答曰:'如手足雖異,總爲一人,是非痛癢雖復有異,亦總爲一神矣。'

"問曰:'是非之慮,不關手足,當關何處?'答曰:'是非之慮,心器所主〔1〕。'

【注】
〔1〕心器所主,以心臟爲主管思維的器官。心器,心臟器官。

"問曰:'心器是五臟之心,非邪?'答曰:'是也。'

"問曰:'五臟有何殊別,而心獨有是非之慮乎?'答曰:'七竅亦復何殊〔1〕,而司用不均〔2〕。'

【注】
〔1〕七竅,眼、耳、口、鼻七孔叫七竅。竅,孔。

〔2〕司用,所管的職能。

"問曰:'慮思無方[1],何以知是心器所主?'答曰:'五臟各有所司,無有能慮者,是以心爲慮本[2]。'
"問曰:'何不寄在眼等分中[3]?'答曰:'若慮可寄於眼分,眼何故不寄於耳分邪?'

【注】
〔1〕慮思無方,思維不受空間的限制。方,方所,空間。
〔2〕"五臟各有所司,無有能慮者,是以心爲慮本",《弘明集》作:"心病則思乖,是以知心爲慮本。"
〔3〕眼等分,眼等方面。

"問曰:'慮體無本[1],故可寄之於眼分;眼自有本,不假寄於佗分也[2]。'答曰:'眼何故有本而慮無本;苟無本於我形,而可徧寄於異地,亦可張甲之情,寄王乙之軀,李丙之性,託趙丁之體。然乎哉?不然也。'

【注】
〔1〕慮體無本,思維活動無須依賴一定的生理器官。本,基礎。
〔2〕佗,同"他"。

"問曰:'聖人形猶凡人之形,而有凡聖之殊,故知形神異矣。'答曰:'不然。金之精者能昭,穢者不能昭,有能昭之精金,寧有不昭之穢質。又豈有聖人之神而寄凡人之器,亦無凡人之神而託聖人之體。是以八采、重瞳[1],勛、華之容[2];龍顏、馬口[3],軒、皞之狀[4]。此形表之異也。比干之心,七竅列角[5];伯約之膽,其大若拳[6];此心器之殊也。是知聖人定分,每絕常區[7],非惟道革羣生[8],乃亦形超萬有。凡聖均體,所未敢安。'

【注】

〔1〕八采,八種彩色,傳説"堯眉八采",見《春秋演孔圖》。重瞳,謂目有二瞳子。《史記·項羽本紀贊》:"吾聞之周生曰:'舜目蓋重瞳子。'又聞項羽亦重瞳子。"

〔2〕勛,放勛,即帝堯。華,重華,即帝舜。

〔3〕龍顏,謂眉骨圓起,傳説黃帝龍顏。馬口,傳説皋陶馬口。

〔4〕軒,軒轅黃帝。皞,皋陶。皆是上古傳説中的帝王。

〔5〕"比干之心,七竅列角",《史記·殷本紀》:"紂曰:'吾聞聖人心有七竅。'剖比干,觀其心。"比干,商紂王之臣。

〔6〕"伯約之膽,其大若拳",《三國志·蜀書·姜維傳》注引《世語》說,"維死時見剖,膽如斗大"。伯約,三國時蜀漢名將姜維。

〔7〕每絕常區,每每與衆不同。絕,獨特。常區,普通人。

〔8〕革,改易,不同。羣生,衆人。

"問曰:'子云聖人之形必異於凡者,敢問陽貨類仲尼[1],項籍似大舜[2],舜、項、孔、陽,智革形同,其故何邪?'答曰:'珉似玉而非玉[3],雞類鳳而非鳳,物誠有之,人故宜爾。項、陽貌似而非實似,心器不均,雖貌無益。'

【注】

〔1〕陽貨類仲尼,《史記·孔子世家》:"孔子貌似陽虎。"陽虎即陽貨,春秋魯人,曾爲季氏家臣,後專魯國之政。
〔2〕項籍似大舜,《史記·項羽本紀》:"舜目蓋重瞳子,項羽亦重瞳子。"項羽即項籍之字。項籍,秦末下相人,參加秦末起義,秦亡後自立爲西楚霸王。
〔3〕珉,似玉的美石。

"問曰:'凡聖之殊,形器不一,可也;聖人員極[1],理無有二,而丘、旦殊姿[2],湯、文異狀[3],神不侔色[4],於此益明矣。'答曰:'聖同於心器,形不必同也,猶馬殊毛而齊逸,玉異色而均美。是以晉棘、荆和[5],等價連城[6],驊騮、盗驪[7],俱致千里。'

【注】

〔1〕員極,同"圓極",圓滿至極。
〔2〕丘、旦,孔子和周公。孔子名丘;周公名旦。本書均有傳。
〔3〕湯、文,商湯和周文王。
〔4〕侔,齊等。"侔"字《弘明集》作"係"。
〔5〕晉棘,晉國的垂棘之璧。荆和,楚國的和氏璧。
〔6〕等價連城,都是價值連城。
〔7〕驊騮,赤色駿馬,亦名棗騮,周穆王八駿之一。盗驪,良馬名,周穆王八駿之一。

"問曰:'形神不二,既聞之矣,形謝神滅,理固宜然,敢問經云"爲之宗廟,以鬼饗之[1]",何謂也?'答

曰:'聖人之教然也,所以弭孝子之心[2],而厲偷薄之意[3],神而明之[4],此之謂矣。'

【注】

[1] "爲之宗廟,以鬼饗之",語見《孝經》。意謂爲死去的父母建立宗廟,以鬼神之禮祭祀之。

[2] 弭,安定,順服。"弭",《弘明集》作"從"。

[3] 厲,振奮刷洗。偷薄,輕薄苟且,不厚道。"偷薄",《弘明集》作"媮薄"。

[4] 神而明之,語出《易·繫辭上》:"神而明之,存乎其人。"此指神道設教,即假託鬼神之道以治人。《易·觀》:"觀天之神道,而四時不忒,聖人以神道設教,而天下服矣。"

"問曰:'伯有被甲[1],彭生豕見[2],墳素著其事[3],寧是設教而已邪?'答曰:'妖怪茫茫,或存或亡,殭死者衆,不皆爲鬼,彭生、伯有,何獨能然,乍爲人豕,未必齊、鄭之公子也。'

【注】

[1] 伯有被甲,《左傳》昭公七年:"鄭人相驚以伯有,曰'伯有至矣!'則皆走。"伯有,春秋鄭國大夫良霄的字。他主持國政時,和貴族駟帶發生争執,被殺。傳說他死後變爲厲鬼,迷信的人常常捕風捉影,互相驚擾。

[2] 彭生豕見,彭生化爲大猪的形象而出現。《左傳》莊公八年:"齊侯田於見丘,見大豕,從者曰:'公子彭生也!'公怒曰:'彭生敢見?射之。'豕人立而啼。公懼,墜於車,傷足。"彭生,春

秋時齊國人。

〔3〕墳素,指三墳八索,都是古代典籍的名稱。這裏泛指古代的典籍。

"問曰:'《易》稱:"故知鬼神之情狀,與天地相似而不違[1]。"又曰:"載鬼一車[2]。"其義云何?'答曰:'有禽焉,有獸焉,飛走之別也;有人焉,有鬼焉,幽明之別也[3]。人滅而爲鬼,鬼滅而爲人,則未之知也。'

【注】

〔1〕"故知鬼神之情狀,與天地相似而不違",語出《易·繫辭上》。
〔2〕"載鬼一車",見《易·睽卦》。
〔3〕幽明之別,意謂人鬼之區別在於人有形可見,鬼無形可見。

"問曰:'知此神滅,有何利用邪?'答曰:'浮屠害政[1],桑門蠹俗[2],風驚霧起,馳蕩不休,吾哀其弊,思拯其溺。夫竭財以赴僧,破產以趨佛,而不恤親戚,不憐窮匱者何? 良由厚我之情深,濟物之意淺。是以圭撮涉於貧友[3],吝情動於顏色[4];千鐘委於富僧,歡意暢於容髮。豈不以僧有多稌之期[5],友無遺秉之報[6],務施闕於周急,歸德必於在己[7]。又惑以茫昧之言,懼以阿鼻之苦[8],誘以虛誕之辭,欣以兜率之樂[9]。故舍逢掖[10],襲橫衣[11],廢俎豆[12],列缾鉢[13],家家棄其親愛,人人絕其嗣續。致使兵挫於行間,吏空於官府,粟罄於惰遊[14],貨殫於泥木[15]。所以姦宄弗勝,頌聲尚擁,惟此之故,其流莫已,其病無限。若陶甄稟於自然[16],森羅均於獨化[17],忽焉自有,怳爾而無,來世不禦[18],去也不追[19],乘夫天理,各安其性。小人甘其壟畝,君子保其恬素;耕而食,食不可窮也;蠶而衣,衣不可盡也;下有餘以奉其上,上無爲以待其下,可以全生,可以匡國[20],可以霸君[21],用此道也。'"

【注】

[1] 浮屠,即佛陀。

[2] 桑門,即沙門,佛教僧侶。

[3] 圭撮,很少的量。《後漢書·律曆志》:"十粟重一圭,十圭重一銖,二十四銖重一兩。"

[4] 吝情,捨不得的表情。

[5] 多稌,《詩·周頌·豐年》:"豐年多黍多稌。"稌,稻。此謂豐多的收入。

[6] 遺秉,《詩·小雅·大田》:"彼有遺秉。"秉,稻穗。這裏"遺秉"指少量的東西。

[7] "務施闕於周急,歸德必於在己",《弘明集》作"務施不關周急,立德必於在己"。周急,救濟窮困的人。《論語·雍也》:"君子周急不濟富。"歸德必於在己,意謂作好事都爲使自己獲得好的報應。

[8] 阿鼻,即阿鼻地獄,意譯"無間地獄",佛教用語。爲八大地獄的第八獄,造"十不善業"重罪者墮之"受苦無間"。

[9] 兜率,即兜率天,意譯"妙足"、"知足",佛教用語。六欲天之一,若皈依彌勒並稱念其名號者,死後往生此天。

[10] 逢掖,寬袖之衣,古代儒者所服,也作"縫掖"。掖,同"腋"。

[11] 橫衣,指僧侶披的袈裟。

〔12〕俎豆,俎,置肉的几;豆,盛乾肉一類食物的器皿。都是古代宴客、朝聘、祭祀用的禮器。
〔13〕缾鉢,僧徒所用的飲食之具,缾,小汲水器,同"瓶"。
〔14〕罄,竭盡。惰游,游手好閑的人,指僧徒。
〔15〕殫,盡。泥木,指寺廟的佛像與建築。
〔16〕陶甄,鑄造,指教化。
〔17〕森羅,萬象森然羅列。獨化,自然變化。
〔18〕來,生。不禦,不可止。
〔19〕去,滅。不追,不要留戀不捨。
〔20〕匡國,正國。
〔21〕霸君,使君稱霸於天下。

此論出,朝野諠譁,子良集僧難之而不能屈[1]。

縝在南累年,追還京。既至,以爲中書郎、國子博士,卒官。文集十卷[2]。

【注】

[1]《南史·范縝傳》在"子良集僧難之而不能屈"之後寫道:"太原王琰乃著論譏縝曰:'嗚呼范子!曾不知先祖神靈所在。'欲杜縝後對。縝又對曰:'嗚呼王子!知其祖先神靈所在,而不能殺身以從之。'其險詣皆此類也。子良使王融謂之曰:'神滅既自非理,而卿堅執之,恐傷名教。以卿之大美,何患不至中書郎,而故乖剌爲此,可便毀棄之。'縝大笑曰:'使范縝賣論取官,已至令僕矣,何但中書郎邪。'"

[2]《文集》十卷,《南史》本傳爲十五卷。

選自《梁書》卷四十八《儒林》

保　　誌（418—514）

　　釋保誌，本姓朱，金城人[1]。少出家，止京師道林寺，師事沙門僧儉爲和上，修習禪業。

【注】
[1] 保誌，《南史》作寶誌。金城，在今甘肅蘭州以西一帶。

　　至宋太始初[1]，忽如僻異，居止無定，飲食無時。髮長數寸，常跣行街巷，執一錫杖。杖頭掛剪刀及鏡，或掛一兩匹帛。齊建元中稍見異迹[2]，數日不食亦無飢容。與人言語，始若難曉，後皆效驗。時或賦詩，言如讖記。京土士庶皆敬事之。齊武帝謂其惑衆，收駐建康[3]。明旦，人見其入市，還檢獄中，誌猶在焉。誌語獄吏："門外有兩輿食來，金鉢盛飯，汝可取之。"既而齊文慧太子、竟陵王子良[4]，並送食餉誌。果如其言。

【注】
[1] 太始，即泰始（465—471），南朝宋明帝劉彧年號。
[2] 建元（479—482），南朝齊太祖蕭道成年號。
[3] 齊武帝，蕭賾，公元483—493年在位。建康，在今南京市境。
[4] 蕭子良（460—494），齊武帝次子，封竟陵王，官至太傅。提倡佛教，廣招僧徒，曾非難范縝"神滅"之説。

建康令吕文顯以事聞武帝,帝即迎入,居之後堂,一時屏除内宴[1],誌亦隨衆出。既而,景陽山上猶有一誌與七僧俱。帝怒遣推檢,失所在,問吏啓云:"誌久出在省,方以墨涂其身。"時僧正法獻欲以一衣遺誌[2],遣使於龍光、罽賓二寺求之。並云:"昨宿,旦去。"又至其常所造厲侯伯家尋之,伯云:"誌昨在此行道,旦眠未覺。"使還以告獻,方知其分身三處宿焉。志常盛冬袒行,沙門寶亮欲以衲衣遺之[3],未及發言,誌忽來引納而去。又時就人求生魚鱠,人爲辦覓,致飽乃去,還視盆中,魚游活如故。誌後假武帝神力,見高帝於地下[4],常受錐刀之苦。帝自是永廢錐刀。

【注】

[1] 内宴,皇帝在宫内爲臣下所設的宴會,也作"内燕"。
[2] 僧正,管理衆僧之官,後秦以道䂮法師爲僧正,秩同侍中,爲僧人立官之始。
[3] 寶亮(444—509),傳見《高僧傳》卷八。
[4] 高帝,齊太祖蕭道成。

　　齊衛尉胡諧病[1],請誌。誌往疏云:"明屈。"明日竟不往。是日諧亡,載屍還宅。誌云:"明屈者,明日屍出也。"齊太尉司馬殷齊之隨陳顯達鎮江州[2],辭誌。誌畫紙作一樹,樹上有鳥,語云:"急時可登此。"後顯達逆,即留齊之鎮州。及敗,齊之叛,入廬山,追騎將及,齊之見林中有一樹,樹上有鳥,如誌所畫,悟而登之。鳥竟不飛,追者見鳥,謂無人而反,卒以見免。齊屯騎桑偃將欲謀反[3],往詣誌。誌遥見而走,大呼云:"圍臺城,欲反逆,斫頭破腹。"後未旬事發,偃叛往朱方[4],爲人所得,果斫頭破腹。梁鄱陽忠烈王嘗屈誌來第[5],會忽令覓荆子甚急。既得,安之。門上莫測所以。少時,王便出爲荆州刺史。其預鑒之明,此類非一。

【注】

〔1〕衛尉,官名,掌管宫門警衛。
〔2〕太尉,掌軍事,西漢武帝建元二年省,元狩四年改爲大司馬,東漢光武帝復名太尉。後代也多沿置,但一般皆爲加官,無實權。陳顯達,齊武帝時因軍功官至征南大將軍、江州刺史、太尉。後因反東昏侯蕭寶卷(499—501年在位),兵敗身死。
〔3〕屯騎,即屯騎校尉,掌宿衛兵。
〔4〕朱方,地名,今江蘇丹徒縣地。
〔5〕梁鄱陽忠烈王,即梁文帝第十子蕭弘達。《南史》卷五十二有傳。

　　誌多去來興皇、浄名兩寺,及今上龍興[1],甚見崇禮。先是齊時多禁誌出入,今上即位,下詔曰:"誌公迹拘塵垢,神遊冥寂,水火不能燋濡,蛇虎不能侵懼。語其佛理則聲聞以上,談其隱倫則遁仙高者,豈得以俗士常情空相拘制,何其鄙狹一至於此?自今行道,來往隨意,出入勿得復禁。"誌自是多出入禁内。天監五年冬旱,雩祭備至而未降雨[2]。誌忽上啓云:"誌病不差,就官乞治,若不啓白官,應得鞭杖。願於華光殿講《勝鬘》請雨[3]。"上即使沙門法雲講《勝鬘》[4]，講竟，夜便大雪。誌又云："須一盆水，加刀其上。"俄而雨大降，高下皆足。上嘗問誌云："弟子煩惑未除[5]，何以治之？"答云："十二。"識者以爲十二因緣治惑藥也[6]。又問十二之旨。答云："旨在書字時節刻漏中。"識者以爲書之在十二時中。又問："弟子何時得靜心修習？"答云："安樂禁。"識者以爲禁者止也，至安樂時乃止耳。後法雲於華林寺講《法華》，至假使黑風[7]，誌忽問風之有無。答云："世諦故有，第一義則無也[8]。"誌往復三、四番，便笑云："若體是假有，此亦不可解、難可解。"其辭旨隱沒，類皆如此。有陳御虜者，舉家事誌甚篤。誌嘗爲其現真形，光相如菩薩像焉。

【注】

〔1〕今上，當今皇上，指梁武帝。龍興，舊時比喻王業的創立。

〔2〕天監(502—519)，梁武帝蕭衍年號。雩祭，古祈雨之祭祀。

〔3〕《勝鬘》，即《勝鬘經》。南朝宋求那跋陀羅譯。

〔4〕法雲(467—529)，梁代名僧，與保誌過從甚密。傳見《續高僧傳》卷五。

〔5〕煩惑，即煩惱，亦稱惑。是佛教所説擾亂衆生身心使發生迷惑、苦惱等精神作用的總稱。

〔6〕十二因緣，佛教認爲，任一有生命個體，在未獲解脱前，均依無明、行、識、名色、六處、觸、受、愛、取、有、生、老死等十二支組成的因果鏈而在"三世"、"六趣"中生死流傳，永無終期。只有逆此十二因緣而上，轉變"無明"，才能擺脱十二因緣之束縛，跳出三世輪回的範圍。

〔7〕假使黑風,語出《法華經·普門品》:"入於大海,假令黑風,吹其船舫。"天晦暴風吹海,名爲黑風。

〔8〕世諦,又稱世俗諦、世諦,指對世俗的認識。第一義,即第一義諦,又稱勝義諦、真諦,指對出世間的認識。

　　誌知名顯奇四十餘載,士女恭事者數不可稱。至天監十三年冬,於臺後堂謂人曰:"菩薩將去。"未及旬日,無疾而終。屍骸香軟,形貌熙悦。臨亡然一燭以付後閣舍人吳慶〔1〕。慶即啓聞,上嘆曰:"大師不復留矣。燭者,將以後事屬我乎?"因厚加殯送,葬於鍾山獨龍之阜。仍於墓所立開善精舍,敕陸倕制銘辭於冢内,王筠勒碑文於寺門,傳其遺像,處處存焉。初,誌顯迹之始,年可五六十許,而終亦不老,人咸莫測其年。有徐捷道者,居於京師九日臺北,自言是誌外舅弟,小誌四年。計志亡時,應年九十七矣。

【注】
〔1〕後閣舍人,即中書舍人。中書省屬官,起草詔令,參與機要。

　　　　　　　　選自《高僧傳》卷十《神異下》

劉　　峻（462—521）

　　劉峻字孝標，平原平原人[1]。父琁[2]，宋始興内史。
　　峻生朞月[3]，母攜還鄉里。宋泰始初，青州陷魏[4]，峻年八歲，爲人所略至中山，中山富人劉實愍峻，以束帛贖之，教以書學。魏人聞其江南有戚屬，更徙之桑乾[5]。峻好學，家貧，寄人廡下[6]，自課讀書，常燎麻炬，從夕達旦，時或昏睡，蓺其髮[7]，既覺復讀，終夜不寐，其精力如此。齊永明中[8]，從桑乾得還，自謂所見不博，更求異書，聞京師有者，必往祈借，清河崔慰祖謂之"書淫"[9]。時竟陵王子良博招學士[10]，峻因人求爲子良國職，吏部尚書徐孝嗣抑而不許，用爲南海王侍郎，不就。至明帝時[11]，蕭遙欣爲豫州，爲府刑獄，禮遇甚厚。遙欣尋卒，久之不調。天監初[12]，召入西省，與學士賀蹤典校秘書。峻兄孝慶[13]，時爲青州刺史。峻請假省之，坐私載禁物，爲有司所奏[14]，免官。安成王秀好峻學，及遷荆州，引爲户曹參軍，給其書籍，使抄錄事類，名曰《類苑》，未及成，復以疾去，因遊東陽紫巖山，築室居焉。爲《山栖志》，其文甚美。

【注】
〔1〕平原平原，今山東平原縣南。
〔2〕父琁，劉琁，《魏書》作"琁之"，《南史》、《北史》作"琁之"。

〔3〕朞月,周月。峻於宋大明六年(462),"生於秣陵縣"(劉峻《自序》)。

〔4〕泰始三年(467)魏攻青州,五年(469)破東陽,俘刺史沈文秀,全有青州。

〔5〕桑乾,《南史・劉峻傳》作"代都"。

〔6〕廡,堂下周圍的走廊、廊屋。

〔7〕爇,燃燒。

〔8〕永明,齊武帝年號(483—493)。

〔9〕崔慰祖,字悦宗,南齊東武城(在今山東夏津西北)人,官至始安王記室。好學,聚書至萬卷,沈約、謝朓曾向他請教地理,朓以爲班馬復生,無以過此。著《海岱志》,未成,卒。

〔10〕竟陵王子良,見本書《顧歡》傳注。

〔11〕明帝時,公元494—498年。

〔12〕天監,梁武帝年號(502—519)。

〔13〕孝慶,原名法鳳,字仲年,少時與母弟俱被掠至北魏,齊永明(483—493)中奔還江南。齊末爲兗州刺史,舉兵應梁武帝,歷官顯重。

〔14〕有司,官吏。古代設官分職,事各有專司,故曰有司。

　　高祖招文學之士[1],有高才者,多被引進,擢以不次。峻率性而動,不能隨衆沉浮,高祖頗嫌之,故不任用[2]。峻乃著《辨命論》,以寄其懷曰:

【注】

〔1〕高祖,即梁武帝蕭衍,見本書《陶弘景》傳注。

〔2〕《南史・劉峻傳》:"武帝每集文士策經史事,時范雲、沈約之徒

皆引短推長,帝乃悦,加其賞賚。會策錦被事,咸言已罄,帝試呼問峻,峻時貧悴冗散,忽請紙筆,疏十餘事,坐客皆驚,帝不覺失色。自是惡之,不復引見。及峻《類苑》成,凡一百二十卷,帝即命諸學士撰《華林遍略》以高之,竟不見用。"率性,依循本性而行。《禮記·中庸》:"天命之謂性,率性之謂道。"

"主上嘗與諸名賢言及管輅[1],嘆其有奇才而位不達。時有在赤墀之下[2],預聞斯議,歸以告余。余謂士之窮通,無非命也。故謹述天旨,因言其略云:

【注】
[1] 主上,臣下對國君或帝王的稱呼,這裏指梁武帝。管輅(209—256),字公明,平原(今山東平原南)人,年八九歲,喜仰視星辰。於《周易》、天文、風角、占相無不精微。仕魏,官至少府丞。
[2] 赤墀,又稱丹墀。皇帝宮殿階級涂丹漆,故名赤墀。

"臣觀管輅天才英偉,珪璋特秀[1],實海內之髦傑[2],豈日者卜祝之流[3]。而官止少府丞,年終四十八,天之報施,何其寡歟?然則高才而無貴仕,饕餮而居大位[4],自古所嘆,焉獨公明而已哉。故性命之道[5],窮通之數[6],夭閼紛綸[7],莫知其辨。仲任蔽其源[8],子長闡其惑[9]。至於鶡冠甕牖[10],必以懸天有期[11];鼎貴高門,則曰唯人所召[12]。譊譊譁咋[13],異端俱起。蕭遠論其本而不暢其流[14],子玄語其流而未詳其本[15]。嘗試言之曰:夫道生萬物,則謂之道;生而無主,謂之自然[16]。自然者,物見其然,不知所以然;同焉皆得,不知所以得[17]。鼓動陶鑄而不爲功[18],庶類混成而非其力[19]。生之無亭毒之心[20],死之豈虐劉之志[21]。墜之淵泉非其怒,昇之霄漢非其悅[22]。蕩乎大乎,萬寶以之化[23];確乎純乎,一化而不易[24]。化而不易,則謂之命。命也者,自天之命也。定於冥兆[25],終然不變。鬼神莫能預,聖哲不能謀。觸山之力無以抗[26],倒日之誠弗能感[27]。短則不可緩之於寸陰,長則不可急之於箭漏[28]。至德未能逾,上智所不免。是以放勳之代,浩浩襄陵[29];天乙之時,燋金流石[30]。文公蹠其尾[31],宣尼絕其糧[32]。顏回敗其叢蘭[33],冉耕歌其芣苢[34]。夷、叔斃淑媛之言[35],子輿困臧倉之訴[36]。聖賢且猶如此,而況庸庸者乎!至乃伍員浮屍於江流[37],三閭沈骸於湘堵[38];賈大夫沮志於長沙[39];馮都尉皓髮於郎署[40];君山鴻漸,鎩羽儀於高雲[41];敬通鳳起,摧迅翮於風穴[42];此豈才不足而行有遺哉。"

【注】

〔1〕珪璋,珪與璋皆爲朝會所執玉器,後世以喻人之美德。曹丕《與鍾大理書》:"良玉比德君子,珪璋見美詩人。"

〔2〕髦傑,俊傑。

〔3〕日者,以占候卜筮爲業的人。卜,從事占卜者。祝,祠廟中司祭禮的男巫。

〔4〕饕餮,貪殘。《淮南子·兵略》:"貪昧饕餮之人殘賊天下,萬人騷動。"
〔5〕性命,《易·乾》:"乾道變化,各正性命。"疏:"性者天生之質,若剛柔遲速之別;命者人所禀受,若貴賤夭壽之屬是也。"
〔6〕數,氣數,命運。
〔7〕夭閼,受阻折而中斷。
〔8〕仲任蔽其源,王充字仲任,本書有傳。他在《論衡》中説:"凡人有生死壽夭之命,亦有貴賤貧富之命。命當貧賤,雖富貴之,猶涉患禍,失其富貴。命當富貴,雖貧賤之,猶逢福善,離其貧賤。今言隨操行而至,此命在末不在本也。"
〔9〕子長闡其惑,司馬遷字子長,本書有傳。他在《史記·伯夷列傳》中説:"或曰:'天道無親,常與善人。'伯夷、叔齊,可謂善人而餓死。七十子之徒,仲尼獨薦顔淵爲好學,然早夭。盗跖日殺不辜,肝人之肉,竟以壽終。此其大較也,余甚惑焉。"
〔10〕鹖冠,以鹖羽爲飾之冠。鹖,鹖雞。"似雉而夭,青色有美,勇健鬭,死乃止。"(《山海經·中山經注》)瓮牖,用破瓮做窗户。瓮,陶製盛器。
〔11〕懸天有期,《論衡》:"夫命懸於天,吉凶在乎時。"
〔12〕唯人所召,閔子騫語:"禍福無門,唯人所召。"
〔13〕譊譊謹咋,喧嚷争辯。
〔14〕蕭遠,李康字蕭遠,中山(今河北定州一帶)人。性介立,不能和俗,曹魏明帝時,爲尋陽長。著有《游山九吟》、《運命論》等。他認爲"治亂,運也;窮達,命也;貴賤,時也。""聖人所以爲聖者,蓋在乎樂天知命矣。"(《運命論》)歸之於天、命、時,故曰論其本。
〔15〕子玄,郭象字子玄,本書有傳。他認爲致命由己,故謂"語其流",説:"天性所受,各有本分。"(《莊子·養生主注》)"命也

者,言物皆自然無爲之者也。"(《莊子·大宗師注》)他以自性來說事物的規定性和必然性,由此而認爲"夫任自然而居當,則賢愚襲情,而貴賤履位。君臣上下,莫非爾極,而天下無患矣"(《莊子·在宥注》)。

〔16〕《老子》説:"大道氾兮,萬物得之以生而不辭,功成而不有,愛養萬物而不爲主。""天法道,道法自然。"

〔17〕同焉皆得,不知所以得,語出《莊子》。

〔18〕鼓動陶鑄,鼓風燒製陶器,鑄造金屬器物。道家以此來明喻萬物生成過程,"天地之間,其猶橐籥與?虛而不淈,動而愈出"(《老子》)。

〔19〕庶類混成,萬物在混沌之中自然生成。

〔20〕亭毒,指化育、養育。《老子》:"長之、育之、亭之、毒之。"王弼曰:"亭謂品其形,毒謂成其質。"

〔21〕虔劉,劫殺。

〔22〕墜之淵泉,指魚類。昇之霄漢,指鳥類。言稟性不同,非道有感情。

〔23〕萬寶以之化,《莊子·庚桑楚》:"夫春氣發而百草生,正得秋而萬寶成。"萬寶,萬物。

〔24〕一化而不易,《莊子·田子方》:"吾一受其成形,而不化以待盡也。"

〔25〕冥兆,不明顯的徵兆。

〔26〕觸山,《淮南子·天文訓》:"昔者共工與顓頊爭爲帝,怒而觸不周之山,天柱折,地維絶。天傾西北,故明星辰移焉;地不滿東南,故水潦塵埃歸焉。"

〔27〕倒日,《淮南子·覽冥訓》:"魯陽公與韓構難,戰酣,日暮,援戈而撝之,日爲之反三舍。"

〔28〕箭漏,古計時器。上壺盛水,壺下有孔漏水,下壺受水,内有

箭,水長箭昇,指示時刻。

〔29〕放勛,堯。襄,昇至高處。堯時大水,淹沒山陵。《書·堯典》:"湯湯洪水方割,蕩蕩懷山襄陵,浩浩滔天。"

〔30〕天乙,商湯。燋金流石,金石受熱而熔化。指湯時大旱七年。

〔31〕文公,晉文公重耳。躓尾,被尾所絆倒,喻爲事不利。指重耳在即位前的十幾年,長期流亡在外。

〔32〕宣尼,孔子在漢平帝時,被追謚爲宣尼公。《論語·衛靈公》說:子"在陳絕糧"。

〔33〕顔回,孔子弟子。叢蘭,叢生的蘭花。《文子·上德》:"叢蘭欲修,秋風敗之。"顔回敗其叢蘭,是說他早卒。

〔34〕冉耕,字伯牛,魯人。以德行著稱,有惡疾,早卒。《詩·周南·芣苢》:"采采芣苢,薄言采之。"《韓詩》曰:"芣苢,傷夫有惡疾也。"

〔35〕夷、叔,指伯夷、叔齊,殷末孤竹君之二子。反對周革殷命,隱於首陽山,采薇而食。有婦人說:"子義不食周粟。此亦周之草木也。"於是餓死。

〔36〕子輿,孟子字子輿。魯平公將接見孟子,嬖人臧倉出讒言,遂不見。孟子曰:"吾之不遇魯侯,天也。臧氏之子,焉能使予不遇哉!"

〔37〕伍員自殺後,吳王夫差取其屍,浮之江中。

〔38〕三閭,三閭大夫,即屈原。屈原投湘江支流汨羅江而死。

〔39〕賈大夫,即賈誼。漢文帝初年,賈誼被排擠出朝廷,貶爲長沙王太傅,意不自得。本書有傳。

〔40〕馮都尉皓髮於郎署,馮唐在被漢文帝任命爲車騎都尉前,爲中郎署長,年已老。

〔41〕君山,桓譚字君山。鴻漸,漸至高位。鎩羽儀,羽毛摧落,喻受挫。指東漢光武帝時,桓譚在雲臺反對讖緯,觸怒光武,被

貶爲六安丞,憂慮病卒於道。
〔42〕敬通,馮衍字敬通,杜陵(今西安市東南)人。翻,鳥翼。風穴,起風的地方。事指馮衍在東漢初歸附劉秀,後坎坷失志,壽終於家。原有文五十篇。

近世有沛國劉瓛[1],瓛弟璠,並一時之秀士也。瓛則關西孔子[2],通涉六經,循循善誘,服膺儒行[3]。璠則志列秋霜,心貞崑玉,亭亭高竦,不雜風塵。皆毓德於衡門[4],並馳聲於天地。而官有微於侍郎,位不登於執戟,相繼徂落[5],宗祀無饗[6]。因斯兩賢以言古,則昔之玉質金相,英髦休達[7],皆擯斥於當年,韞奇才而莫用[8],候草木以共凋,與麋鹿而同死,膏塗平原,骨填川谷,湮滅而無聞者,豈可勝道哉!此則宰衡之與皂隸[9],容、彭之與殤子[10],猗頓之與黔婁[11],陽文之與敦洽[12],咸得之於自然,不假道於才智。故曰:"死生有命,富貴在天"[13],其斯之謂矣。然命體周流,變化非一,或先號後笑,或始吉終凶,或不召自來,或因人以濟。交錯紛糾,循環倚伏,非可以一理徵,非可以一途驗,而其道密微,寂寥忽慌[14],無形可以見,無聲可以聞[15]。必御物以效靈,亦憑人而成象,譬天王之冕旒[16],任百官以司職。而惑者覯湯、武之龍躍[17],謂龕亂在神功[18];聞孔、墨之挺生,謂英睿擅奇響;視彭、韓之豹變[19],謂鷙猛致人爵;見張、桓之朱紱[20],謂明經拾青紫[21]。豈知有力者運之而趨乎?故言而非命,有六蔽焉。余請陳其梗概:

【注】

〔1〕劉瓛,字子珪,沛國相(今安徽宿州境内)人。博通經書,聚徒講學,曾爲宋安成王撫軍,行參軍公事,齊永明(483—493)中卒。原有文集。

〔2〕關西孔子,指楊震,字伯起,華陰(今屬陝西)人。經明博覽,無不窮究,諸儒爲之語曰:"關西孔子楊伯起。"

〔3〕儒行,即儒業、儒術。

〔4〕衡門,橫木爲門的陋居。

〔5〕徂落,死亡。

〔6〕饗,享。

〔7〕英髦休達,英俊傑出之士。

〔8〕韞,藏。

〔9〕宰衡之與皂隸,宰相與奴隸。

〔10〕容、彭,容成子與彭祖,傳説中壽長數百千歲的人物。殤,未成年而死的小孩。容彭之與殤子,喻長壽與短命。

〔11〕猗頓,春秋魯人,經營畜牧及鹽業,富擬王侯。黔婁,春秋齊人,修節不仕,食不果腹,衣不蓋形。與曾子相交,而務道家之言,著書四篇。猗頓之與黔婁,喻富與貧。

〔12〕陽文,先秦楚國美女,與西施齊名。敦洽,先秦陳國婦女,貌醜而有德。陽文之與敦洽,喻美女與醜婦。

〔13〕"死生有命,富貴在天",語出《論語·顏淵》。

〔14〕寂寥,《老子》:"有物混成,先天地生。寂兮寥兮,獨立而不改,周行而不殆。"王弼注:"寂寥,無形體也。"忽慌,即恍惚,隱約不清,難以辨認。《老子》:"道之爲物,惟恍惟惚。惚兮恍兮,其中有象;恍兮惚兮,其中有物。"

〔15〕《老子》:"視之不見,名曰夷;聽之不聞,名曰希。"

〔16〕冕旒,天子的禮帽和禮帽前後的玉串。

〔17〕龍躍,帝王興起或即位。《易·乾》:"飛龍在天,利見大人。"疏:"若聖人有龍德,飛騰而居天位。"
〔18〕戡,同"戡"。戡亂,平亂。
〔19〕彭、韓,彭越和韓信。豹變,由貧賤而變爲富貴。指彭、韓在楚漢之爭中,助劉邦滅項羽,被封爲王。
〔20〕張、桓,張禹與桓榮。張禹,字子文,善説《論語》,官光禄大夫,封關内侯。桓榮,治歐陽《尚書》,爲太子少傅,封關内侯。朱紱,朱色的蔽膝,縫於長衣之前,爲朝服或祭服。
〔21〕青紫,繫官印的青色、紫色絲帶。這裏借稱貴官之服。

"夫靡顔膩理[1],哆噅顩頤[2],形之異也。朝秀辰終[3],龜鶴千歲[4],年之殊也。聞言如響[5],智昏菽麥[6],神之辨也。固知三者定乎造化,榮辱之境,獨曰由人。是知二五而未識於十,其蔽一也。龍犀日角[7],帝王之表;河目龜文[8],公侯之相。撫鏡知其將刑[9],壓紐顯其膺録[10]。星虹樞電,昭聖德之符[11];夜哭聚雲,鬱興王之瑞[12]。皆兆發於前期,渙汗於後葉[13]。若謂驅貔獸[14],奮尺劍,入紫微[15],升帝道,則未達窅冥之情[16],未測神明之數,其蔽二也。空桑之里,變成洪川[17];歷陽之都,化爲魚鱉[18],楚師屠漢卒,睢河鯁其流[19];秦人坑趙士,沸聲若雷電[20],火炎崑岳,礫石與琬琰俱焚[21];嚴霜夜零,蕭艾與芝蘭共盡[22]。雖游、夏之英才[23],伊、顔之殆庶[24],焉能抗之哉?其蔽三也。或曰,明月之珠,不能無纇[25],夏后之璜,不能無考[26]。故亭伯死於縣長[27],長卿卒於園令[28]。才非不傑也,主非不明也,而碎結綠之鴻輝[29],殘懸黎之夜色[30],抑尺之量有短哉[31]？若然者,主父偃、公孫弘對策不升第[32],歷說而不入,牧豕淄原,見棄州部[33],設令忽如過隙[34],溘死霜露[35],其為詬恥,豈崔、馬之流乎？及至開東閣,列五鼎[36],電照風行,聲馳海外,寧前愚而後智,先非而終是？將榮悴有定數,天命有至極？而謬生妍蚩,其蔽四也。夫虎嘯風馳,龍興雲屬。故重華立而元凱升[37],辛受生而飛廉進[38]。然則天下善人少,惡人多；闇主眾,明君寡。而薰蕕不同器[39],梟鸞不接翼[40]。是使渾沌、檮杌[41],踵武雲臺之上[42]；仲容、庭堅[43],耕耘巖石之下。橫謂廢興在我,無繫於天,其蔽五也。彼戎狄者,人面獸心,宴安鴆毒,以誅殺為道德,以蒸報為仁義[44]。雖大風立於青丘,鑿齒奮於華野[45],比其狼戾[46],曾何足逾。自金行不競[47],天地版蕩[48]；左帶、沸脣[49],乘間電發。遂覆瀍、洛[50],傾五都[51]。居先王之桑梓[52],竊名號於中縣[53]。與三皇競其氓黎,五帝角其區宇。種落繁熾,充牣神州。嗚呼！福善禍淫,徒虛言耳。豈非否泰相傾[54],盈縮遞運[55],而汩之以人[56],其蔽六也。

【注】

〔1〕靡顏膩理,謂容貌妍麗,肌膚細滑。
〔2〕哆噅,歪嘴。顲,眉。頞,鼻梁。哆噅顲頞,謂容貌醜陋。

〔3〕朝秀辰終,朝生暮死。

〔4〕龜鶴千歲,《養生要》:"龜鶴壽千百之數。"

〔5〕聞言如響,聽到發問,馬上回答,喻爲人機靈。

〔6〕智昏菽麥,智能低下,連豆麥也分辨不了。

〔7〕龍犀,相術以鹵下骨隱起,下連鼻梁不斷爲龍犀。日角,相家以額骨中央隆起,形狀如日爲日角。

〔8〕河目,相家以目上下匡平而長爲河目。龜文,足掌文理似龜背。

〔9〕撫鏡知其將刑,相傳張裕每舉鏡視面,自知刑死。張裕,字南和,蜀郡人,官益州後部司馬,爲劉備所殺。他曉相術、占侯。

〔10〕紐,襻紐,器物上用以提攜部分。膺籙,親受符命。楚恭王無嫡子,請神於寵子五人中擇其一而立,乃埋璧,祈禱:"當璧而拜者,神所立也。"使五人拜,康王跨過,靈王的肘在上面,子干和子晰離得遠,平王再拜都壓在璧紐上,親受神命。

〔11〕《春秋元命苞》說,大星下虹,下落在華渚,女節夢感生育了少昊。《詩含神務》說,大電繞青北斗的樞星,照亮郊野,黃帝由此而生。

〔12〕陸機《漢高祖功臣頌》說,漢高祖之興是"彤雲晝聚,素靈夜哭"。彤雲指呂后說她能在芒碭山澤間找到隱居的劉邦,是因爲他所居處的上空常有雲氣。素靈指劉邦夜過澤中,殺死當道的蛇。後人至蛇所,有一嫗夜哭,說:"吾子白帝子化爲蛇當道,今者赤帝子斬之也。"

〔13〕渙汗,《漢書》卷三十六《劉向傳》引《易·渙》:"渙汗其大號。"注:"言王者渙然大發號令,如汗之出也。"後葉,後世。

〔14〕貔獸,猛獸。

〔15〕紫微,帝王宮殿。

〔16〕窅冥,同"窈冥",深邃幽隱貌。

〔17〕指傳説中夏末伊水岸畔某地,下陷爲河。
〔18〕指漢初九江郡歷陽縣,一日下陷爲湖。
〔19〕指項羽與劉邦戰於彭城靈辟東睢水上,楚破漢,多殺士卒,睢水被堵塞不流。
〔20〕指長平戰後,秦將白起坑殺趙降軍四十餘萬。流血成川,沸聲若雷。
〔21〕崑岳,崑崙山。琬、琰,玉名。《書·胤征》:"火炎崑岡,玉石俱焚。"
〔22〕蕭艾,野蒿,臭草。芝蘭,香草。傅玄《鷹兔賦》:"秋霜一下,蘭艾俱落。"
〔23〕游、夏,子游、子夏,均爲孔子弟子。
〔24〕伊,伊尹。顔,顔回。殆庶,《易·繫辭上》:"顔氏之子,其殆庶幾乎!"後以殆庶爲近於聖人之稱。
〔25〕纇,瑕。
〔26〕考,不平。
〔27〕亭伯,崔駰,字亭伯(?—92),涿郡安平(今河北深州)人。與班固、傅毅同時齊名,著詩、賦、銘、頌之類二十一篇。漢和帝時,爲車騎將軍竇憲府掾。出爲長岑長,自以遠去不得意,遂不赴任而歸。嘗仿揚雄《解嘲》作《達旨》。
〔28〕長卿,司馬相如(前179—118),字長卿,成都(今屬四川)人。漢代著名的詞賦家,所作《子虚》、《上林》等賦,成爲後世文人模仿的範作。曾出使邛、筰,後拜爲孝文園令。既病,免,家居茂陵而死。
〔29〕結緑,美玉名。
〔30〕懸黎,美玉名。
〔31〕古諺:"尺有所短,寸有所長。"
〔32〕主父偃(?—前126),臨淄(今山東淄博)人,善辯説。嘗語

"大丈夫生不五鼎食,死當五鼎烹耳!"主張通過讓諸侯王分封子弟爲侯,以削弱割據勢力。漢武帝采其建議,下"推恩令"。其后王國日小,名存實亡。公孫弘(前200—前121),字季,菑川薛(今山東微山)人。元朔年間爲丞相,起客館、開東閣,以延賢士。治《春秋公羊傳》,善引經義議論政治,深得漢武帝信任。

〔33〕州部,地方行政機構。

〔34〕過隙,《莊子·知北遊》:"人生天地之間,若白駒之過隙。"形容人生極短。

〔35〕溘死霜露,忽然死去,像霜露一樣短促。

〔36〕列五鼎,古祭禮,大夫用五鼎盛羊、豕、膚、魚、臘。後來用五鼎形容貴族奢侈的生活。

〔37〕重華,即虞舜。時高陽氏有八子,民謂八愷;高辛氏有子八人,民謂八元。舜向堯推薦,使八愷主后土,使八元布五教於天下。

〔38〕辛受,殷紂王。他任用矯健善走的飛廉。

〔39〕薰蕕,香草和臭草。

〔40〕梟鸞,惡鳥和神鳥。

〔41〕渾沌、檮杌,古代兩個部落長,與窮奇、饕餮,合稱"四凶"。因不服從舜,而被流放。

〔42〕踵武,繼承前人的事業。雲臺,漢代洛陽宮中高臺,明帝圖畫中興功臣三十二人於此。

〔43〕仲容、庭堅,高陽氏的二子,見前。

〔44〕蒸報,與母輩和與媳輩淫亂。

〔45〕大風、鑿齒,堯時怪獸,爲害人民。堯使羿誅鑿齒於疇華,殺大風於青丘。

〔46〕狼戾,以狼性喻貪暴兇殘。

〔47〕金行,指晉朝。干寶《搜神記》引程猗《說石圖》曰:"金者,晉之行也。"
〔48〕版蕩,動亂。
〔49〕左帶、沸脣,泛指少數民族。
〔50〕瀍、洛,洛陽地區的兩條黃河支流,這裏指洛陽一帶。
〔51〕五都,泛指繁盛的都市。干寶《晉紀》愍帝詔曰:"羣邪作逆,傾蕩五都。"
〔52〕桑梓,古代常在住宅旁栽桑種樹,東漢後用指故鄉。
〔53〕中縣,中原地區。
〔54〕否,閉;泰,通。爲《易》的二卦。否泰相傾是說否極泰來,泰終則否,事物達到頂極後轉向對立面。
〔55〕盈縮遞運,長短、增減(多指禍福成敗、生死壽命等)替代着運轉。
〔56〕汩,亂。

　　"然所謂命者,死生焉,貴賤焉,貧富焉,理亂焉,禍福焉,此十者天之所賦也。愚智善惡,此四者人之所行也。夫神非舜、禹,心異朱、均〔1〕,才絓中庸〔2〕,在於所習。是以素絲無恒,玄黃代起〔3〕;鮑魚芳蘭,入而自變〔4〕。故季路學於仲尼,厲風霜之節〔5〕;楚穆謀於潘崇,成悖逆之禍〔6〕。而商臣之惡,盛業光於後嗣;仲由之善,不能息其結纓,斯則邪正由於人,吉凶存乎命。或以鬼神害盈,皇天輔德。故宋公一言,法星三徙〔7〕;殷帝自翦,千里來雲〔8〕。善惡無徵,未洽斯義。且于公高門以待封〔9〕,嚴母掃墓以望喪〔10〕。此君子所以自彊不息也〔11〕。如使仁而無極,奚爲修善立名乎？斯徑廷之辭也[12]。夫聖人之言，顯而晦，微而婉，幽遠而難聞，河漢而不極。或立教以進庸惰，或言命以窮性靈。積善餘慶，立教也，鳳鳥不至[13]，言命也。今以其片言辯其要趣，何異乎夕死之類而論春秋之變哉？且荊昭德音，丹雲不卷[14]；周宣祈雨，珪璧斯罄[15]。于叟種德、不逮勛、華之高[16]；延年殘獷[17]，未甚東陵之酷[18]。爲善一，爲惡均，而禍福異其流，廢興殊其迹。蕩蕩上帝，豈如是乎？《詩》云："風雨如晦，雞鳴不已。"故善人爲善，焉有息哉？

【注】

〔1〕朱、均，丹朱與商均，分別爲堯與舜之子。

〔2〕才絓中庸，才能中等。

〔3〕素絲無恒，玄黄代起，白色的絲不會長久，終將被染成黑色或黄色。

〔4〕《大戴禮記·曾子制言》："與君子游，苾如入蘭芷之室，久而不聞，則與之化矣。與小人游，臭乎如入鮑魚之肆，久而不聞，則與之化矣。"

〔5〕季路，亦作子路，即仲由（前542—前480），原是魯東鄙野人，學於孔子爲賢士。先仕魯後仕衛，衛内亂，他"食焉不避其難"，遂死。臨死曰："君子死，冠不免。"結纓而死。

〔6〕楚成王欲廢世子商臣而立子職。商臣與其師潘崇謀，以兵圍成王，迫父自縊。商臣立，史稱楚穆王。其後的楚王，都是他的子孫。

〔7〕《吕氏春秋》說，宋景公有疾，司馬子韋曰："熒惑守心；心，宋分野也。君當移於相。"公曰："相，股肱也。除心腹之疾，而置之

股肱,可乎?"曰:"可移於民。"公曰:"民,所以爲國。無民,何以爲君。"曰:"可移於歲。"公曰:"歲,所以養民。歲不登,何以畜民?"子韋曰:"君有善言三,熒惑必退三舍,延君民二十一年。"視之信。舊說熒惑爲罰星。

〔8〕《淮南子》説:"湯之時,旱七年,以身禱於桑林之祭,而四海之雲湊,千里之雨至。"

〔9〕于公高門以待封,《漢書·于定國傳》:"閭門壞,父老方共修之。于公謂之曰:'少高大閭門,令容駟馬高蓋車。我理獄多陰德,未嘗有所冤,子孫必有興者。'至定國爲丞相,封侯傳世。"

〔10〕嚴母掃墓以望喪,《漢書·嚴延年傳》:"遷河南大守。其母從東海來,欲從延年臘。到雒陽,適見報囚。母大驚。畢正臘已。謂延年曰:'天道神明,人不可獨殺。我不自意當老見壯子被刑戮也。行矣。去女東歸,掃除墓地耳。'後歲餘,果敗。"

〔11〕君子所以自彊不息,《易·象》:"天行健,君子以自彊不息。"

〔12〕徑廷,偏激。

〔13〕鳳鳥不至,《論語·子罕》:子曰:"鳳鳥不至,河不出圖,吾已矣夫!"

〔14〕荊昭,指楚昭王。據《左傳》記載,公元前489年,楚昭王見"有雲如衆赤鳥,夾日以飛三日"。使使者問周太史,周太史説,楚王將有災禍,但可用祭禳的方法,移到令尹、司馬身上。昭王説大君有災,有什麼好處?我沒有大過錯,天會降災嗎?有罪受罰,又何必嫁禍於人。

〔15〕周宣,周宣王。時大旱,王用珪璧祭神求雨,天仍不雨。《詩·大雅·雲漢》説:"圭璧既卒,寧莫我聽。"

〔16〕勛、華,放勛、重華,即堯、舜。

〔17〕獷,粗暴難附。

〔18〕東陵，指跖，春秋末齊魯間柳下（今山東西部）人。《莊子·盜跖》說他率軍九千，横行天下。他死於東陵。

"夫食稻粱，近芻豢[1]，衣狐貉，襲冰紈[2]，觀窈眇之奇舞[3]，聽雲和之琴瑟[4]，此生人之所急，非有求而爲也。修道德，習仁義，敦孝悌，立忠貞，漸禮樂之腴潤，蹈先王之盛則，此君子之所急，非有求而爲也。然則君子居正體道，樂天知命。明其無可奈何，識其不由智力。逝而不召，來而不拒，生而不喜，死而不戚。瑶臺夏屋，不能悦其神；土室編蓬，未足憂其慮。不充詘於富貴[5]，不遑遑於所欲。豈有史公、董相《不遇》之文乎[6]？"

【注】

〔1〕芻豢，家畜。草食的牛羊名芻，穀食的猪犬稱豢。
〔2〕冰紈，細潔雪白的絲織品。
〔3〕窈眇，美好。
〔4〕雲和，山名，以産琴瑟著稱。
〔5〕充詘，自滿而失去節制。
〔6〕史公，司馬遷，有《悲士不遇賦》。董相，董仲舒，有《士不遇賦》。

論成，中山劉沼致書以難之[1]，凡再反，峻並爲申析以答之。會沼卒，不見峻後報者，峻乃爲書以序之曰："劉侯既有斯難，值余有天倫之戚，竟未之致也。尋而此君長逝，化爲異物，緒言餘論，蘊而莫傳。或有自其家得而示余者,悲其音徽未沫[2],而其人已亡;青簡尚新,而宿草將烈,泫然不知涕之無從。雖隙駟不留[3],尺波電謝,而秋菊春蘭,英華靡絕,故存其梗概,更酬其旨。若使墨翟之言無爽[4],宣室之談有徵[5]。冀東平之樹,望咸陽而西靡[6];蓋山之泉,聞絃歌而赴節[7]。但懸劍空壠[8],有恨如何!"其論文多不載。

【注】

〔1〕劉沼,字明信,魏昌人,幼善文辭。及長博學,梁天監(502—519)中爲秣陵(今南京)令,卒於官。劉峻作《辨命論》,他爲文難之。《劉孝標集》收有劉沼《難辨命論》。

〔2〕音徽,容範遺教。

〔3〕隙駟,過隙的駟馬。

〔4〕《墨子·明鬼》説,周宣王殺其臣杜伯而無辜。杜伯説:若死而有知,不出三年必報。三年,周宣王田獵,見杜伯乘車執弓而射,宣王遂死。

〔5〕宣室之談,事指賈誼應詔自長沙回京,見文帝於宣室,文帝感鬼神之事,因問鬼神之本,誼具道所以然。帝臨死,遺詔:"朕聞之:蓋天下萬物之萌生,靡不有死;死者,天地之理,萬物之自然,奚可甚哀!"劉峻以爲文帝、賈誼信鬼神,乃其誤解。

〔6〕東平,指後漢東平思王劉蒼。他死後葬於東平(今屬山東)。據説墓上松柏西靡。

〔7〕蓋山之泉,聞絃歌而赴節,指傳説中舒氏女與父砍柴於蓋山,坐化爲泉水。父歸告母,母説:"吾女本好音樂。"乃絃歌,泉湧迴流,中有朱鯉二尾。

〔8〕縣劍空壠,指春秋時,吴公子季札聘晉過徐。徐君愛其佩劍,

季札決定贈送,因出使需要而未給。使晉歸,復過徐。徐君已死,乃以劍懸墓上之樹而去。

峻又嘗爲《自序》,其略云:

"余自比馮敬通[1],而有同之者三,異之者四。何則？敬通雄才冠世,志剛金石;余雖不及之,而節亮慷慨,此一同也。敬通逢中興明君[2],而終不試用;余逢明世英主,亦擯斥當年,此二同也。敬通有忌妻,至於身操井臼;余有悍室,亦令家道轗軻,此三同也。敬通當更始之世,手握兵符[3],躍馬食肉;余自少迄長,戚戚無懽,此一異也。敬通有一子仲文,官成名立;余禍同伯道,永無血胤[4],此二異也。敬通膂力方剛,老而益莊;余有犬馬之疾,溘死無時,此三異也。敬通雖芝殘蕙焚,終填溝壑,而爲名賢所慕,其風流郁烈芬芳,久而彌盛;余聲塵寂漠,世不吾知,魂魄一去,將同秋草,此四異也。所以自力爲敍,遺之好事云。"

【注】

[1] 馮敬通,見本篇"敬通風起,摧迅翩於風穴"條注。
[2] 中興明君,指漢光武劉秀。
[3] 當更始世,手握兵符,指更始帝劉玄曾任馮衍爲狼孟長。
[4] 血胤,兒子。

峻居東陽,吳、會人士多從其學[1]。普通二年,卒,時年六十[2]。門人謚曰玄靖先生。

【注】
〔1〕劉峻學識淵博,除《類苑》一百二十卷外,還著有《世説新語注》十卷、《劉孝標集》六卷等。《世説新語注》,今存。《類苑》與《劉孝標集》已佚。明人集其遺文,輯爲《劉户曹集》。
〔2〕普通二年,即公元521年,其生年爲劉宋大明六年(462)。

選自《梁書》卷五十《文學下》

邢　　邵 (496—?)

　　臧弟邵[1]，字子才，小字吉，少時有避，遂不行名。年五歲[2]，魏吏部郎清河崔亮見而奇之曰：“此子後當大成，位望通顯。”十歲便能屬文，雅有才思，聰明强記，日誦萬餘言。族兄巒有人倫鑒，謂子弟曰：“宗室中有此兒，非常人也。”少在洛陽，會天下無事，與時名勝，專以山水游宴爲娱，不暇勤業。嘗霖雨，乃讀《漢書》，五日略能徧之。後因飲謔倦，方廣尋經史，五行俱下，一覽便無所遺。文章典麗，既贍且速。年未二十，名動衣冠。嘗與右北平陽固、河東裴伯茂、從兄罘、河南陸道暉等至北海王昕舍宿飲，相與賦詩，凡數十首，皆在主人奴處。旦日奴行，諸人求詩不得，邵皆爲誦之。諸人有不認詩者，奴還得本，不誤一字。諸人方之王粲[3]。吏部尚書隴西李神儁大相欽重[4]，引爲忘年之交。

【注】

[1] 臧，邢臧，字子良，河間鄚(今河北任丘)人。爲官清慎奉法，官至元魏濮陽太守。博學能文，有文百餘篇。

[2] 年五歲，邢邵生於北魏孝文帝太和二十年(496)。

[3] 王粲(177—217)，字仲宣，山陽高平(今山東鄒縣)人，爲曹操幕客，累官侍中。博學多識，善文辭，爲建安七子之一。其詩反映漢末喪亂，關心民間疾苦。有《王侍中集》。

[4] 李神儁，元魏莊帝時官吏部尚書，静帝時官侍中。博學多聞，

好汲引後生。

釋巾爲魏宣武挽郎,除奉朝請,遷著作佐郎,深爲領軍元叉所禮。又新除尚書令,神儁與陳郡袁翻在席[1],又令邵作謝表,須臾便就,以示諸賓。神儁曰:"邢邵此表,足使袁公變色。"孝昌初[2],與黃門侍郎李琰之對典朝儀。

【注】
[1] 袁翻,字景翔,陳郡項(在今河南項城東北)人。北魏宣武帝時,官豫州中正,議明堂、三雍和邊戍。孝明帝時,拜都官尚書。以才學擅美一時,有文百餘篇。
[2] 孝昌,北魏孝明帝年號(525—527)。

自孝明之後,文雅大盛,邵雕蟲之美[1],獨步當時,每一文初出,京師爲之紙貴,讀誦俄徧遠近。於時袁翻與范陽祖瑩位望通顯[2],文筆之美,見稱先達,以邵藻思華贍,深共嫉之。每洛中貴人拜職,多憑邵爲謝章表。嘗有一貴勝初授官,大事賓食,翻與邵俱在坐,翻意主人託其爲讓表。遂命邵作之,翻甚不悦。每告人云:"邢家小兒常客作章表,自買黃紙,寫而送之。"邵恐爲翻所害,乃辭以疾。屬尚書令元羅出鎮青州,啓爲府司馬,遂在青土,終日酣賞,盡山泉之致。

【注】
[1] 雕蟲,雕琢辭句,含有輕視的意味。
[2] 祖瑩,字元珍,范陽(在今河北定興南)人。以文學見重於世,

累遷車騎大將軍。作文貴自出心裁,嘗語人說:"文章須自出機杼,自成一家風骨,何能同人共生活也。"

永安初[1],累遷中書侍郎,所作詔文體宏麗。及尒朱榮入洛,京師擾亂,邵與弘農楊愔避地嵩高山[2]。普泰中[3],兼給事黃門侍郎,尋爲散騎常侍。太昌初[4],敕令恒直内省[5],給御史,令覆案尚書門下事,凡除大官,先問其可不,然後施行。除衛將軍,國子祭酒。以親老還鄉,詔所在特給兵力五人,并令歲一入朝,以備顧問。丁母憂,哀毀過禮。後楊愔與魏收及邵請置學。

【注】
[1] 永安,元魏孝莊帝年號(528—530)。
[2] 楊愔(511—560),字遵彥,弘農華陰(今屬陝西)人。元魏末,投靠高歡,任大行臺右丞,爲作文檄教令。東魏孝靜帝末,官吏部尚書。北齊立國後,官至尚書令,封開封王,後爲昭帝所誅。幼通經史,"所著詩賦表奏書論甚多,誅後散失,門生鳩集所得者萬餘言"(《北齊書》本傳)。
[3] 普泰,元魏節閔帝年號(531—532)。
[4] 太昌,元魏孝武帝年號(532)。
[5] 直,值勤。

於時與梁和,妙簡聘使[1],邵與魏收及從子子明被徵入朝[2]。當時文人,皆邵之下,但以不持威儀,名高難付,朝廷不令出境。南人曾問賓司:"邢子才故應是北間第一才士,何爲不作聘使?"答云:"子才文辭實無所愧,但官位已高,恐非復行限。"南人曰:"鄭伯猷,護軍猶得將命,國子祭酒何爲不可?"邵既不行,復請還故郡。

【注】

〔1〕妙簡,善於選擇。

〔2〕魏收(506—572),字伯起,下曲陽(今河北晉州西)人。北魏時,任散騎常侍,編修國史。北齊時,官中書令編撰《魏書》,爲回護北齊,盡毀北魏所修國史。又善詩文,有集七十卷,已佚。明人集其遺文,編有《魏特進集》。從子,侄子。

文襄在京輔政[1],徵之,在第爲賓客。除給事黃門侍郎,與温子昇對爲侍讀[2]。文襄富於春秋,初總朝政,崔暹每勸禮接名賢,詢訪得失,以邵宿有名望,故請徵焉。文襄甚親重之,多別引見。邵舊鄙崔暹無學術,言論之間,遂云暹無所知解,文襄還以劭言告暹,並道"此漢不可親近"。暹頗銜之。邵奏魏帝,發敕用妻兄李伯倫爲司徒祭酒。詔書已出,暹即啓文襄,執其專擅,伯倫官事便寢。邵由是被疏。

【注】

〔1〕文襄,即高澄(521—549)。字子惠,蓨(河北景縣)人,高歡長子。歡卒,繼父爲大丞相,將欲受東魏禪,爲盜所殺。齊初追諡文襄皇帝。

〔2〕温子昇(496—548),字鵬舉,濟陰冤句(今山東菏澤)人。歷官散騎常侍、中軍大將軍。東魏末,爲高澄諮議參軍。澄疑其參與元僅之亂,被處死。其詩文詞藻豔麗,傳頌南北,太尉長史

宋游道集其文爲三十五卷,又撰《永安記》。今本《温侍讀集》,爲後人所纂。

其後除驃騎、西兖州刺史。在州有善政,桴鼓不鳴,吏人姦伏,守令長短,無不知之。定陶縣去州五十里,縣令妻日暮取人斗酒束脯,邵逼夜攝令[1],未明而去,責其取受,舉州不識其所以。在任都不營生產,唯南兖糴粟,就濟陰食之。邵修繕觀宇,頗爲莊麗,皆爲之名題,有清風觀、明月樓,而不擾公私,唯使兵力。吏民爲立生嗣,并勒碑頌德。及代,更人父老及翁媪皆遠相攀追,號泣不絶。至都,除中書令[2]。

【注】
[1] 攝,代理。
[2] 中書令,中書省的長官,總管國家政事。

舊格制[1]:生兩男者,賞羊五口,不然則絹十匹。僕射崔暹奏絶之。邵云:"此格不宜輒斷。句踐以區區之越,賞法:生三男者給乳母。況以天下之大而絶此條!舜藏金於山,不以爲乏,今藏之於民,復何所損。"又準舊皆訊囚取占,然後送付廷尉。邵以爲不可,乃立議曰:"設官分職,各有司存,丞相不問鬬人,虞官弓招不進[2]。豈使尸祝兼刀匕之役[3],家長侵雞犬之功。"詔並從之。

【注】
[1] 格,律法之一種,官吏處事的規則。

〔2〕虞官,虞人,管理山澤。弓招,古代聘士,以弓爲信物。《左傳·昭公二十年》:"旃以招大夫,弓以招士,皮冠以招虞人。"
〔3〕尸祝兼刀匕之役,即越俎代庖之意。

　　自除太常卿兼中書監,攝國子祭酒。是時朝臣多守一職,帶領二官甚少,邵頓居三職,並是文學之首,當世榮之。幸晉陽,路中頻有甘露之瑞,朝臣皆作《甘露頌》[1],尚書符令邵爲之序。及文宣崩[2],凶禮多見訊訪,敕撰哀策。後授特進,卒。

【注】
〔1〕邢邵作有《甘露詩》、《甘露頌》,今存《藝文類聚》卷九十八。
〔2〕文宣,齊文宣帝高洋(529—559),蓨(河北景縣)人,高歡次子。代東魏,建齊稱帝。任用漢族士人,改定律令,出擊柔然、契丹,取梁淮南地。後昏狂淫亂,暴死晉陽(今山西太原)。

　　邵率情簡素,內行修謹,兄弟親姻之間,稱爲雍睦。博覽墳籍,無不通曉。晚年尤以《五經》章句爲意,窮其指要[1]。吉凶禮儀,公私咨稟,質疑去惑,爲世指南。每公卿會議,事關典故,邵援筆立就,證引該洽。帝命朝章,取定俄頃,詞致宏遠,獨步當時。與濟陰溫子昇爲文士之冠,世論謂之溫、邢。鉅鹿魏收雖天才豔發,而年事在二人之後,故子昇死後,方稱邢、魏焉。

【注】
〔1〕指要,要義。

雖望實兼重，不以才位傲物，脫略簡易，不修威儀，車服器用，充事而已。有齋不居，坐臥恒在一小屋，果餌之屬，或置之梁上，賓至，下而共噉。天姿質素，特安異同，士無賢愚，皆能傾接。對客或解衣覓虱[1]，且與劇談，有書甚多，而不甚讎校。見人校書，笑曰："何愚之甚！天下書至死讀不可徧，焉能始復校此。日思誤書[2]，更是一適。"妻弟李季節，才學之士，謂子才曰："世間人多不聰明，思誤書何由能得？"子才曰："若思不能得，便不勞讀書。"與婦甚疏，未嘗內宿。自云嘗晝入內閤，爲狗所吠，言畢便撫掌大笑。性好談賞，又不能閑獨，公事歸休，恒須賓客自伴。

【注】

[1] 覓，尋找。

[2] 誤書，書中錯誤。

　　事寡嫂甚謹，養孤子恕慈愛特深。在兗州，有都信云恕疾，便憂之廢寢食，顏色貶損。及卒[1]，人士爲之傷心，痛悼雖甚，竟不再哭，賓客弔慰，抆淚而已。其高情達識，開遣滯累，東門吳以還[2]，所未有也。有集三十卷[3]，見行於世。

　　邵世息大寶，有文情。孽子大德、大道，略不識字焉。

【注】

[1] 及卒，中華書局本校勘記說："死者是劭子大寶，而非其侄恕。'及卒'當作'及子大寶卒'，脫'子大寶'三字。"其根據有二：

一、《北史・刑臧傳》説,邢恕仕隋,卒於沂州長史;二、《北齊書・馬嗣明傳》敍,邢大寶卒於高洋時。
〔2〕 東門吴,《列子・力命》説,東門吴子死不憂。
〔3〕 集三十卷,已佚。明人張溥輯有《邢特進集》。

選自《北史》卷四十三

陶 弘 景（456—536）

　　陶弘景字通明，丹陽秣陵人也[1]。祖隆，王府參軍。父貞，孝昌令。

　　初，弘景母郝氏夢兩天人手執香爐來至其所，已而有娠。以宋孝建三年景申歲夏至日生[2]。幼有異操，年四五歲，恒以荻爲筆[3]，畫灰中學書。至十歲，得葛洪《神仙傳》[4]，晝夜研尋，便有養生之志。謂人曰："仰青雲，睹白日，不覺爲遠矣。"父爲妾所害，弘景終身不娶。及長，身長七尺七寸，神儀明秀，朗目疏眉，細形長額聳耳，耳孔各有十餘毛出外二寸許，右膝有數十黑子作七星文。讀書萬餘卷，一事不知，以爲深恥。善琴棋，工草隸。未弱冠[5]，齊高帝作相[6]，引爲諸王侍讀[7]，除奉朝請。雖在朱門，閉影不交外物[8]，唯以披閱爲務。朝儀故事，多所取焉。

【注】

[1] 丹陽秣陵，今南京。
[2] 孝建三年景申歲，公元 456 年，干支紀年爲丙申歲，唐避李昞諱，改丙爲景。
[3] 荻，江蘆。
[4] 《神仙傳》，十卷。所載古代傳說中的八十四個神仙的事迹，除容成公、彭祖，皆《列仙傳》所未載。
[5] 弱冠，成年。古人二十成年，體格未壯，故名弱冠。

〔6〕齊高帝作相,齊高帝蕭道成,於宋順帝昇明三年(479)爲相國。
〔7〕侍讀,諸王屬官,其職務是爲王講學。
〔8〕閉影,閉門。

　　家貧,求宰縣不遂[1]。永明十年[2],脫朝服掛神武門,上表辭祿。詔許之,賜以束帛,敕所在月給伏苓五斤[3],白蜜二升,以供服餌。及發,公卿祖之征虜亭[4],供帳甚盛[5],車馬填咽,咸云宋、齊以來未有斯事。於是止於句容之句曲山。恒曰："此山下是第八洞宮,名金壇華陽之天,周回一百五十里。昔漢有咸陽三茅君得道來掌此山[6],故謂之茅山。"乃中山立館[7],自號華陽陶隱居。人間書札,即以隱居代名。

【注】
〔1〕宰,治理。
〔2〕永明,齊武帝年號(483—493)。
〔3〕伏苓,即茯苓,菌類植物。別名松腴,寄生於山林松根。狀如塊球,入藥。古時認爲是千歲松脂所成。
〔4〕祖,出行前祭路神,引申爲餞行送別。
〔5〕供帳,供設帷帳。
〔6〕三茅君,又稱"三茅真君",指茅盈(字叔申)和弟茅固(字季偉)、茅衷(字思和),後成爲道教茅山派尊奉的祖師。
〔7〕中山,山中。

　　始從東陽孫游嶽受符圖經法,徧歷名山,尋訪仙藥。身既輕捷,性愛山水,每經澗谷,必坐臥其間,吟詠盤桓[1],不能已已。謂門人曰:"吾見朱門廣厦,雖識其華樂,而無欲往之心。望高巖,瞰大澤,知此難立止,自恒欲就之。且永明中求禄,得輒差舛;若不爾,豈得爲今日之事。豈唯身有仙相,亦緣勢使之然。"沈約爲東陽郡守[2],高其志節,累書要之,不至。

【注】

[1] 盤桓,徘徊。

[2] 沈約(441—513),字休文,武興武康(今浙江德清武康鎮)人。仕宋及齊梁,累官司徒左長史。助梁武帝代齊,官至尚書令。昧於榮利,居官唯唯。高才博學,著述宏富,有《晉書》、《宋書》、《齊紀》、《梁武紀》、《邇言》、《謚例》、《宋文章志》、《四聲譜》及文集百集。今所傳者唯《宋書》百卷及輯本《沈隱侯集》。

弘景爲人員通謙謹,出處冥會,心如明鏡,遇物便了。言無煩舛,有亦隨覺。永元初[1],更築三層樓,弘景處其上,弟子居其中,賓客至其下。與物遂絶,唯一家童得至其所。本便馬善射,晚皆不爲,唯聽吹笙而已。特愛松風,庭院皆植松,每聞其響,欣然爲樂。有時獨游泉石,望見者以爲仙人。

【注】

[1] 永元,齊東昏侯蕭寶卷年號(499—501)。

性好著述,尚奇異,顧惜光景,老而彌篤[1]。尤明陰陽五行、風角星算、山川地理、方圖產物、醫術本草[2],著

《帝代年曆》[3]，以算推知漢熹平三年丁丑冬至[4]，加時在日中，而天實以乙亥冬至，加時在夜半，凡差三十八刻，是漢曆後天二日十二刻也。又以歷代皆取其先妣母后配饗地祇[5]，以爲神理宜然，碩學通儒，咸所不悟。又嘗造渾天象，高三尺許，地居中央，天轉而地不動，以機動之，悉與天相會。云"修道所須，非止史官是用"。深慕張良爲人[6]，云"古賢無比"。

【注】

〔1〕篤，專心。
〔2〕風角，古代占候之術。方圖，方誌、地圖。
〔3〕《帝代年曆》，已佚。
〔4〕熹平三年，公元174年。
〔5〕妣，祖母和母輩以上的祖先。
〔6〕張良，見本書《嵇康》傳注。

　　齊末爲歌曰"水丑木"爲"梁"字。及梁武兵至新林[1]，遣弟子戴猛之假道奉表。及聞議禪代[2]，弘景援引圖讖，數處皆成"梁"字，令弟子進之。武帝既早與之游，及即位後，恩禮愈篤[3]，書問不絕，冠蓋相望[4]。

【注】

〔1〕高祖，梁武帝蕭衍（464—549），字叔達，南蘭陵人。南齊末，自爲大司馬，專朝政。廢殺齊主，稱帝建梁。後因侯景之亂，幽死。著《孔子正言》、《老子講疏》、《中庸講疏》及佛經疏記數百卷。獎挹佛教，又四次捨身同泰寺，使南朝佛教届梁而全盛。

原有集,已佚。
〔2〕議禪代,事在齊和帝中興元年(501)。
〔3〕篤,厚。
〔4〕冠蓋相望,官吏前後不絶於路。

弘景既得神符秘訣,以爲神丹可成,而苦無藥物。帝給黄金、朱砂、曾青、雄黄等[1]。後合飛丹,色如霜雪,服之體輕。及帝服飛丹有驗,益敬重之。每得其書,燒香虔受。帝使造年曆,至己巳歲而加朱點,實太清三年也[2]。帝手敕招之,錫以鹿皮巾。後屢加禮聘,並不出,唯畫作兩牛,一牛散放水草之間,一牛著金籠頭,有人執繩,以杖驅之。武帝笑曰:"此人無所不作,欲斅曳尾之龜[3],豈有可致之理。"國家每有吉凶征討大事,無不前以諮詢。月中常有數信,時人謂爲山中宰相。二宮及王公貴要參候相繼,贈遺未嘗脱時。多不納受,縱留者即作功德。

【注】
〔1〕朱砂,也作硃砂,礦物名。爲煉汞的主要原料,也可製作顏料、藥劑。方士以此爲煉丹主要材料。曾青,礦物名。色青,可供繪畫及化金屬用。道士煉丹常用此爲原料。雄黄,也名石黄、雞冠石,礦物名。可作顏料,亦供藥用。方士用以煉丹。
〔2〕太清三年,公元549年,是年發生侯景之亂,梁武帝死。
〔3〕斅,傚法。曳尾之龜,《莊子·秋水》説,龜與其死而留骨廟堂,無寧"全生而曳尾於涂中"。後乃以此喻隱士。

天監四年[1],移居積金東澗。弘景善辟穀導引之法[2],自隱處四十許年,年愈八十而有壯容。仙書云:"眼方者壽千歲。"弘景末年一眼有時而方,曾夢佛授其菩提記云,名爲勝力菩薩。乃詣鄮縣阿育王塔自誓,受五大戒[3]。後簡文臨南徐州[4],欽其風素[5],召至後堂,以葛巾進見,與談論數日而去,簡文甚敬異之。天監中,獻丹於武帝。中大通初[6],又獻二刀,其一名善勝,一名威勝,並爲佳寶。

【注】

〔1〕天監,梁武帝年號(502—519)。
〔2〕辟穀,不食五穀。導引,古代醫家及神仙家的養生術,指呼吸俯仰,屈伸手足,使血氣流通,促進健康。
〔3〕五大戒,佛教的五條戒律,即不殺生、不偷盜、不邪淫、不妄語、不飲酒食肉。
〔4〕簡文(503—551),即蕭綱,梁武帝第三子。太清三年(549)侯景破臺城,武帝死,他繼位。大寶二年(551),爲侯景所殺。爲太子時,與徐摛、庾肩吾等創作宮體詩。著《昭明太子傳》、《老子義》、《莊子義》、《法寶連璧》及文集等書,均已散佚。後人輯有《梁簡文帝集》。
〔5〕風素,風度、神態。
〔6〕中大通,梁武帝蕭衍年號(529—534)。

　　無疾,自知應逝,逆剋亡日[1],仍爲《告逝詩》。大同二年卒,時年八十一[2]。顔色不變,屈申如常,香氣累日,氛氳滿山。遺令:"既沒不須沐浴,不須施床,止兩重席於地,因所著舊衣,上加生祴裙及臂衣靺冠巾法服[3]。左肘錄鈴[4],右肘藥鈴,佩符絡左腋下。繞腰穿環結於前,釵符於髻上。通以大袈裟覆衾蒙首足。明器有車馬。道人道士並在門中[5],道人左,道士右。百日內夜常然燈,旦常香火。"弟子遵而行之。詔贈太中大夫,謚曰貞白先生。

【注】

[1] 尅,限定。
[2] 陶弘景卒於大同二年即公元536年,其生年爲宋孝武帝劉駿孝建三年(456)。
[3] 裓裙,衣裳。
[4] 錄鈴,法鈴。
[5] 六朝時,稱佛教僧侶爲道人,名道教徒爲道士。

弘景妙解術數[1],逆知梁祚覆沒[2],預製詩云:"夷甫任散誕[3],平叔坐論空[4]。豈悟昭陽殿,遂作單于宮。"詩秘在篋裏[5],化後[6],門人方稍出之。大同末[7],人士競談玄理,不習武事,後侯景篡[8],果在昭陽殿。

【注】

[1] 術數,用陰陽五行生尅制化的理論,來推斷人事吉凶。
[2] 祚,帝位。
[3] 夷甫,即王衍,見本書《郭象》傳注。
[4] 平叔,即何晏,本書有傳。
[5] 篋,竹制小箱。
[6] 化,死。
[7] 大同,梁武帝蕭衍年號(535—546)。

〔8〕侯景(503—552),字萬景,懷朔鎮(今内蒙古自治區固陽西北)人。東魏時,鎮守河南。中大同二年(547)降梁,爲河南王。次年叛梁,破建康,大寶二年,自立爲漢帝。旋爲陳霸先等所破,被部下殺死。

　　初,弘景母夢青龍無尾,自己升天,弘景果不妻無子。從兄以子松喬嗣。所著《學苑》百卷、《孝經》《論語》集注、《帝代年曆》、《本草集注》、《效驗方》、《肘後百一方》、《古今州郡記》、《圖象集要》及《玉匱記》、《七曜新舊術疏》、《占候》、《合丹法式》,共秘密不傳〔1〕;及撰而未訖又十部,唯弟子得之〔2〕。

【注】

〔1〕上述諸書,除《本草集注》(殘)、《肘後百一方》外,皆亡佚。
〔2〕陶弘景所著,見存於今者,尚有《周氏冥通記》、《古今刀劍録》、《鬼谷子注》、《養性延命録》、《冥通記》、《上清握中訣》、《登真隱訣》、《洞主靈寶真靈位業圖》、《太上赤文洞神三籙》、《真誥》等。曾著録而今失傳的,還有《真誥録注》、《本草》、《太清草木集注》、《補缺肘後百一方》、《藥總訣》、《練化雜術》、《太清諸丹集要》、《合丹節度》、《合丹藥諸法式節度》、《集金丹黃白方》、《太清諸丹集要》、《服餌方》、《引導養生圖》、《天文星經》、《天儀説要》、《象歷》、《七曜新舊術》、《尋山記》、《西域圖》、《太公孫吳書略注》、《真人水鏡》、《握鏡》、《三禮序並自注》、《注尚書毛詩序》、《老子内外集注》集、内集等。

選自《南史》卷七十六《隱逸下》

樊　　遜（？—約565）

樊遜，字孝謙，河東北猗氏人也[1]。祖琰、父衡，並無官宦。而衡性至孝，喪父，負土成墳，植柏方數十畝，朝夕號慕[2]。遜少學，常爲兄仲優饒。既而自責曰："名爲人弟，獨受安逸，可不愧於心乎？"欲同勤事業[3]。母馮氏謂之曰："汝欲謹小行耶？"遜感母言，遂專心典籍，恒書壁作"見賢思齊"四字，以自勸勉。屬本州淪陷，寓居鄴中，爲臨漳小史。縣令裴鑒莅官清苦，致白雀等瑞，遜上《清德頌》十首。鑒大加重賞，擢爲主簿，仍薦之於右僕射崔暹，與遼東李廣、渤海封孝琰等爲暹賓客[4]。人有譏其靖默不能趣時者，遜常服東方朔之言[5]，陸沉世俗，避世金馬，何必深山蒿廬之下[6]，遂借陸沉公子爲主人，擬《客難》，制《客誨》以自廣。後崔暹大會賓客，大司馬、襄城王元旭時亦在坐，論欲命府僚。暹指遜曰："此人學富才高，佳行參軍也。"旭目之曰："豈能就耶？"遜曰："家無蔭第[7]，不敢當此。"武定七年[8]，世宗崩，暹徙於邊裔，賓客咸散，遜遂往陳留而居之。

【注】

[1] 河東，北魏郡名。北猗氏，在今山西臨猗南。
[2] 號慕，哭思。

〔3〕事業，《北史》說，以造甗爲業。
〔4〕李廣，字弘基，范陽（在今河北定興南）人。北齊初，官御史，修國史，卒於官。博涉羣書，才思出羣，有文集。
〔5〕東方朔，見本書《嵇康》傳注。
〔6〕《史記·東方朔傳》："時坐席中，酒酣，據地歌曰：'陸沉於俗，避世金馬門，宮殿中可以避世全身，何必深山之中，蒿廬之下。'"陸沉，隱居。《莊子·則陽》："方且與世違，而心不屑與之俱，是陸沉者也。"
〔7〕蔭第，世蔭的門第。子孫因先世功勳，推恩所賜得的官爵曰"蔭"。
〔8〕武定，東魏孝靜帝年號（543—550）。

　　梁州刺史劉殺鬼以遜兼録事參軍，仍舉秀才。尚書案舊令，下州三載一舉秀才，爲五年已貢開封人鄭祖獻。計至此年未合。兼別駕王聰抗議，右丞陽斐不能却[1]。尚書令高隆之曰："雖遜才學優異，待明年仕非遠。"遜竟還本州。八年，轉兼長史，從軍南討。軍還，殺鬼移任潁川，又引遜兼潁州長史，天保元年[2]，本州復召舉秀才。二年春，會朝堂對策罷，中書郎張子融奏入。至四年五月，遜與定州秀才李子宣等以對策三年不調，被付外，上書請從聞罷[3]，詔不報。

　　梁州重表舉遜爲秀才。五年正月制詔問升中紀號[4]，遜對曰：

【注】
〔1〕却，推辭不受。
〔2〕天保，北齊文宣帝年號（550—559）。

〔3〕從聞,疑爲"從間"之誤。從間,近日。
〔4〕升中,古帝王祭天上告成功。《禮記·禮器》:"因名山,升中於天。"注:"升,上也。中,猶成也。謂巡守至於方嶽,燔柴祭天,告以諸侯之成功也。"

"臣聞巡嶽之禮,勒在《虞書》[1],省方之義[2],著於《易象》。往帝前王,匪唯一姓,封金刊玉,億有餘人。仲尼之觀梁甫,不能盡識[3];夷吾之對齊桓,所存未幾[4]。然盛德之事,必待太平,苟非其人,更貽靈譴。秦皇無道,致雨風之災[5];漢武奢淫,有奉車之害[6]。及文叔受命,炎精更輝,四海安流,天下輯睦,劍賜騎士,馬駕鼓車,乃用張純之文,始從伯陽之說[7]。至於魏、晉,雖各有君,量德而處,莫能擬議,蔣濟上言於前[8],徒穢紙墨;袁准發論於後[9],終未施行。世歷三朝,年將十祀[11],啟聖之期[12],茲爲昌會[13]。然自水德不競[14],函谷封塗[15],天馬息歌[16],苞茅絕貢[17]。我太祖收寶雞之瑞[18],握鳳皇之書[19],體一德以匡朝[20],屈三分而事主[21],蕩此妖寇,易如沃雪。但昌既受命[22],發乃行誅[23],雖太白出高[24],中國宜戰,置之度外,望其遷善。伏惟陛下以神武之姿,天然之略,馬多冀北,將異山西,涼風至,白露下,北上太行,東臨碣石,方欲吞巴蜀而掃崤函,苑長洲而池江漢。復恐迎風縱火,芝艾共焚,按此六軍,未申九伐[25]。夫周發牙璋[26],漢馳竹使[27],義在濟民,非聞好戰。至如投鼠忌器之說,蓋是常談;

文德懷遠之言,豈識權道。今三臺令子[28],六郡良家[29],蓄鋭須時,裹糧待詔。未若龍駕虎服,先收隴右之民,電轉雷驚,因取荆南之地。昔秦舉長平,金精食昴[30],楚攻鉅鹿,枉矢霄流[31],況我威靈,能無協贊。但使彼之百姓一睹六軍,似見周王,若逢司隸。然後除其苛令,與其約法,振旅而還,止戈爲武,標金南海,勒石東山,紀天地之奇功,被風聲於天載,若令馬兒不死[32],子陽尚在[33],便欲案明堂之圖,草射牛之禮,比德論功,多慚往列,升中告禪[34],臣用有疑。"

【注】

[1]《虞書》,即《古文尚書·舜典》。

[2] 省方,《易·觀》:"先王以省方觀民設教。"疏:"以省視萬方,觀看民之風俗,以設於教。"

[3] 梁甫,一作梁父,在今山東新泰縣西,爲泰山下一小山。相傳古時封禪,在梁父山上辟場祭地,報地之功,稱禪。司馬遷説:"孔子論述六藝,傳略言易姓而王,封泰山禪乎梁父者七十餘王矣,其俎豆之禮不章,蓋難言之。或問禘之説,孔子曰:'不知。'"(《史記》卷二十八《封禪書》)

[4] 夷吾,管仲。齊桓公問管仲以封禪,管仲説:"古者封泰山禪梁父者七十二家,而夷吾所記者十有二焉。"(《史記·封禪書》)

[5] 指秦始皇在二十八年(前219)行封禪。上泰山時,遇風雨。

[6] 指漢武帝在元封元年(前110)行封禪,只與奉車都尉霍子侯上泰山。事畢,霍子侯暴卒。

[7] 文叔,東漢光武帝劉秀(前6—公元57)。劉秀建立東漢後,鑒於西漢利用五德説的混亂,於建武二年(26)確認漢爲火德,東

漢朝的建立,被認爲是"炎精更輝"。建武三十一年(55)張純等奏請封神,劉秀東巡,行封禪。

〔8〕事指魏太和年間(227—233),蔣濟提出封禪,魏明帝不允。後,明帝欲封禪,使高堂隆撰其禮儀,預作準備。景初二年(238),高堂隆卒,事遂止。

〔9〕袁准,見本書《嵇康》傳注。

〔10〕三朝,曹魏、西晉、元魏。

〔11〕十祀,祀疑爲紀之誤。紀,一世,三十年。十紀,三百年。自魏太和年間至北齊天保五年,已過了三百二十多年,所以説年將十紀。

〔12〕啓聖,告聖。

〔13〕昌會,盛會。

〔14〕競,強盛。

〔15〕函谷封塗,事指北魏孝武帝永熙三年(534),帝受高歡逼迫,西奔長安依宇文泰。魏分裂爲東西二國,函谷關不能自由通行。

〔16〕天馬,大宛馬。漢武帝命李廣利征大宛,戰勝得馬後作《天馬歌》。

〔17〕苞茅,即包茅。古代祭祀時,用以濾酒去滓的束成捆的青茅草。周時,楚國向周進貢苞茅,周東遷後,楚國一度停止。齊桓公率諸侯伐楚,責其"爾貢包茅不入,王祭不共,無以縮酒"(《左傳》僖四年)。

〔18〕寶雞之瑞,《列異傳》説,秦國"陳倉人得異物以獻之,道遇二童子,云:'此名爲媦,在地下食死人腦。'媦乃言云:'彼二童子名陳寶,得雄者王,得雌者伯。'乃逐童子,化爲雉。秦穆公大獵,果獲其雌,爲立祠。"

〔19〕鳳皇之書,《春秋元命苞》:"火離爲鳳皇,銜書游文王之都,故

武王受鳳書之紀。"後以鳳皇之書,謂帝王受命之瑞。

〔20〕一德,純一之德。

〔21〕屈三分以事主,指商周之間,周文王三分天下有其二,仍事紂王。

〔22〕昌,周文王姬昌。

〔23〕發,周武王姬發。

〔24〕太白,金星,傳説主殺伐。

〔25〕九伐,制裁諸侯違犯王命行爲的九種辦法。《周禮·夏官·大司馬》:"以九伐之法正邦國:馮弱犯寡則眚之,賊賢害民則伐之,暴内陵外則壇之,野荒民散則削之,負固不服則侵之,賊殺其親則正之,放弑其君則殘之,犯令陵政則杜之,外内亂、鳥獸行則滅之。"

〔26〕牙璋,發兵符信之一,首似刀而兩旁無刃,旁出有牙,故稱牙璋。

〔27〕竹使,分與郡國守相的符信,右留京師,左與郡國。有事發符,合以爲證。

〔28〕三臺,東漢稱尚書爲中臺、御史爲憲臺,謁者爲外臺,合稱三臺。

〔29〕六郡良家,隴西、天水、安定、北地、上郡、西河六郡的非醫巫商賈百工的人家。

〔30〕金精食昴,金星掩昴宿。

〔31〕橫矢霄流,彗星橫空。

〔32〕馬兒,馬融(79—166),字季長,扶風茂陵(今陝西興平)人。歷官校書郎、郎中、議郎、武都太守等。著《三傳異同説》,注《孝經》、《論語》、《詩》、《易》、《三禮》、《尚書》、《列女傳》、《老子》、《淮南子》、《離騷》,及著賦頌等二十餘篇。廣收門徒。對古文經學的發展起了重要的作用。東漢安帝東巡泰山,他曾

作《東巡頌》以獻。有《馬季長集》傳世。

〔33〕子陽,劉曄,字子陽,淮南成㥻(今安徽壽縣東南)人。東漢末,避難揚州。後歸曹操,爲操心腹,勸操取漢中。官至大鴻臚、太中大夫。

〔34〕告禪,告地,向土地祭祀禱告。

又問求才審官,遜對曰:

"臣聞雕獸畫龍,徒有風雲之勢;金舟玉馬,終無水陸之功。三駕禮賢[1],將收實用,一毛不拔,復何足取。是以堯作虞賓[2],遂全箕山之操[3];周移商鼎[4],不納孤竹之言[5]。但處士盜名[6],雖云久矣;朝臣竊位,蓋亦實多。漢拜丞相,便有鐘鼓之妖;魏用三公[7],乃致孫權之笑。故山林之與朝廷,得容非毀[8];肥遁之與賓王[9],翻有優劣。至於時非蹈海[10],而曰羞作秦民;事異出關[11],而言恥從衛亂。雖復星干帝座[12],不易高尚之心;月犯少微[13],終存耿介之志。

【注】

〔1〕三駕,北魏天興時,皇帝外出的車駕有三種:一、大駕,從駕的車八十一乘,出征或大祭時用;二、法駕,從駕的車三十六乘,巡行或小祭時用;三、小駕,從屬的車十二乘,游移或到離宮時用。

〔2〕虞,有虞氏,即舜。他代堯爲部落聯盟領袖後,堯與他的關係與一般的下屬有別,稱爲賓。

〔3〕箕山,堯時,巢父、許由的隱居處。後遂以箕山喻退隱。

〔4〕周移商鼎,傳説禹鑄九鼎,象九州。夏亡,湯遷之於商邑,商亡,武王遷之於洛邑。
〔5〕不納孤竹之言,指武王伐商,孤竹君之二子伯夷和叔齊叩馬諫阻,武王不納,率師前進。
〔6〕處士,末仕或不仕的文人。《孟子·滕文公下》:"聖王不作,諸侯放恣,處士橫議,楊朱墨翟之言盈天下。"
〔7〕三公,輔助國君掌握軍政大權,治理國家的三位最高官員。曹魏以太尉、司徒、司空爲三公。
〔8〕容,當。
〔9〕肥遁,隱居避世。
〔10〕蹈海,《史記·魯仲連列傳》載,魯仲連説:"彼秦者,棄禮義而上首功之國也。權使其士虜使其民,即肆然而爲帝,過而爲政於天下,則連有蹈東海而死耳,吾不忍爲之民也。"
〔11〕出關,老子騎青牛出函谷關,不知所終。
〔12〕帝座,星名。在天市垣内,候星西,今屬武仙座。古代占星家認爲它象徵皇帝的座位。星干帝座,有星進入帝座範圍,用喻有人冒犯皇帝。
〔13〕少微,星名。一名處士星,共四星,在太微西南,今屬獅子座。古代占星家認爲它象徵處士。月犯少微,月亮進入少微之區,以指小人中傷、誣害處士。

"自我太嶽之後,克廣洪業,禹至神宗,舜格文祖。陛下受天之明命,光華日月,爰自納麓,乃格文祖,儀天地以設官,象星辰而布職。漢家神鳳[1],慚用紀年,魏氏青龍[2],羞將改號。上膺列宿,咸是異人;下法山川,莫非奇士。所以畫堂甲觀[3],修德日新,廟鼎歌鐘,王勳歲委[4]。循名責實,選衆舉能,朝無銅臭之公[5],世絕《錢神》之論[6],昔百里相秦[7],名存《雀錄》[8],蕭、張輔沛[9],姓在《河書》[10]。今日公卿,抑亦天授,與之爲治,何欲不從。未必稽首天師,方聞牧馬之術;膝行山上,始得治身之道。但使帝德休明[11],自强不息,甲夜觀書,支日通奏[12]。周昌桀、紂之論,欣然開納[13];劉毅桓、靈之比,終自含弘[14]。高懸王爵,唯能是與,管庫靡遺,漁鹽畢錄。無令桓譚非讖,官止於郡丞[15];趙壹負才,位終於計掾[16]。則天下宅心,幽明知感,歲精仕漢,風伯朝周,真人去而復歸,台星坼而還斂,《詩》稱多士[17],《易》載羣龍[18],從此而言,可以無愧。"

【注】

〔1〕神、鳳,漢宣帝年號神爵(前 61—前 58)和五鳳(前 57—前 53)。

〔2〕青龍,魏明帝年號(233—237)。

〔3〕甲觀,樓觀。

〔4〕委,積累。

〔5〕銅臭,東漢崔烈以錢五百萬買官,得爲司徒。問其子時人議論,子鈞説"嫌其銅臭。"

〔6〕《錢神》之論,西晉魯褒,傷時貪鄙,著《錢神論》,揭露和諷刺以錢爲神物的風氣。

〔7〕百里相秦,春秋時百里奚任秦相,幫助秦穆公稱霸。

〔8〕《雀錄》,讖緯書,已佚。

〔9〕蕭、張輔沛,蕭何、張良輔助劉邦。

〔10〕《河書》,讖緯書,已佚。

〔11〕休明,英明。
〔12〕甲夜觀書,支日通奏,意謂夜讀書籍,日理政務。甲,天干;支,地支。天干地支用以計日。
〔13〕指漢高祖劉邦騎在大臣周昌的頸脖上問:我是什麽樣的國君?昌答以桀、紂,劉邦大笑。
〔14〕劉毅(?—412),字希樂,彭城沛(今江蘇沛縣)人。桓玄代晉,他與劉裕起兵攻滅,官至荆州刺史。他以東漢的桓、靈之世來比當時,包含大志。又説:"恨不遇劉項,與之争中原。"後爲劉裕所滅。
〔15〕桓譚非讖,官止於郡丞,指桓譚因直言抨擊讖緯,觸怒漢光武帝,而被貶爲六安郡丞一事。
〔16〕趙壹,字元叔,漢陽西縣(今甘肅天水)人。善辭賦,有賦頌等十六篇,其作品揭露漢代社會黑闇、混亂,富有反抗性。靈帝光和(178—184)初爲郡上計吏,至京上計。司徒袁逢、河南尹羊陟共稱薦之,名動京師。後十辟公府,並不就。
〔17〕《詩》稱多士,《詩·大雅·文王》:"濟濟多士,文王以寧。"
〔18〕《易》載羣龍,《易·乾》:"用九,見羣龍無首,吉。"以龍有剛健的品質,故言。

又問釋道兩教,遜對曰:

"臣聞天道性命,聖人所不言[1],蓋以理絶涉求,難爲稱謂。伯陽道德之論[2],莊周逍遥之旨[3],遺言求意,猶有可尋。至若玉簡金書,神經秘録,三尺九轉之奇[4],絳雪玄霜之異[5],淮南成道[6],犬吠雲中,子喬得仙[7],劍飛天上,皆是憑虚之説,海棗之談,求之如係風,學之如捕影,而燕君、齊后、秦皇、漢帝,信彼方士,冀遇其真,徐福去而不歸,欒大往而無獲,猶謂升遐倒影,抵掌可期;祭鬼求神,庶或不死。江璧既返,還入驪山之墓[8];龍媒已至,終下茂陵之墳[9]。方知劉向之信洪寶[10],没有餘責;王充之非黄帝[11],比爲不相。又末葉已來,大存佛教,寫經西土,畫象南宫。昆池地黑,以爲劫燒之灰;春秋夜明,謂是降神之日。法王自在,變化無窮,置世界於微塵,納須彌於黍米[12]。蓋理本虚無,示諸方便。而妖妄之輩,苟求出家,藥王燔軀,波論灑血,假未能然,猶當克命。寧有改形易貌,有異生人,恣意放情,還同俗物。龍宫餘論,鹿野前言,此而得容,道風前墜。

【注】

〔1〕《論語·公冶長》載子貢語:"夫子之文章,可得而聞也;夫子言性與天道,不可得而聞也。"

〔2〕伯陽,李耳(老子)字伯陽。所著《老子》,分《德經》、《道經》二篇。

〔3〕莊周逍遙之旨,莊周及其後學所著《莊子》,首篇爲《逍遥遊》。

〔4〕三尺九轉,煉丹過程。

〔5〕絳雪玄霜,煉丹時化學反應的現象。

〔6〕淮南,西漢淮南王劉安,本書有傳。

〔7〕子喬,即王子喬,名晉,周靈王太子,以直諫廢爲庶人。相傳他生而神異,幼好道,喜吹笙作鳳鳴,後入嵩山,得道成仙。

〔8〕江璧既返,還入驪山之墓,事指秦始皇南巡,沉璧於江,後復得。皇死後,璧陪葬。

〔9〕龍媒已至,終下茂陵之墳,事指漢時以天馬(大宛馬)爲神龍之

類,武帝晚年伐大宛,得天馬。帝死,以天馬陪葬。

〔10〕劉向,本書有傳。他相信神仙、煉金術。

〔11〕王充,本書有傳。他在《論衡》中指出黃帝升天傳說是荒誕不經的。

〔12〕須彌,山名,印度神話中的高山,常見於佛典。佛教的許多造像和繪畫都以此山爲題材,用以表示天界的景觀。

"伏惟陛下受天明命,屈己濟民,山鬼效靈,海神率職。湘中石燕,沐時雨而羣飛[1];臺上銅鳥,愬和風而枓轉[2]。以周都洛邑,治在鎬京,漢宅咸陽,魂歸豐、沛,汾、晉之地,王迹維始[3],眷言巡幸,且勞經略。猶復降情文苑,斟酌百家,想執玉於瑶池,念求珠於赤水。竊以王母獻環,由感周德;上天錫佩,實報禹功。二班勒史[4],兩馬制書[5],未見三世之辭[6],無聞一乘之旨[7]。帝樂王禮,尚有時而治革;左道怪民,亦何疑於沙汰。"

【注】

〔1〕石燕之説,晉時已有。宋杜綰不信,説:"永州零陵出石燕,昔傳遇雨則飛,頃歲予陟高巖,石上如燕形者頗多,因以筆識之。石爲烈日所暴,遇驟雨過,凡所識者,一一墜地,蓋寒熱相激,迸落不能飛爾。土人家有石版,其上多磊塊,如燕形者。"(《雲林石譜》)

〔2〕《三輔黄圖》卷二:"建章宫南有玉堂,璧門三層,臺高三十丈。……鑄銅鳳高五尺,飾黄金,樓屋上下有轉樞,向風若翔。"

〔3〕王迹維始,北齊統治者高氏是在汾晉(今山西)一帶發迹的。
〔4〕二班,班彪及其子班固。班彪(3—54),字叔皮,扶風安陵(今陝西咸陽東北)人。赤眉綠林起義時,班彪在天水,依隗囂,著《王命論》,勸歸劉氏。囂不以爲然,往河西,爲竇融劃策事漢。東漢初,任徐令,以病免。博學多才,尤精於史,以《史記》止於武帝太初年間,乃收集史實,作《後傳》六十餘篇。班固(32—92),字孟堅,奉詔繼父著《漢書》。永元元年(89),從大將軍竇憲攻匈奴,有功。後憲被殺,受牽連,死於獄中。時《漢書》垂成,其八表及天文志未竟,由妹昭續成。又著《白虎通義》,總結白虎觀會議。善文辭,著《兩都賦》等,後人集其文章,輯成《班蘭臺集》。
〔5〕兩馬,司馬談及其子司馬遷,本書均有傳。
〔6〕三世,佛教所説的"過去世、未來世、現在世"(《集異門論》三)。
〔7〕一乘,亦即"佛乘",佛教所説的引導教化一切衆生成佛的唯一教法。

又問刑罰寬猛,遂對曰:

"臣聞惟王建國,刑以助禮,猶寒暑之贊陰陽,山川之通天地。爰自末葉,法令稍滋,秦篆無以窮書〔1〕,楚竹不能盡載。有司因此〔2〕,開以二門,高下在心,寒熱隨意。《周官》三典〔3〕,棄之若吹毛;漢律九章〔4〕,違之如覆手。遂使長平獄氣,得酒而後消;東海孝婦,因災而方雪。詔書掛壁,有善而莫遵;姦吏到門,無求而不可。皆由上失其道,民不見德。而議者守迷,不尋其本。鍾繇、王朗追怨張蒼〔5〕,祖訥、梅陶共尤文帝〔6〕。便謂化屍起僵〔7〕,在復肉刑;致治興邦,無關周禮。伏惟陛下昧旦坐朝,留心政術,明罰以糾諸侯,申恩以孩百姓[8],黃旗紫蓋,已絕東南;白馬素車,將降軹道。若復峻典深文,臣實未悟。何則?人肖天地,俱稟陰陽,安則願存,擾則圖死。故王者之治,務先禮樂,如有未從,刑書乃用,寬猛兼設,水火俱陳,未有專任商、韓而能長久[9]。昔秦歸士會,晉盜來奔;舜舉皋陶,不仁自遠。但令釋之、定國迭作理官,龔遂、文翁繼爲郡守,科閒律令[10],一此憲章,欣聞汲黯之言,泣斷昭平之罪。則天下自治,大道公行,乳獸含牙,蒼鷹垂翅,楚王錢府,不復須封,漢獄冤囚,自然蒙理。後服之徒,既承風而慕化,有截之內[11],皆蹈德而詠仁。號以成、康[12],何難之有?"

【注】

〔1〕秦篆,先秦文字不一,秦統一後,李斯作篆書統一文字。

〔2〕有司,官吏。設官分職,事有專司,故曰有司。

〔3〕《周禮・秋官・大司寇》:"掌建邦之三典,以佐王刑邦國,詰四方。一曰刑新國,用輕典;二曰刑平國,用中典;三曰刑亂國,用重典。"輕、中、重三種刑法,稱三典。

〔4〕漢律九章,漢初,蕭何定律法,凡九章。

〔5〕鍾繇、王朗追怨張蒼,《三國志・魏書・鍾繇傳》:"太和中,繇上疏曰:'大魏受命,繼蹤虞、夏。孝文革法,不合古道。……若今蔽獄之時,訊問三槐、九棘、羣吏、萬民,使如孝景之令,其當棄市,欲斬右趾者許之。……今天下人少於孝文之世,下計所全,歲三千人。張蒼除肉刑,所殺歲以萬計。臣欲復肉刑,歲生三千人。……'司徒王朗議,以爲'繇欲輕減大辟之條,以

增益剕刑之數,此即起偃爲豎,化屍爲人矣。然臣之愚,猶有未合微異之意。……今可按諡所欲輕之死罪,使減死之髡、剕。嫌其輕者,可倍其居作之歲數。內有以生易死不訾之恩,外無以剕易欽駭耳之聲。'議者百餘人,與郎同者多。帝以吳、蜀未平,且寢。"

〔6〕祖訥、梅陶共尤文帝,指東晉元帝即位(317),詔內外議肉刑。驃騎將軍王導、太常賀循、侍中紀瞻、中書郎庾亮、大將軍諮議參軍梅陶、散騎郎張嶷等,以爲"肉刑之典,由來尚矣。肇自古先,以及三代,聖哲明王所未曾改也。豈是漢文常主所能易者乎!時蕭曹已沒,絳灌之徒不能正其義。逮班固深論其事,以爲外有輕刑之名,內實殺人。……"祖訥,《晉書》作祖納,附於其弟《祖逖傳》。《晉書》本傳及他處,未記其議肉刑事。本傳說他與梅陶争辯,"納輒困之"。

〔7〕化屍起偃,起死回生。

〔8〕以孩百姓,將百姓當作嬰兒看待。

〔9〕商、韓,商鞅、韓非,本書有傳。

〔10〕科閒,中華書局本《北齊書》校勘記:"《册府》'科閒'作'科簡'。按'科閒''科簡'不可解,當是'料簡'之訛,有審核去取之意。《蔡中郎集·太尉楊公碑》有云:'沙汰虛冗,料簡貞實。'《册府》'簡'字尚未訛,可證。"

〔11〕有截,《詩·商頌·長發》:"相土烈烈,海外有截。"朱熹注:"截,整齊也。至是而商益大,四方諸侯歸之,截然整齊矣。"其後割取"有截"二字,作爲海外代稱。

〔12〕成康,指周成王、周康王。他們統治的時期,被舊史家認爲是歷史上少有的太平盛世,被稱爲"成康之治"。

又問禍福報應,遜對曰:

"臣聞五方易辨,尚待指南;百世可知,猶須吹律。況復天道秘遠,神迹難源,不有通靈,孰能盡悟。乘查至於河漢,唯覩牽牛[1];假寐遊於上玄,止逢翟犬[2]。造化之理,既寂莫而無傳;報應之來,固難得而妄説。但秦穆有道,勾芒錫年[3],虢公涼德,蓐收降禍[4]。高明在上,定自有知,不可謂神冥昧難信。若夫仲尼厄於陳、蔡,孟軻困於齊、梁,自是不遇其時,寧關性命之理。子胥無君[5],馬遷附下[6],受誅取辱,何可尤人。至如協律見親[7],櫂船見幸[8],從此而言,更不足怪。周王漂杵,致天之罰[9];白起誅降,行己之意[10]。是以七百之祚,仍加姬氏;杜郵之戮,還屬武安。

【注】

[1] 乘查至於河漢,唯覩牽牛,指傳説有人乘木筏,從海上到了天河,看見牛郎織女。

[2] 假寐遊於上玄,止逢翟犬,指傳説春秋時趙簡子昏迷夢到天上,天帝賜他以翟犬。

[3] 秦穆有道,勾芒錫年,《墨子・明鬼上》説:秦穆公見勾芒神。神説,上帝賜你十九年壽。

[4] 虢公涼德,蓐收降禍,《國語・晉語二》説,虢公夢見刑神蓐收。

[5] 子胥無君,指伍子胥勸吳王夫差拒絕越國求和並停止伐齊,漸被疏遠,後被賜自殺。

[6] 馬遷附下,指李陵被迫降於匈奴後,司馬遷爲之開脱,激怒漢武帝,被處腐刑。

[7] 協律,校正樂律,使之和諧。協律見親,指李延年擅長歌舞,又

善創新聲。漢武帝立樂府,任爲協律都尉。

〔8〕櫂船見幸,指鄧通以划船爲黃頭郎。漢文帝夢欲上天,有一黃頭郎推之,遂登。醒求其人,乃通。帝遂寵之,官上大夫,賜蜀地銅山,得自鑄錢。

〔9〕周王漂杵,致天之罰,《逸周書・武成》説,武王伐紂,戰於牧野,所殺殷軍,血流飄杵。周朝建立後,歷時七百餘年,亡於秦。

〔10〕白起誅降,行己之意,指秦趙長平之戰,趙軍敗,馬服君趙括率趙軍降於武安君白起,起坑殺趙降軍四十萬。白起後與相國范雎意見不合,被迫在杜郵自殺。

"昔漢問上計,不過曰蝕[1];晉策秀才,止於寒火[2]。前賢往士,咸用爲難。推古比今,臣見其易。然草萊百姓[3],過荷恩私,三折寒膠,再遊金馬,王言昭賁[4],思若有神,占對失圖,伏深悚懼。"

【注】

〔1〕漢問上計,不過曰蝕,漢代寒士往往隨本郡上計(戰國秦漢時,地方長官或親自或遣屬吏,每年一次至首都,向中央政權匯報該地人口、錢糧、盜賊、獄訟等情況的制度)吏至京,向皇帝上書論事,其內容多就日蝕等自然災異,論朝廷用人行政的得失。

〔2〕晉策秀才,止於寒火,指晉尚書郎陸機策問新舉秀才,問"今有溫泉而無寒火,其故何也?"

〔3〕草萊,田野。

〔4〕昭賁,明亮盛美。

尚書擢第,以遜爲當時第一。

十二月,清河王岳爲大行臺率衆南討,以遜從軍。明年[1],顯祖納貞陽侯爲梁主,岳假遜大行臺郎中,使於南,與蕭脩、侯瑱和解。遜往來五日,得脩等報書,岳因與脩盟於江上,大軍還鄴,遜仍被都官尚書崔昂舉薦。詔付尚書,考爲清平勤幹,送吏部。

【注】
[1] 明年,天保六年(555)。

七年,詔令校定羣書,供皇太子。遜與冀州秀才高乾和,瀛州秀才馬敬德、許散愁、韓同寶[1],洛州秀才傅懷德,懷州秀才古道子[2],廣平郡孝廉李漢子,渤海郡孝廉鮑長暄[3],陽平郡孝廉景孫,前梁州府主簿王九元,前開府水曹參軍周子深等十一人同被尚書召共刊定。時秘府書籍紕繆者多,遜乃議曰:"按漢中壘校尉劉向受詔校書[4],每一書竟,表上,輒言:臣向書、長水校尉臣參書,太史公、太常博士書、中外書合若干本以相比較,然後殺青。今所雠校,供擬極重,出自蘭臺,御諸甲館。向之故事,見存府閣,即欲刊定,必藉衆本。太常卿邢子才、太子少傅魏收、吏部尚書辛術[5]、司農少卿穆子容、前黃門郎司馬子瑞、故國子祭酒李業興並是多書之家[6],請牒借本參校得失。"秘書監尉瑾移尚書都坐,凡得別本三千餘卷,《五經》諸史,殆無遺闕。

【注】

〔1〕馬敬德，河間（今屬河北）人，師事大儒徐遵明。講解《春秋左氏》，爲諸儒所稱，教授於燕趙間，生徒衆多。除太學博士，爲北齊後主師傅，官至國子祭酒。

〔2〕古道子，河內人，北齊時歷官檢校御史、司空田曹參軍，以強濟知名。涉學有文詞，而著述不傳。

〔3〕鮑長暄，渤海（在今山東東光東）人，明禮，通禮傳。北齊時，在鄴都教授貴游子弟。北周滅北齊，歸鄉里講學。

〔4〕劉向，本書有傳。

〔5〕邢子才，即邢劭，本書有傳。魏收，見本書《邢劭》傳注。辛術，字懷哲，狄道（故城在今甘肅臨洮）人，博學有思理。與僕射高隆之，共典營構北齊鄴都。侯景叛魏降梁，任東南道行臺尚書。藉侯景之亂，擴地二十餘州，移鎮廣陵。"於諸貨物一毫無犯，唯大收典籍，多是宋、齊、梁時佳本，鳩集萬餘卷，並顧陸之徒名畫，二王已下法書數亦不少。"遷吏部尚書，"取士以才器，循名責實，新舊參舉，管庫必擢，門閥不遺"。

〔6〕穆子容，代人，好學博覽，求天下書，所在寫錄，得萬餘卷。武定中官汲郡太守，入齊，終於司農卿。李業興，長子（今屬山西）人，師事徐遵業。後博涉百家，尤長曆算。東魏武定年間，官太原太守，高澄秉政爲諮議參軍，國子祭酒，後坐事軟禁。著有《戊子元曆》、《九宮行棊曆》。

八年，詔尚書開東西二省官選，所司策問，遜爲當時第一。左僕射楊愔辟遜爲其府佐[1]。遜辭曰："門族寒陋，訪第必不成，乞補員外司馬督。"愔曰："才高不依常例。"特奏用之。九年，有詔超除員外將軍。後世祖鎮鄴[2]，召入司徒府管書記。及登祚[3],轉授主書,遷員外散騎侍郎。天統初[4],病卒。

【注】

[1] 楊愔,見《邢劭傳》注。
[2] 世祖,指北齊武成帝高湛(537—568)。孝昭帝時秉政,官右丞相。在位四年,耽於酒樂。傳政於子。
[3] 登祚,接帝位。
[4] 天統,北齊後主高緯年號(565—569)。

選自《北齊書》卷四十五《文苑》

隋

智　　顗（538—597）

　　釋智顗，字德安，姓陳氏，潁川人也[1]。有晉遷都[2]，寓居荆州之華容焉[3]。即梁散騎孟陽公起祖之第二子也[4]。母徐氏，夢香烟五彩，縈迴在懷，欲拂去之，聞人語曰："宿世因緣，寄託王道，福德自至，何以去之？"又夢吞白鼠，如是再三。怪而卜之，師曰："白龍之兆也。"及誕育之夜，室内洞明，信宿之間，其光乃止。内外胥悦，盛陳鼎俎相慶[5]，乃火滅湯冷，爲事不成。忽有二僧扣門曰："善哉！兒德所重，必出家矣。"言訖而隱，賓客異焉。鄰室憶先靈瑞，呼爲王道；兼用後相，復名光道，故小立二名字，參互稱之。

【注】

[1] 潁川，郡名，在今河南省許昌市一帶。
[2] 有晉遷都，公元316年，西晉（都洛陽）爲匈奴貴族建立的漢國所滅。次年，司馬睿（晉元帝）在南方重建晉朝，都建康（今南京），史稱東晉。
[3] 華容，縣名，在今湖南省北部。
[4] 梁，朝代名，南朝之一（502—557）。散騎，官名，全名爲持節散騎常侍，常在君王左右，預聞要政。孟陽公，爵號，全名爲孟陽縣開國侯。
[5] 鼎俎，烹調用鍋及割牲肉用的砧板。《國語·周語中》："陳其

鼎俎,净其中冪,敬其祓除,體解節折而共飲食之。"

眼有重瞳[1],二親藏掩,而人已知,兼以卧便合掌,坐必面西[2]。年大已來,口不妄噉,見像便禮[3],逢僧必敬。七歲喜往伽藍[4],諸僧訝其情志,口授《普門品》[5],初契一遍即得,二親遏絶,不許更誦,而情懷惆悵,奄忽自然通餘文句,豈非夙植德本,業延於今[6]?

【注】

〔1〕重瞳,眼中有兩個瞳子。傳説舜、項羽皆重瞳。
〔2〕面西,面向西方阿彌陀佛。
〔3〕像,佛像。
〔4〕伽藍,佛教名詞。原指修建僧舍的基地,轉而爲包括土地、建築物在内寺院的總稱。
〔5〕《普門品》,佛經名,全稱爲《妙法蓮華經·觀世音菩薩普門品》,宣揚持念觀音名號的靈驗。
〔6〕業延於今,按佛教的業報理論,前生所作的善或惡的行爲,能延續到今生繼續起作用。

志學之年,士梁承聖,屬元帝淪没[1]。北度硤州[2],依乎舅氏,而俊朗通悟,儀止温恭,尋討名師,冀依出有[3]。年十有八,投湘州果願寺沙門法緒而出家焉[4]。緒授以十戒,導以律儀[5]。仍攝以北度,詣慧曠律師[6],北面横經,具蒙指誨[7],因潛大賢山,誦《法華經》及《無量義》、《普賢觀》等[8],二旬未淹,三部究竟。又詣光州大蘇山慧思禪師[9],受業心觀[10]。思又從道於就師,就又受法於最師[11]。此三人者,皆不測其位也。

【注】

〔1〕智顗十五歲時,正值梁孝元帝爲西魏所殺,時在承聖三年(554)。

〔2〕硤州,即峽州,在今湖北宜昌一帶。

〔3〕出有,出離生死之流。

〔4〕湘州,在今湖北大悟、黄陂、紅安縣地。法緒,智顗俗家舅氏。

〔5〕十戒,初出家,先授沙彌十戒。十戒是:(1) 不殺生;(2) 不偷盗;(3) 不淫;(4) 不妄語;(5) 不飲酒;(6) 不塗飾香鬘;(7) 不聽視歌舞;(8) 不坐高廣大床;(9) 不非時食;(10) 不蓄金銀財寶。導以律儀,引導學習其他戒律儀規。

〔6〕慧曠,俗姓曹,譙國(今安徽亳州)人,年八十(534—613)。

〔7〕北面橫經,智顗北面敬事慧曠,受諸經律。

〔8〕大賢山,在湖南衡州南境。《法華經》,全稱《妙法蓮華經》,主要弘揚"三乘(聲聞、緣覺、菩薩)歸一(佛乘)",調和大小乘的各種説法。以爲一切衆生,都能成佛。《無量義》,即《無量義經》,内容講衆生"性欲無量故,説法無量",無量義從"性相空寂"一法生。《普賢觀》,全稱《佛説普賢菩薩行法經》,講述禮佛懺悔的方法。上述三經合稱"法華三部經"。

〔9〕光州,在今河南光山縣。慧思(515—577),俗姓李,武津(今河南上蔡縣東)人,以"定慧雙開"綜合佛教南北學風,爲天台宗二祖。

〔10〕心觀,即禪觀。

〔11〕據《佛祖統紀》卷六載,有六位禪師與慧文、慧思有着"互相咨禀"的學術交往,其中在禪法上,就師用寂心,最師用諸法無礙的融心。

思每嘆曰:"昔在靈山同聽《法華》[1],宿緣所追,今復來矣。"即示普賢道場,爲説四安樂行[2]。顗乃於此山行法華三昧[3],始經三夕,誦至《藥王品》"心緣苦行至是真精進"句,解悟便發[4],見其思師處靈鷲山七寶浄土[5],聽佛説法。故思云:"非爾弗感,非我莫識。此法華三昧前方便也[6]。"又入熙州白沙山[7],如前入觀,於經有疑,輒見思來,冥爲披釋。爾後常令代講,聞者伏之。唯於三三昧、三觀智[8],用以咨審,自餘並任裁解,曾不留意。思躬執如意,在座觀聽,語學徒曰:"此吾之義兒,恨其定力少耳。"於是師資改觀,名聞遐邇。及學成往辭,思曰:"汝於陳國有緣[9],往必利益。"

【注】

〔1〕靈山,即靈鷲山。詳本書《僧肇》傳注。
〔2〕普賢道場,即《法華經·普賢菩薩勸發品》所示行道法門。四安樂行,即《法華經·安樂行品》所示一盤、二口、三意、四誓願四種安樂行。慧思著有《法華經安樂行義》一書。
〔3〕法華三昧,佛教術語。三諦圓融,權實不二,攝一切法使歸一實相,謂之法華三昧。爲證得法華三昧而設道場讀誦《法華》之行法,稱爲行法華三昧。
〔4〕解悟,體會到佛教道理,《宗鏡録》三十六曰:"若因悟而修即是解悟,若因修而悟即是證悟。"
〔5〕七寶浄土,《法華經·授記品》描述正法住世,其國土由"金銀、瑠璃、硨磲、瑪瑙、真珠、玫瑰七寶合成"。
〔6〕法華三昧前方便,即五品觀行位,屬於尚未入聖流的内凡位。
〔7〕熙州,今甘肅臨洮。

〔8〕三三昧,即有覺有觀、無覺有觀、無覺無觀三種三昧,一一對應空、無相、無作三種解脫門。三觀智,即空、假、中三觀之智。

〔9〕陳國,朝代名,南朝之一(557—589)。

　　思既遊南岳[1],顗便詣金陵,與法喜等三十餘人在瓦官寺創弘禪法。僕射徐陵、尚書毛喜等,明時貴望,學統釋儒,並禀禪慧,俱傳香法,欣重頂戴,時所榮仰。長干寺大德智辯[2],延入宗熙;天宮寺僧晃,請居佛窟。斯由道弘行感,故爲時彥齊迎。顗任機便動,即而開悟。白馬警韶、奉誠智文、禪衆慧令[3],及梁代宿德大忍法師等,一代高流,江表聲望[4],皆捨其先講,欲啓禪門;率其學徒,問津取濟。禹穴慧榮住莊嚴寺,道跨吳、會[5],世稱義虎,辯號懸流,聞顗講法,故來設問。數關徵覈[6],莫非深隱,輕誕自矜,揚眉舞扇,扇便墮地。顗應對事理,渙然清顯,譴榮曰:"禪定之力[7],不可難也。"時沙門法歲撫榮背曰:"從來義龍,今成伏鹿。扇既墮地,何以遮羞?"榮曰:"輕敵失勢,未可欺也。"綿歷八周,講《智度論》[8],肅諸來學;次說《禪門》[9],用清心海。

【注】

〔1〕南岳,衡山的古稱。

〔2〕大德,對佛及高年比丘的敬稱。

〔3〕白馬、奉誠、禪衆,皆爲寺名。

〔4〕江表,指長江以南地。

〔5〕吳,吳州,今江蘇蘇州。會,會稽,今浙江紹興。

〔6〕徵覈,證驗,查對。
〔7〕禪定,佛教戒、定、慧三學之一。指通過精神集中、觀想特定對象而獲得佛教悟解或功德的一種思維修習活動。
〔8〕《智度論》,即《大智度論》,亦譯《摩訶般若釋論》。印度龍樹著,後秦鳩摩羅什譯。全書一百卷,係論釋《大品般若經》的論書。
〔9〕《禪門》,即《釋禪波羅蜜次第法門》。本書以禪定統攝一切宗教實踐法門,將印度傳來的各種禪定方法依淺深高低的順序整理成一個秩序井然的禪學體系。本書是智顗在瓦官寺所講,由大莊嚴寺法慎將其私記成三十卷,後由灌頂再治,改爲十卷。

　　語默之際,每思林澤[1]。乃夢巖崖萬重,雲日半垂,其側滄海無畔,泓澄在於其下[2];又見一僧搖手伸臂,至於岐麓,挽顗上山云云。顗以夢中所見,通告門人,咸曰:"此乃會稽之天台山也,聖賢之所託矣。昔僧光、道猷、法蘭、曇密,晉宋英達,無不栖焉。"因與慧辨等二十餘人,挾道南征,隱淪斯岳。先有青州僧定光,久居此山,積四十載,定慧兼習,蓋神人也。顗未至二年,預告山民曰:"有大善知識當來相就,宜種豆造醬,編蒲爲席,更起屋舍,用以待之。"會陳始興王出鎮洞庭[3],公卿餞送,迴車瓦官,與顗談論,幽極既唱,貴位傾心,捨散山積[4],虔拜殷重。因嘆曰:"吾昨夢逢強盜,今乃表諸軟賊。毛繩截骨[5],則憶曳尾泥中[6]。"仍遣謝門人曰:"吾聞暗射則應於絃,何以知之?無明是暗也,唇舌是弓也。心慮如絃,音聲如箭,長夜虛發,無所覺知[7]。又法門如鏡,方圓任象。初,瓦官寺四十人坐,半入法門;今者二百坐禪,十人得法;爾後歸宗轉倍,而據法無幾。斯何故耶?亦可知矣。吾自行化導,可各隨所安,吾欲從吾志也。"即往天台。既達彼山,與光相見[8],即陳賞要。光曰:"大善知識,憶吾早年山上搖手相喚不乎?"顗驚異焉,知通夢之有在也。時以陳太建七年秋九月矣[9]。又聞鐘聲滿谷,眾咸怪異,光曰:"鐘是召集有緣[10],爾得住也。"

【注】

〔1〕林澤,山林與水澤,此指隱逸的地方。
〔2〕泓澄,水深清徹貌。
〔3〕始興王,陳宣帝第二子,名叔陵,字子嵩。
〔4〕捨散,施捨財物,供養僧眾。
〔5〕毛繩截骨,《大智度論》云:"利養如賊,壞功德本。"喻名利供養如毛繩縛人,斷膚截骨。
〔6〕曳尾泥中,典出《莊子·秋水》:"吾聞楚有神龜,死已三千歲矣,王巾笥而藏之廟堂之上。此龜者寧其死為留骨而貴乎?寧其生而曳尾於涂中乎?"喻與其周旋於顯貴,不如隱迹山林。
〔7〕暗射,指漢立射聲校尉,不必見到人形,聞聲則射中之。智顗以心絃聲箭譬講經說法,但因自己受無明障蔽,光講不修,誤人誤己,猶如長夜虛發,無濟於事。無明,即愚痴,使人陷於生死流中的根本原因。
〔8〕光,即上文所述青州(今山東省境內)僧定光。
〔9〕太建,陳宣帝陳頊年號(569—582)。
〔10〕有緣,有緣分者。

顗乃卜居勝地，是光所住之北，佛壟山南，螺溪之源。處既閑敞，易得尋真，地平泉清，徘徊止宿。俄見三人皂帽絳衣，執疏請云："可於此行道。"於是聿創草庵[1]，樹以松果，數年之間，造展相從，復成衢會。光曰："且隨宜安堵[2]，至國清時，三方總一，當有貴人為禪師立寺，堂宇滿山矣。"時莫測其言也。顗後於寺北華頂峰獨靜頭陀[3]，大風拔木，雷霆震吼，魑魅千羣，一形百狀，吐火聲叫，駭畏難陳，乃抑心安忍，湛然自失。又患身心煩痛，如被火燒。又見亡没二親枕顗膝上，陳苦求哀。顗又依止法忍[4]，不動如山，故使強軟兩緣[5]，所感便滅。忽致西域神僧告曰："制敵勝怨，乃可為勇。"文多不載。陳宣帝下詔曰："禪師佛法雄傑，時匠所宗，訓兼道俗，國之望也。宜割始豐縣調[6]，以充衆費，蠲兩戶民[7]，用供薪水。"

【注】

〔1〕聿，通"遹"，疾貌。
〔2〕安堵，亦作"案堵"、"按堵"。意為安居，不受騷擾。
〔3〕頭陀，意為"抖擻"，即去掉塵垢煩惱之義，佛教苦行之一。據《十二頭陀經》、《大乘義章》卷十五載，共有十二種修行規定，稱為"頭陀行"。
〔4〕法忍，安住於違逆之境而不生分別之心，以此體達諸法實相。
〔5〕強緣，即種種令人恐怖的幻境。軟緣，即父母師僧枕膝抱身之幻境。
〔6〕始豐縣，今浙江天台縣。調，即稅賦，戶民輸納官府之租米。
〔7〕蠲，豁免官府差役。

天台山縣名爲樂安，令陳郡袁子雄[1]，崇信正法，每夏常講《浄名》[2]。忽見三道寶階從空而降，有數十梵僧乘階而下[3]，入堂禮拜，手擎香爐，繞顗三匝，久之乃滅。雄及大衆同見，驚嘆山喧。其行達靈感皆如此也。

【注】
[1] 令，縣令。
[2] 《浄名》，即《維摩經》。據《智者大師別傳》："有陳郡袁子雄……值講《浄名》，遂齋戒連辰，專心聽法。"講《浄名》者當爲智顗。
[3] 梵僧，當時稱印度和西域僧人。

永陽王伯智[1]，出撫吴興，與其眷屬就山請戒[2]，又建七夜方等懺法[3]。王晝則理治，夜便習觀[4]。顗謂門人智越："吾欲勸王更修福禳禍[5]，可乎？"越對云："府僚無舊，必應寒熱。"顗曰："息世譏嫌，亦復爲善。"俄而王因出獵，墮馬將絶，時乃悟意[6]，躬自率衆作觀音懺法[7]。不久王覺小醒，憑几而坐，見梵僧一人，擎爐直進，問王所苦，王流汗無答，乃繞王一匝，翕然痛止。仍躬著願文曰："仰惟天台闍梨[8]，德侔安、遠[9]，道邁光、猷[10]，遐邇傾心，振錫雲聚[11]。紹像法之墜緒[12]，以救昏蒙；顯慧日之重光，用拯澆俗。加以遊浪法門，貫通禪苑，有爲之結已離[13]，無生之忍見前[14]。弟子飄蕩業風[15]，沈淪愛水[16]，雖餐法喜[17]，弗袪蒙蔽之心；徒仰禪悦[18]，終懷散動之慮[19]。日輪馳鶩，羲和之轡不停[20]；月鏡迴斡[21]，姮娥之景難駐[22]：有離有會，嘆息何言！愛法敬法，潺湲無已[23]，願生生世世值天台闍梨，恒修供養，如智積奉智勝如來[24]，若藥王觀雷音正覺[25]，安養兜率[26]，俱蕩一乘"云云[27]。其爲天王信敬爲此類也。於即化移海岸，法政甌閩[28]，陳疑請道，日昇山席。

【注】

〔1〕永陽王，陳文帝第八子。

〔2〕請戒，請智顗授予菩薩戒。

〔3〕方等懺法，智顗依《大方等陀羅尼經》制立之一種三昧行，與法華三昧皆爲四種三昧中之半行半坐三昧。《摩訶止觀》卷二及《方等三昧行法》詳記其儀軌作法。

〔4〕習觀，修習禪觀。

〔5〕禳禍，消除災禍。

〔6〕時乃悟意，智越阻智顗爲永陽王勸修福禳禍，今見王墮馬將絶，乃感悔。

〔7〕躬自，親自，指智顗。觀音懺法，勸請觀世音菩薩以消伏災禍之懺儀。

〔8〕闍梨，即"阿闍梨"，導師之意。

〔9〕德侔安、遠，德行堪比道安、慧遠。

〔10〕光，曇光，即東晉末年隱居石城山（今浙江新昌縣境，距天台山百餘里）之帛僧光，事迹詳《高僧傳》卷十一。猷，竺曇猷，敦煌人，晉哀帝興寧（363—365）中在天台赤城山行禪。

〔11〕振錫，僧人持錫杖，行則振動有聲，故謂僧人出行爲振錫。

〔12〕像法，佛教認爲釋迦牟尼逝世後佛法日益衰微，分爲正、像、末三法時期，一般認爲正法五百年，像法一千年，末法一萬年。

當時正值像法時期。

〔13〕有爲之結,人受業力牽引,處於生死無常的縛結之中。

〔14〕無生之忍,佛教認爲,爲超脫生死之流,必須認識到一切現象之生滅變化,都是世間衆生虛妄分別的產物,本質在於"無生","無生"即"無滅"。"無生之忍"係大乘菩薩於佛教修習的一定階段對"無生"這一"實相"所獲得的認識。

〔15〕業,指一切招致報應的身、口、意活動。

〔16〕愛,貪愛、愛欲,被視爲世俗生活得以發生而不得解脫的最重要原因。

〔17〕法喜,謂聞佛法而喜。

〔18〕禪悅,謂耽好禪理,心神恬悅。

〔19〕散動,指精神渙散、躁動,與禪定所要求達到的精神集中背道而馳。

〔20〕羲和之轡,御日之韁繩,喻日如馬持韁飛行不停。羲和,神話中太陽的御者。

〔21〕月鏡迴斡,月有陰晴圓缺。月鏡,月圓如鏡。

〔22〕姮娥,又作嫦娥。神話中的月神名,謂爲后羿之妻,竊不死之藥以奔月。

〔23〕潺湲,水流貌。

〔24〕智積奉智勝如來,典出《法華經·化城喻品》。智勝如來,又名大通智勝佛,本爲國王,有十六子,智積是其長子。王既出家成佛,十六王子亦從其父出家。

〔25〕藥王覬雷音正覺,典出《觀藥王藥上二菩薩經》。藥王、藥上原爲王子,親覬雲雷王佛,聽《法華經》,即得三昧神通,旋度父王眷屬等信佛。雷音,即雲雷王佛,詳《法華經·妙音菩薩品》。

〔26〕兜率,六欲天之一。有內外兩院,外院是欲界天之一部分,內

院是彌勒寄居於欲界的"凈土"。《彌勒上生經》載,若皈依彌勒並稱念其名號者,死後往生此天。居此天者徹體光明,能照耀世界。

〔27〕俱蕩一乘,據《國清百錄》,此處全文應為:"俱蕩三乘行,俱向一乘道。"

〔28〕甌閩,浙江、福建一帶。甌,浙江溫州的別稱。

　　陳帝意欲面禮,將伸謁敬,顧問羣臣:"釋門誰為名勝?"陳喧奏曰:"瓦官禪師德邁風霜,禪鏡淵海。昔在京邑,羣賢所宗,今高步天臺,法雲東藹,願陛下詔之還都,使道俗咸荷。"因降璽書,重沓徵入[1]。顗以重法之務,不賤其身,乃辭之。後為永陽苦諫,因又降敕,前後七使,並帝手疏。顗以道通惟人,王為法寄[2],遂出都焉。迎入太極殿之東堂,請講《智論》[3]。有詔羊車童子引導於前[4],主書舍人翊從登階[5],禮法一如國師璀闍梨故事。

【注】

〔1〕因降璽書,重沓徵入,據《智者大師別傳》載:"陳主初遣傳宣左右趙君卿,再遣主書朱雷,三遣傳詔,四遣道人法昇,皆帝自手書,悉稱疾不當。陳主遂杖三使,更敕州敦請。"州,即永陽王。

〔2〕道通惟人,王為法寄,此指佛道之弘通以國主為寄託。

〔3〕《智論》,即《大智度論》。

〔4〕羊車童子,牽引羊車之宮中小史。羊車,古代宮內所乘小車。羊,通"祥",吉祥之意。

〔5〕主書,官名,主管文書,為中書省屬官。舍人,官名,掌宮中之政。

陳主既降法筵,百僚盡敬,希聞未聞,奉法承道。因即下敕,立禪衆於靈曜寺。學徒又結,望衆森然,頻降敕於太極殿講《仁王經》[1]。天子親臨,僧正慧暅、僧都慧曠[2],京師大德,皆設巨難,顗接問承對,盛啓法門。暅執爐賀曰:"國十餘齋,身當四講,分文析義,謂得其歸。今日出星收,見巧知陋矣。"其爲榮望,未可加之。然則江表法會,由來争競不足,及顗之御法即座,肅穆有餘,遂使千枝花綻,七夜恬耀,舉事驗心,顗之力也。

【注】
[1]《仁王經》,即《佛説仁王般若波羅蜜經》,鳩摩羅什譯。謂受持講説此經,則七難不起,災害不生,萬民豐樂。故古來以此爲護國三部經之一。
[2] 僧正,佛教僧官。《大宋僧史略》卷中:"言僧正者何? 正,政也,自正正人,克敷政令,故云也。蓋以比丘無法,如馬無轡勒,牛無貫繩,漸染俗風,將乖雅則,故設有德望者,以法而繩之,令歸於正,故曰僧正也。"後秦始命僧䂮任此官,統管秦地僧尼,此後南朝歷代亦設之。僧都,佛教僧官。後魏設沙門統,至北齊,在沙門統下又設沙門都一職。

　　晚出住光曜,禪慧雙宏,動郭奔隨,傾音清耳。陳主於廣德殿下敕謝云:"今以佛法仰委,亦願示諸不逮。"於是檢括僧尼[1],無實者萬計。朝議云:"策經落第者,並合休道[2]。"顗表諫曰:"調達誦六萬象經,不免地獄[3];槃特誦一行偈,獲羅漢果[4],篤論道也,豈關多誦!"陳主大悦,即停搜簡。是則萬人出家,由顗一諫矣。末爲靈曜褊隘,更求閑靜,忽夢一人,翼從嚴正,自稱名云:"余冠達也,請住三橋。"顗曰:"冠達,梁武法名,三橋豈非光宅耶[5]?"乃移居之。其年四月,陳主幸寺修行大施[6]。又講《仁王》,帝於衆中起拜殷勤,儲后已下並崇戒範[7]。故其受法文云:"仰惟化導無方,隨機濟物。衛護國土,汲引天人;照燭光輝,託迹師友。比丘入夢[8],符契之像久彰;和上來儀[9],高座之德斯炳。是以翹心十地[10],渴仰四依[11]。大小二乘,内外兩教[12],尊師重道,由來尚矣。伏希俯提所請,世世結緣,遂其本願,日日增長。今奉請爲菩薩戒師。"傳香在手而瞼下垂泪,斯亦德動人主,屈幸從之。

【注】

[1] 檢括,考查。

[2] 休道,除去僧籍。

[3] 調達,又稱提婆達多,釋迦牟尼之堂弟,出家發四禪定,得神通。誦六萬法藏,因害佛,生墮地獄。地獄,欲界六道(天、人、阿修羅、畜生、餓鬼、地獄)中惡道之一,造極重惡業者之歸趣。

[4] 槃特,羅漢名,譯曰路邊生。據《法句譬喻經》,槃特根鈍,佛授偈云:"守口攝意身莫犯,如是行者得度世。"初,數月不成誦,久久方熟,證阿羅漢。羅漢,小乘佛教修行的最高果位。獲至"阿羅漢果",有三義:(1)"殺賊",意謂殺盡一切煩惱之賊;(2)"應供":謂應受天人的供養;(3)"不生"(或"無生"),謂永遠進入涅槃,不再生死輪回(《大毗婆沙論》卷九十四)。

[5] 梁武,即梁武帝蕭衍(464—549)。光宅,即光宅寺。梁武帝天監三年(504)四月八日,梁武帝捨本第立爲光宅寺。

〔6〕大施,入光宅寺捨身爲寺奴。
〔7〕儲,皇儲,即太子。后,陳後主之沈皇后,書請法名,號海慧。
〔8〕比丘入夢,即昔夢青州僧定光。比丘,出家受具足戒之男僧。
〔9〕和上來儀,指智顗昇座授戒。和上,對佛教師長的尊稱。來儀,喻特出人物的出現。
〔10〕十地,即大乘菩薩修行的十個階地,其第十地"法雲地",能成就"大法智",具足無邊功德,法身如虛空,智慧如大雲。
〔11〕四依,此與十地相配。據智顗《法華玄義》卷五:五品六根爲初依,十住爲二依,十行十回向爲三依,十地等覺爲四依(此依圓教講)。
〔12〕內外兩教,內教,係指佛教。外教,係指儒學。

　　及金陵敗覆,策杖荆湘[1]。路次盆城[2],夢老僧曰:"陶侃瑞像,敬屈護持[3]。"於即往憩匡山[4],見遠圖績[5],驗其靈也,宛如其夢。不久潯陽反叛[6],寺宇焚燒,獨有茲山,全無侵擾,信護像之力矣。末剗跡雲峰[7],終焉其致。

【注】

〔1〕金陵敗覆,指公元589年,陳爲隋所滅,陳後主叔寶被隋兵從都城建業(即金陵,今南京)擄往長安。荆,荆州,在今湖北省。湘,湘州,在今湖南省。
〔2〕盆城,即潯陽,今九江。
〔3〕陶侃(259—334),字士行,晉潯陽人。在廣州刺史任中,得一金像,像銘曰:"阿育王所造文殊師利菩薩像。"後由慧遠迎入廬山東林寺。

〔4〕匡山,即廬山。因廬山山形四方,故名。
〔5〕圖繢,圖像。繢,同"繪"。指用彩色畫或繡的圖像。
〔6〕潯陽反叛,陳滅後,陳人未服,時江南李稜等聚衆作叛,後由隋元帥楊素驅兵削平。
〔7〕劃跡,隱跡,隱居。

會大業在藩,任總淮海〔1〕,承風佩德,欽注相仍〔2〕,欲遵一戒法,奉以爲師,乃致書累請。顗初陳寡德,次讓名僧,後舉同學,三辭不免,乃求四願,其詞曰:"一,雖好學禪,行不稱法,年既西夕〔3〕,遠守繩床〔4〕,撫臆循心,假名而已。吹噓在彼,惡聞過實,願勿以禪法見期。二,生在邊表,頻經離亂,身闇庠序〔5〕,口拙暄涼〔6〕。方外虛玄,久非其分;域間撙節〔7〕,無一可取,雖欲自慎。樸直忤人,願不責其規矩。三,徵欲傳燈〔8〕,以報法恩。若身當戒範,應重去就〔9〕。去就若重,傳燈則闕;去就若輕,則來嫌誚。避嫌安身,未若通法而命,願許其爲法〔10〕,勿嫌輕動。四,三十餘年,水石之間,因以成性。今王途既一,佛法再興,謬課庸虛〔11〕,沐此恩化,内竭朽力,仰酬外護〔12〕。若丘壑念起〔13〕,願隨心飲啄〔14〕,以卒殘年。許此四心,乃赴優旨。"晉王方希净戒,如願唯諾,故躬製請戒文云:"弟子基承積善,生在皇家,庭訓早趨〔15〕,貽教夙漸,福履攸臻,妙機須悟〔16〕。恥崎嶇於小徑,希優遊於大乘;笑息止於化城〔17〕,誓舟航於彼岸。開士萬行〔18〕,戒善爲先,菩薩十受〔19〕,專持最上。喻爲宮室,必先基趾,徒架虛空,終不能成。孔、老、釋門,咸資鎔鑄,不有軌儀,孰將安仰?誠復能仁奉爲和尚[20],文殊冥作闍黎[21],而必藉人師,顯傳聖授,自近之遠,感而遂通。波崙罄髓於無竭[22],善財亡身於法界[23],經有明文,非徒臆説,深信佛語,幸願遵持。禪師佛法龍象[24],戒珠圓淨,定水淵澄,因靜發慧,安無礙辯!先物後己,謙挹成風[25],名稱遠聞,衆所知識。弟子所以虔誠遥注,命楫遠迎[26],每慮緣差,值諸留難,師亦既至,心路豁然,及披雲霧,即銷煩惱。今開皇十一年十一月二十三日[27],於揚州總管寺城設千僧會[28],敬屈授菩薩戒。戒名爲孝,亦名制止,方便智度[29],歸宗奉極,作大莊嚴。同如來慈普,諸佛愛等,視四生猶如一子"云云[30]。即於内第躬傳戒香[31],授律儀法。告曰:"大王爲度,遠濟爲宗,名實相符,義非輕約,今可法名爲總持也[32],用攝相兼之道也。"王頂受其旨,教曰:"大師禪慧内融,道之法澤,輒奉名爲智者[33]。"自是專師率誘,日進幽玄,所獲施物六十餘事,一時迴施悲敬兩田[34],願使福德增繁[35],用昌家國,便欲返故林。王乃固請,顗曰:"先有明約,事無兩違。"即拂衣而起,王不敢重邀,合掌尋送,至於城門,顧曰:"國鎮不輕,道務致隔,幸觀佛化,弘護在懷。"王禮望目極,銜泣而返。便泝流上江,重尋匡嶺[36],結徒行道,頻感休徵[37],百越邊僧聞風至者[38],累跡相造。

【注】

〔1〕大業,隋煬帝年號(605—618)。在藩,隋煬帝楊廣(569—618)未稱帝前,封晉王,任揚州總管。淮海,此指揚州總管轄區。

〔2〕欽注,即"欽仁",敬仰,思慕。《隋書·煬帝紀》上詔:"周稱多

士,漢號得人,常想前風,載懷欽仁。"

〔3〕西夕,暮年,晚年。

〔4〕遠,遠志。

〔5〕身闇庠序,不通世俗學問。庠序,中國古代的學校,泛指學校或教育事業。

〔6〕口拙暄涼,不懂客套。暄涼,猶寒暄。

〔7〕撙節,謙遜,節制。《禮記‧曲禮上》:"是以君子恭敬撙節退讓以明禮。"

〔8〕傳燈,傳法。佛教謂佛的教旨可以破除迷暗,像燈照明一樣,因稱傳法曰傳燈。

〔9〕去就,去留,進退。《荀子‧樂論》:"唱和有應,善惡相象,故君子慎其所去就也。"

〔10〕許其爲法,准許進行傳法辦道的宗教活動。

〔11〕庸虛,自謙之詞。庸,言身無所能。虛,言胸中無所有。

〔12〕外護,即外護善知識。在政治、經濟諸方面給佛教提供資助之施主。

〔13〕丘壑,深山幽谷,常指隱居的地方。

〔14〕飲啄,鳥類之飲水啄食。借喻安居樂業,生活閒適。《宋書‧樂志四‧何承天鼓吹鐃歌雉子游原澤自序》:"(沈警)謝病歸。(謝)安固留不止。……警曰:'使君以道御物,前所以懷德而至。既無用佐時,故遂飲啄之願爾。'"

〔15〕庭訓早趨,早承父教。庭訓,《論語‧季氏》記孔子在庭,其子伯魚(鯉)趨而過之,孔子教以學《詩》、《禮》。後因稱父教爲庭訓。

〔16〕福履攸臻,妙機須悟,福分與祿位已獲致,玄機與智慧亦須領悟。福履,猶福祿。攸,此作助詞。

〔17〕化城,一時幻化的城廓,比喻小乘所能達到的境界。典出《法

華經・化城喻品》。

〔18〕開士,菩薩的異名。以能自開覺,又可覺他人生信心,故稱開士。後來作爲對僧人的敬稱。

〔19〕菩薩十受,指大乘佛教"十重禁戒",據《梵網經》,這十重戒是:(1)殺戒;(2)盜戒;(3)淫戒;(4)妄語戒;(5)酤酒戒;(6)説四衆過戒;(7)自贊毁他戒;(8)慳惜加毁戒;(9)瞋心不受悔戒;(10)謗三寶戒。

〔20〕能仁,即釋迦牟尼佛。義譯爲能仁寂默。

〔21〕文殊,佛教菩薩名。釋迦牟尼佛的左脅侍,專司"智慧",常與司"理"的普賢並稱。闍黎,即上師。凡求戒者,奉釋迦牟尼爲本師和尚,奉文殊而爲羯摩阿闍黎,奉彌勒而爲教授阿闍黎。

〔22〕波崙罄髓於無竭,據《大品般若經》卷二十七,波崙爲向曇無竭菩薩求説般若波羅蜜,欲賣身以辦供養。在帝釋所化婆羅門前,刺血割肉,破骨出髓。波崙,又稱常啼菩薩,爲求般若,七日七夜在空閒林悲泣。

〔23〕善財亡身於法界,據《華嚴經・入法界品》,福城長者子有五百童子,其一名善財,因"生時種種珍寶自然湧出"而得名。後受文殊菩薩教化,南行參訪五十三位善知識,最後遇到普賢菩薩,證入法界,實現成佛"行願"。法界,此指成佛的原因,與真如、法性、實相、實際等概念相同。

〔24〕龍象,佛家語。稱諸阿羅漢中,修行勇猛有最大力者爲龍象。水行龍力最大,陸行象力最大,故以龍象爲喻,見《大智度論》卷三。後因以名高僧。

〔25〕謙挹,謙抑。挹,通"抑",抑制,謙下。

〔26〕命楫遠迎,時智顗在廬山,楊廣在揚州,遣船迎請至揚州。

〔27〕開皇,隋文帝楊堅年號。開皇十一年,公元591年。

〔28〕寺城,《智者大師別傳》於此作"金城殿"。

〔29〕方便智度,運用各種靈活、權宜手段而達到般若實智。智度,即大乘六度之一"般若波羅蜜"之意譯。

〔30〕四生,佛教分世界衆生爲四大類:胎生、卵生、濕生、化生。胎生如人與畜;卵生如飛鳥與魚鱉;濕生如蟲、蝎與飛蛾等;化生,謂無所依託,唯借業力而忽然出現者,如諸天與地獄等。

〔31〕戒香,戒德熏於四方,譬之以香。

〔32〕總持,僧肇《維摩經注》卷一:"總持,謂持善不失,持惡不生。無所灟忌謂之持。"

〔33〕智者,語出《地持經·戒品》:"若在家出家,發菩提願,恭敬長跪,曲身向於智者。作是言:願大德授我菩薩大律儀戒。"

〔34〕回施,將己所受功德轉施與其他一切衆生。悲敬兩田,施與貧窮曰悲田;供養佛僧曰敬田。加供養父母之恩田,是謂三福田。

〔35〕福德,一切善行;又謂善行所得之福利。

〔36〕匡嶺,即廬山。

〔37〕休徵,吉利的徵兆。

〔38〕百越,地名。古南方之國,以越爲大,自句踐六世孫無强爲楚所敗,諸子散處海上,其著者,東越無諸,都東冶,至漳泉,爲閩越。東海王摇,都於永嘉,爲甌越。自湘漓而南,爲西越。牂舸西上邕、雍、綏、建,爲駱越。江浙閩粤之地,皆爲越族所居,故稱百越。

又上渚宫鄉壤,以答生地恩也[1]。道俗延頸,老幼相攜,戒場講坐,衆將及萬,遂於當陽縣玉泉山立精舍[2],敕給寺額,名爲一音。其地昔唯荒嶮[3],神獸蛇暴,創寺之後,快無憂患[4]。是春亢旱,百姓咸謂神怒。顗到泉源,帥衆轉經[5],便感雲興雨注,虛謡自滅。總管宜陽公王積[6],到山禮拜,戰汗不安,出曰:"積屢經軍陣,臨危更勇,未嘗怖懼頓如今日。"

【注】

[1] 渚宫,在江陵縣城内西北隅。春秋時期楚國之別宫,爲楚成王所建。生地,智顗出生地在荆州華容縣。
[2] 當陽縣,在湖北省西部。精舍,舊時書齋、學舍,集生徒講學之所。後亦稱僧、道居住或講道説法之所爲精舍。
[3] 荒嶮,即荒險。嶮,通"險"。
[4] 快無,《智者大師別傳》作"決無",近是。
[5] 轉經,佛教儀式。有二義:一即普通的讀經,謂之真讀;另一種是翻轉經卷,讀每卷之初、中、後數行,又稱轉讀。轉經卷,一般轉《大般若經》等經。
[6] 王積,隋文帝受禪時,封宜陽公,平陳後,進上柱國、荆州總管。後因謀反事泄,坐誅。

其年,晉王又遣手疏請還,詞云:"弟子多幸,謬禀師資,無量劫來,悉憑開悟。色心無作[1],昔年虔受[2],身雖疏漏,心護明珠。定水禪支[3],屏散歸静[4]。荷國鎮蕃,爲臣爲子,豈寂四緣[5],能入三昧?電光斷結[6],其類甚多;慧解脱人[7],厥朋不少。即日欲伏膺智類,率先名教,永泛法流,兼用治國。未知底滯可開化不?師嚴道尊可降意不?宿世根淺可發萌不?菩薩應機可逗時不[8]?《書》云:'民生在三,事之如一[9]。'況覃釋典而不從師[10]!今之慊言,備瀝素款〔11〕,成就事重,請棄飾詞〔12〕。"

【注】

〔1〕色心無作,即戒體,指防非止惡之功能。戒體,舊譯"無作"。就天台宗言,戒體之性屬色法,兼言心者,由發心求戒而成故。
〔2〕昔年虔受,楊廣已從智顗受戒,故曰昔年虔受。
〔3〕定水,譬喻禪定中定心湛然,靜如止水。禪支,四禪中所達到的各種支林功德。四禪,佛教用以治惑、生諸功德的四種基本禪定,與色界四禪天相應。支林功德,修四禪中的十八種心理活動和主觀感受。
〔4〕散,散心,與禪定中心住於一境者相對,指心恒攀緣色聲香味觸法六塵而散動不已。
〔5〕四緣,即一荷國,二鎮藩,三爲臣,四爲子。
〔6〕電光斷結,得電光三昧而斷見惑。見惑,主要指不明佛教真理而對世界、人生所產生的種種偏見。
〔7〕慧解脫人,《俱舍論》卷二十五:"慧解脫者,未得滅盡定者名慧解脫,但由慧力於煩惱障得解慧故。"
〔8〕應機逗時,根據不同的對象、不同的時機而施以不同的教化。
〔9〕民生在三,君臣、父子、師資三者。
〔10〕覃,深入。
〔11〕慊,不滿足。備瀝,竭盡。素款,即素誠,平素蓄積的誠意,款,誠也。
〔12〕請棄飾詞,請師不必謙退。

顗答書云:"謬承人主,擬跡師資〔1〕。顧此庸微,以非時許〔2〕,況降今命,彌匪克當!徒欲沈吟,必乖深寄。"

【注】

〔1〕擬迹師資,權充人師。
〔2〕以非時許,即不稱時譽。許,稱許,聲譽。

王重請云:"學貴承師,事推物論,歷求法界,厝心有在[1]。仰惟久植善根,非一生得,初乃由學,俄逢聖境。'南岳記莂'說法第一,無以仰過,照禪師來具述此事[2],於時心喜,以域寸誠。智者昔入陳朝,彼國明試,瓦官大集,衆論鋒起。榮公強口,先被折角[3];兩瓊繼軌,纔獲交綏[4],忍師讚嘆,嗟唱希有[5]。弟子仰延之始,屈登無畏[6],釋難如流,親所聞見,衆咸瞻仰。承前荆楚[7],莫不歸伏。非禪不智,驗乎金口[8]。比釋侶所談,智者融會,甚有階位[9],譬若羣流歸乎大海,此之包舉始得佛意。唯願未得令得,未度令度。樂說不窮,法施無盡。"

【注】

〔1〕物論,輿論。厝心,置心。
〔2〕南岳,指慧思;記莂,指佛家文體。詩稱偈,文稱莂。《藝文類聚》七六梁簡文帝(蕭綱)《善覺寺碑》:"已於恒沙佛所,經受記莂。"說法第一,即慧思印證智顗禪悟時所說"於說法人中最爲第一",詳《智者大師別傳》。照禪師,即僧照,爲慧思弟子。
〔3〕榮公,即前文所述之莊嚴寺慧榮。折角,漢文帝命五鹿充宗與諸家論《易》。充宗乘貴行辯,諸儒皆稱病不敢會。獨朱雲折之,挫其鋒芒,故時語:"五鹿岳岳,朱雲折其角。"見《漢書》卷六十七《朱雲傳》。

〔4〕兩瓊，梁陳之時，有兩寶瓊。少而共學，長而聲價相當，俱爲朝野隆重，講座並盛一時。一住彭城建安寺，時號白瓊；一住京都建初寺，時號烏瓊。繼軌，前後與智顗論辯，接軌而上。交綏，雙方軍隊各自撤退。綏，馬頷下纓也。此喻兩瓊與智顗論辯，纔得交手，便甘拜下風。

〔5〕忍師讚嘆二句，《智者大師別傳》："（智顗）觀慧縱橫，聽者傾耳，衆咸彈指合掌，皆言聞所未聞。忍嘆曰：'此非文疏所出，乃是觀機縱辯。般若非鈍非利，利鈍由緣。豐富適時，是其利相。'"忍師，即開善寺大忍法師，梁朝出家，隋世圓寂。

〔6〕無畏，佛於大衆中説法，泰然無所畏懼。此指智顗登堂説法。

〔7〕荆楚，即荆州。荆州原乃舊楚國地。

〔8〕非禪不智，由定發慧。慧思《諸法無淨三昧法門》卷上："三乘一切智慧皆從禪生。"智顗《釋禪波羅蜜次第法門》："若欲具足一切諸法法藏，唯禪爲最，如得珠玉，衆寶皆獲。"金口，即佛之口舌，天台宗有金口相承之説。《佛祖統紀·序》："大迦葉下至師子尊者，皆能仰承佛記，傳弘大法，謂之金口相承。"

〔9〕智者融會，甚有階位，智顗用四種悉檀將佛教經論整理成一個按高低深淺次序排列的體系。四種悉檀，即一、世界悉檀；二、各各爲人悉檀；三、對治悉檀；四、第一義悉檀。以此四法成就衆生之佛道。

　　乃從之重現，令著《净名疏》[1]。河東柳顧言、東海徐儀，並才華冑績[2]，應奉文義，緘封寶藏，王躬受持。後蕭妃疾苦，醫治無術，王遣開府柳顧言等[3]，致書請命，願救所疾。顗又率侶建齋七日，行金光明懺[4]，至第六夕，忽降異鳥，飛入齋壇，宛轉而死，須臾飛去，又聞豕吟之聲，衆並同矚。顗曰:"此相現者,妃當愈矣。鳥死復蘇,表蓋棺還起;豕幽鳴顯,示齋福相乘。"至於翌日,患果遂瘳,王大嘉慶,時遇入朝。

【注】

〔1〕《净名疏》,即智顗的《維摩經疏》。《净名》,《維摩經》之異名。
〔2〕才華胄績,才華出衆。
〔3〕開府,開建府署,辟置僚屬。漢制,惟三公可開府。魏晉以後,開府者益多,因而別置開府儀同三司之名。晉代諸州刺史多以將軍開府,都督軍事。
〔4〕建齋,即建立齋會。齋會,會僧而施齋食之法會。金光明懺,依《金光明經》之教所修的懺悔法。《金光明經》,北涼曇無讖譯,説誦讀流佈北經的國土,將受到四天王諸神的保護。智顗著有《金光明經玄義》二卷和《金光明經文句》六卷。懺,懺法,唸經拜佛懺悔罪業的作法。

旋歸台岳[1],躬率禪門,更行前懺,仍立誓云:"若於三寶有益者[2],當限此餘年;若其徒生,願速從化。"不久告衆曰:"吾當卒此地矣,所以每欲歸山。今奉冥告,勢當將盡,死後安措西南峰上[3],累石周屍,植松覆坎[4],仍立白塔,使見者發心。"又云:"商客寄金,醫去留藥,吾雖不敏,狂子可悲[5]。"仍口授《觀心論》[6],隨略疏成,不加點潤。命學士智越,往石城寺掃灑,於彼佛前命終,施床東壁,面向西方,稱阿彌陀佛、波若觀音[7]。又遣多然香火,索三衣鉢杖[8],以近身自餘道具,分爲二分:一奉彌勒,一擬羯磨[9]。有欲進藥者,答曰:"藥能遣病留殘年乎?病不與身合,藥何所遣;年不與心合,藥何所留?"智晞往曰[10]:"復何所聞?《觀心論》内復何所道?"紛紜醫藥,累擾於他。又請進齋飯,答曰:"非但步影而爲齋也[11],能無觀無緣,即真齋矣[12]。吾生勞毒器[13],死悦休歸;世相如是,不足多嘆。"又出所製《净名疏》,并犀角如意、蓮華香爐,與晉王别,遺書七紙,文極該綜,詞彩風標,囑以大法。末乃手注疏曰:"如意、香爐是大王者,還用仰别,使永布德香,長保如意也。"便令唱《法華經》題。顗讚引曰:"法門父母,慧解由生,本迹彌大[14],微妙難測,輟斤絶絃於今日矣[15]。"又聽《無量壽》竟[16],仍讚曰:"四十八願[17],莊嚴净土,華池寶樹,易往無人"云云。又索香湯漱口,説十如、四不生、十法界、三觀[18]、四教、四無量、六度等[19]。有問其位者,答曰:"汝等懶種善根,問他功德,如盲問乳、蹶者訪路云云。吾不領衆,必净六根;爲他損己,只是五品内位耳[20]。吾諸師友,從觀音、勢至皆來迎我,波羅提木叉是汝宗仰[21],四種三昧是汝明導[22]。"又敕維那[23],人命將終,聞鐘磬聲,增其正念,唯長唯久,氣盡爲期。云何身冷方復響磬?世間哭泣著服,皆不應作,且各默然,吾將去矣。"言已,端坐如定[24],而卒於天台山大石像前,春秋六十有七,即開皇十七年十一月二十四日也。滅後依於遺教而殮焉。

【注】

〔1〕台岳,即天台山。

〔2〕三寶,佛教稱佛、法、僧爲三寶。"佛"指佛教創始人釋迦牟尼,

也泛指一切佛;"法"即佛教教義;"僧"指繼承、宣揚佛教教義的僧衆。

〔3〕安措,即安厝,停柩待葬。

〔4〕坎,墓穴。

〔5〕商客寄金,典出《法華經·信解品》。醫去留藥,典出《法華經·如來壽量品》。此四句大意是説:佛悲愍衆生懈怠,不生精進之心,故留諸經法,使衆生依教進修。我雖比不上佛,但悲愍衆生之心則一。

〔6〕《觀心論》,本論設三十六問,切勸觀心。蓋心爲萬法之本,觀心即觀察一切法。

〔7〕阿彌陀佛,"西方極樂世界"的教主,能接引念佛人往生"西方浄土",故又稱"接引佛"。波若觀音,即觀世音菩薩,阿彌陀佛的左脅侍,"西方三聖"之一。據稱,遇難衆生只要誦念其名號,"菩薩即時觀其音聲",前往拯救解脱,故名(見《法華經·普門品》)。

〔8〕三衣,佛教比丘穿的三種衣服。據《釋氏要覽》等載:(1)"大衣",進王宮和出入城鎮村落時穿用。用九條布乃至二十五條布縫制而成。(2)"七衣",在禮誦、聽講、布薩時穿用。用七條布縫制而成。(3)"五衣",日常作業和就寝時穿用。用五條布縫制而成。鉢,亦稱"應量器",用泥或鐵制成,圓形,稍扁,底平,口略小。比丘六物之一,作爲喫飯用的食器。杖,即錫杖,杖高與眉齊,頭有錫環,原爲僧人行路和乞食時,振環作聲,並用以扣門,兼防牛犬之用。後來成爲佛教的一種法器。

〔9〕羯磨,指僧團按照戒律的規定,處理僧侣個人或僧團事務的各種活動。此指將個人財物上交僧團。

〔10〕智晞(公元556—627),智顗侍者,《續高僧傳》卷十九有傳。

〔11〕步影而爲齋,量日影來確定齋時。

〔12〕無觀無緣即真齋,内無能觀之心,外無所觀之緣。心緣一如,即爲真齋。緣,即境也。

〔13〕毒器,謂此身乃貪、瞋、痴三毒所感之器。

〔14〕本迹,以本地門、垂迹門判釋《法華經》,全經二十八品中,前十四品爲迹門,後十四品爲本門。

〔15〕輟斤,停止使用斧頭。《漢書》卷八七《揚雄傳》:"猶人亡,則匠石輟斤,而不敢妄斫。"意爲失去知己。絶絃,斷絶琴絃。《吕氏春秋·本味》:"鍾子期死,伯牙破琴絶絃,終身不復鼓琴。"喻爲失去知音。

〔16〕《無量壽》,即《無量壽經》,净土三部經之一。

〔17〕四十八願,據《無量壽經》,過去有國王出家爲僧,號法藏,發"第一無三惡趣願,……第四十八得三法忍願"等四十八願,後成佛,名"無量壽",即阿彌陀佛。

〔18〕十如,源出《法華經·方便品》。智顗在《法華玄義》中運用十如是觀從不同角度描述實相,即如是相(表象)、性(性質)、體(實體)、力(功能)、作(活動)、因(主因)、緣(輔因)、果(直接後果)、極(間接後果)、本末究竟等。四不生,源出《中論》。謂諸法一不從自生,二不從他生,三不從共生,四不從無因生。十法界,指地獄、餓鬼、畜生、修羅、人、天、聲聞、緣覺、菩薩、佛等十個階次。三觀,即空觀、假觀、中觀。

〔19〕四教,天台宗的判教學説,有"化儀四教"與"化法四教"二種。化儀四教是根據釋迦傳教的不同形式劃分的,即頓、漸、秘密、不定。化法四教是就釋迦教化衆生的教法内容劃分的,即藏、通、别、圓。四無量,即四無量心:(1)慈無量心,思惟如何爲衆生做好事,給以歡樂;(2)悲無量心,思惟如何才能拯救衆生苦難;(3)喜無量心,見衆生離苦得樂而感到喜悦;(4)捨無量心,對衆生無憎無愛,一視同仁,平等對待。六度,謂六種從生

死此岸到達涅槃彼岸的方法或途徑,爲大乘佛教修習的主要內容,包括:(1)佈施;(2)持戒;(3)忍辱;(4)精進;(5)禪定;(6)般若。

〔20〕五品内位,即五品内凡位。天台宗將圓教修行列爲五十二位,以六即統之。五品弟子位相當於六即中第三階段"觀行即",屬於内凡位中的外品,六根清净位相當於六即中第四階段"相似即",屬於内凡位中的内品。

〔21〕觀音、勢至,即阿彌陀佛的左右脅侍觀世音菩薩和大勢至菩薩。波羅提木叉,意爲"從解脱",謂遵守戒律可解脱一切煩惱,又稱"戒本",此指戒的總名。

〔22〕四種三昧。止觀修行的四種形式,用以統攝一切禪修方式。(1)常行三昧,亦名佛立三昧;(2)常坐三昧,亦名一行三昧;(3)半行半坐三昧,包括法華三昧和方等三昧兩種;(4)非行非坐三昧,亦名隨自意三昧。

〔23〕維那,寺院三綱之一,管僧衆庶務,位於上座、寺主之下。

〔24〕端坐如定,端坐如入定狀態。

至仁壽末年已前[1],忽振錫被衣猶如平昔,凡經七現,重降山寺一還佛壟[2],語弟子曰:"案行故業,各安隱耶?"舉衆皆見,悲敬言問,良久而隱。

【注】

〔1〕仁壽,隋文帝楊堅年號(601—604)。

〔2〕佛壟,在天台縣境内。

自顗降靈龍象,育神江漢,憑積善而託生,資德本而化世,身過七尺,目佩異光,解統釋門,行開僧位,往還山世,不染俗塵,屢感幽祥,殆非可測。初帝在蕃日[1],遣信入山迎之。因散什物,標域寺院[2],殿堂廚宇,以爲圖樣,告弟子曰:"此非小緣所能締構,當有皇太子爲吾造寺,可依此作,汝等見之。"後果如言,事見《別傳》[3]。往居臨海[4],民以滬魚爲業[5],罾網相連四百餘里,江滬溪梁六十餘所[6],顗惻隱貫心,彼此相害,勸捨罪業,教化福緣。所得金帛,乃成山聚,即以買斯海曲[7],爲放生之池。又遣沙門惠拔,表聞於上,陳宣下敕,嚴禁此池不得採捕。因爲立碑,詔國子祭酒徐孝克爲文[8],樹於海濱,詞甚悲楚,覽者不覺墮泪。時還佛壟,如常習定,忽有黃雀滿空,翱翔相慶,鳴呼山寺,三日乃散。顗曰:"此乃魚來報吾恩也。"至今貞觀[9],猶無敢犯,下敕禁之,猶同陳世,此慈濟博大,仁惠難加。又居山有蕈,觸樹皆垂,隨採隨出,供僧常調,顗若他涉,蕈即不生,因斯以談,誠道感矣。所著《法華疏》、《止觀門修禪法》等[10],各數十卷。又著《净名疏》至《佛道品》,有三十七卷[11]。皆出口成章,侍人抄略,而自不畜一字。自餘隨事流卷,不可殫言,皆幽指爽徹,摛思開天[12]。煬帝奉以周旋,重猶符命,及臨大寶,便藏麟閣[13],所以聲光溢於宇宙,威相被於當今矣。而枯骸特立,端坐如生,瘞以石門[14],閉以金鑰,所有事由,一關別敕。每年諱日,帝必廢朝,預遣中使就山設供[15]。尚書令楊素,性度虛簡,事必臨信,乃陳其意云:何枯骨特坐如生?敕授以戶鑰,令自尋視,既如前告,得信而歸。顗東西垂範,化通萬里,所造大寺三十五所,手度僧衆四千餘人,寫經一十五藏，金檀畫像十萬許軀，五十餘州道俗受菩薩戒者，不可稱記，傳業學士三十二人，習禪學士散流江漢，莫限其數。沙門灌頂侍奉多年[16]，歷其景行，可二十餘紙。又終南山龍田寺沙門法琳[17]，夙預宗門，親傳戒法，以德音遐遠，拱木俄森[18]，爲之行傳，廣流於世。隋煬末歲巡幸江都[19]，夢感智者言以遺寄，帝自製碑，文極宏麗，未及鎸刻，值亂便失。

【注】

[1] 帝在蕃日，指楊廣未稱帝前當晉王時候。
[2] 標域寺院，即構畫國清寺圖樣。
[3] 見《智者大師別傳》卷四。
[4] 臨海，在今浙江省。
[5] 滬魚，用竹柵捕魚。滬，捕魚所用竹柵。
[6] 江滬溪梁，設在大江和小溪中捕魚的竹柵。
[7] 海曲，猶言海隅，謂沿海偏僻的地區。
[8] 國子祭酒，學官，掌領太學、國子學或國子監所屬各學。
[9] 貞觀，唐太宗李世民年號(627—649)。
[10]《法華疏》，即《妙法蓮華經文句》十卷，由弟子灌頂筆記。用因緣、約教、本迹、觀心等四種方法對《法華經》進行解釋。《止觀門修禪法》，此指《釋禪波羅密次第法門》十卷，又稱《禪門修證》或《漸次止觀法門》，由弟子法慎私記，本書將印度傳入的禪定方法，按由淺入深的次第而組織成秩序井然的體系。
[11]《淨名疏》，即《維摩經文疏》，至二十七卷《佛道品》而絕筆。三十七卷，疑係二十七卷之誤。
[12] 摘，傳佈，舒發。

〔13〕麟閣,即麒麟閣,爲圖繪功臣之所,創於漢宣帝時。

〔14〕瘞,埋葬。

〔15〕中使,帝王宫廷中派出的使者,多由宦官充任。

〔16〕灌頂(561—632),俗姓吴,原籍常州義興(今江蘇宜興),後遷臨海章安(今屬浙江),故又稱"章安大師"。侍奉智顗左右,智顗所講《法華玄義》、《法華文句》、《摩訶止觀》等,都由他集録成書,主要著述有《涅槃玄義》、《涅槃經疏》、《觀心論疏》、《天台八教大意》、《國清百録》、《智者大師別傳》等。被尊爲天台宗五祖。

〔17〕終南山,秦嶺山峰之一,在陝西西安市南。法琳(572—640),唐代僧人,著有《破邪論》、《顯正論》等。

〔18〕拱木,墓旁樹木可用兩手圍抱,喻死亡已久。

〔19〕江都,郡名,在今江蘇揚州市。

選自《續高僧傳》卷十七《習禪篇之二》

王　　通 (584—617)

　　王勃字子安,絳州龍門人。祖通[1],隋蜀郡司户書佐[2]。大業末[3],棄官歸,以著書講學爲業。依《春秋》體例[4],自獲麟後,歷秦、漢至於後魏,著紀年之書,謂之《元經》[5]。又依《孔子家語》、揚雄《法言》例[6],爲客主對答之説,號曰《中説》[7]。皆爲儒士所稱。義寧元年卒[8],門人薛收等相與議謚曰文中子[9]。二子:福畤、福郊[10]。

【注】

[1] 通,王通。王通無單傳,附見於《舊唐書·王勃傳》,絳州龍門(今山西河津)人。其孫王勃是唐代有名的文學家,著《滕王閣序》等,明人輯有《王子安集》。

[2] 司户書佐,主管民户負責文書的佐吏。

[3] 大業,隋煬帝楊廣年號(605—618)。

[4] 《春秋》,先秦編年體史書,起魯隱公元年(前722),迄魯哀公十四年(前481),凡二百四十二年。相傳孔子據魯國國史修訂而成。體例,編寫的原則。《春秋》敍事極簡,在用字中寓褒貶。

[5] 《元經》,原本久佚。今本《元經》始於晉太熙元年(290),迄於唐武德元年(618),題隋王通撰,唐薛收繼並傳,宋阮逸注,宋晁公武《郡齋讀書志》、陳直孫《直齋書録解題》皆斷定爲阮逸所僞作。

[6] 《孔子家語》,《漢書·藝文志》著録二十七卷,至唐已亡佚。今

本十卷四十四篇,後人疑出於王肅之僞作。其書雖僞,然雜採秦漢諸書所載孔子遺文佚事,仍有參考價值。清孫志祖、陳士珂各有疏證。揚雄,本書有傳。《法言》,仿《論語》體裁而作,內容以儒家傳統思想爲中心,兼收道家思想。凡十三篇,晉李軌、北宋司馬光、近代汪榮寶等人爲之注疏。

〔7〕《中説》,《四庫提要》以爲是通子福郊、福畤所纂述,模仿《論語》,記通與門徒在河汾間的問答。宋阮逸爲之作注,也有人認爲是阮逸的偽託。其作品尚有《禮論》、《樂論》、《續書》、《續詩》、《贊易》。

〔8〕義寧元年,公元 617 年。杜淹説其生年爲文帝開皇四年(584),則享年三十五。

〔9〕薛收,字伯褒,父道衡爲隋大官、名士。年十二,能屬文。隋末,投奔李淵,官秦王府主簿,武德(618—626)中卒,年三十三。

〔10〕福畤,唐時官雍州司功參軍,生六子,五子以才名文顯。王勃爲其次子。

選自《舊唐書》卷一百九十《王勃傳》